Liang Heng · Judith Shapiro

Ich, Liang Heng, Sohn der Revolution

Liang Heng · Judith Shapiro

Ich, Liang Heng, Sohn der Revolution

Ein Bericht

verlegt bei Kindler

Die amerikanische Originalausgabe ist unter dem Titel
»Son of the Revolution«
im Verlag Alfred A. Knopf, New York, erschienen.

Übersetzung aus dem Amerikanischen von Hartmut Zahn

Die Anfertigung der Landkarten besorgte Huber und Oberländer, München
unter Verwendung der Vorlagen von
Rafael Palacios aus der amerikanischen Ausgabe.

Umschlaggestaltung: Klaus Dempel, Stuttgart
Satzarbeiten: Pustet, Regensburg
Druck- und Bindearbeiten: May & Co, Darmstadt
Printed in Germany
8-1-7-4-4

ISBN 3-463-00875-0

Inhalt

Erläuterungen

1. *Lateinische Schreibweise und Aussprache*

In diesem Buch wurde die sogenannte *pinyin*-Umschrift verwendet. Sie wird offiziell von der Regierung der VR China propagiert und hat sich in den angelsächsischen Ländern schon weitgehend durchgesetzt. Einige altvertraute Namen und Begriffe erscheinen in ihr allerdings in stark veränderter Form.

Beispiele:

Mao Tse-tung	Mao Zedong
Tschou En-lai	Zhou Enlai
Sun Yat-sen	Sun Zhongshan
Tschiang Kai-schek	Chiang Chieshih
Kuomintang	Guomindang
Nanking	Nanjing
etc.	

Hinsichtlich der Aussprache haben folgende chinesische Konsonanten die phonetische Entsprechung

c	=	ts
q	=	tsch
x	=	sch
z	=	ds
zh	=	dsch

2. *Maße und Gewichte*

1 *liang*	=	ca. 50 Gramm
1 *jin*	=	ca. 1 Pfund
1 *li*	=	ca. 500 m
1 *mu*	=	ca. 700 m^2

3. *Währung*

Die kleinste chinesische Währungseinheit ist 1 *fen*

10 *fen* = 1 jiao
10 *jiao* = 1 yuan

Die Kaufkraft des chinesischen Geldes ist auch durch Vergleiche, beispielsweise mit dem US-$, nur schwer zu verdeutlichen, denn die Menschen in beiden Ländern müssen für die wichtigsten Dinge des täglichen Bedarfs einen sehr unterschiedlichen Prozentsatz des Durchschnittseinkommens aufwenden. Außerdem schwankte der Wechselkurs in den letzten Jahren zwischen $ 1.00 = 1,5 *yuan* und $ 1.00 = 2,00 *yuan*. Während der Preis für ein Ei in der VR China 5 bis 10 *fen* betragen kann, zahlt eine Familie unter Umständen nur eine sehr niedrige Miete von monatlich 5 *yuan*.

4. *Politische Gliederung*

Eine Kommune ist in Brigaden, und Brigaden sind in Produktionsabteilungen gegliedert. Der Begriff Produktionsabteilung umfaßt sowohl das entsprechende Anbaugebiet als auch die dort tätigen Menschen.

5. *Namen*

Mit Ausnahme der Namen berühmter Persönlichkeiten und der nächsten Verwandten des Verfassers sind alle anderen Namen geändert worden.
Im Chinesischen kommt der Familienname zuerst, dann der Rufname.

Kapitel 1

Maos braver kleiner Junge

Eines Tages – ich war schon fast vier Jahre alt – beschloß ich, aus dem Kinderhort auszureißen. Ich konnte einfach den Gedanken nicht ertragen, noch einen Sonntagnachmittag mit Warten verbringen zu müssen. Jedesmal stand ich dann mit den anderen Kindern im Flur vor den Büroräumen, und wenn ein Verwandter erschien, um einen von uns abzuholen, riefen wir alle mit gellender Stimme seinen Namen. Je mehr die Wahrscheinlichkeit wuchs, daß man mich vergessen hatte, desto nervöser und aufgeregter wurde ich. Doch irgendwann erschien die schmale Gestalt meiner geliebten Waipo, meiner Großmutter mütterlicherseits: Sie kam, um mich abzuholen.

An diesem Samstag würde ich nicht warten. Ich hatte eine Tür entdeckt, die direkt von der Küche auf die Straßen von Changsha führte. Sie war nur angelehnt. Vielleicht hatten die Köche sie offengelassen. Das bitterkalte Winterwetter war ja auch vorüber.

Als die anderen nach dem Essen ihr Mittagsschläfchen hielten, kletterte ich über das grüne Sprossengeländer meines Kinderbettes und schlich mich verstohlen hinaus, vorbei an den schlafenden Altersgenossen und an unserer Aufpasserin Nie, die auf einem Stuhl vor sich hindöste. Lautlos betrat ich die finstere Küche mit ihren kalten, rauchgeschwärzten Feuerstellen. Einen Augenblick später stürzte ich hinaus in das blendende Licht der Freiheit.

Ich haßte den Kinderhort. Dort durfte man keine Süßigkeiten essen, wenn man Lust darauf hatte, und man mußte die Hände auf dem Rücken falten, bevor die Kindermädchen die Erlaubnis zum Essen erteilten. Wenn ein Kind dann zu schnell aß, gab es einen Schlag mit der Fliegenklatsche auf den Kopf. Das Tanzen und die Lieder – sie handelten von Dingen wie »den Fußboden kehren«, »in der Fabrik arbeiten« oder »Bäume auf dem Feld pflanzen« – machten Spaß, aber ich war nie so ganz bei der Sache, weil ich am liebsten immer den Soldatentanz getanzt hätte, wenn der »Feldarbeittanz« an der Reihe war oder wenn es darauf ankam, die Rolle des reichen Bauern, des Wolfes oder des Faulpelzes zu übernehmen. Auch mit dem endlos langen Schlafen kam ich nicht zurecht. Wir durften nicht aufstehen, selbst wenn wir nicht mehr müde waren. Mir blieb also nichts weiter übrig, als still dazuliegen und manchmal stundenlang eine kleine Beule anzustarren, die ich am Bein hatte. Damals war ein Platz im Kindergarten ein Privileg, das der Nachkommenschaft von Parteimitgliedern vorbehalten war. Meine Eltern hatten zwar keine besonders hohe Stellung, aber immerhin war mein Vater Reporter, Herausgeber und eines der Gründungsmitglieder unserer Parteizeitung, des *Hunan-Tageblattes*, und meine Mutter eine vielversprechende Beamtin im Amt für Öffentliche Sicherheit von Changsha. Das hatte gereicht, um mir einen Platz im Kinderhort zu sichern. Freudig erregt und mit ganzem Herzen wollten meine Eltern durch ihre Arbeit dazu beitragen, aus China ein großes sozialistisches Land zu machen. In ihrem Eifer hätten sie kein Opfer gescheut. Inbrünstig sehnten sie den Tag herbei, an dem sie als rein und hingebungsvoll genug erachtet würden, um in die Partei aufgenommen zu werden. Da war es nur natürlich, daß die Familie erst an zweiter Stelle kam. Vaters Pflichten gegenüber der Zeitung hielten ihn bisweilen für Monate fern, und meine Mutter kam, wenn überhaupt, nur sonntags nach Hause, da sie ein Zimmer im Amtsgebäude hatte, wo sie blieb, wenn sie an abendlichen Zusammenkünften teilnahm. Deshalb wurde ich mit drei Jahren in einen Kinderhort gegeben, um mich schon von klein auf durch das Leben im Kollektiv an eine sozialistische Denkweise zu gewöhnen, fern von den möglicherweise verderblichen Einflüssen des Familienlebens. Ganz gewiß waren meine beiden Großmütter am härtesten von meinem Fortgehen betroffen. Bei der Erziehung von uns drei Geschwistern hatten sie die meiste Verantwortung getragen. Als ich als letzter sie verließ, mußte sie das sehr schmerzen.

Zuerst hatte ich bei meiner Großmutter väterlicherseits gelebt. Sie hieß Nai Nai und war eine große, strenge und knochige Frau, die stets nach altem Brauch schwarz gekleidet ging. Sie bewohnte ein Appartement, welches das *Hunan-Tageblatt* unserem Vater zur Verfügung gestellt hatte. Die beiden geräumigen Zimmer lagen im zweiten Stock eines Hauses, in dem sonst nur Schlafräume des Verwaltungspersonals waren. Die Küche mußten wir mit anderen teilen wie auch die Toilette, die etwas abgelegen war. Nai Nai war eine fromme Buddhistin und außerdem Vegetarierin. Sich selbst und allen anderen Menschen gegenüber ließ sie Strenge walten. Nur ihre eigenen Enkel waren davon ausgenommen.

Mit einem Gewicht von zehn Pfund war ich das größte Baby, das jemals im Hospital Nr. 1 von Changsha das Licht der Welt erblickt hatte. Nai Nai hatte sieben Ammen nacheinander anheuern müssen, bevor sie endlich eine fand, die meinen Hunger nach Milch zu stillen vermochte. Diese Amme war ein neunzehnjähriges Bauernmädchen aus einer kleinen Stadt in der Nähe von Changsha, deren Baby gestorben war. Nai Nai erzählte mir später, daß diese Frau als einzige so viel Milch hatte, daß ich ihre Brüste leersaugen konnte, ohne gleich darauf nach mehr zu schreien. Ich habe mich ihr schon immer für meine ungewöhnliche Körpergröße – ich bin ein Meter dreiundachtzig groß – dankbar verpflichtet gefühlt. Als Nai Nai nach einiger Zeit die Stadt verlassen mußte, weil sie keine Aufenthaltsgenehmigung hatte, schickte sie mich zu meiner Großmutter mütterlicherseits, zu meiner Waipo, die nicht weit entfernt am Ende einer schmalen, gewundenen Sackgasse wohnte.
Dort war es weniger geräumig, denn bei Waipo wohnte auch mein Onkel Yan mit Frau und Kindern – drei Generationen in einem einzigen, düsteren Zimmer. Aber ich war gern dort, weil alles so lebendig war. Außerdem war ich Waipos Liebling. Sie gab mir Süßigkeiten und nahm mich überall mit hin, sogar auf den freien Markt, wo die Bauern aus der Umgebung ihr Gemüse verkauften. Waipo war eine kleine Frau mit großen schiefen Zähnen und kleinen runzeligen Händen. Sie war gesprächig und lebhaft, ganz anders als Nai Nai. Ihr Mann starb, als sie noch jung war. Sie hatte nur zwei Kinder von ihm, wohingegen Nai Nais Mann neun Kinder mit seiner Frau gezeugt hatte. Dieser rutschte auf der vereisten Straße vor dem alten Stadttor aus und verunglückte tödlich. In der alten Gesellschaftsordnung konnte eine ehrbare Frau nicht einfach wieder heiraten. Waipo brachte deshalb sich und ihre Kinder damit durch, daß sie in Heimarbeit Schuhsohlen anfertigte. Das tat sie auch noch, als Mutter und Onkel Yan längst erwachsen waren und Arbeit gefunden hatten. Die Stoffflicken, die Waipo zu Schuhsohlen verarbeitete, zählten zu meinen ersten Spielzeugen.
Es gab noch einen anderen Grund, warum ich gern bei Waipo wohnte: Mutter kam sonntags lieber dorthin, da sie nicht gern nach Hause ging, wo Nai Nai, ihre Schwiegermutter, war, mit der sie sich nicht gut verstand. Nai Nai kümmerte sich oft so sehr um die anderen, daß sie ihnen auf die Nerven fiel. Immer kehrte sie das Treppenhaus, auch wenn sie nicht an der Reihe war. In der Nachbarschaft tat sie sich als Freiwillige bei Kampagnen für öffentliche Hygiene hervor. Unsere Mutter schimpfte sie dauernd aus, weil sie uns angeblich nicht warm genug kleidete oder zu wenig Trinkmilch kaufte. Nai Nai war so hochgewach-

sen, daß Mutter wahrscheinlich ein wenig eingeschüchtert von ihr war. Außerdem verlangte es die Tradition, daß Mutter ihr Gehorsam entgegenbrachte. Obwohl selbst eine lebhafte Frau, mußte sie doch stillschweigend mit ansehen, wie Nai Nai uns Kinder mit Süßigkeiten verwöhnte und in späteren Jahren meiner zweiten Schwester sogar die Hausarbeit abnahm. Von unserem Vater konnte Mutter keine Hilfe erwarten, denn er war Nai Nais Sohn und mußte ihr deshalb genauso gehorchen wie sie selbst.

Jedenfalls waren Mutters Bindungen an ihr neues Zuhause nicht zu eng, da sie unseren Vater vor der Heirat kaum richtig kennengelernt hatte. Irgend jemand hatte die beiden miteinander bekannt gemacht, weil sie als Mann und Frau zueinander zu passen schienen. Danach hatten sie sich ein paar Briefe geschrieben – Vater arbeitete damals in Guilin –, aber den Ausschlag gab ihre gemeinsame Begeisterung für Politik. Vater war viel intellektueller als sie, denn die Partei hatte ihn als Reporter ausbilden lassen. Er hatte weitreichende literarische Interessen und war nicht nur ein fähiger Dichter, sondern auch Amateurkomponist und Dirigent. Natürlich hatte auch Mutter ihre Qualitäten, denn sie war eine willensstarke Person, die es sich nicht nehmen ließ, ihre Meinung zu sagen. Sie war sogar eine liebevolle Mutter – wenn sie Zeit für uns fand. Doch als ich in späteren Jahren über meine Eltern nachdachte, wurde mir bewußt, daß sie offensichtlich eine reine Vernunftehe geführt haben, so selten waren sie beisammen.

Waipos Behausung war also in früher Kindheit der Mittelpunkt meines Denkens und Fühlens. Folglich zog es mich dorthin, als ich aus dem Kinderhort floh. Ich mußte eine breite Straße überqueren, und glücklicherweise stellte sich mir nichts in den Weg. Den letzten Teil des Weges bis zum Ende des armseligen Gäßchens rannte ich, so schnell mich die Füße trugen.

Bestürzt stellte ich fest, daß Waipo durchaus nicht erfreut war, mich zu sehen. »Klein Dickerchen, was machst du hier?« rief sie. Ohne meine Antwort abzuwarten, packte sie mich an der Hand und zog mich hinter sich her, an ein paar Wohnblocks vorbei bis zum Gebäude des *Hunan-Tageblatts,* wo Nai Nai wohnte. Von dort brachten mich dann die beiden alten Frauen in mein »Gefängnis« zurück. Halb trugen sie mich, halb schleiften sie mich hinter sich her, ohne auf mein Geschrei und meine Tränen zu achten.

Im Kinderhort war mein Fehlen schon entdeckt worden. Ohne die sonst üblichen Höflichkeitsbezeigungen gegenüber Verwandten ihrer Zöglinge schimpften und tadelten mich die Kindermädchen, daß es kein Ende

zu nehmen schien. Als meine Großmütter fort waren, schloß man mich zusammen mit zwei weiteren kleinen Übeltätern in einem Zimmer ein. »Für den Vorsitzenden Mao bist du kein braver kleiner Junge, denn du hast nicht die Disziplin eines Revolutionärs«, wurde mir vorgehalten. »Deshalb bleibst du so lange hier, bis du es dir anders überlegt hast.«
Meinen Mitgefangenen ging es genauso übel wie mir. Der eine hatte Süßigkeiten stiebitzt, der andere hatte seine neuen Hosen vollgepinkelt, kaum daß er den zwischen den Beinen offenen »Schlitzhosen« entwachsen war. Gewiß, es war praktisch, daß man sich überall hinhocken konnte, um sein Geschäft zu verrichten, doch bei uns Kindern galten Schlitzhosen als peinliches Wahrzeichen für Unreife. Die Sache hatte noch einen anderen Haken: Noch immer brannte mir der Hintern von Nai Nais Schlägen. Voller Mitleid blickte ich meinen kleinen Kameraden an. Er war dazu verurteilt, für ein weiteres Jahr oder gar noch länger als Baby behandelt zu werden und schmerzhafte Prügel zu beziehen.
Die Worte der Kinderschwestern schmerzten mich ganz besonders, hatte man mir doch beigebracht, daß der Vorsitzende Mao wie die Sonne am Himmel sei. Daheim hatte »Mao« zu den ersten Wörtern gehört, die ich auszusprechen lernte, gleich nach »Mama«, »Baba«, »Nai Nai«. Man hatte mich oftmals hochgehoben und vor das große gerahmte Bild gehalten, das Vater über die Tür gehängt hatte. Immer wieder war mir dabei der Name »Mao« vorgesagt worden. Bald konnte ich auch sagen: »Ich liebe den Vorsitzenden Mao«, und: »Lang lebe der Vorsitzende Mao!« Aber erst im Kinderhort begriff ich allmählich, worum es wirklich ging. Mao wachte über uns wie ein gütiger Gott, ob wir spielten oder schliefen. Ich glaubte daran, daß wir nur deshalb Äpfel, Weintrauben und dergleichen erhielten, weil er uns liebte. Als mir die Kindermädchen am nächsten Tag eröffneten, der Vorsitzende Mao habe mir verziehen, war ich das glücklichste Kind der Welt.
Im Verlauf des nächsten Jahres – es war mein zweites im Kinderhort – lernte ich, meine ersten beiden Schriftzeichen zu malen. Das erste Wort bestand aus vier Pinselstrichen, die den Namen des Großen Vorsitzenden ergaben. Danach lernte ich, meinen eigenen Namen zu schreiben, wobei ich entdeckte, daß ich gar nicht »Klein Dickerchen« hieß. Diesen Spitznamen hatte mir Waipo voller Stolz verpaßt. Nein, mein wahrer Name war ganz anders, und dahinter verbarg sich eine politische Geschichte:
Am Morgen des 2. Mai 1954 gewannen die Vietnamesen bei Dien Bien Phu die kriegsentscheidende Schlacht gegen die Franzosen. Am Nachmittag selbigen Tages kam ich zur Welt, ein zehnpfündiger Junge. Die Geburtswehen meiner Mutter waren begleitet vom entfernten Dröhnen

der Trommeln und dem Geschepper der Becken. Für meinen Vater, der im *Hunan-Tageblatt* einen Artikel über den vietnamesischen Sieg schrieb, war es nur natürlich, mich Liang Dianjie zu nennen, »Liang gute Nachricht aus Dien Bien Phu«. Vor Freude über den doppelten Sieg war sein Gesicht gerötet. Denn nun hatte er endlich auch einen Sohn, der die männliche Linie fortsetzte.

Nicht zum ersten Mal hatte er für eines seiner Kinder einen Namen mit einer besonderen Bedeutung gewählt. Meine älteste Schwester wurde 1949 geboren. Wie viele Tausende gleichaltriger Mädchen erhielt sie einen Namen, der an die Geburt des neuen China erinnern sollte: Liang Fang – »Liang Befreiung«. Meine zweite Schwester, die 1952 zur Welt kam, als die chinesischen Armeen über den Jalu-Fluß setzten, um Korea gegen die Amerikaner zu verteidigen, wurde Liang Weiping genannt, »Liang, die Verteidigerin des Friedens«.

Als wir heranwuchsen, ging uns allmählich auf, daß man das Alter eines Kindes häufig aus seinem Namen herleiten konnte. Es gab Jungen und Mädchen, denen man den Namen irgendeiner politischen Bewegung oder Kampagne gegeben hatte, die in späteren Jahren in Ungnade fiel, so daß ein Name zu einer Peinlichkeit, einer Last, ja sogar zu einem Grund für Anfeindungen werden konnte. Die Namen meiner Eltern entstammten noch einer früheren, weniger politisierten Zeit. Meine Mutter hieß Yan Zhide, was soviel bedeutet wie »Yan die Sittliche«. Und der Name meines Vaters Liang Yingqiu bedeutet »Liang, dessen Wünsche erfüllt werden«. Aber meistens wurde er Liang Shan genannt. Das war sein »literarischer« Name.

Nach und nach lernte ich die Schriftzeichen dieser Namen zu schreiben. Während des dritten und vierten Jahres im Kinderhort (das vierte war zugleich das letzte) erhielten wir dann regulären Unterricht. Wir schrieben Sätze wie: »Der Vorsitzende Mao ist unser großer rettender Stern.« Oder: »Wir sind alle die braven kleinen Kinder des Großen Vorsitzenden Mao.« Oder: »Die kommunistische Partei ist wie die Sonne.« Oder: »Wenn ich groß bin, werde ich Arbeiter (Bauer, Soldat).« Wir lernten auch einfaches Rechnen, Papierfalten und -schneiden, und es wurden uns kleine Aufgaben übertragen wie Blumen gießen oder das Klassenzimmer aufräumen.

Immer wenn ich nach der Schule heimging zu Waipo, hoffte ich, daß Mutter dort war, denn ich liebte sie sehr, obwohl wir so wenig Zeit miteinander verbrachten. Als ich ungefähr vier Jahre alt war, begann ich zu spüren, daß irgend etwas nicht stimmte. Wenn Mutter nach Hause kam, wirkte sie immer sehr besorgt. Nie spielte sie mit mir, sondern unterhielt sich endlos lange mit Onkel Yan in dem mir unverständlichen Liuyang-Dialekt. Dann kam der Samstagnachmittag, an dem Nai Nai kam, mich abholte und mir eröffnete, Mutter habe fortgehen müssen und ich selbst dürfe nicht zu Waipo zurück.

Erst Jahre später war ich alt genug, um zu verstehen, was geschehen war. Aber es sollte sogar mehr als zwanzig Jahre dauern, bis einer von uns, einschließlich Mutter, den ganzen Sachverhalt begriff. Anfang 1957 war die sogenannte »Hundert-Blumen-Bewegung« ausgelöst worden. Offiziell sollte die Partei damit eine Gelegenheit erhalten, ihre eigenen Mängel auszumerzen, indem sie sich der Kritik der Massen aussetzte. Vater war gerade als Reporter unterwegs. In seiner Abwesenheit wurden im Amt für Öffentliche Sicherheit von Changsha Versammlungen abgehalten. Jedermann war aufgefordert, offen und ehrlich seine Meinung zu sagen.

Mutter wußte nicht, wie sie sich verhalten sollte. Sie empfand echte Liebe für die Partei und hatte nichts an ihr auszusetzen. Die Partei hatte ihr Arbeit gegeben und sie vor der schlimmsten Armut bewahrt. Doch nun sagten die Führer der Partei, jeder solle aktiv an der Bewegung teilnehmen, vor allem jene, die irgendwann Parteimitglieder zu werden hofften. Mutter stand schon ziemlich oben auf der Liste. Vor einiger Zeit war ihr die wichtige Aufgabe übertragen worden, alle Haftbefehle für den gesamten Bereich der Stadt amtlich zu bestätigen. Da sie es für ihre Pflicht hielt, irgend etwas vorzubringen, nahm sie sich schließlich vor, drei Punkte zur Sprache zu bringen. Sie sagte, ihr Abteilungsleiter verwende manchmal unflätige Ausdrücke und liebe es, an Leuten herumzukritisieren. Er solle seiner Haushälterin ein richtiges Bett geben, statt sie auf dem Fußboden schlafen zu lassen. Und drittens sei sie der Meinung, die führenden Persönlichkeiten sollten mehr auf die Masse des Volkes hören, wenn es um Lohnerhöhungen ging.

Schon nach kurzer Zeit wurde jedoch mit verwirrender Schnelligkeit aus der »Hundert-Blumen-Bewegung« die »Bewegung gegen die Rechtsabweichler«. Vielleicht war die Partei zeitweilig durch das Ausmaß der Kritik aus dem Gleichgewicht geraten und fühlte sich gezwungen, energisch durchzugreifen. Oder war, wie ich jemanden sagen hörte, die »Hundert-Blumen-Bewegung« von Anfang an eine Falle, in der sich die rechtsgerichteten Elemente fangen sollten? Wie dem auch sei – jedes Amt und jede Dienststelle erhielt eine bestimmte »Quote« an rechtsgerichteten und reaktionären Elementen zugeteilt. Im Amt für Öffentliche Sicherheit gehörte auch Mutter dazu.

Es war eine Katastrophe. Als man ihr später, im Jahr 1978, Einsicht in ihre Akte gewährte, war zu ersehen, daß man ihr nur die »Kappe« der Reaktionäre aufgesetzt hatte, weil sie damals jene drei kritischen Äußerungen getan hatte. Vielleicht hatte sie damit den Zorn ihres Abteilungsleiters erregt. Oder man hatte in ihrer Dienststelle Mühe, der »Quote« gerecht zu werden. Jedenfalls hatte sie damals keine Ahnung, weshalb man sie verdammte. Sie wußte nur, daß ihr schreckliches Unrecht widerfahren war. Es war jedoch unmöglich, Berufung einzulegen. Mutter wurde zum Arbeitsdienst und zur Umerziehung in den Vorort Yuan Jialing geschickt. Sie verlor ihren Rang als Kadermitglied, und ihr Gehalt wurde von fünfundfünfzig auf fünfzehn *yuan* im Monat gekürzt. (1 *yuan* sind 100 chinesische Cents. Siehe Erläuterungen, Seite 7/8.) Meine naive und gutgläubige Mutter mußte also fortan die Arbeit einer Bäuerin verrichten.

Zum Zeitpunkt, als seine Ehefrau als Parteifeindin gebrandmarkt wurde, nahm Vater gerade in seiner eigenen Dienststelle aktiv an der Bewegung gegen die Reaktionäre teil. Vater glaubte mit ganzem Herzen an die Partei. Er war davon überzeugt, daß die Partei nie einen Fehler machte und kein falsches Urteil fällte. Er befand sich in einer verzwickten Lage. Sein traditioneller konfuzianischer Familiensinn drängte ihn, Mutter beizustehen, aber seine politische Loyalität befahl ihm, sie zu verdammen. Am Ende gewann seine Parteitreue die Überhand. Er denunzierte sie. Vater handelte im Glauben, er könne nur so seine Familie vor dem Ruin retten.

Ich erinnere mich noch an Mutters ersten Besuch. Es war ein regnerischer Sonntag im Spätherbst. Vater und Nai Nai waren nicht zu Hause. Jemand kam die Treppe herauf und trat in den Korridor, aber es dauerte fast eine Minute, bis schüchtern an die Tür geklopft wurde. Liang Fang öffnete die Tür. Mutter war kaum wiederzuerkennen. Sie trug die geflickte blaue Kluft einer Bäuerin. Die Hosenbeine waren bis zu den Knien mit Lehm beschmiert. Die Haut ihres freundlichen runden Gesichtes wirkte dick, ledrig und nicht allzu sauber. Das Haar hatte man ihr achtlos mit der Schere kurzgeschnitten. Irgendwie wirkte Mutter kraftvoller und gleichzeitig dünner. »Mama!« rief Liang Fang.

Liang Weiping und ich liefen zu ihr, und gleich darauf drückte sie uns alle drei an sich. Sie weinte und vergaß in der Eile, ihren Regenschirm aus Ölpapier loszulassen. Nach einem Weilchen setzten meine Schwestern Teewasser auf und brachten Mutter eine Schale mit heißem Wasser, damit sie ihr Gesicht waschen konnte. Danach setzte sie sich

auf den Rand eines Bettes, zog mich an sich und hielt mich lange festumschlungen.
Nachdem Mutter ein wenig ausgeruht hatte, machte sie sich sofort an die Hausarbeit, die Nai Nai alleine nicht bewältigte. Sie kehrte den Boden auf, wischte Staub, spitzte unsere Bleistifte an, bürstete unsere Kleidung aus und putzte die Fenster. Wo sie die ganze Zeit gewesen war, wollte sie uns nicht sagen. Aber sie fragte uns nach unseren Schularbeiten, nach unserer und unseres Vaters Gesundheit. Wir waren so glücklich! Wir dachten, Mutter sei endlich heimgekehrt.
Sie war gerade damit beschäftigt, Liang Fangs Zöpfe neu zu flechten, als Vater nach Hause kam. Er war erstaunt, seine Frau zu erblicken, aber nicht sehr erfreut. »Was machst du hier?« fragte er. »Hast du Ausgang erhalten?«
Angesichts seiner Härte ließ Mutter den Kopf sinken. »Natürlich habe ich um Ausgang gebeten«, verteidigte sie sich. »Ich darf einmal im Monat nach Hause.«
Vater schwieg minutenlang. Nachdenklich ging er im Raum auf und ab. Mit seiner hochgewachsenen Gestalt überragte er Mutter turmhoch, genau wie Nai Nai. Dann plötzlich brach es aus ihm heraus, ein Strom von Sätzen, irgend etwas Politisches. Es ging um die Bedeutung der Bewegung gegen die Reaktionäre, über Mutters Pflicht, ihre Fehler zu erkennen und sich zu bessern. Vater wirkte plötzlich wie eine Propagandamaschine. Ich nehme an, er fühlte sich berufen, an Mutters Umerziehung mitzuwirken.
Eine Weile hörte sie ihm schweigend zu. Sie hielt den Kopf gesenkt, aber schließlich hielt sie es nicht mehr aus. »Ja, ja, ich bin reaktionär, und alles ist meine Schuld!« begehrte sie auf. »Hör auf damit, mir platzt der Kopf! Den ganzen Tag lang höre ich nichts anderes. Jede Woche muß ich Selbstbezichtigungen schreiben, und jetzt muß ich mir auch noch zu Hause dieses Zeug anhören.«
»Ich glaube, du hast noch gar nicht begriffen, was du angerichtet hast. Du machst alle Bemühungen zunichte, dich umzuerziehen«, sagte Vater zu ihr.
»Woher willst du das wissen?« wehrte sich Mutter. Ihr Gesicht wirkte bleich und trotzig.
Vater war nicht mehr zu halten. »Du reaktionäres Element! Denk an deinen schädlichen Einfluß auf die Kinder!«
Nun verlor auch Mutter ihre Selbstbeherrschung. »Was habe ich denn falsch gemacht? Die Partei forderte mich auf, Kritik zu üben, und nichts weiter habe ich getan. Gib mir ein einziges Beispiel dafür, daß ich ...«

Mutter brach mitten im Satz ab, denn Vater hatte ihr eine schallende Ohrfeige versetzt. Sie ließ sich auf das Bett zurücksinken und begann zu weinen. Vater verließ das Zimmer und schlug die Tür hinter sich zu. Nach einer Weile raffte sich Mutter auf. Langsam, wie unter großen Schmerzen nahm sie ihre schmutzige Jacke und den Regenschirm an sich. Wir Kinder schluchzten unterdessen herzzerreißend. Als Mutter schon fast aus der Tür war, erschien Vater noch einmal und rief ihr nach: »Komm nicht zurück, bevor du dich nicht umerzogen hast! Die Kinder in diesem Haus brauchen eine revolutionäre Mutter, keine Reaktionärin!«

Als Mutter stehenblieb und ihm ihr tränenüberströmtes Gesicht zuwandte, sagte Vater etwas milder: »Es ist egal, was du hier gesagt hast. Ich werde es für mich behalten. Aber hüte deine Zunge im Arbeitslager.«

Trotz Vaters Grausamkeit kam Mutter jeden Monat einmal zu uns. Sie muß uns sehr vermißt haben, denn um uns zu sehen, nahm sie Vaters Moralpredigten und die unvermeidlichen Streitereien mit ihm auf sich. Manchmal schlief sie in Vaters Bett. Dann durfte ich bei meinen Eltern liegen. Es entging mir nicht, daß Mutter nachts keine Ruhe fand. Morgens war ihr Kissen immer naß. Bisweilen war Vater jedoch so gereizt, daß sich Mutter schon auf der Türschwelle umdrehte und wieder ging. Vater warnte uns oft vor ihr. Wenn wir dann ihre Partei ergriffen, wurde er wütend und nannte uns dumme Kinder, die nichts begriffen.

Wir wußten nicht, daß Vater längst an Scheidung dachte. Er war wohl zu der Überzeugung gelangt, daß wir alle verloren seien, wenn er nicht völlig mit Mutter brach. Bei solchen Angelegenheiten war es nämlich üblich, die ganze Familie für die Schuld eines einzelnen Mitgliedes büßen zu lassen. Falls er sich nicht in aller Form von Mutter trennte, würde Vater nie in die Partei aufgenommen. Und wenn wir Kinder später die Mittelschule besuchen wollten, stünde in unseren persönlichen Akten der Vermerk, daß wir einem rechtsgerichteten Elternhaus entstammten. Wir wären für alle Zeiten als »fragwürdige« Personen gebrandmarkt, und es würde uns schwerfallen, zur Mittel- und Oberschule zugelassen zu werden, eine anständige Arbeit oder Ehepartner zu finden. Darüber hinaus konnte Mutters Mißgeschick das Ende all dessen bedeuten, was sich Vater für sich und seine Kinder erträumt hatte. Wie muß er Mutter gehaßt haben für das, was sie angerichtet hatte!

Mutter war eine stolze Frau. Sie war so fest davon überzeugt, daß man ihr Unrecht getan hatte, daß sie Vater eröffnete, sie würde sich von ihm scheiden lassen, sobald sie rehabilitiert sei. Ihre Starrköpfigkeit machte Vater wütend, zumal inzwischen eine zweite Massenbewegung gegen alle rechtsgerichteten Personen in Gang gesetzt worden war. Mit einer »reaktionären« Ehefrau war Vater natürlich eine geeignete Zielscheibe. Öffentlich mußte er an Mutter Kritik üben, und man zwang ihn, seine geheimsten Gedanken zu protokollieren. Der Druck wurde sogar noch größer, als die Sache mit Onkel Yan passierte. Als Mutter unter Beschuß geriet, war ihr älterer Bruder anfänglich genauso empört wie sie selbst. Er ging zum Amt für Öffentliche Sicherheit, um für sie auszusagen. Auch an seinem eigenen Arbeitsplatz im Hospital Nr. 1, wo er im Rahmen der Kommunistischen Jugendliga tätig war, setzte er sich für sie ein. Er kam sogar zu uns nach Hause und drängte Vater, unserer Mutter beizustehen. Vater fand es verrückt, daß Onkel Yan Kopf und Kragen riskierte. Tatsächlich dauerte es auch nicht lange, bis Onkel Yan wegen seiner Loyalität gegenüber der eigenen Familie bestraft wurde. Nun mußte auch er die »Kappe« der Reaktionäre tragen, und unsere Familie war mit einem weiteren Makel behaftet. Onkel Yans Mißgeschick war der Beweis dafür, daß Vaters traurige Wahl angesichts der harten politischen Realitäten zumindest in praktischer Hinsicht richtig gewesen war. Als wir Kinder alt genug waren, um alles zu verstehen, konnten wir Vater kaum einen Vorwurf wegen seines Verhaltens machen.

Nai Nai war erschrocken, daß der Makel, ein Reaktionär zu sein, so leicht von einem Familienmitglied auf ein anderes abfärbte. Voller Begeisterung hatte sie an der »Fort mit den vier Übeln«-Hygienebewegung teilgenommen. Den auf Karikaturen abgebildeten Ratten, Fliegen, Mücken und Flöhen hatte man inzwischen eine weitere Plage hinzugefügt: die Reaktionäre. Nai Nai brachte es kaum noch über sich, ihre faulen Nachbarn vor den Gefahren der Faulheit zu warnen, denn in ihrer Phantasie malte sie sich aus, wie die Leute hinter ihrem Rücken tuschelten, sie, Nai Nai, solle lieber das Üble im eigenen Haus loswerden. Als unser Vater sie, wie es einem guten Sohn ziemte, respektvoll fragte, was sie davon hielte, wenn er sich scheiden ließe, stimmte sie ihm erleichtert zu. Die Bürde der Familie war ihr längst zu schwer geworden.

Mutter arbeitete inzwischen hart, um ihre eigene »Kappe« loszuwerden. Die Schwielen an ihren Händen wurden immer größer und härter, und ihre Schultern waren wund an der Stelle, wo sie bei der Arbeit der Tragbaum drückte. Die Haut ihres Gesichts nahm die Farbe eines schönen gelblichen Brauns an. Es war ein hartes Leben für eine junge

Frau, deren Dasein sich bisher vorwiegend im Schutz des elterlichen Hauses und später in ihrem Arbeitszimmer im Büro für Öffentliche Sicherheit abgespielt hatte.

Alle »Reaktionäre« im Arbeitslager von Yuan Jia Ling waren bemüht, den diensthabenden Amtspersonen zu beweisen, daß sich in ihnen ein Gesinnungswandel vollzogen hatte, denn jeder wollte möglichst schnell entlassen werden. Es gab dort Vertreter aller Gesellschaftsschichten – Intellektuelle, ehemalige hohe Kadermitglieder und einfache Arbeiter. Freundschaften waren unmöglich, denn die beste Art, sich bei den Aufsehern beliebt zu machen, bestand darin, andere Insassen des Arbeitslagers zu denunzieren. Deshalb beobachteten sich alle argwöhnisch, und wegen eines Reiskorns, das aus Versehen zu Boden fiel, konnte der Schuldige einen ganzen Nachmittag kritisiert werden – wegen Mißachtung der bäuerlichen Arbeit. Alles konnte gegen einen Menschen ausgelegt werden, sogar Worte, die er im Schlaf sagte.

Eine zweite, genauso wichtige Strategie bestand darin, daß man in regelmäßigen Abständen sogenannte Gedankenprotokolle über sich selbst verfaßte. Nur wenige Insassen des Arbeitslagers hielten sich selbst für reaktionär, doch das einzige, was sie tun konnten, war, Vergehen reuig zu beichten, die eigenen Verfehlungen aufzuschreiben oder notfalls welche zu erfinden. Das Verfassen solcher Berichte wurde allmählich zur Gewohnheit. Am Ende glaubte unsere Mutter fast an die Dinge, derer sie sich bezichtigte.

Die dritte und letzte Möglichkeit, rasch die erwähnte Freiheit wiederzuerlangen, war harte Arbeit. Man handelte klug, wenn man sich sein ohnehin elendes Dasein noch künstlich erschwerte, indem man beispielsweise in der heißen Sommersonne auf eine Kopfbedeckung verzichtete oder bei strömendem Regen weitermachte, wenn alle anderen die Arbeit niederlegten. Im allgemeinen mußten die »Reaktionäre« gewöhnliche Landarbeit verrichten, zum Beispiel Teiche für die Fischzucht ausheben und Obstbäume pflanzen. Aber manchmal wurden die Leute auch auf Lastwagen verladen und zu besonderen Bauvorhaben transportiert, wo sie Steine brechen und schleppen mußten. Dort mußten sie Seite an Seite mit gewöhnlichen Dieben, Strolchen und Spionen der Guomindang arbeiten. Mutter stand jetzt auf gleicher Stufe mit den Menschen, deren Haftbefehle sie früher im Amt für Öffentliche Sicherheit bearbeitet hatte. Das war fast zuviel für sie. Aber sie hielt durch, genau wie all die anderen, und nach drei langen Jahren, als sie längst gelernt hatte, ohne große Anstrengung hundertpfündige Steine auf dem Rücken zu tragen, wurde sie zu einem gelangweilt wirkenden Beamten zitiert, der ihr eröffnete, daß sie künftig nicht mehr als »Reaktionärin« gelte. Sie sei entlassen.

Mutter kam spät nachts daheim an. Mit ihrem Lumpenbündel sah sie aus wie eine Bettlerin. Doch als sie sprach, war ihre Stimme klar und voller Stolz. »Liang«, sagte sie förmlich zu Vater, »ich bin wieder ein normaler Mensch.«

Dann berichtete sie, sie sei der Scheinwerferfabrik in der Straße des 1. Mai als gewöhnliche Arbeiterin zugeteilt worden. Ihr Lohn sei dort zwar viel geringer als im Amt für Öffentliche Sicherheit, und sie habe für alle Zeiten den Status eines Kadermitgliedes verloren, doch immerhin sei sie nun frei, ein normales Glied der menschlichen Gesellschaft.

Meine Schwestern und ich dachten, sämtliche Schwierigkeiten seien nun vorbei, doch als ich nachts wach im Bett lag, hörte ich, wie meine Eltern nicht etwa über den Beginn eines neuen Familienlebens sprachen, sondern über die Scheidungsformalitäten.

Die Frage war, was mit uns Kindern geschehen sollte. Den ganzen Winter über zankten sich Vater und Mutter um uns wie Baseballspieler um den Ball. Mutter wollte zumindest eines der Kinder für sich haben, am liebsten Liang Fang, die schon elf Jahre alt war und das Leben besser verstand als Liang Weiping und ich. Mutter wohnte bei Waipo, besuchte uns aber jeden Tag. Wenn ich aus der betriebseigenen Grundschule des *Hunan-Tageblattes* heimkehrte, war sie immer schon da und wartete auf mich.

An einem bitterkalten Sonntag nahm sie uns Kinder mit in den Märtyrerpark, wo sie allein mit uns sprechen konnte. Wegen des schlechten Wetters war weit und breit keine Menschenseele zu sehen. Die Leute waren daheim, hüllten sich in Decken oder wärmten sich an Kohleöfen. Wir trugen alles am Leibe, was wir an Kleidung besaßen. Ich fühlte mich in meiner Vermummung so kugelrund, daß ich gefahrlos einen Hügel hätte herunterrollen können, aber mir war noch immer kalt. Schön und verlassen lag der Park vor uns. Das riesige Monument zu Ehren der toten Märtyrer überragte die Stadt wie ein Eiszapfen. Der Wind zerrte an den grauen Fassaden der wehrlosen Pavillons.

Wir machten einen Spaziergang zu einem großen künstlichen See, der Hauptattraktion des Parkes, und setzten uns am Ufer nieder. Der See, auf dem es sonst von Ruderbooten wimmelt, war heute von einer dünnen Eisschicht bedeckt. Ich kroch zwischen Mutters Knie, während sich Liang Fang und Liang Weiping zu beiden Seiten dicht an sie preßten. Als Mutter schließlich zu sprechen begann, lag in ihrer Stimme viel Zärtlichkeit und Rührung.

»Eure Mutter ist eine unglückliche Frau«, sagte sie. »Wenn ihr erst älter seid, werdet ihr verstehen, wie viele Tränen ich wegen unserer Familie in den vergangenen drei Jahren vergossen habe. Nun ist es soweit, daß ich euch nicht mehr besuchen darf, aber ihr könnt immer zu Waipo kommen, wenn ihr mich sehen wollt. Liang Fang wird bei mir bleiben. Leider habe ich nicht genug Geld für uns alle ...«

Liang Weiping und ich brachen in Tränen aus. Wir beteuerten unserer Mutter, daß wir mit ihr gehen wollten. Bald weinten wir alle. Mutter zog uns so fest an sich, daß es mir kaum in den Kopf wollte, sie könnte irgendwann für immer fortgehen.

Lange blieben wir im Park sitzen, doch als Mutter bemerkte, daß meine Wangen vor Kälte ganz rot geworden waren, stand sie auf und brachte uns heim. Am Fuß der Treppe blieb sie stehen und war nicht zu bewegen, mit nach oben zu kommen. Im Gehen sagte sie nur: »Denk dran, Liang Fang, daß du mit mir gehst.«

Am Abend des gleichen Tages rief Vater uns zu sich ins Wohnzimmer. »Hört zu, Kinder. Ihr seid noch klein, und es gibt viele Dinge, die ihr nicht versteht«, sagte er betrübt. »Würdet ihr jetzt bei eurer Mutter bleiben, dann müßtet ihr ein unglückliches Leben führen. Schaut nur, wieviel Selbstkritik euer Vater ihretwegen üben muß. Deshalb ist es besser, wenn ihr bei mir und Nai Nai bleibt. Wir werden schon für euch sorgen.«

Davon wollte Liang Fang nichts wissen. »Mama ist keine Reaktionärin mehr«, sagte sie. »Welchen Unterschied macht es also, bei wem ich bleibe? Ist es nicht ruhmreich, Arbeiter zu sein?«

»Die politische Laufbahn eurer Mutter ist zu Ende«, sagte Vater verärgert. »Ihre Personalakte hat für alle Zeiten einen dunklen Fleck, und die Partei wird ihr nie wieder trauen. Wißt ihr denn nicht, daß man euch, wenn ihr in die Mittelschule aufgenommen werden wollt, fragen wird, ob sich eure Eltern politisch etwas haben zuschulden kommen lassen? Wenn ihr bei mir bleibt, braucht ihr eure Mutter nicht einmal zu erwähnen, denn ich werde mich in aller Form von ihr scheiden lassen. Wenn ihr aber mit ihr geht, kann es sein, daß ihr niemals die Mittelschule besuchen werdet, von einer Mitgliedschaft in der Kommunistischen Jugendliga oder der Partei ganz zu schweigen. Und was euch anbelangt–«, meinte Vater sodann ärgerlich zu Liang Weiping und zu mir, »könnt ihr euch nicht vorstellen, warum man euch nicht bei den Jungen Pionieren aufgenommen hat? Hat das etwa nichts mit eurer Mutter zu tun?«

Nai Nai kam ins Zimmer geeilt und ersuchte ihren Sohn, seinen Zorn zu zügeln. Dann schaute sie uns an. »Euer Vater ist gut zu euch, Kinder«, sagte sie. »Er sieht die Lage richtig. Glaubt ihr denn, ich hätte nicht auch lieber eine gute Schwiegertochter? Weiß ich denn nicht, daß ihr eine gute Mutter braucht? Aber gegen das Schicksal ist nichts auszurichten. Bleibt hier bei uns, Kinder. Es ist das beste.«

Am Ende wurde die Streitfrage vor Gericht entschieden. An jenem Nachmittag wirkte Vater erschöpft, als er nach Hause kam. »Es ist entschieden, ihr bleibt alle bei mir«, sagte er. »Mutter kommt gleich, um sich von euch zu verabschieden.« Abends aßen wir noch einmal mit ihr, und bei Tisch wurden sogar Nai Nai die Augen feucht. Niemand sagte etwas, und niemand hatte Appetit auf den Fisch und die *tofu*-Suppe. Als Nai Nai den Tisch abräumte und das Geschirr spülte, ordnete Mutter ihre wenigen Habseligkeiten. Das meiste ließ sie bei uns zurück. Vater saß auf seinem Stuhl und rauchte verbissen eine Zigarette. Das tat er immer, wenn er erregt war. Schließlich war es soweit. Mutter stand auf, um zu gehen.

Für uns Kinder war das wie ein Signal. Plötzlich war unsere schmerzliche Betäubung verflogen. Wir liefen zu unserer Mutter, flehten sie an zu bleiben, zerrten an ihrer Kleidung und umklammerten ihre Beine, um sie zurückzuhalten. Vater unternahm nichts. Er ließ geschehen, daß sie uns immer wieder umarmte. Schließlich riß sie sich von uns los, schritt unbeirrt zur Tür und schloß sie hinter sich. Wir rannten auf den Balkon und riefen ihr hinterher, bis ihre kräftige, gedrungene Gestalt um die nächste Straßenecke verschwand. Sie war fort.

Es stellte sich heraus, daß Vater viel zu zuversichtlich gewesen war. Auch die Scheidung befreite uns nicht von dem Makel, einst einen »Reaktionär« in unserer Familie gehabt zu haben. Vater verbot uns jeglichen Kontakt mit Mutter, wobei er glaubte, es ginge alles besser, wenn er nur eine klare Trennungslinie zwischen ihr und uns zöge. Doch an unserem Status änderte sich nicht das geringste: In den Augen der Partei waren meine Schwestern und ich die Kinder einer reaktionären Mutter, und Vater war ein Mann, der eine Reaktionärin geheiratet hatte. Als sich Liang Fang für die Mittelschule bewarb, kam sie nicht umhin, die politische Verfehlung ihrer Mutter zuzugeben. Und Liang Weiping mußte eines Tages feststellen, daß jemand in der Schule mit Kreide die Worte »Kind von reaktionären Eltern« auf ihr Pult geschrieben hatte. Als ich darum bat, bei den Jungen Pionieren aufgenommen zu werden, wurde ich erneut abgewiesen.

Als ich sechs Jahre alt war und die dem *Hunan-Tageblatt* angegliederte Grundschule besuchte, wurde ich von meinen Mitschülern häufig wegen meiner Mutter gehänselt. Ich tat aber ihre Sticheleien mit einem Achselzucken ab, denn ich war ein guter Schüler, und meine Leistungen ernteten so viel Anerkennung, daß sie alle kleinlichen Anfeindungen mehr als wettmachten. Ich weiß noch, wie sehr sich Vater freute, als ich für meine Bilder und Zeichnungen mehrmals lobend erwähnt wurde. Meine Darstellung einer »glorreichen Morgenröte« hatte in der ganzen Grundschule nicht ihresgleichen.

Doch je älter ich wurde, desto wichtiger wurden die drei Stadien, die ein wahres Kind der Revolution zu durchlaufen hatte: Junge Pioniere, Kommunistische Jugendliga und, als Krönung, die Parteimitgliedschaft. Mir wurde nach und nach klar, daß Erfolg in der politischen Arena der Schlüssel zum Erfolg in allen anderen Bereichen war. Wenn ich irgendwelche persönlichen Ambitionen verwirklichen wollte, dann mußte ich diese grundsätzlichen Zeichen gesellschaftlicher Anerkennung erringen. Schüler, die berechtigt waren, das dreieckige rote Halstuch der Jungen Pioniere zu tragen, waren viel angesehener als die anderen, ungeachtet ihrer schulischen Leistungen. Und zu Hause fragten mich Vater und Nai Nai ständig, ob es mit meiner Bewerbung endlich geklappt hätte. Aber es half alles nichts. Jahr für Jahr wurde ich abgewiesen, bis ich mich schließlich in einer winzigen Gruppe von Außenseitern befand, deren »politische« Leistungen die schlechtesten der ganzen Klasse waren.

Eines Tages kam ich der Ursache meines Kummers auf die Spur. Unser Lehrer Luo hielt uns einen kleinen Vortrag: »Einige Schüler wollen von kleinauf gut essen und schöne Kleidung tragen«, sagte er. »Doch das ist kapitalistisches Denken. Andere Schüler entstammen guten Arbeiterfamilien, oder ihre Eltern gehören den revolutionären Kadern an. Sie sollten sich hüten, allzu stolz auf sich zu sein. Aber Schüler, die aus fragwürdigen familiären Verhältnissen stammen, müssen streng darauf achten, daß sie eine scharfe Trennungslinie zwischen sich und ihrer Familie ziehen.« Bei diesen Worten blickte Lehrer Luo mich und einen anderen Jungen, der auch einen »Reaktionär« in der Familie hatte, vielsagend an. Da drehten sich alle Mitschüler zu uns hin und starrten uns an.

Um die Wahrheit zu sagen, war ich nach der Scheidung meiner Eltern oft heimlich zu meiner Mutter gegangen, obwohl mich Vater gewarnt hatte, daß dies für meine Zukunft sehr schädlich wäre. Mutter war jedesmal außer sich vor Freude, wenn sie mich sah, und auch in den schlimmsten Jahren schaffte sie es immer irgendwie, mir ein paar *fen* zuzustecken (ein *fen* ist ein chinesischer Cent. Siehe Erläuterungen, Seite 7/8) oder eine geröstete Süßkartoffel. Aber nach Lehrer Luos Vortrag wurde es mir allmählich lästig, ständig als Sohn einer reaktionären Mutter geschmäht zu werden. Außerdem wurden die Mitschüler mit ihren Sticheleien immer unverschämter. Schließlich schlugen sie mich sogar oder gaben mir einen Fußtritt, wenn ich gerade wegschaute. Dann taten sie so, als seien sie es nicht gewesen. Manchmal entwickelten sich daraus richtige Schlägereien, doch damit handelte ich mir nur Tadel von Vater und von meinen Lehrern ein. Der Sohn einer anderen »reaktionären« Mutter war genauso elend und verlassen wie ich, aber wir wechselten kaum jemals ein Wort miteinander, denn das hätte alles vielleicht noch schlimmer gemacht.

So war es wohl unvermeidlich, daß ich im Lauf der Jahre Mutter immer stärker für mein miserables Dasein verantwortlich machte. Ich fing an zu glauben, daß sie tatsächlich eine Schuld auf sich geladen hatte. Vater und die Lehrer behaupteten das jedenfalls, und meine Mitschüler haßten mich wegen ihrer angeblichen Verbrechen. Am Ende hatte ich nicht mehr den Wunsch, meine Mutter zu besuchen, obwohl ich so einsam war. Es kam der Tag, wo ich sie nicht einmal rief, wenn ich sie aus der Ferne sah. Ich klammerte sie aus meinem Leben aus, wie man es von mir verlangte, und wurde ein Einzelgänger, der sich nur auf sich verläßt. Aber noch war es nicht soweit. Zuvor sollte noch vieles geschehen.

Kapitel 2

Harte Zeiten

Um das Jahr 1960, also um dieselbe Zeit, als sich meine Eltern voneinander trennten, begannen für China harte Zeiten. Ich war damals fast sieben Jahre alt. Reis, Speiseöl und Nahrungsmittel aus Sojabohnen wurden streng rationiert. Fleisch, Eier, Mehl und Zucker verschwanden allmählich gänzlich vom Markt. Der Preis für frisches Gemüse wurde unerschwinglich, und die *mantou* (kleine gedünstete Brote), die wir im Speisesaal kaufen konnten, wurden immer dunkler und grober, weil es kein gutes Mehl mehr gab. Immer waren wir hungrig.

Vater erklärte uns, die Flüsse und Seen seien über die Ufer getreten, so daß die Bauern nichts anpflanzen konnten. »Aber ihr habt Glück«, sagte er. »Ihr lebt in einer großen Provinzhauptstadt, wo die Partei und der Vorsitzende Mao euch Nahrung aus den Vorratslagern geben können. Die Bauern auf dem Land müssen selbst schauen, wie sie durchkommen.«

Mit jedem Monat wurde die Not größer, und das ein ganzes Jahr lang. Ich hatte mich daran gewöhnt, mit meinen Schwestern in den Märtyrerpark zu gehen und ein bestimmtes wildwachsendes Kraut zu rupfen, das eßbar war, denn es konnte zusammen mit zerstampften Reiskörnern zu einem Teig verrührt und gedünstet werden. Wir erfanden dafür die Bezeichnung »Bitterkuchen«. Allmählich wurde jedoch sogar diese Speise knapp. Wir mußten meilenweit in entlegene Vorstädte wandern, um etwas von besagtem Kraut aufzutreiben.

Die meisten alten Menschen und fast alle Kinder, die ich kannte, litten an der Wassersucht, von uns »Wasserschwellungen« genannt. Unsere Leiber waren aufgedunsen, wogegen nichts auszurichten war. Lustlos machten wir uns auf den Weg zur Schule, wo wir jedesmal erschöpft ankamen. Wenn sich die Leute gegenseitig besuchten, betasteten und drückten sie sich gegenseitig die Beine, um zu sehen, wie stark die Schwellungen bei ihnen waren. Sie schauten auch genau hin, ob sich die

Haut bei einem anderen Menschen schon gelblich verfärbt hatte. Manchmal machte ich mir einen Spaß daraus, mit dem Finger eine tiefe Grube in Nai Nais Wange zu drücken und zu beobachten, wie sie sich langsam, ganz langsam wieder ausfüllte, so ähnlich wie beim Brotteig.
Eines Tages, als Vater heimkam, wirkte er besonders bedrückt und in sich gekehrt. Eine Woche lang hatte er wegen einer Reportage auf dem Land verbracht. Schließlich erzählte er uns, daß weiter unten im Süden, im Hengyang-Distrikt, fast eine gesamte Produktionsgruppe einer landwirtschaftlichen Kommune an den Folgen des Hungers gestorben war. Von den Überlebenden habe niemand genug Kraft, um die Leichen zu begraben. Diese lägen noch immer in den Feldern herum; bis zu ihrem Ende hätten die Menschen versucht, Nahrung zu holen, um am Leben zu bleiben.
Im zweiten Jahr wurde Nai Nais Zustand sehr bedenklich, denn oft verschenkte sie die kleine Essensration, die ihr zustand. Mit Hilfe seines Presseausweises kaufte Vater ein *jin* Zucker (ungefähr ein Pfund) und ein *jin* andere Süßigkeiten. Einmal im Monat durfte er das in einem für Kadermitglieder reservierten Geschäft tun, aber Nai Nai gab den Zukker heimlich an uns weiter. »Eßt, damit ihr nicht auch krank werdet, Kinder«, sagte sie zu uns. »Ihr müßt noch viel wachsen, bis ihr groß seid.« Wir waren damals zu dumm und hungrig, um ihr Angebot auszuschlagen. Eines Tages, als meine Schwestern morgens aufstanden, blieb Nai Nai im Bett. Sie schlief so lange, daß meine Schwestern schließlich hingingen, um sie wachzurütteln. Als ihnen dies nicht gelingen wollte, riefen sie Vater. Doch auch seine Versuche, Nai Nai ins Leben zurückzuholen, schlugen fehl. Da warf er sich über sie, weinte und verfluchte sich, weil er ihr kein guter Sohn gewesen war. Nie zuvor hatte ich meinen Vater weinen sehen. Ich fand es seltsam und erschrekkend. Irgendwie wirkte er wie ein Kind unseres Alters, das Prügel bezogen hatte. Ich hoffte, daß er bald aufhören würde, aber er weinte sehr lange.
Drei Tage lang wurde um Nai Nai getrauert, wie es der Brauch verlangte. Viele Leute kamen, um das weiße Tuch von ihrem Gesicht zu ziehen, sie schweigend zu betrachten und sich vor ihr dreimal zu verbeugen. Weihrauch wurde verbrannt, um den schlechten Geruch zu vertreiben. Ein großer schwarzer Sarg und ein Kranz aus bunten Papierblumen wurden gekauft und am Fuß der Treppe für das Begräbnis bereitgestellt. Niemand beachtete mich. Man befestigte lediglich ein schwarzes Trauerband mit Nadeln an meinem linken Ärmel. Mein einziger Trost war, daß Waipo, die ich seit vielen Monaten nicht gesehen hatte, zu uns nach

Hause kam, um uns ihr Beileid auszusprechen. Nachdem sie Nai Nais Gesicht gesehen hatte, weinte sie lange. Dann schloß sie mich fest in ihre Arme und sagte zu mir: »Armes Kind!«

Nai Nai wurde draußen in der Vorstadt auf dem »Berg der Befreiung« begraben. Das war angeblich eine besonders gute Stelle, mit »gutem Wind und Wasser« und einem weiten Blick in die Ferne. Ein einfacher Grabstein mit ihrem Namen Liang Shuxiao (Liang, die getreue Tochter) ziert die Stelle, wo sie unter einem kleinen Erdhügel begraben liegt. Nach dem Begräbnis schwieg Vater viele Tage lang.

Da Nai Nai nun tot war, gab es niemand mehr, der sich um uns kümmerte. Vater kaufte Bezugsscheine für Reis und Gemüse, die wir im Speisesaal des Zeitungsgebäudes für Mahlzeiten ausgaben, wenn er beruflich unterwegs war. Meine Schwestern hielten unsere Kleidung in Ordnung und putzten auch das Haus. Dabei tat sich besonders Liang Weiping hervor, obwohl sie noch sehr klein war. Die Kollegen meines Vaters wußten, daß wir eine Mutter brauchten, und bedrängten ihn, sich wieder zu verheiraten. Irgendwann fand er auch eine Freundin. Sie war eine ehemalige Schulkameradin, deren Mann mit der Guomindang nach Taiwan gegangen war. Für Vater wäre sie eine ausgezeichnete Partie gewesen, denn sie war nicht nur Parteimitglied, sondern auch ein hohes Kadermitglied in einer Fabrik.

Ihr Name war Frau Yao. Sie war sehr freundlich zu uns, ja sie forderte uns sogar auf, sie Mutter zu nennen. Bisweilen lud sie mich in ihre Wohnung ein. Dann durfte ich in ihrem frischbezogenen, sauberen Bett schlafen. Es war, als wollte sie sich selbst dafür entschädigen, daß sie mich nicht schon als Kleinkind hatte bemuttern dürfen. Sie war es auch, die mich in Liang Heng umbenannte, was soviel bedeutet wie Liang der Beständige. Das sollte darauf hinweisen, daß ich ein neues Dasein voller Zielstrebigkeit und Geradlinigkeit begonnen hatte. Frau Yao war eine interessante Person. Sie war rundlich, dunkel und hübsch. Außerdem war sie von allen Frauen, die ich bisher kennengelernt hatte, die einzige, die Zigaretten rauchte. Fasziniert schaute ich jedesmal zu, wenn sie eine anzündete, aber ich wurde das undeutliche Gefühl nicht los, daß Vater mit ihrer Gewohnheit nicht einverstanden war.

Seine Beziehung zu Frau Yao schien den gewünschten Lauf zu nehmen, aber es gab nach wie vor einen dunklen Fleck, der ihm Kummer bereitete: meine Mutter. Wie alle anderen Menschen in unserer näheren Umgebung drängte auch Frau Yao uns Kinder, ganz mit ihr zu brechen. Doch in ihrem Fall war es einfach nur so, daß sie eifersüchtig war. Gewiß hatte mein Vater ihr versichert, daß er nur noch wenig für seine ehemalige Frau empfände, aber wahrscheinlich glaubte Frau Yao, daß er sich nur aus politischen Gründen hatte scheiden lassen, wie so viele andere Menschen in jenen Jahren. So kam es, daß sie Vater ständig vorwarf, er unterhalte noch immer Beziehungen zur Familie unserer Mutter. Als Beweis führte sie meine und meiner Schwestern verstohlene Besuche an. Vielleicht hatte Frau Yao jedoch auch nur an Vater zu zweifeln begonnen, weil er ein ziemlich kleines Gehalt bezog und nicht einmal Mitglied der Partei war. Jedenfalls verschlechterte sich das Verhältnis zwischen den beiden und ging schließlich vollends in die Brüche, als Vater aus einem dringenden Anlaß zwei ganze Tage und eine Nacht mit unserer Mutter verbringen mußte.

Es geschah im April 1962, als die Regierung verkündete, Chiang Chieshih habe das chinesische Festland angegriffen. Über Lautsprecher wurden alle Menschen aufgerufen, sich auf einen Krieg vorzubereiten. Man sagte uns, daß, wenn die Guomindang die Küste erreichte, unsere Führungskräfte erschossen und sämtliche Nahrungsmittel eingezogen würden. Das Volk würde versklavt, und man würde uns »ein zweites Mal leiden lassen«, indem man die gleiche Feudalherrschaft einsetzte, die vor der Revolution bestanden hatte.

Alle, die nicht berufstätig waren oder die Mittel- beziehungsweise Oberschule besuchten, also vor allem Kinder und alte Leute, sollten aus der Stadt evakuiert werden, um im Fall eines Angriffes in Sicherheit zu sein. Unterdes liefen die Erwachsenen aufgescheucht durcheinander und versuchten, der Lage Herr zu werden.

Wenn man Verwandte auf dem Land hatte, war das Problem natürlich leicht gelöst, doch wenn dem nicht so war, mußte eben eine andere Lösung gefunden werden. Die Regierung hatte keine Zeit, um solche Dinge zu organisieren. Vater hatte keine Verwandten auf dem Land, aber da war Mutters Tante, das heißt Waipos Schwester. Vater mußte all seine Verbitterung hinunterschlucken und eine Brücke über die tiefe Kluft schlagen, die er selbst mit aller Kraft verbreitert hatte. Nach einem quälenden inneren Kampf zwischen seiner Loyalität gegenüber der Partei und seinem Familiensinn begab er sich schüchtern zu Waipos Haus. Mit ausgesucht höflichen Worten, wie er sie seit Jahren nicht an Mutter gerichtet hatte, knüpfte er wieder eine Beziehung zwischen beiden Familien. Mutter empfing ihn förmlich und hörte ihm geduldig zu. Auch erklärte sie sich sofort einverstanden, einen Brief an ihre Tante zu schreiben, die vor den Toren von Changsha auf dem Luojia-Berg wohnte. Liang Weiping, ich selbst, meine beiden jüngeren Cousinen und Waipo sollten dort hinziehen. Liang Fang und ein älterer Cousin sollten

daheimbleiben und weiterhin die Mittelschule besuchen. Es wurde abgemacht, daß Vater und Mutter uns zu der Tante bringen und erst am darauffolgenden Tag nach Changsha zurückkehren sollten.
Der Bahnhof wimmelte von Flüchtlingen. Die meisten waren alte Frauen und Kinder. Sie hatten alle nach Möglichkeit ihre wertvollste Habe mitgebracht, die sie in Schultertaschen und Netzen bei sich trugen. Dabei waren auch kleine Möbelstücke, Bettzeug, Standuhren, Lampen und Angelruten. Großmütter hielten ihre Enkelkinder an der Hand, Mädchen trugen ihre kleineren Geschwister auf dem Rücken, und die ganze Wartehalle war erfüllt vom lauten Gebrüll der Säuglinge. Unsere Familie hatte weniger Habseligkeiten mitgebracht als die meisten anderen. Ich selbst hatte mein Holzgewehr und meine Bücher. Meine Schwester hatte ihre Scheren und das bunte Papier mitgebracht. Waipo umklammerte einen kleinen Beutel aus Stoff. In ihrem Leben war sie nur selten von daheim fortgewesen, und so blickte sie sich nun nervös um, während mein Vater losging, um die Fahrkarten zu kaufen. Mutter saß derweil auf einem Bündel Bettzeug und fächerte uns liebevoll kühle Luft zu, denn wegen der Hitze hatten wir schon kleine Pickel auf der Stirn. Sie war außer sich vor Freude, daß sie uns wieder bei sich hatte.
Das Gedränge auf dem Bahnsteig war fürchterlich. Glücklicherweise gelang es unseren Eltern, im Zug Sitzplätze für fast die gesamte Familie zu finden. An jeder Haltestelle wartete einfaches Landvolk auf die »feinen Leute« aus der Stadt. Wir sahen braungebrannte, kräftige Bauern, die sich aus Kostengründen einfach den Kopf kahlgeschoren hatten. Eifrig hielten sie auf den Bahnhöfen Ausschau nach ihren aufgeregten Verwandten aus der Stadt, die sie seit Jahren nicht gesehen hatten. Unser Zug fuhr sehr langsam, so daß es fast eine Stunde dauerte, bis wir am Luojia-Berg ankamen. Noch nie hatte ich meine Verwandten mütterlicherseits mit eigenen Augen gesehen, aber Liang Weiping war vor ein paar Jahren bei ihnen gewesen, um eine Kopfhauterkrankung auszukurieren. Folglich erkannte sie sofort Onkel Hou und dessen Sohn in der Menschenmenge. Er war der Sohn von Waipos Schwester, aber wir nannten ihn der Einfachheit halber Onkel, hinter seinem Rücken auch »Onkel Großohr«. Für uns war es eine ausgemachte Sache, daß er hundert Jahre und älter werden würde.
Bis zu seinem Haus mußten wir ungefähr zehn *li*, also drei Meilen zu Fuß durch Felder und halb den Berg hinauf zurücklegen. Die Landschaft war wunderschön. Auf Teichen schwammen große Lotosblumen, und Häuser aus Lehmziegeln und mit Strohdächern drängten sich in kleinen Gruppen unter immergrünen Bäumen und Palmen. Nach einer Weile

erreichten wir eine Art winziges Dorf. Sieben oder acht Familien hatten ihre Häuser eng um einen kleinen Hof herumgebaut. Waipos Schwester wartete inmitten der anderen Verwandten und Nachbarn an der offenen Seite des Hofes. Unsere Großtante war noch kleiner und dünner als Waipo, hatte aber die gleichen großen Zähne, die schief standen. Bei unserem Anblick stieß sie einen leisen Schrei aus. Mit Tränen in den Augen eilte sie ihrer Schwester entgegen.

»Es muß wohl erst etwas Schlimmes passieren, bis ich euch mal zu Gesicht bekomme«, sagte sie freudestrahlend mit ihrem breiten bäuerischen Akzent. »Vielleicht hatte ich die guten Geister im Himmel durch irgend etwas beleidigt.«

Zum ersten Mal konnte ich einen Blick in ein Bauernhaus werfen. Meine Neugierde wurde dadurch noch größer, aber zugleich fühlte ich mich auch ein wenig abgestoßen. Diese Behausung war viel schmutziger als unsere kleine Wohnung in der Stadt! Der Lehmboden war von vielen Füßen festgestampft worden, und wegen des offenen Herdfeuers in der Küche lag auf allen Gegenständen eine dicke Schicht Asche. Die Moskitonetze waren so oft geflickt worden, daß man nicht wußte, ob sie aus Zeitungspapier oder Garn bestanden. In allen Ecken und Winkeln erblickte ich Spinnweben. Aber die Zimmer waren groß. In der Mitte des Hauses gab es einen Dreschplatz. Ferkel und Hühner liefen über den Hof und durch das Haus. Ich hatte meine reine Freude daran.

Die Bauern waren sehr höflich zu uns. Sie empfingen uns mit einem besonderen Tee, den ich nie zuvor gekostet hatte, der aus Sojabohnen, Sesam, Salz und Ingwer gekocht worden war. Später brachten sie uns etwas zu essen und erklärten verlegen, die Zeiten seien so schlecht, daß es oft sogar an Reis mangelte. Fleisch gab es überhaupt nicht mehr, aber heute wurde zur Feier des Tages ein wenig Räucherfisch gereicht. Onkel Hou hatte den Fisch vor Monaten gefangen und ihn für diesen besonderen Anlaß aufgehoben. Es gab dazu verschiedene Arten von Kürbis und Kohl. Für den nächsten Monat sollte daraus unsere tägliche Kost bestehen. Nach dem Essen zeigte uns Onkel Hou unser Zimmer. Es war groß und dunkel. Abgesehen von zwei Betten enthielt es nur bäuerliches Arbeitsgerät sowie Bastumhänge und kegelförmige Hüte, die an der Wand hingen. Nach einigem Hin und Her wurde eine etwas seltsame Verteilung der Schlafplätze vorgenommen. Waipo sollte in einem der beiden Betten zusammen mit Liang Weiping und unseren beiden Cousins nächtigen, während ich in dem zweiten Bett mit Vater und Mutter schlafen sollte.

Ich war damals noch ein Kind, und ich beachtete meine Eltern nicht weiter, für die diese Situation recht eigentümlich gewesen sein muß. Während der kurzen Reise und auch während des Abendessens hatten sie kaum ein Wort miteinander gewechselt. Aber sie ließen unsere Verwandten in dem Glauben, daß sie noch immer glücklich verheiratet waren. Vielleicht verschwiegen sie die peinliche Angelegenheit, um die festliche Atmosphäre unseres Familientreffens nicht zu verderben. Doch nun legten Vater und Mutter ihre Kopfkissen so weit wie möglich voneinander entfernt an den äußersten Rand des Bettes. Erst als ich mich in die Mitte gelegt hatte, ließen sie sich zu beiden Seiten von mir nieder. Ich weiß nicht, ob sie in jener Nacht überhaupt schliefen. Für einen kleinen Jungen wie mich war der Tag sehr aufregend gewesen. So dauerte es nicht lange, bis ich einschlief. Wahrscheinlich hätte ich mir keinen einzigen Gedanken über das Verhältnis meiner Eltern zueinander gemacht, wäre nicht die Sache mit den Kopfkissen gewesen.

Vater und Mutter brachen früh am nächsten Morgen auf. Sie gingen nicht nebeneinander her, wie bei unserer Ankunft, sondern weit auseinander wie Fremdlinge, die nur zufällig den gleichen Weg hatten. Schmerzerfüllt schaute ich ihnen nach. Meine Mutter war ein guter Mensch. Nie hatte sie es an Liebe für uns Kinder mangeln lassen. Warum mußte sie eine Reaktionärin sein? Warum konnten meine Eltern nicht zusammenleben wie gestern? In meine übergroße Einsamkeit mischte sich plötzlich Zorn. Ich fühlte mich so verlassen, verwirrt und wütend, daß ich mit Tränen in den Augen ins Haus trat.

Am hinteren Ende des größten Zimmers blieb ich in einer Nische vor der Ahnentafel stehen. Sie war aus Holz, und auf ihr waren die Namen aller Vorfahren der Hou-Familie verzeichnet. Am oberen Ende der Tafel war ein goldener Drache mit langem Schwanz und scharfen Krallen in das Holz eingeschnitzt. Zu Füßen der Tafel standen ein paar hölzerne Figuren und eine blauweiße Porzellanschale, in der manchmal Weihrauch verbrannt wurde.

Plötzlich stand Waipo neben mir. »Mein kleines Dickerchen«, sagte sie. »Weißt du überhaupt, wen diese kleinen Figuren darstellen?«

Ihre Stimme wirkte auf mich tröstend. »Sind das etwa nicht Onkel Hous Vorfahren?« erkundigte ich mich.

»Nein, es sind Geister. Der große da drüben sorgt dafür, daß die Berghänge nicht rutschen. Und der da hält die Dürre fern. Er ist der Wasserbuddha. Die anderen Geister beschützen uns vor Feuer, Krankheit und bösen Mächten. In der Küche gibt es nicht weit von der Feuerstelle entfernt noch einen Buddha, und auch oben am Dach ist einer versteckt. Er soll der Familie Wohlstand bringen.«

»Warum haben wir in Changsha keine Buddhas?« wollte ich, hocherfreut über die Ablenkung, wissen.
»Früher hatten wir welche, aber nach der Befreiung kamen die Soldaten und forderten die Leute auf, Schluß mit all dem Aberglauben zu machen. Wir lieferten unsere Buddhas ab, damit sie verbrannt wurden, aber von Zeit zu Zeit geht noch immer jemand zu dem Tempel auf dem Südgipfel des Heng-Berges. Ich bitte ihn dann immer, ein wenig Weihrauch im Namen unserer Familie zu verbrennen.«
Überrascht blickte ich zu Waipo auf. »Macht Mama das auch?«
Sie lächelte. »Nein, solche Dummheiten machen nur wir alten Leute. Auch die Bauern hängen noch sehr an den alten Überlieferungen, sie haben ja auch so viele Sorgen. Aber du solltest dir darüber nicht den Kopf zerbrechen, denn du wirst einmal ein großer starker Mann sein. Laß uns jetzt zum Brunnen gehen und uns vor dem Frühstück das Gesicht waschen.«

Das Leben auf dem Land war rauh und primitiv, aber uns Kindern gefiel es sehr, denn wir konnten ungehindert mit den Bauernkindern spielen und brauchten keine Schulaufgaben zu machen. Sogar die Arbeit war fast wie ein Spiel. Wir standen in der Morgenfrühe auf, wenn der Himmel noch so blaß war wie der Bauch eines Fisches. Dann suchten wir im nassen Gras nach Hundekot, der als Dünger verwendet wurde. Wir mußten uns dabei im Dunst der Frühe sehr beeilen, sonst kamen uns die anderen Kinder zuvor, und wir würden mit leeren Händen zu Onkel Hou zurückkehren. Später gab es ein Frühstück, das meist aus Kürbis bestand. Dann führte uns Onkel Hous Sohn zu einem nahegelegenen Berg, wo wir Reisig sammelten.
Seit dem »Großen Sprung nach vorn« von 1958 bis 1960 war die Beschaffung von Feuerholz auf dem Land zu einem immer größeren Problem geworden. Der Vorsitzende Mao hatte den Bauern befohlen, nicht mehr die Felder zu bestellen, sondern die großen Bäume zu fällen und damit kleine Schmelzöfen für die Herstellung von Eisen und Stahl zu heizen. Abgesehen von niedrigem Gebüsch, vom Gras der Berghänge und vom Reisgras auf den Feldern gab es inzwischen nur noch wenig Brennbares. Es war immer schwierig, das Feuer in der Küche nicht ausgehen zu lassen. Meist mußte ein Mädchen ständig Reisig nachlegen, während eine Frau kochte. Das Anmachholz verbrannte schnell, und Reisgras war häufig nicht vorhanden, weil der Wasserbüffel unserer Produktionsgruppe damit gefüttert wurde. Vielleicht brauchte man es auch für eine Matratze oder für die Ausbesserung eines Daches. Folglich

mußten wir Kinder uns fast jeden Tag auf die Suche machen. Sogar mit trockenem Laub gaben wir uns zufrieden. Alles wurde in zwei große Bambuskörbe gestopft, die Onkel Hous Sohn dann an einem Tragbalken talwärts beförderte. Wenn er unter seiner schweren Last gebeugt davonstapfte, blieben wir unseren kindlichen Spielen überlassen. Sie drehten sich zumeist um Chiang Chieshih. Von den Bauern war nichts über ihn zu erfahren, also ließen wir unserer Phantasie freien Lauf und malten ihn uns als ein schreckliches Ungeheuer aus, das auf seinen Wegen alles tötete und verbrannte, genau wie seine Soldaten, wie wir es im Kino gesehen hatten. Oft zeichneten wir seinen Kopf mit einem Stock auf die Erde, rund und kahl, und wetteiferten dann miteinander, wer ihn als erster aus einer gewissen Entfernung mit einem Stein traf. Bei uns Jungen gab es noch eine zweite Spielart: Wir veranstalteten Wettkämpfe im Weitspucken und -pinkeln. Auch dabei ging es stets darum, den Kopf von Chiang Chieshih zu treffen. Die Bauernkinder liebten uns, weil wir diese neuen Spiele bei ihnen eingeführt hatten und so viel von der Welt dort draußen zu berichten wußten. Wenn wir müde vom Spielen waren, unterhielten wir uns über Lastautos und Busse und Flugzeuge. Die Kinder vom Land hörten mit weitaufgerissenen Mündern zu. Sie verwechselten die Silbe *ji* in dem Wort *feiji* (Flugzeug) mit dem *ji*, das »Huhn« bedeutet, und fragten sich verwundert, wie es Hühner schaffen konnten, höher als die Wolken zu fliegen.
Wir Stadtkinder konnten jedoch auch viel von ihnen lernen. Da gab es wunderbare Dinge, die wir uns nie selbst hätten ausdenken können, beispielsweise die Anfertigung von Angelruten aus Bambus oder die Fertigkeit, mit bloßen Händen Fische in den Reistümpeln zu fangen. Es wurde uns auch beigebracht, wilde Vögel in umgedrehten Körben mit einem Köder zu fangen: Ein Stöckchen sorgte dafür, daß zwischen dem Rand des Korbes und der Erde ein schmaler Spalt war. An dem Stock war eine lange Schnur befestigt. Wenn nun ein Vogel unter den Korb schlüpfte, um den Köder zu fressen, zog man einfach an der Schnur, der Korb fiel runter, und schon war der Vogel gefangen.
Übrigens fanden wir die Essenszeiten der Bauern sehr seltsam, denn nach dem Frühstück um neun Uhr war das Mittagessen um drei Uhr nachmittags, und dann gab es erst wieder, nach einer langen Ruhepause, um neun Uhr etwas zu essen. Es war immer dasselbe: Kürbisse, Flaschenkürbisse, Gartenkürbisse, Wachskürbisse und Bohnen. Nie war ich richtig satt, obwohl mir Waipo oft etwas von ihrer Portion abgab, damit, wie sie mir sagte, ich schnell groß und stark werden und gegen Chiang Chieshih kämpfen könnte.

Die Bauern lesen keine Bücher, noch denken sie anscheinend über etwas anderes nach als über das Wetter, das Ein- und Umpflanzen von Reis oder die Ernte. Zu Gesprächen kam es nur abends nach dem Essen. Dann zündete Onkel Hou seine Wasserpfeife aus Messing an und berichtete von dem harten Leben vor der Befreiung. Mit dem Finger zeigte er auf den geschnitzten Tisch, der einst einem Großgrundbesitzer gehört hatte, und sagte: »Wahrlich, der Vorsitzende Mao ist unser großes rettendes Gestirn! Wenn Chiang Chieshih jemals zurückkommt, nimmt er mir bestimmt den Tisch wieder weg.« Im Verlauf solch kurzer Gespräche nach Tisch erfuhren wir auch von dem Geist, der angeblich in dem Teich gleich hinter unserem Haus lebte. Es hieß, er habe einen ungezogenen kleinen Jungen in die Tiefe gezogen, der nie wieder gesehen worden sei. »Nachts könnt ihr ihn hören, wie er vom Grund des Teiches nach seiner Mutter ruft«, behauptete unsere Tante. Anfänglich glaubten wir nicht daran, denn wir waren Kinder aus der Stadt, und unser Vater hatte uns gesagt, daß es so etwas wie Geister überhaupt nicht gab. Aber dann holte Hou sichtlich beunruhigt tief Luft und erklärte: »Eines Nachts habe ich ihn selbst gesehen, einen kleinen weißen Wassergeist, tief unten in der Mitte des Teiches. Er war ganz blaß, aber nicht wie ein Mensch. Deutlich waren seine kleinen Arme und Beine zu erkennen, und er bewegte sich rasch auf das Ufer zu, als ob er mich auch ins Wasser ziehen wollte.«
Als wir das hörten, überlief uns Kinder ein Schauer. Onkel Hou war schließlich ein Erwachsener, und er wußte hier auf dem Land über alles Bescheid. Hatte er nicht Liang Weipings Kopfhauterkrankung geheilt, indem er ihr mit Büffelmist und einer langen Binde eine Art Turban verpaßt hatte? Seine Frau brach jedoch in Gelächter aus und meinte: »Ihr braucht euch überhaupt keine Sorgen zu machen, denn eure Ohren sind so groß, daß der Wassergeist mit euch nichts anzufangen wüßte. Ich glaube nicht, daß er Lust hätte, euch zu fressen.«
Nun lachten wir alle, aber später im Bett, als es unter dem Moskitonetz schrecklich finster war und uns nur Wanzen, Flöhe und das Summen der Stechmücken Gesellschaft leisteten, klammerte ich mich eng an meinen Cousin, denn in meiner Einbildung glaubte ich draußen vor dem Fenster das quietschende Geräusch kleiner nasser Füße zu hören.
Die Kinder der Bauern kannten keinen größeren Spaß, als sich für den Geist auszugeben und die Leute zu erschrecken. Mehrmals spielten sie uns diesen Streich, wenn wir in der Dunkelheit heimkehrten. Die besonderen politischen Umstände hatten uns ihnen als hochwillkommene Opfer zugeführt. Es war inzwischen August, die Zeit, wo gleich nach einer Ernte neu gepflanzt werden muß. Es war der arbeitsreichste Monat

des Jahres. Wegen der drohenden Invasion wurden auch viele politische Versammlungen abgehalten, um die Leute zu mobilisieren. Auf allen Wänden und Mauern stand die Parole: »Ein einziges Reiskorn mehr bedeutet eine Patrone mehr gegen unsere Feinde.« Die Bauern fanden kaum noch Zeit zum Essen, denn die meisten Felder lagen mindestens ein *li* von den Häusern entfernt. Deshalb hatten wir Kinder häufig die Aufgabe, spätnachmittags den Männern auf dem Feld etwas zu essen zu bringen. Auf dem Heimweg war es manchmal schon dunkel. Der Weg war von den schwarzen Umrissen der Bäume gesäumt, genau die richtige Umgebung für die kleinen Geister, die es auf uns abgesehen hatten. Als es das erste Mal geschah, waren wir mit den beiden Lan-Brüdern aus der Nachbarschaft unterwegs. Ein heller Mond leuchtete tief am Himmel und warf unsere langen, zitternden Schatten voraus. Die beiden Brüder waren einige Schritte vor uns, und als wir an eine Wegbiegung kamen, sprangen plötzlich hinter einem Felsen zwei geisterhaft weiße Gestalten hervor. Sie grunzten und quietschten und riefen schrill unsere Namen. Vor Angst laut schreiend rannten wir, so schnell uns die Füße tragen wollten, nach Hause, gefolgt vom unheilvollen Getrappel fremder Schritte. Keuchend warfen wir uns Waipo in die Arme.

Als die Erwachsenen hörten, was uns widerfahren war, wirkten sie seltsam unberührt. Ich nehme an, daß sie sich längst an die bösen Streiche der anderen Kinder gewöhnt hatten. Sie selbst hatten ja oft genug mit Geistern gedroht, um uns zur Ordnung zu rufen. Deshalb erklärten sie uns, das Ganze sei ja nur ein Spiel, und wir könnten beruhigt zu Bett gehen und alles überschlafen. Aber ich konnte mich nicht damit abfinden. Als ich am nächsten Morgen aufwachte, war ich noch immer wütend.

Ungefähr eine Woche später starb die Großmutter der Brüder Lan. Ihr Sarg wurde im größten Zimmer in der Mitte des Hauses aufgestellt, zusammen mit der Ahnentafel und den Buddhas. Drei Tage lang wurde getrauert, genau wie in der Stadt. Aber hier auf dem Land konnten sich die Leute keinen schönen Kranz aus bunten Papierblumen leisten wie jenen, den ich nach Nai Nais Tod gekauft hatte. Statt dessen fertigten die Bauern kleine weiße Wimpel aus Stoffresten an. Sie befestigten sie an Stäben und an einem runden Bambusgeflecht und legten alles zusammen auf den Sarg. Ein blinder Mann kam und sang drei Nächte lang Lieder. Es klang sehr traurig und schön. Die Lieder handelten von dem harten Leben, das die alte Frau geführt hatte, und wie ehrlich und freundlich sie gewesen war. Aber es waren auch alte, rührselige Gesänge aus der Vergangenheit dabei, beispielsweise »Frau Meng Jiang weint an der

Großen Mauer«. In diesem Lied dreht es sich um eine Frau, die nach Norden reist, um ihren vermißten Mann zu finden, der vom Kaiser zu Zwangsarbeit verpflichtet worden ist. Als die Frau ihn schließlich findet, liegt er tot an der gerade fertiggestellten Großen Mauer.

Um diesen blinden Sänger zu hören, kamen die Leute von weit her. Es waren Fremdlinge darunter, die unsere Familie noch nie gesehen hatte. Auch sie weinten bitterlich.

Inmitten all dieser trauernden Erwachsenen fühlte ich mich überhaupt nicht wohl. Liang Weiping und mein Cousin vermochten daran nichts zu ändern, denn auch sie hingen mit verschleiertem Blick an den Lippen des blinden Sängers. Deshalb beschloß ich, in das Zimmer zu gehen, das als Vorratslager diente, und dort eine Süßkartoffel zu essen. Als ich zurückkehrte, sah mich einer meiner Cousins mit meiner Beute und ging los, um sich auch eine Kartoffel zu holen. Als nächster war der kleine Lan an der Reihe. Ich ging hinter ihm her, um mich ein zweites Mal zu bedienen. Doch als ich die Schwelle zu dem dunklen Raum überquerte, setzte mir plötzlich das Herz aus, und mein Magen schrumpfte zur Größe einer Erbse. Denn unversehens hatte ich es mit einem richtigen Geist zu tun! Er packte mich von hinten unter den Armen und schleuderte mich mit einer geradezu übermenschlichen Kraft zu Boden. Ich konnte in der Finsternis nur den einzigen Gedanken fassen, daß ich nun sterben oder den Rest meines Daseins als kleiner weißer Schatten auf dem Grund eines Teiches zubringen und arglose kleine Knaben in die Tiefe locken müßte. Niemals mehr würde ich in die große Stadt zurückkehren, um meinen Spielkameraden von all den neuen Erfahrungen zu berichten. Nie würde es mir vergönnt sein, gegen Chiang Chieshih zu kämpfen!

Im nächsten Augenblick vernahm ich das vertraute Lachen des kleinen Lan. Er schien hocherfreut über seinen Erfolg als Geist und wollte mich an seiner Freude teilhaben lassen, doch meine Wut kannte keine Grenzen. Ich griff in der Dunkelheit nach ihm und biß ihn aufs Geratewohl mit aller Kraft in die Schulter. Dann gab ich ihm einen Stoß, so daß er auf den Haufen Süßkartoffeln zutaumelte. Instinktiv trat er mit den Füßen nach mir, aber ich war schon aus dem Vorratsraum gelaufen. Meine Wut galt nicht mehr ihm allein, sondern seiner ganzen Familie. Wie ein kleiner wilder Stier ging ich genau auf das los, was ich unbewußt als das Allerheiligste unserer Nachbarn erkannt hatte.

Ich rannte zu dem Sarg mit dem weißen Wimpelschmuck, packte eines dieser Fähnchen, das an einer langen Bambusstange befestigt war, und fegte damit in großem Bogen über den Sarg und wischte den Sargschmuck den umstehenden Trauergästen vor die Füße. Sogar der blinde

Sänger verstummte. Vor Entsetzen brachte niemand ein Wort heraus. Nur ich brüllte unzusammenhängende Worte, und als schließlich ein paar Bauern vortraten und nach mir griffen, fing ich an zu heulen und entwand mich ihnen, indem ich wild um mich schlug. Niemand konnte den kleinen hysterischen Gast aus der Stadt bändigen außer Waipo, die mich mit scharfer Stimme zurechtwies und drohte, alles meinem Vater zu erzählen, wenn ich mich nicht sofort beruhigte.

Während die Bauern ihre Opfergaben aus Papier wieder an ihren Platz stellten und der Blinde seine »Nachtgesänge« erneut anstimmte, nahm mich Waipo beiseite und hielt mir eine strenge Predigt über den Respekt vor Toten. Danach mußte ich vor der Ahnentafel und den Buddhas niederknien. Alle Anwesenden schauten zu, als ich mich so weit vorbeugte, daß meine Stirn den Fußboden berührte, und den bußfertigen Spruch hersagte: »Ich bin so böse, daß ich sterben sollte. Ich bin so böse, daß ich sterben sollte. Ich bin so böse, daß ich sterben sollte.« Genauso fühlte ich mich auch. Ich war so verzweifelt und schämte mich so sehr, daß ich wünschte, ich wäre gestorben und befände mich auf dem Weg in den Himmel. Irgendwann half mir Waipo auf die Füße, trocknete meine Tränen und zog mich an sich. Gemeinsam lauschten wir den Trauergesängen für die tote alte Frau.

Am nächsten Tag brachte mir Waipos Schwester einen dicken silbernen Halsreif. Sie hatte ihn sich bei einem Nachbarn ausgeliehen. »Du solltest ihn um den Hals tragen, dann tut dir kein Geist etwas zuleide«, sagte sie. Ich hatte andere Kinder mit einem solchen schmucklosen und irgendwie störenden Talisman gesehen, der auf der nackten Haut getragen wurde. Das alles kam mir lachhaft und abergläubisch vor, doch schließlich bewirkte der Gedanke, daß der kleine Lan vielleicht auch an die Kraft des Talismans glaubte, daß ich ihn mir umlegen ließ und ihn während unseres gesamten Aufenthaltes auf dem Lande trug. Meine Großtante fand auch ein stumpfes Schwert aus Eisen, das angeblich die Geister fernhielt. Sie verstaute es irgendwo in meinem Bett. Von jenem Tag an machte ich mir keine Sorgen mehr wegen geisterhafter Schritte oder nächtlicher Hinterhalte.

Während der Sommer langsam dahinging, begann ich mich nach der Schule zu sehnen. Ich vermißte Liang Fang und meine Eltern. Anfang September tauchte eines Abends Mutters Bruder, unser Onkel Yan, auf und brachte die Nachricht, die Gefahr einer Invasion sei vorüber und er sei gekommen, um uns heimzuholen.

Das ganze Dorf versammelte sich zu unserem Abschied. Ich schenkte dem kleinen Lan mein Holzgewehr, um das er mich schon immer beneidet hatte. Dafür erhielt ich von ihm eine lebende Elster an einer Schnur. Er hatte sie für mich unter einem umgedrehten Bambuskorb mit ein paar Reiskörnern geködert und gefangen. Ich war traurig und versprach zu schreiben, wußte aber, daß es sinnlos war, denn Lan konnte nicht lesen. Als wir an der Haltestelle auf den Zug warteten, ließ Onkel Yan die Elster frei, denn er meinte, daß zu Hause kein Platz für sie sei. Der Vogel flatterte taumelnd empor und zog die lange Schnur hinter sich her. Während der gesamten Zugfahrt machte ich mir Gedanken, ob die Elster wohl mit einer Schnur am Bein überleben könnte.

Während unserer Abwesenheit hatte sich Vaters Gemütszustand verschlimmert. Jetzt erbot er sich nie mehr, uns Geschichten vorzulesen, und wenn wir uns zankten, wurde er wütend. Liang Fang sprach die Vermutung aus, daß Vater nicht mit Frau Yao zurechtkam. Sie besuchte uns seltener als früher und stritt sich dann meist mit Vater.

Eines Abends – wir waren schon seit mehreren Wochen wieder in der Stadt – forderte mich Vater auf, daheimzubleiben und nicht draußen spielen zu gehen. »Tante Yao kommt gleich, und sie will dich etwas fragen«, erklärte er. »Sag ihr alles, was sie wissen will.«

Als Frau Yao schließlich kam, wirkte sie genauso stämmig und stark wie immer, aber es war ihr anzumerken, daß sie sich Sorgen machte. Kaum hatte sie Platz genommen, da zündete sie sich schon eine Zigarette an. Vater sah aus wie jemand, der sich nicht wohl in seiner Haut fühlt. »Du kannst jetzt Liang Heng fragen, wenn du willst«, sagte er zu ihr.

Anscheinend wollte sie aber nichts sagen, so daß mich schließlich Vater fragte: »Erinnerst du dich noch an den Tag, als Mutter und ich mit euch aufs Land fuhren? Erzähle Tante Yao, ob du auf dem gleichen Kissen wie Mutter und ich geschlafen hast.«

Mir kam diese Frage recht sonderbar vor, aber ich antwortete, ohne zu zögern: »Ich habe in der Mitte geschlafen, und mein Kopf lag überhaupt nicht auf einem Kissen. Vaters Kissen war links von mir und Mutters rechts.« Ich fühlte, als hätte die Frage mit etwas zu tun, das ich verschuldet hatte, aber ich konnte mir nicht erklären, was es hätte sein sollen.

Es stellte sich heraus, daß meine Antwort wohl nicht gut genug war. Denn von jenem Tag an kam Frau Yao abends nie wieder zu uns zum Essen.

Nachdem Vater Frau Yao verloren hatte, steigerte er sich wie ein Besessener in den Wunsch hinein, wir sollten alle Verbindungen zu unserer Mutter endgültig abbrechen. Er tat alles, was in seiner Macht stand, um sie aus seinem Dasein zu tilgen. Sogar eine Kürzung seines ohnehin schon geringen Gehaltes beantragte er, um seine politische Verläßlichkeit unter Beweis zu stellen. Aber es nutzte alles nichts. Vaters verzweifelte Anstrengungen erreichten ihren Höhepunkt, als er Liang Fang aufforderte, Mutter anzuzeigen und bloßzustellen. Diese schriftliche Aussage wollte er in die Fabrik an der Straße des 1. Mai schicken, wo sie arbeitete. Damit hoffte er zu beweisen, daß seine Loyalität gegenüber der Partei viel stärker war als alles, was ihn mit seiner ehemaligen Frau verband, und darüber hinaus Liang Fang zu nützen, die sich bisher vergeblich um Aufnahme in die Kommunistische Jugendliga bemüht hatte.

Natürlich sträubte sich Liang Fang, Mutter zu denunzieren, denn sie fehlte ihr fürchterlich. Noch lange, nachdem ich den Kontakt zu unserer Mutter abgebrochen hatte, hielt Liang Fang die Verbindung zu ihr aufrecht. Jedesmal, wenn Vater dahinterkam, war er sehr wütend. Liang Fang lebte in der ständigen Furcht, Liang Weiping und ich könnten sie verpetzen, was mehr als einmal geschah. Aber Liang Fang konnte der Versuchung nur schwer widerstehen, denn sie war in derselben Schulklasse wie Onkel Yans älteste Tochter, die immer bereit war, Geschenke wie Kleidungsstücke oder etwas Eßbares zu übermitteln oder Zusammenkünfte zu arrangieren. Häufig legte Liang Fang den weiten Weg bis zu Mutters Fabrik zurück, um sie dort zu sehen, denn sie fürchtete sich vor einem Treffen in Waipos Haus. Es lag so nah am Zeitungsgebäude, daß einer von Vaters Bekannten sie dort hätte sehen können. Jahre später erzählte sie mir, daß sie immer wieder, selbst als sie älter als dreißig war, von einem Alptraum heimgesucht wurde, daß Vater von ihren heimlichen Besuchen bei Mutter erfuhr, sie deshalb verprügelte, sie in der Schule und in ihrer Abteilung der Kommunistischen Jugendliga anzeigte. Als Liang Fang angesichts von Vaters zornigem Drängen schließlich klein beigab, war dies die erste einer als quälend empfundenen Reihe von Konzessionen an die Umwelt. Genau wie er es von ihr verlangte, klagte sie Mutter einer kapitalistischen Denkweise an und behauptete, sie, unsere Mutter, habe uns immer gesagt, wir sollten lieber zur Schule gehen, als körperliche Arbeit zu verrichten. Auch habe sie uns durch Geschenke, Kleidungsstücke und Nahrungsmittel zu beeinflussen versucht.

Solche Vorgänge machten mich sehr nachdenklich, was für einen kleinen Jungen ungewöhnlich ist. Nach und nach fand ich heraus, wie die Dinge im Leben liefen. Der Vorsitzende Mao hatte selbst gesagt, daß jeder Mensch seinen Klassenstandpunkt hat und daß auch die Beziehungen zwischen Menschen von Klassenschranken geprägt seien, die nicht überschritten werden könnten. Außerhalb des Rahmens, der dem einzelnen von der Partei zugewiesen wurde, gab es kein persönliches Dasein. Die von der Partei vertretene Wertordnung mußte auch im Privatleben Gültigkeit haben, sonst wurde man bestraft wie Onkel Yan und Mutter. Die Partei hatte uns unserer Mutter entfremdet, jenem Menschen, der uns mehr als irgendwer sonst auf der Welt liebte. Das war sinnlos, aber es war die Wirklichkeit.

Kapitel 3

Unsere neue Mutter

Zwei Jahre nach der Scheidung unserer Eltern – ich war neun Jahre alt – trat eine Mathematiklehrerin, die immer recht freundlich zu mir gewesen war, auf mich zu, als ich darauf wartete, beim Pingpong an die Reihe zu kommen. »Heute abend gehen wir alle zu dir nach Hause«, eröffnete sie mir lächelnd. »Da gibt es etwas Süßes zum Naschen.«

Ich verstand nicht, was sie meinte, und wußte deshalb nicht, was ich antworten sollte. Gewiß, irgend etwas hatte sich in den letzten Tagen daheim getan. Vater hatte meine Schwestern aufgefordert, ihm bei einem großen Hausputz zu helfen. Er hatte eine Menge Stühle bei den Nachbarn ausgeborgt und sie im Wohnzimmer an den vier Wänden aufgestellt. Erst am Tage zuvor hatte er uns mitgeteilt, eine »Tante« würde kommen und sich von jetzt an um uns kümmern. Daß diese Tante unsere neue Mutter werden sollte, hatte er uns verschwiegen.

Vater ging zur Bushaltestelle, um sie abzuholen. Sie war eine kleine, stämmige Frau mit einem geröteten Gesicht. In der Hand trug sie eine Tasche. Sie stellte sie auf den Tisch und entnahm ihr etwas. »Kommt her, Kinder!« forderte sie uns auf. »Ich habe euch etwas Köstliches mitgebracht, gebratene Süßkartoffelscheiben.« Sie schüttete mir einige in die hohle Hand, und ich dachte, daß mir diese Tante gut gefiele.

Vater hatte sie kennengelernt, als er im Kreis Shuangfeng, westlich von Changsha, eine Reportage machte. Ein Kollege in der örtlichen Propagandaabteilung, der an Vaters »persönlichem Problem« (so nannte man die Suche nach einem Lebenspartner) interessiert war, stellte ihm irgendwann eine seit kurzem geschiedene Grundschullehrerin namens Zhu Zhidao vor. Die beiden hatten sich nur ein paarmal gesehen, trafen aber schnell die Entscheidung, weil eine Verbindung für beide Seiten Vorteile hatte. Außerdem brauchten sie dann beide nicht weiterzusuchen. Für meinen so sehr auf Karriere bedachten Vater war das sehr wichtig.

Am Hochzeitstag war sogar Lehrer Luo nett zu mir. Er sagte, ich bräuchte heute nicht beim Aufräumen der Klasse zu helfen, sondern könne gleich nach dem Unterricht heimgehen. Als ich die Treppe zu unserer Wohnung hinaufging, fand ich meine beiden Schwestern im kleinen Zimmer vor. Sie saßen zwischen all den Möbeln herum und fühlten sich sichtlich unbehaglich. Das lag wohl an den Dingen, die gerade im Wohnzimmer geschahen. Ich öffnete die Tür einen Spaltbreit und warf einen schnellen Blick hinein. Nie zuvor war unsere Behausung so schön und sauber gewesen.

Die Tische in der Mitte des Wohnzimmers waren mit roten Tüchern bedeckt. Darauf türmten sich rot verpackte Zigarettenschachteln zwischen Schalen mit Erdnüssen und Süßigkeiten. Eine rote Papierlaterne bedeckte die Glühbirne, die sonst nackt von der Decke baumelte. Ein großes rotes Plakat mit der Aufschrift »Doppeltes Glück« war genau in der Mitte einer Wand befestigt worden und wurde von Papierschmetterlingen und -vögeln sowie Lampions flankiert. Vater und die neue Tante saßen an der gegenüberliegenden Wand und unterhielten sich mit drei zu früh gekommenen Gästen bewundernd über deren Geschenk, eine Handarbeit aus Hunans berühmter Xiang-Stickerei. Das gute Stück war mit Seidenfäden so dünn wie der Flaum eines Kükens genäht worden und zeigte ein Pfauenpärchen. Gleich nachdem ich den Raum betreten hatte, kamen noch vier oder fünf Gäste an. Sie brachten ein Teeservice, das aus dem Kreis Liling stammte. Vater und seine neue Frau waren so beschäftigt, daß sie mich nicht bemerkten. Deshalb ging ich in das kleine Zimmer und setzte mich zu meinen Schwestern.

Nach einer Weile ertönte draußen Marschmusik im Lautsprecher dicht vor unserem Fenster. Es war Zeit für das Abendessen. Da uns niemand etwas anderes gesagt hatte, nahmen wir unsere Essenmarken für Reis und Gemüse und gingen wie an allen anderen Tagen in den Speisesaal des Zeitungsgebäudes. Es war ein sehr kalter Wintertag. In der Luft lag die Ahnung von Schnee. Deshalb drückten wir uns in der dunklen Küche neben dem Speisesaal in der Nähe des warmen Kohleherdes herum. Nach dem Essen trödelten wir noch eine Weile herum, bevor wir zurück in unsere Wohnung gingen. Am Fuß der Treppe hatten sich inzwischen alle Kinder aus der Nachbarschaft versammelt und warteten das Ende der Hochzeitsfeierlichkeiten ab. Dann würde nämlich alles, was von den Süßigkeiten übriggeblieben war, in hohem Bogen unter die Leute verstreut, und die Kleinen konnten sich darum balgen wie Hunde um Fleischstücke. Das alles kam mir so unwirklich vor. Ich vermochte kaum zu glauben, daß dieses Ritual, an dem ich schon öfters teilgenommen hatte, heute meiner eigenen Familie galt.

Drinnen trug einer unserer Nachbarn gerade ein Lied aus der Lieblingsoper des Großen Vorsitzenden Mao vor, aus dem aus Hunan stammenden, deftigen und humorvollen Stück *huaguxi*. Die zittrige Falsettstimme des Mannes erntete beträchtlichen Applaus. Es wurden Rufe laut wie: »Wir wollen mehr davon!«, doch unser Nachbar weigerte sich höflich, aber bestimmt. Da richtete sich die allgemeine Aufmerksamkeit auf einen Kollegen meines Vaters. Dieser, ein Reporter, hatte sich erhoben und begann nun, ein Gedicht aus der Zeit der Tang-Dynastie vorzutragen, allerdings nicht in der streng rhythmischen Weise unserer Lehrer, sondern auf die alte Art, also fast singend. Vater, der mit unserer Tante in der Mitte des Zimmers saß, schien sehr viel Gefallen daran zu finden, denn er applaudierte laut. Anschließend gab Lehrer Zeng eine Vogel- und Tierimitation zum besten, und ein Setzer, der bei der Zeitung arbeitete, erfreute die Anwesenden mit einem Volkslied.
Der dicke Herausgeber der Zeitung, der offenbar als Zeremonienmeister fungierte, hielt nun den Zeitpunkt für gekommen, um ein Spiel anzufangen. An einem Eßstäbchen befestigte er eine Schnur und daran eine weiche Süßigkeit. Vater und seine neue Frau hatten die Aufgabe, gleichzeitig davon abzubeißen. Vater wollte schon dagegen protestieren, und Tantchen wurde puterrot, aber die Menge der versammelten Gäste bestand einstimmig auf den Spielregeln, so daß das Hochzeitspaar schließlich nachgeben mußte. Nie zuvor hatte ich Erwachsene so außer Rand und Band gesehen. Der Herausgeber der Zeitung spielte mit seinen Opfern, als ob er Fische mit einem Köder neckte. Jedesmal, wenn sie anbeißen wollten, zog er ihnen die Süßigkeit vor der Nase weg. Immer wieder versuchten es die beiden, aber vergeblich. Schließlich prallten ihre Nasen aus Versehen aufeinander, was Tantchen noch tiefer erröten ließ. Die Gäste vergossen Tränen vor Lachen. Endlich hielt ihr Peiniger inne und hielt die Süßigkeit lange genug still, damit Vater und seine neue Frau daran naschen konnten. Ohrenbetäubender Applaus und Rufe wie »Gut gemacht!« oder »Noch einmal!« waren ihr Lohn.
Das Hochzeitspaar wurde jedoch erlöst, weil der Stellvertretende Erste Herausgeber Meng und mehrere führende Persönlichkeiten den Raum betraten und sich ihren Weg durch die Menge bahnten. Sie waren formell gekleidet, denn sie trugen Anzüge mit hohen Kragen. Herausgeber Meng, der gewöhnlich einen dichten Stoppelbart hatte, war sogar frisch rasiert. Unter den Arm geklemmt hielt er die vier hellroten Bände der *Ausgewählten Werke* des Vorsitzenden Mao. Seine linke Hand umspannte mehrere Schriftrollen. Vaters Gäste klatschten höflich, doch der dickliche Herausgeber hob beide Hände und bat um Schweigen. Da

räusperte sich der Stellvertretende Erste Herausgeber und hielt in einem für hohe Kadermitglieder typischen pompösen Tonfall eine Ansprache: »Heute – ehem – ist der Hochzeitstag von – ehem – Kamerad Liang. Als Vertreter der Parteiorganisation will ich ihm deshalb als kostbare Gabe die Werke unseres Vorsitzenden Mao überreichen. Zugleich gebe ich der Hoffnung Ausdruck, daß das neuvermählte Paar diese Bücher ernsthaft studieren wird. Sie sollen dazu beitragen, die Weltanschauung der beiden zu verändern, ihre revolutionäre Denkweise zu fördern und ein glückliches und – ehem – revolutionäres Familienleben zu gewährleisten.«

Allgemeiner Beifall folgte diesen Worten. Während Tantchen den hohen Gästen eine Tasse Tee und süßes Gebäck anbot, rollte einer der Männer die Schriftrollen auseinander und hängte sie an die Wand. Das rote Papier war mit schwarzer Tinte beschrieben. Diese drei Rollen wurden so angeordnet, daß sie zwischen sich eine Fläche wie eine Tür freiließen. Auf dem linken Schriftstück stand zu lesen: *zhitong daohe xieshou qianjin – Eure Gedanken sind dieselben, euer Weg ist derselbe, so schreitet denn Arm in Arm voran.* Auf dem rechten Papier standen die Worte: *enai huzhu baitou daolao – Eure Liebe ist zärtlich, eure Hilfe gegenseitig. Wenn euer Haar schon weiß sein wird, werdet ihr noch immer zusammen sein.* Und das obere Schriftstück verkündete: *geming daodi – Revolution bis zum Ende.* Als die Gäste diese Worte gelesen hatten, applaudierten sie wieder und lobten nicht nur die schöne Schrift, sondern auch die Sinnfälligkeit der Sprüche.

Der Stellvertretende Erste Herausgeber ergriff wieder das Wort: »Nun, Liang Shan und Zhu Zhidao, laßt uns ein Lied hören!«

Es war Brauch, daß bei einer Hochzeit Braut und Bräutigam eine Art Wechselgesang anstimmten. Vater und seine neue Frau berieten sich lange, bis sie sich einigten. Inzwischen hatte jemand eine *erhu*, eine zweisaitige chinesische Violine, herbeigebracht und gestimmt. Als Vater nun anhub zu singen, wurde er von dem Instrument begleitet:

> O Liuyang-Fluß, um wie viele Windungen bist du geflossen?
> Wie viele *li* mißt der Wasserweg bis zum Xiang-Fluß?
> Welcher Landkreis liegt jenseits des Flusses?
> Hat er nicht einen Menschen hervorgebracht, der in aller Welt berühmt ist?

Mit unsicherer Stimme antwortete Zhu Zhidao auf Vaters Singsang:

> Der Liuyang-Fluß ist um neun Biegungen geflossen,
> nach fünfzig *li* ergießt er sich in den Xiang-Fluß.

Dort liegt der Landkreis Xiangtan.
Er hat unseren Vorsitzenden Mao hervorgebracht,
er ist berühmt in aller Welt.

Das war der Höhepunkt des Abends. Später, als alle Gäste fort waren, fegten meine Schwestern die Erdnußschalen, Zigarettenstummel und das Bonbonpapier zu einem Häuflein zusammen, während Vater mit unserer neuen Mutter noch ein Weilchen am wärmespendenden Kohlebecken saß.

»Wie habe ich heute abend gesungen?« erkundigte er sich bei Liang Fang. Vater war stolz auf seine Stimme. Abends sang er uns manchmal etwas vor.

»Vielleicht klang deine Stimme heute etwas heiser, Vater. Ich glaube, du warst ein bißchen aufgeregt.«

Liang Weiping meinte: »Du hättest das Lied singen sollen, das du so sehr magst – *Warum ist die Blume so rot?*«

»Nun, ich kann es ja jetzt singen«, erwiderte unser Vater. Und während meine Schwestern die letzten Spuren der Hochzeitsfeier beseitigten, sang er leise unserer neuen Mutter ins Ohr:

Warum ist die Blume so rot?
Sie ist rot wie ein brennendes Feuer
und zeigt, wie sehr ich dich liebe ...

Zwei Gedanken beschäftigten mich, bevor ich an jenem Abend einschlief. Der eine war, daß wir von nun an nicht mehr im Speisesaal essen mußten, und der zweite, daß jetzt niemand mehr verächtlich auf mich hinabschauen konnte, weil meine Mutter eine Reaktionärin war.

Es dauerte jedoch nicht einmal eine Woche, bis ich mir eingestehen mußte, daß ich mich in beiden Punkten getäuscht hatte. Schon zwei Tage nach der Hochzeit verkündete Vater, seine neue Frau müsse nun wieder heimfahren. Sie würde jedoch irgendwann wiederkommen, um endgültig bei uns zu bleiben. Wir warteten und warteten, aber sie kam nur an Fest- und Feiertagen. Vater redete dann endlos lange mit ihr über ihren Umzug. Sie war in Shuangfeng gemeldet, und in der dortigen Grundschule war auch ihre Personalakte. Eine Versetzung an die dem Zeitungsverlag von Hunan angegliederte Grundschule wäre ein langwieriges und kompliziertes Verfahren gewesen. Mein Vater hatte einfach keine Zeit, sich darum zu kümmern. Als erstes mußte ein Brief an die hiesige Schule geschrieben werden, um herauszufinden, ob man dort überhaupt eine Lehrerin benötigte. Falls dem so war, mußte die Leitung der Schule in Shuangfeng dazu bewegt werden, unsere neue Mutter freizugeben und ihre Akte mit allen darin enthaltenen Vermerken über ihre politische Führung der Schule in Changsha zur Begutachtung vorzulegen. Angenommen, Vaters Frau bekäme tatsächlich eine Anstellung an der hiesigen Schule – dann mußten die entsprechenden Unterlagen bei der Kreisverwaltung von Shuangfeng und in der Erziehungsbehörde von Changsha eingereicht werden. Der weitere Dienstweg sah außerdem noch eine Genehmigung durch die Distriktsverwaltung und die oberste Erziehungsbehörde der Provinz vor. Selbst wenn alle diese Hindernisse überwunden werden konnten, fehlte noch immer die Erlaubnis des Amtes für Öffentliche Sicherheit von Changsha, damit unsere neue Mutter offiziell ihren Wohnort wechseln durfte. Die Chancen für eine solche Genehmigung standen sehr schlecht, denn es war zwar leicht, eine größere Stadt zu verlassen und aufs Land zu ziehen, aber der umgekehrte Weg war um so schwerer. Daran gab es nichts zu rütteln. Selbst wenn Vaters Gehalt für uns alle ausgereicht hätte, hätte unsere neue Mutter ohne eine amtliche Ummeldung keine Bezugsscheine für Reis erhalten. Wovon hätte sie sich dann ernähren sollen? Gern wäre sie schnell zu uns in die Provinzhauptstadt gezogen, denn hier war das Warenangebot größer und das Leben bequemer. Ich vermute, daß dies einer der Gründe gewesen war, weshalb sie unseren Vater geheiratet hatte. Die beiden mußten sich jedoch allmählich damit abfinden, getrennt zu leben. Für uns hatte sich also nicht viel geändert. Das Haus wirkte einsam und verlassen wie immer. Vater war manchmal monatelang unterwegs, und Liang Fang kam abends so spät nach Hause, daß ihr Essen meist schon kalt war. So vegetierten also Liang Weiping und ich in unserer Wohnung wie in einer öden, leeren Höhle ohne menschliche Stimmen, ohne Gelächter und ohne anheimelnde Küchengerüche.

Auch an meinem Status als Sohn einer Reaktionärin änderte sich nichts. Noch immer machten sich die anderen beim geringsten Anlaß über mich lustig und behandelten mich schlecht. Das machte mich zugleich ratlos und wütend. Warum hänselten mich meine Kameraden wie früher, wo ich doch nun eine neue Mutter hatte? Seit langem schon hatte ich meine Besuche bei meiner leiblichen Mutter eingestellt, aber sie verfolgte mich wie ein dunkler Schatten. Dadurch wurde mir die Schule vergällt, so daß ich manchmal einfach vorgab, krank zu sein, um daheimbleiben zu können.

Es wurde alles noch schlimmer, weil ich auch wegen meiner neuen Mutter verspottet wurde. Die Nachbarn fragten mich beispielsweise:

»Wie nennst du sie denn? Sie ist nicht deine richtige Mutter, aber auch nicht deine richtige Tante!« Die Leute schien das zu erheitern, mich aber machte die Angelegenheit so gereizt und empfindlich, daß ich ihren Namen nie in einem Gespräch erwähnte, höchstens gegenüber meinen Schwestern.

Zum Glück wurde ich um diese Zeit in die »Drei-Meilen-Grundschule« umgeschult, denn die dem Zeitungsverlag angegliederte Grundschule hatte nur vier Klassen. Meine Lage verbesserte sich, denn der Mann meiner neuen Lehrerin war selbst als Reaktionär gebrandmarkt worden, und ihr Sohn mußte darunter genauso leiden wie ich. Außerdem fand sie viel Gefallen an meinen Bildern und Zeichnungen und verstand, wie sich ein Schüler fühlen mußte, der als einziger der Klasse nicht Mitglied der Jungen Pioniere war. Um mir zu helfen, forderte sie meine Schulkameraden auf, mich während meiner Vorbereitungszeit zu unterstützen.

Ich mochte jedoch nicht so recht daran glauben, daß es mir jemals gelingen würde, Mitglied der Jungen Pioniere zu werden. Deshalb hielt ich es für besser, künftigem Ärger zuvorzukommen, denn irgendwann käme ja doch alles heraus. Ich erfand für mich eine Methode, die später im ganzen Land üblich wurde. Man nannte sie »durchs Hintertürchen gehen«, und sie bestand einfach nur darin, daß man sich Vorteile erkaufte. Den Anführern der Jungen Pioniere gab ich zu verstehen, daß ich demnächst von Vater eine beträchtliche Geldsumme erhalten würde. Ich stellte in Aussicht, dafür einen Fußball zu kaufen. Das reichte aus, um mich zu einem Anwärter für die Jungen Pioniere zu machen. Schon nach zwei Wochen wurde ich in aller Form aufgenommen. Monate vergingen, ohne daß ein Fußball auftauchte, aber meine Mitschüler konnten deswegen nichts gegen mich unternehmen. Trotzig und herausfordernd trug ich überall mein dreieckiges rotes Halstuch zur Schau.

Meine schulischen Leistungen waren besser denn je. Das lag an der Qualität des Unterrichts an meiner ehemaligen Schule, aber auch an meinem glücklicheren Gemütszustand. Schon bald wurde mir die Aufgabe übertragen, die Wandzeitung der Schule zu gestalten. Ich machte mich auch daran, all die Geschichten erneut zu lesen, die Vater uns Kindern vorgelesen hatte, denn ich hoffte, darin geeignete Texte zu finden. Nach einiger Zeit verschlang ich derartig viel Lesestoff, daß die paar *fen*, die mir Vater als Taschengeld gab, bei weitem nicht ausreichten, um meinen Lesehunger zu befriedigen. Bücher konnte ich mir nicht leisten, aber es gab »Freiluftbibliotheken«, in denen man für eine geringe Gebühr ein Buch ausleihen und es, auf dem Randstein des Gehweges sitzend, lesen konnte. Leider reichte ein *fen* nur für zwei Bücher, und das war herzlich

wenig. Deshalb entschloß ich mich, etwas dazuzuverdienen, indem ich Handkarren schob.
Rund zwei *li* vom Zeitungsgebäude entfernt war der Nordbahnhof von Changsha, wo die Güterzüge be- und entladen wurden. Von dort aus wurden die Waren per Handkarren an die Geschäfte und Dienststellen der Stadt verteilt. Mehr als tausend dieser Gefährte fuhren täglich vom Güterbahnhof in alle Himmelsrichtungen. Die Männer, die diese Karren schoben, erhielten einen festen Lohn, aber oft brauchten sie eine Hilfskraft, die schieben half, denn der Hügel gleich hinter dem Bahnhof war steil. Dort hoffte ich das Geld zu verdienen, das ich für Bücher benötigte.
Der Bahnhof war wohl der schmutzigste Ort in der ganzen Stadt. Er schien nur aus Ziegelsteinen, Lehm, Ruß und Abfällen zu bestehen. Alle Leute, die sich nebenher ein paar Münzen verdienen wollten, gaben sich hier ein Stelldichein, viele Bettler, Spieler, Verrückte und sonstiger Abschaum, aber auch eine Menge Kinder. Es waren rotznäsige, schmutzige und zerlumpte Kinder, die den unflätigen Straßenjargon von Changsha sprachen. Sie trieben sich in Scharen in der Nähe des hohen Bambuszaunes herum, der den Güterbahnhof umgab, und warteten auf die Männer mit den Handkarren, um sich ihnen jeweils für zehn Minuten als Gehilfen anzudienen.
Wenn man half, einen solchen Karren den Hügel hinaufzuschieben, erhielt man üblicherweise zwei *fen*. Ich entdeckte jedoch rasch eine Methode, um schneller zu Geld zu kommen. Jedesmal, wenn ein Karren erschien, schrie ich, daß ich nur einen *fen* verlangte, und hatte auf diese Weise alle Hände voll zu tun. Es dauerte nur ein paar Stunden, dann hatte ich schon fast einen ganzen *jiao* zusammen (zehn *fen*). Als ich später in der Dämmerung nach Hause ging, war ich sehr mit mir zufrieden. Ich hatte genügend Geld, um an die zwanzig Bücher zu lesen. Schultern und Beine schmerzten mir zwar, aber ich war stolz auf meinen Verdienst und wollte mich damit gegenüber meinem Vater gehörig hervortun. Ich war auf eine so einträgliche Verdienstmöglichkeit gestoßen, daß ich mich entschloß, jeden Tag nach der Schule zum Bahnhof zu gehen. Vielleicht würde ich mir dann schon bald Bücher kaufen können, statt sie ausleihen und auf der Straße lesen zu müssen.
Am nächsten Tag konnte ich kaum gehen, so sehr schmerzten mir die Glieder, aber ich machte mich doch auf den Weg zum Bahnhof. Kaum war ich dort angekommen, als ich mich auch schon von einer Horde Straßenjungen umringt sah. Es waren dieselben, die ich tags zuvor unterboten hatte. Ihr Anführer, ein großer Kerl, fuhr mich grob an:

»Wo kommst du eigentlich her, du streunender Köter? Du glaubst wohl, du könntest uns unsere Reisschalen wegschnappen?«
Ich wußte nicht, was ich sagen sollte, sondern murmelte ein paar undeutliche Worte. Da gab mir der große Kerl einen Schubser, daß ich gegen einen anderen prallte, der mich prompt zurückschubste. Nun hatte ich richtig Angst. »Wenn ihr das Geld wollt, könnt ihr es haben, aber schlagt mich nicht«, sagte ich bittend und krempelte meine Hosentaschen um, so daß die sieben oder acht *fen* zu Boden fielen.
Sie wollten jedoch nicht mein Geld, sondern mir nur einen gehörigen Schrecken einjagen. Wenn sie mich noch mal dabei erwischten, wie ich ihnen die Arbeit wegschnappte, dann würden sie mich verprügeln, daran ließen sie keinen Zweifel. So fand meine Karriere als Handkarrenschieber ein rasches Ende. Ich mußte wieder wie früher leere Zahnpastatuben sammeln und zur Annahmestelle für wiederverwertbare Gegenstände tragen, um Geld für Bücher zu beschaffen.

Meine neue Schule lag näher an der sogenannten Mittelschule Nr. 1, die Liang Fang besuchte. Ich war darüber sehr erfreut. Für Liang Fang hatte ich stets mehr Bewunderung als für Liang Weiping empfunden, denn sie war ein sehr heller Kopf, während Liang Weiping in der Schule nur durchschnittliche Noten hatte, dafür aber bei der Hausarbeit sehr tüchtig war. Liang Fang und ihre Freundinnen diskutierten immer über wichtige Dinge, aber Liang Weiping neigte dazu, ihre Zeit zu vertrödeln. Deshalb wartete ich jeden Tag wie ein treuer Hund vor Liang Fangs Schule und hoffte, etwas von einem spannenden Gespräch aufzuschnappen oder hinter den anderen herlaufen zu dürfen, wenn sie zu irgendeiner neu entdeckten Stelle gingen. Meine Schwester war jedoch in dem Alter, in dem Mädchen lieber unter sich sind und mit Jungen nicht viel anzufangen wissen. Deshalb war es ihr peinlich und lästig, daß ihr kleinerer Bruder sich an sie hängte. Im übrigen tat sie alles, um in die Kommunistische Jugendliga aufgenommen zu werden, denn dies war der einzige glorreiche Weg zu einem guten Arbeitsplatz und gesellschaftlicher Anerkennung. Liang Fang wollte deshalb möglichst wenig mit ihrer Familie zu tun haben, um nicht auch rechtsgerichteter Tendenzen verdächtigt zu werden. Sie ließ mich draußen vor dem Schultor warten, und wenn sie schließlich erschien, mußte ich ihr in sicherem Abstand folgen. Ich war damals noch zu jung, um ihre Gefühle und Motive zu verstehen. Geduldig wartete ich darauf, ein Stückchen ihrer Liebe zu erhaschen.
Immerhin verstand ich nach einer Weile besser als Vater oder Liang

Weiping, wie sehr Liang Fang darunter litt, noch immer nicht Mitglied der Kommunistischen Jugendliga zu sein. Sie riß sich fast in Stücke, um allen Anforderungen gerecht zu werden. Vaters ungeduldige Fragen machten sie noch unglücklicher, und sie konnte immer nur antworten, daß es in der Mittelschule Nr. 1 eben allzu viele tüchtige Schüler gab, die sich gegeneinander ausstachen.

Ich wußte, daß Liang Fang in der Schule nur die allerbesten Noten erhielt. Oft ging sie nach Ende des Unterrichts nicht gleich nach Hause, sondern meldete sich freiwillig zu irgendeiner unangenehmen Aufgabe. Sonntags zog sie sogar mit anderen Schülern aus »schlechten« familiären Verhältnissen oder solchen, die gern als »fortschrittlich« gelten wollten, mit einer Arbeitskolonne von einer öffentlichen Latrine zur anderen, um Fäkalien zur Anlegestelle am Fluß zu transportieren. Sie wurden per Schiff weiterbefördert, um auf dem Land als Dünger zu dienen. Ein einziges Mal folgte ich meiner Schwester, aber mir wurde schlecht, als ich ansehen mußte, wie sie mit einer großen Schaufel das klebrige, stinkende, von weißen Würmern durchsetzte Zeug auf ihren Handkarren lud. An solchen Tagen kehrte sie jedesmal niedergeschlagen heim und weinte, weil all ihre Mühen nichts zu nutzen schienen.

Eines Tages, als sie gerade nicht daheim war, blätterte ich in ihrem Notizbuch. Es enthielt seitenlange Selbstbezichtigungen, die sie für die Kommunistische Jugendliga geschrieben hatte. Die Fäkalien transportiere sie nur, um ihre kapitalistische Eitelkeit und ihren kapitalistischen Ekel vor Schmutz zu bekämpfen, hieß es unter anderem darin. Es sei ihr Ziel, wahrhaft proletarische Demut zu erlangen und das ruhmreiche Wesen der Arbeit zu verstehen. Jedesmal, wenn sie sich fast habe übergeben müssen, habe sie sich den großen proletarischen Helden Lei Feng und dessen Opfer für das Volk vor Augen gehalten. Liang Fang beichtete auch, daß sie so schwach gewesen war, ihre reaktionäre Mutter zu besuchen. Sie beteuerte, daß sie entschlossen sei, solche Tendenzen zu überwinden, und behauptete, sie hasse sich selbst für die in der Vergangenheit begangenen Fehler. Notfalls wolle sie sogar ganz mit ihrer Familie brechen und nur die Partei als ihre wahren Eltern anerkennen, weil das für sie die einzige Möglichkeit sei, eine echte Revolutionärin zu werden und zum Ruhm des Sozialismus beizutragen.

Ich war traurig, als ich all dies las. Gewiß, ich verstand, warum sie unsere Mutter haßte, denn manchmal fühlte ich genau wie sie. Aber ich fragte mich, ob sie nicht ein wenig zuweit ging. Wie konnte die Partei ihr die Eltern ersetzen? Mochte ich selbst tagsüber auch anders darüber denken und fühlen, nachts träumte ich noch immer davon, wie es gewesen war,

bevor sich meine Eltern scheiden ließen und wir alle noch beisammen waren. Was sollte ich davon halten? Ich fürchtete mich davor, daß auch ich irgendwann auf all meine Gefühle würde verzichten müssen, um einem Ziel entgegenzustreben, das mir in unerreichbare Ferne gerückt zu sein schien. Aber schon bald wäre ich alt genug für die Jugendliga.
Die Lehrer und auch Vater hatten mir immer wieder eingeschärft, wie wichtig die Jungen Pioniere, die Kommunistische Jugendliga und vor allem die Partei seien. Mit List und Tücke hatte ich es geschafft, ein Junger Pionier zu werden, freilich fast als letzter meiner Klasse. Und ich wußte, wie Liang Fang Monat für Monat, Jahr für Jahr immer wieder von der Jugendliga der Mittelschule Nr. 1 abgewiesen worden war. Deshalb war ich entschlossen, einen anderen Weg zu gehen als meine Schwester. Ich wollte es mir leichter machen. Liang Weiping zum Beispiel, die die Mittelschule Nr. 13 auf der anderen Straßenseite gegenüber dem Zeitungsgebäude besuchte, mußte sonntags nur mithelfen, die öffentlichen Autobusse zu waschen.
Nach der Grundschule versuchte ich es so einzurichten, daß ich auf eine Mittelschule kam, wo meinem Vorankommen am wenigsten im Weg stand. Nach dem damals gültigen System hatte theoretisch jedes Kind die Möglichkeit, eine Mittelschule zu besuchen, aber die Leistungen in der Grundschule waren ausschlaggebend dafür, *welcher* Mittelschule man zugeteilt wurde. Ich hatte in der Grundschule so gute Noten gehabt, daß ich mich eigentlich für die Mittelschule Nr. 1 qualifiziert hatte, aber dort war mir die »politische« Konkurrenz zu groß. Am besten entsprach die Mittelschule Nr. 3 meinen Anforderungen, und da sie unten am Xiang-Fluß lag, konnte ich nach dem Unterricht schwimmen gehen. Wohlgemut füllte ich die Antragsformulare aus und wartete daheim den Bescheid der Schulbehörde ab. Ich wußte nicht, daß es Jahre dauern sollte, bis ich wieder ein Klassenzimmer von innen sehen würde.

Kapitel 4

»Bist du ein Blutsauger?«

Als ich im Mai 1966 aus der Grundschule entlassen wurde, war ich eben zwölf Jahre geworden. Es war die Zeit, als sich die Kulturrevolution ankündigte. Die Zeitungen waren voller kritischer Äußerungen über das »Drei-Familien-Dorf«, eine Gruppe von Autoren und Schriftstellern, deren Werke als »giftiges Unkraut« bezeichnet wurden.

Zwei Wochen lang hatte ich mir daheim die Zeit vertrieben, als ich eines Tages zu einer Versammlung in die Schule gerufen wurde, genau wie ein richtiger Erwachsener. Zum ersten Mal nahmen meine Klassenkameraden und ich an »politischem Unterricht« teil, wie diese Aktivität später allgemein genannt wurde. Längst ist sie zu einem festen Bestandteil des Lebens in einer chinesischen Stadt geworden, genau wie das Schlangestehen im Speisesaal nach einem aus Reisgrütze und *mantou* bestehenden Frühstück.

Unser Lehrer las uns Zeitungsartikel vor, in denen es darum ging, daß Klassenfeinde von innen heraus daran arbeiteten, die Partei und den Sozialismus anzugreifen und zu zerschmettern. Es seien die gleichen Feinde, die den »Großen Sprung nach vorn« der späten fünfziger Jahre als »große Angeberei und nichts weiter« bezeichnet hätten. Angeblich hatten sie auch die Diktatur des Proletariats verhöhnt und unsere große Partei aufgefordert, »eine Ruhepause einzulegen«. Deshalb, so erklärte uns der Lehrer, müßten nun Arbeiter, Bauern und Soldaten im Kampf gegen diese hinterhältigen »schwarzen« Intellektuellen zusammenstehen und gegen ihre abgefeimten und ausgetüftelten Methoden gefeit sein. Wir seien zwar noch klein, hieß es, aber wir müßten trotzdem unsere Rolle spielen. Zuallererst sollten wir unsere Feinde in schriftlichen Aufsätzen anprangern. Deshalb sollten wir unsere Schulhefte aufschlagen und »das Feuer eröffnen«. Ich wußte nicht so recht, was ich schreiben sollte, aber schließlich dachte ich mir ein paar Sätze aus, die recht gut klangen. Sorgsam brachte ich sie zu Papier:

> Das Drei-Familien-Dorf ist böse. Diese Leute attackieren die Partei und den Sozialismus.
> Nieder mit den kapitalistischen Elementen!
> Nieder mit Wu Han! Nieder mit Deng Tuo!
> Nieder mit Liao Mosha!

Ich fühlte mich von einem Eifer und einer Wichtigkeit beflügelt wie nie zuvor. Nach der Versammlung in der Schule eilte ich heim, um meinen Schwestern alles zu berichten. Aber sie waren genauso aufgeregt wie ich, denn sie kamen auch gerade aus der Schule, wo sich ähnliches abgespielt hatte wie bei uns. Zu meiner Ernüchterung sagte Liang Fang: »Jeder denunziert diese Leute. Warum glaubst du also, du hättest etwas Originelles geschrieben?«
Während der nächsten beiden Tage wurden uns Tänze und Lieder beigebracht. Sie hatten simple Texte wie: »Nieder mit dem Drei-Familien-Dorf! Arbeiter, Bauern und Soldaten – vereinigt euch! Laßt eurem Zorn freien Lauf und eröffnet das Feuer auf die schwarze Bande!« Bei einer Aufführung mußten drei Klassenkameraden die bösen Schreiberlinge darstellen. Gebeugt und häßlich verrenkt wies einer mit den Worten zum Himmel: »Die Sonne ist schwarz«, während ein anderer ihm mit boshaftem Kichern beistimmte: »Nicht alle Blumen sind rot!« Der Rest unserer Klasse stellte Arbeiter, Bauern und Soldaten dar. Wir fuchtelten mit großen Bajonetten aus Karton in der Luft herum und riefen: »Eröffnet wütend das Feuer!«
Solche Veranstaltungen machten viel Spaß und waren eine willkommene Unterbrechung des eintönigen Lebens, das ich in unserer Wohnung führte. Ich bedauerte es jedesmal, wenn eine solche Versammlung zu Ende war. In Changsha schlugen die Wellen der Kritik inzwischen immer höher. Immer neue Einzelheiten über eine »Große Proletarische Kulturrevolution« sickerten durch. Sie sollte die reaktionäre und kapitalistische Gesinnung der akademischen Führungsschicht bloßstellen, die sich unserer Partei und dem Sozialismus widersetzte. Es war alles äußerst verwirrend. Als Vater eines Abends heimkam, um im Licht der nackten Glühbirne seine Zeitung zu lesen, was nur noch selten geschah, fragte ich ihn, was er von alledem hielt.
Er seufzte nachdenklich und begann von der Vergangenheit zu erzählen, was er immer dann tat, wenn er mich belehren wollte. »Weißt du, vor der Befreiung ging es mir sehr schlecht. Nach dem Tod deines Großvaters konnte meine Mutter mich und meine Geschwister nicht allein durchbringen, so gab sie uns in ein Waisenhaus. Einige meiner Brüder und

Schwestern waren schon vorher gestorben. Später wurde das Waisenhaus von den Japanern bombardiert. Ich konnte mich glücklich schätzen, wenn ich jeden Tag eine Schale voll Reis bekam. Glücklicherweise sorgten einige Verwandte dafür, daß ich zur Schule gehen konnte. Nach einiger Zeit trat ich der Jugendliga der Guomindang bei, weil ich glaubte, sie sei die Rettung Chinas. In Kunming lernte ich einige Parteimitglieder kennen, die in den Untergrund gegangen waren. Sie belehrten mich über die Ziele der Revolution und gaben mir Bücher zum Lesen. Allmählich begriff ich, wie wichtig der Sozialismus für unser Volk ist. Ich wurde in der Partei aktiv und schrieb Gedichte und Beiträge für sie. Später wurde ich als Zeitungsreporter ausgebildet. Es war mir auch vergönnt, einer der Mitbegründer des *Hunan-Tageblatts* zu werden, als Changsha befreit wurde. Wußtest du eigentlich, daß ich an der ersten Ausgabe mitgearbeitet habe? Wir übernahmen das ehemalige *Zentrale Tageblatt* der Guomindang und tauften es um in *Neuer Tagesanzeiger von Hunan*. Das Impressum mit seinen kalligraphischen Schriftzeichen stammt vom Großen Vorsitzenden Mao höchstpersönlich! Das waren aufregende Zeiten!«

Diese Geschichte hatte ich schon oft vernommen, aber ich hörte sie gern immer wieder. Es war so wie in alten Zeiten, als Vater uns noch Geschichten vorlas. Ich saß ganz still und hoffte, er würde fortfahren.

»Die Partei hat mich gerettet, und ich glaube seitdem fest daran, daß die Partei, viel eher als wir gewöhnlichen Leute, weiß, was unserem Land guttut. Mein größter Traum ist, daß ich eines Tages alle Voraussetzungen erfülle, um Parteimitglied zu werden. Auf der ganzen Welt gibt es für einen Schriftsteller keine größere Ehre. Aber es ist nicht leicht, alle Bedingungen zu erfüllen. Immer wieder muß man mit sich selbst kämpfen. Die Bewegung gegen die Reaktionäre war eine schlimme Prüfung für mich, aber ich überwand mich und hielt zur Partei. Es betrübt mich, daß manche Menschen kapitalistische Vorstellungen haben und sich gegen das einzige System erheben, das dem Aufbau unseres Landes dienen kann. Diese Leute sind nicht böse, aber wir sollten ihnen helfen, ihre Irrtümer einzusehen. Auch du kannst dazu beitragen, und gleichzeitig kannst du lernen, wie wichtig es ist, immer zur Partei zu halten. Du kannst die Prinzipien der Revolution begreifen lernen, damit du niemals dieselben Fehler machst wie jene Leute.«

Meines Vaters Worte erfüllten mich mit Stolz, denn er sprach mit mir über seine ureigensten Gefühle und Ansichten wie mit einem Erwachsenen. Nun begriff ich viel besser, warum er gegenüber Liang Fang so unnachsichtig darauf bestanden hatte, endgültig mit unserer Mutter zu brechen, und auch, warum meine Schwester so hart an sich gearbeitet hatte, um endlich in die Jugendliga aufgenommen zu werden. Es wurde mir auch klar, warum uns Vater stets aufforderte, die Werke des Vorsitzenden Mao zu studieren und Selbstkritik zu üben, wenn wir etwas Unrechtes getan hatten. Zwar hatte ich von meinen Lehrern häufig dieselben Mahnungen vernommen, aber bei meinem Vater hatten sie viel mehr Gewicht. Sie erfüllten mich mit einem Gefühl der Verantwortung gegenüber der Partei. Insgeheim beschloß ich, mich immer so zu verhalten, daß Vater stolz auf mich sein konnte. Aktiv wollte ich den Kampf der Partei gegen den Kapitalismus unterstützen.

Es sah jedoch so aus, als ob mir dies nicht vergönnt sein würde, denn die kritische Bewegung schien schon ihren Höhepunkt überschritten zu haben. Liang Fang erzählte mir, der Grund dafür sei, daß sogenannte Arbeitsgruppen in alle Schulen ausgesandt worden waren, um die Durchführung der Kulturrevolution zu beaufsichtigen. Statt jedoch die Bewegung voranzutreiben, hätten sie die konservativen Ansichten der Führungsschicht unterstützt und den Eifer der Schüler gebremst. Angeblich hatten sie sogar Informationen über besonders radikale Studenten gesammelt und sie als Konterrevolutionäre oder »kleine Reaktionäre« gebrandmarkt, weil sie den Parteikomitees der Stadt und der Provinz Petitionen vorgelegt hatten. Liang Fang, selbst eine Aktivistin, war wütend. »Wir dachten, die Arbeitsgruppen würden uns helfen«, sagte sie. »Doch statt dessen stifteten sie Schüler an, gegen andere zu spionieren. Sie sollten sogenanntes ›schwarzes Material‹ sammeln. Ihrer Meinung nach behindern *wir* die Kulturrevolution! Die Leute in den Arbeitsgruppen nennen uns Ungeheuer und Dämonen. Man müsse uns wegfegen, sagen sie, denn wir seien in Wirklichkeit konterrevolutionäre Elemente. Alles ist auf den Kopf gestellt. Na ja, wir werden schon sehen, wer im Recht ist. Es wird sich schon herausstellen, wer die Störenfriede sind!«

Eine Zeitlang sah es so aus, als hätte sich Liang Fang getäuscht. Die Arbeitsgruppen hatten das Heft fest in der Hand. Es herrschte eine Ruhe wie bei heißem Wasser, wenn das Feuer unter dem Kessel klein gehalten wird. Doch dann, am 16. Juli 1966, schwamm der Vorsitzende Mao eine Stunde lang im Yangtse-Fluß, und der Kessel kochte über.

Nie werde ich jenes Ereignis vergessen, allein schon deshalb nicht, weil unsere Zeitung erstmalig ganz in Rot gedruckt wurde. (Später kam das häufig vor. Die Druckfarbe wurde sogar zum Prüfstein erhöhter revolutionärer Empfindung. Einmal, als schwarz statt rot gedruckt wurde, kam es zu tagelangen Demonstrationen.) Übrigens wurde die erste rote

Ausgabe damals kostenlos verteilt. Die ganze Straße hinunter standen die Menschen Schlange, um ein Exemplar zu ergattern.
Überall im Land wurde dem Vorsitzenden Mao zugejubelt, weil er als unser geliebter Anführer im Alter von mehr als siebzig Jahren den Wellen des Flusses so lange getrotzt hatte. Es war unvermeidlich, daß er seine eigene Leistung in gleichnishafte Worte kleidete: »Die Strömung des Yangtse ist stark, und es gibt viele Wellen, aber wenn ein Mensch den Kampf nicht scheut, überwindet er alle Schwierigkeiten.« Maos einstündiges Schwimmen verherrlichte die Kraft seines Geistes und seiner Politik. Die Revolution wurde dadurch noch mehr angespornt.
Überall fanden große Gratulationsfeiern statt. Die Straßen waren erfüllt vom Dröhnen der Trommeln und vom Krachen der Feuerwerkskörper. Changsha sah genauso aus wie am »Tag der Nation«. Die Eingänge aller Dienstgebäude waren mit roten Fähnchen geschmückt, die Straßen nachts von roten Lampions erleuchtet. Ich fühlte mich unserem großen Anführer sehr nahe, obwohl er mir immer etwas geheimnisvoll vorgekommen war. Vom Schwimmen verstand ich etwas. Ich wußte, was es hieß, so lange zu schwimmen, bis man ganz erschöpft war. Ich war zwölf Jahre alt und sehr stark, aber ich zweifelte dennoch daran, ob ich so lange durchhalten könnte wie der Vorsitzende Mao. Mir wurde klar, daß auch er ein Mensch aus Fleisch und Blut war, und das erfüllte mich mit noch größerer Hochachtung. Im stillen erneuerte ich mein Gelübde, ihm mit ganzer Kraft zu dienen.
Es war wenig mehr als eine Woche vergangen, als Liang Fang nach Hause kam, das Gesicht vor Begeisterung gerötet. »Wir haben gewonnen!« verkündete sie. »Die Arbeitsgruppen werden zurückgerufen. Das ›schwarze Material‹, das sie gesammelt haben, soll verbrannt werden. Alle angeblich reaktionären Schüler sind rehabilitiert, und wir sind alle nach Hause geschickt worden, um Selbstkritiken zu schreiben.«
Wenig später kam auch Vater. Er wußte Genaueres zu berichten. In der Redaktion seiner Zeitung sprachen sich die Dinge schneller herum. Er erzählte, das Zentralkomitee der Partei habe während der monatelangen Abwesenheit des Vorsitzenden Mao eine revisionistische Richtung eingeschlagen und die Kulturrevolution erstickt, während es vorgab, sie zu fördern. Gleich nach seiner Rückkehr in die Hauptstadt, bald nach dem einstündigen Schwimmen im Yangtse, habe der Vorsitzende Mao eine Menge Versammlungen einberufen und dem Führungsgremium der Kulturrevolution befohlen, die Arbeitsgruppen zurückzuziehen. An dieser Stelle wurde Vaters Stimme ganz leise, als ob er seinen eigenen Worten nicht traute. »Sogar der Vorsitzende Liu wurde kritisiert und

muß sich einer schriftlichen Selbstprüfung unterziehen. Es ist wirklich erstaunlich.« Vater schüttelte den Kopf und unterbrach sich kurz. »Sagt lieber niemandem etwas davon«, meinte er dann. »Es handelt sich um vertrauliche Informationen.«

Ich zitterte vor Stolz, weil mein Vater soviel wußte, und ich platzte fast vor Begierde, meinen Freunden alles zu erzählen. Aber meine Erregung wurde dadurch gezügelt, daß mein Vater offenbar über den Gang der Dinge besorgt war. Die Vorstellung schien ihm Unbehagen zu bereiten, daß es innerhalb der Partei zu Auseinandersetzungen gekommen war. Wenn ich heute daran zurückdenke, begreife ich, daß sein Glaube an die Partei damals zum ersten Mal einer schweren Prüfung unterzogen wurde.

Das Geheimnis war bald keines mehr, denn schon am 5. August gab Mao die berühmte Parole aus: *Bombardiert die Hauptquartiere!* Er kritisierte alle Anführer, vom Zentralkomitee bis zum Ortsverband, und warf ihnen vor, sie würden »die Revolutionäre unterdrücken« und mit »Schwarz und Weiß herumjonglieren«. Hauptzielscheiben seiner Kritik waren allem Anschein nach Liu Shaoqi, Staatsoberhaupt und Stellvertretender Vorsitzender der Kommunistischen Partei; Deng Xiaoping, Generalsekretär des Zentralkomitees; und Tao Zhu, Sekretär des Zentralkomitees der Kommunistischen Partei von Südchina. Schon bald waren in unserer Stadt alle Häuser mit Wandzeitungen bepflastert. Sogenannte neue Arbeitsgruppen erschienen beim *Hunan-Tageblatt* und beklebten das im modernen sowjetischen Baustil errichtete Bürohaus überall mit Wandzeitungen. Anders als bei den allgemein gehaltenen Anklagen und Denunzierungen der Vergangenheit wurde nun erstmals gegen bestimmte Personen vorgegangen. Einer der ersten, der seinen Hut nehmen mußte, war der Stellvertretende Erste Herausgeber Meng.

Staunend las ich, was über ihn geschrieben wurde. Zuallererst habe er sichtlich die Kulturrevolution behindert, hieß es in den Wandzeitungen. Zweitens habe er die Reinheit seiner revolutionären Denkweise nur vorgetäuscht, um seine Herkunft aus einer Großgrundbesitzerfamilie zu verschleiern. Drittens sei seine Lebensführung unsittlich und verdächtig, denn nach dem Tod seiner Frau habe er sich mit deren älterer Schwester verheiratet. Jener Todesfall sei ihm allzu gelegen gekommen. Es müsse untersucht werden, wer dafür verantwortlich war.

Beim Lesen durchrieselte mich so etwas wie Angst. Jener uns allen wohlbekannte Staatsdiener mit seinem pompösen Auftreten, der meinem Vater zur Hochzeit die *Ausgewählten Werke* des Vorsitzenden Mao geschenkt hatte, war in Wirklichkeit ein Verbrecher!

Auch einer der Setzer der Zeitung wurde geopfert. Er war ungefähr fünfzig Jahre alt und stand mit unserer Familie auf gutem Fuß. Mehrmals hatte er Vater zu sich nach Hause eingeladen. Früher war er Kavallerieoffizier bei der Guomindang gewesen. Nun tauchten plötzlich Fotografien aus jener Zeit auf. Sie wurden außen am Zeitungsgebäude befestigt und stammten offenbar aus seiner Personalakte. Die Bilder zeigten ihn auf seinem Pferd in all seinem militärischen Glanz. Natürlich hatte er der Partei schon längst über seine eigene Vergangenheit Rechenschaft abgelegt und alle entsprechenden Unterlagen eingereicht, auch die Fotos. Mich faszinierte die Entdeckung, daß dieser unscheinbare, ergraute Nachbar früher als großer Offizier einen blitzenden Degen geschwungen hatte, und ich fragte mich, ob nicht noch so manch andere Nachbarn eine ähnlich aufsehenerregende Vergangenheit hatten.

Die geschilderten Vorgänge versetzten uns in helle Aufregung, aber wir verboten uns jeden Zweifel an ihrer Richtigkeit. Jeden Tag wurden Menschen, die bislang als »gut« gegolten hatten, als Bösewichter angeprangert, die sich nur hinter ihrer revolutionären Maske verschanzt hatten. Freundliche Leute waren auf einmal hinterhältige Schlangen, Revolutionäre wurden Konterrevolutionäre, und hohe Beamte, die immer im Dienstwagen zu Versammlungen gefahren waren, sollten nun mit einmal Mörder sein. Es war verwirrend, weil die Kursänderung so schnell gekommen war. Manchmal sagten wir im Scherz: »Heute haben sie wieder einen aufgestöbert.« Damit spielten wir auf Dinge an, die wir in den Zeitungen gelesen hatten, beispielsweise: »Die Denkweise des Vorsitzenden Mao wurde wie ein Fernrohr eingesetzt, unsere Feinde zu entdecken und sie als das bloßzustellen, was sie sind.« Die Kulturrevolution war für die meisten Leute eine großartige Sache, denn wenn es gelänge, unsere gemeinsamen Feinde aufzuspüren, wäre viel für die Sicherheit Chinas getan. So erklärt sich, daß ich aufgeregt und glücklich war. Gern hätte ich selbst einen Beitrag geleistet.

Als ich eines Morgens daheim saß und nichts mit mir anzufangen wußte, kam der kleine Li hereinspaziert. Er war der Aufgeweckteste von meinen Spielkameraden und mein bester Freund. Ich freute mich, ihn zu sehen. Mit dem ihm eigenen Ernst setzte er sich auf den Rand meines Bettes und meinte: »Weißt du, die ganze Zeit wird der Vorsitzende Mao zitiert. Immer heißt es: Es ist nicht falsch, ein Revolutionär zu sein, es ist sogar wichtig zu rebellieren. Deshalb sollten auch wir etwas unternehmen. In unserer alten Grundschule gibt es eine Menge kapitalistische Tendenzen. Erinnerst du dich noch, wie unser Lehrer

Luo immer die Russen zitiert hat? Wir sollten uns mit anderen Schülern zusammentun und dort auch die Kulturrevolution in Gang bringen.«
Ich hielt das für einen großartigen Einfall. Genau wie die Erwachsenen würden wir die Lehren des Vorsitzenden Mao befolgen. Vater würde stolz auf mich sein. Wahrscheinlich hegte ich insgeheim auch einen Groll gegen die Lehrer, die mich solange gegängelt und gemaßregelt hatten. Ein kleiner Racheakt war mir deshalb willkommen.
Es stellte sich heraus, daß andere Schüler genauso empfanden. Hocherfreut ergriffen sie die Gelegenheit, mit Billigung des Vorsitzenden Mao etwas zu tun, was ihnen früher nur in der Dunkelheit der Nacht und mit einer Steinschleuder vor dem Fenster eines Lehrers möglich gewesen wäre. Als wir uns an jenem Abend im Haus von Klein Li trafen, herrschte zwischen uns spontane Einstimmigkeit. Wir hatten die ganze Wohnung für uns, denn die Mutter meines Freundes schlief in einer Unterkunft an ihrem Arbeitsplatz, während sein Vater nachts die Druckfahnen der Zeitung korrigierte. Klein Li ging in die Zeitungsredaktion, um Papier und Tinte zu holen. Er kehrte mit einem ganzen Armvoll zurück. »Sie unterstützen uns!« rief er aufgeregt. »Sie sagen, daß wir alles haben können, was wir brauchen, vielleicht sogar einen Büroraum!«
Das war mehr, als wir uns erträumt hatten. Hocherfreut teilten wir das Papier unter uns auf. Jeder bekam ein großes Blatt. Der Rest war für mich, denn meine Aufgabe war es, Karikaturen zu zeichnen. Als wir dann mit gespitzter Feder vor dem unschuldigen Weiß des Papiers saßen, mußten wir uns jedoch plötzlich eingestehen, daß wir eigentlich gar nicht wußten, was es mit dem Kapitalismus und dem Revisionismus auf sich hatte. Nur Klein Li wußte etwas dazu zu sagen. Schwungvoll malte er die Parole auf das Papier: »Eröffnet voll Wut das Feuer auf die kapitalistische und revisionistische Richtung innerhalb der Grundschule, die dem Tageblatt von Hunan angegliedert ist!«
Wir fanden das alle sehr gut, aber es reichte wohl nicht. Lange schwiegen wir angestrengt, bis Gang Xian, der ältere Bruder meines Freundes Gang Di, einen guten Vorschlag machte: »Warum gehen wir nicht auf die Straße und schauen nach, was die anderen geschrieben haben?«
Es war das erste Mal, daß ich abends nicht nach Hause ging, um mich schlafen zu legen. Die halbe Nacht wanderten wir in der Stadt herum und schrieben Parolen von den Wandzeitungen ab. Die geduckten, grauen Gebäude entlang den Hauptstraßen von Changsha waren vor lauter Papier ganz weiß im trüben, gelblichen Licht der Straßenlaternen. Auch die Schaufenster waren nicht wiederzuerkennen. Sogar die Bäume waren mit Plakaten behängt. Das Papier raschelte und knisterte geisterhaft in

der Nacht. Obwohl es schon sehr spät war, wimmelte es von Menschen, die neue Wandzeitungen aufhängten, als ob der ganze Groll, der jahrelang unterdrückt worden war, sich auf einmal Luft machte und die Stadt erschütterte.

Ich nehme an, daß die Arbeiter ähnlich empfanden wie wir. Auch sie ergriffen die Kulturrevolution als Gelegenheit, ihren Vorgesetzten selbst die geringsten Kränkungen und den unerheblichsten Machtmißbrauch heimzuzahlen. Die Wandzeitungen am Kaufhaus an der Sun-Zhongshan-Straße attackierten die Führungsschicht, weil sie der Arbeiterschaft die Freiheit vorenthalten hatte, offene Diskussionen zu führen und im Namen aller zu sprechen. Die Vorgesetzten wurden beschuldigt, Regierungseigentum mit nach Hause genommen und ihren Einfluß geltend gemacht zu haben, um knappe Waren und besondere Vorrechte zu erhalten. Da wurde jemand angeprangert, weil er Arbeiterinnen dadurch gekränkt hatte, daß er ihre Schultern berührte, wenn er mit ihnen sprach. Ein anderer war angeblich in Pantoffeln bei der Arbeit erschienen und hatte im Büro das Hemd ausgezogen.

Den Leitern des sogenannten Nachbarschaftskomitees der Graspavillon-Straße wurde zur Last gelegt, sie hätten in den Büroräumen herumgesessen, Zeitungen gelesen und Mah-Jongg gespielt, statt sich um die Probleme der Leute zu kümmern. Und die Leitung des Autoreparaturwerkes hatte sich angeblich mehr für Tanzereien als für Verwaltungsarbeit interessiert. Sie hätten lieber Berichte schreiben als in kurzen Hosen herumlaufen sollen. Führende Persönlichkeiten des Parteikomitees für den Norddistrikt wurden ebenfalls all dieser und anderer Übertretungen und Mißbräuche für schuldig befunden. Man warf ihnen vor, sie hätten nach der Abreise der sowjetischen Experten deren revisionistische Lebensweise nachgeahmt, indem sie einfach in die leerstehenden Gästehäuser eingezogen seien. Die Liste der Verbrechen wurde immer länger. Uns schien es so, als ob plötzlich jedermann Freiwild wäre. Es war schwer, sich zurechtzufinden, aber als wir gegen ein Uhr morgens in die Wohnung von Klein Li zurückkehrten, wußten wir genau, was wir zu schreiben hatten.

Gang Di denunzierte die Musiklehrerin wegen ihrer hohen Absätze und ihrer koketten Stimme. Ein anderer, dem wir den Spitznamen »Äffchen« gegeben hatten, gab zu Protokoll, Lehrer Chen stütze sich auf kapitalistische Unterrichtsmethoden, indem er uns vor Beginn des eigentlichen Unterrichtes immer Geschichten erzählte, um unsere Aufmerksamkeit zu gewinnen. Der Sohn eines Pressefotografen ließ sich darüber aus, daß die Mathematiklehrerin im Sommer immer nach Parfüm roch. Gang

Xian wiederum, der vor einiger Zeit streng bestraft worden war, weil er in der Klasse gefurzt hatte, attackierte die Lehrerin, die uns Sauberkeit und Anstand beibringen sollte, weil sie uns gezwungen hatte, die Arme hinter dem Rücken auf eine Weise zu kreuzen, daß unsere Hände auf den Ellbogen lagen. Wir waren von dieser Kritik hellauf begeistert. Aber am meisten gefiel uns, was Klein Li an Lehrer Luo auszusetzen hatte: Er habe damit geprahlt, fortschrittliche Unterrichtsmethoden aus Sowjetrußland anzuwenden. Das mußte nun als Beweis dafür herhalten, daß er ein Lakai der Russen war. Ich zeichnete dazu das Bild eines Mannes mit einer glänzenden Glatze, der vor einer schwarzen Schultafel stand, ein Stück Kreide in der einen und eine sowjetische Fahne in der anderen Hand.

Auch von Lehrerin Chen machte ich eine Skizze. Sie hielt ein Baby mit zwanzig Köpfen auf dem Arm. Die Mathematiklehrerin stellte ich mit einem Parfümfläschchen dar, das sie über ihre Armbeuge hielt. Ein Fliegenschwarm umschwirrte ihren Kopf. Unter der Zeichnung stand zu lesen: »Was stinkt denn hier? Es ist der Gestank des Kapitalismus!« Meine Kameraden fanden großen Gefallen an diesen Karikaturen. Unserer Meinung nach hatten wir so gute Arbeit geleistet, daß wir unsere Erzeugnisse unbedingt an einer auffälligen Stelle anbringen mußten, wo sie jeder, der das Zeitungsgebäude betrat, nicht übersehen konnte.

Der Morgen dämmerte schon fast, als wir uns aufmachten, unsere »Meisterwerke« an der alten Ziegelwand des Speisesaales aufzuhängen. Mit bloßen Händen schöpften wir den Kleister aus einer kleinen Schale und stellten uns dabei vor, wie man uns als bahnbrechende Revolutionäre loben würde. Am Schluß klebten wir noch ein weißes Blatt Papier an die Wand und schrieben unsere Namen darauf. Dann gingen wir auseinander. Ich schlief in der Wohnung von Klein Li und wachte erst gegen Mittag auf.

Mein Freund war sehr aufgeregt, denn er war schon im Speisesaal gewesen. Viele Erwachsene hatten sich vor unserer Wandzeitung gedrängt und unseren Mut gepriesen. Ich malte mir aus, welche Achtung man uns nun entgegenbringen würde. Schnell eilte ich heim, um Vaters Glückwünsche entgegenzunehmen.

Er wartete schon auf mich, aber er machte kein allzu glückliches Gesicht. »Aha!« sagte er sarkastisch. »Da kommt ja unser Wegbereiter der Revolution! Hast du auch irgend etwas Bahnbrechendes unternommen, damit wir etwas zu essen haben?«

Seine Worte versetzten mir einen Stich. Ich erwiderte nichts, sondern

ging zum Tisch und nahm ein kaltes *mantou*, das vom Frühstück übriggeblieben war.
»Laß es liegen!« sagte Vater mit strenger Stimme. »Komm her und setz dich, ich habe mit dir zu reden!«
Plötzlich überkam mich der Wunsch, auch zu Hause rebellisch zu sein. Ich hatte es satt, ständig gehorchen zu müssen. Daheim ließ man mir genausowenig Spielraum wie in der Schule. So platzte ich heraus: »Es ist gut, rebellisch zu sein! Es ist gut, rebellisch zu sein! Es ist gut, rebellisch zu sein!« Ich merkte kaum, daß ich dabei mit den Füßen aufstampfte und rhythmisch mit den Armen fuchtelte.
»Wenn du nur selbst sehen könntest, wie dumm du dabei aussiehst«, bemerkte Vater trocken.
»Dumm ist, einen Wegbereiter der Revolution zu kränken«, gab ich zurück. Ich packte ein Stück Papier und das Pinselchen, mit dem Vater zu schreiben pflegte. »Wollen wir doch mal sehen, wer eine Wandzeitung nötiger hat – du oder ich«, sagte ich.
»Leg sofort den Pinsel aus der Hand!« befahl mein Vater. »Er gehört mir, und du hast damit nichts zu schaffen, verstehst du mich?«
Achselzuckend nahm ich eine Feder und schrieb in großen Zeichen: ES IST GUT, REBELLISCH ZU SEIN! LIANG SHAN HAT VON EINEM WEGBEREITER DER REVOLUTION BEHAUPTET, ER SEI DUMM. WENN ER NICHT SEINE FEHLER EINGESTEHT, WIRD LIANG HENG GEGEN IHN DAS FEUER ERÖFFNEN! Ich stand auf, marschierte in Vaters Schlafzimmer und befestigte meine »Wandzeitung« mit einer Reißzwecke am Fußende des Bettes.
Vater war nur amüsiert. »Ich frage mich, was der Vorsitzende Mao davon halten würde«, meinte er.
»Der Vorsitzende Mao verlangt von uns, daß wir rebellieren«, antwortete ich wie aus der Pistole geschossen.
»Nun beruhige dich erst einmal! Komm, setz dich zu mir«, sagte Vater nachsichtig. »Laß uns miteinander reden.«
Meine Erfahrungen als Rebell hatten unglücklicherweise erst am Vorabend begonnen. Deshalb nahm ich schließlich tatsächlich Platz, und mein selbstbewußter Überschwang wich der ängstlichen Beklommenheit eines kleinen Jungen.
»Gestern abend hast du keine ruhmreiche Tat vollbracht«, begann Vater. »Du kamst dir wohl ungeheuer bedeutend vor, nicht wahr, als sich all die Leute deine Karikaturen anschauten? Aber warum wolltest du eigentlich so frech gegen deine Lehrer sein? Verstehst du denn nicht, wie ungehörig dein Verhalten ist?«
Mir war diese Moralpredigt unerträglich, denn ich war eigentlich auf

großes Lob gefaßt gewesen. Deshalb antwortete ich tapfer: »Hat uns denn der Vorsitzende Mao nicht aufgefordert, die kapitalistische Denkweise anzuprangern? Und wenn unsere Lehrer kapitalistisches Gedankengut vertreten – verdienen sie dann keine Kritik? Hast du mir nicht selbst gesagt, daß wir der Partei Gehorsam schulden und die Kulturrevolution vorantreiben müssen?«

»Kapitalistische Denkweise?« rief Vater aus. »Ja, glaubst du denn, daß die Dinge auf deinen Karikaturen kapitalistisches Denken verraten? Deine Lehrer waren sehr gut zu dir, sie haben dir Wissen vermittelt, als du noch ganz klein warst, und sie haben sich liebevoll um dich gekümmert. Aber statt dich bei ihnen zu bedanken, beleidigst und erniedrigst du sie. Natürlich ist es richtig, den Appell des Vorsitzenden Mao zu befolgen, aber der Sinn und Zweck dieser Bewegung besteht darin, unsere Feinde bloßzustellen, nicht unsere Freunde zu attackieren. Ich möchte gerne, daß du jetzt das Buch mit den Zitaten des Vorsitzenden Mao nimmst und es sorgfältig studierst. Finde heraus, was er tatsächlich geschrieben hat!«

Vater erhob sich und ging in sein Schlafzimmer, das zugleich auch sein Arbeitsraum war. Dort gab es Hunderte von Büchern in Regalen. Als er zurückkam, blätterte er in den *Worten des Vorsitzenden Mao*, dem »Kleinen Roten Buch«, das ihm heilig war. Zu jener Zeit hatten nur hohe Kadermitglieder und Zeitungsleute ein Exemplar davon. »Schau her«, forderte er mich auf. »Der Vorsitzende Mao hat sicherlich gesagt: Es ist gut, ein Rebell zu sein, aber er hat auch gesagt: Im Kreise revolutionärer Kameraden sollte man kein grobes Verhalten zeigen.«

Ich nahm das Buch und schaute mir die Stelle an, auf die Vater wies. Das Herz drohte mir auszusetzen, denn er hatte recht. Der Vorsitzende Mao hatte diese Worte geschrieben!

»Du solltest jetzt etwas essen«, sagte Vater. »Aber denk darüber nach! Du kannst heute nachmittag die *Worte des Vorsitzenden Mao* lesen, und wenn du damit fertig bist, schreibe eine Selbstkritik für mich.«

Es war zwei Uhr mittags, und mein Vater ging zur Arbeit. Ich fühlte mich elend und niedergeschlagen. Es war mir klar, daß ich im Unrecht war. Ich nahm ein Blatt Papier und schrieb: »Die Lehrer haben zwar kapitalistische Tendenzen, aber sie sind dennoch revolutionäre Kameraden. Wir sollten ihnen helfen, statt sie zu beleidigen. Ich glaube, daß ich ihnen Unrecht getan habe ...«

Als Vater kurz nach fünf Uhr von der Arbeit heimkam, streckte er die Hand aus, und ich gab ihm das Papier. Er las es sorgfältig durch. »Gut«, meinte er schließlich. »Aber es fehlt wohl noch etwas, denn was du getan

hast, ist sehr schlimm. Du solltest zu deinen Lehrern gehen und dich bei ihnen entschuldigen.«
Mir sank das Herz in die Hose. Was würden meine Schulkameraden sagen? Würden sie mich nicht für einen Feigling halten? Für einen Verräter? Aber mein Vater stand rauchend vor mir, und sein bohrender Blick fiel durch seine Brille auf mich und ließ mich nicht los. Es war, als könnte er meine innersten Gedanken lesen. Widerstrebend ging ich zur Tür.
Ich brauchte wohl eine halbe Stunde für den kurzen Weg bis zur Grundschule, obwohl ich für diese Strecke normalerweise nur zehn Minuten benötigte. Aber ich machte alle möglichen Umwege durch kleine Gassen, die ich sonst nie benutzte. Zögernd schlenderte ich an den Ziegelmauern der Häuser entlang und lungerte eine Weile am Sportplatz herum, wo wir immer Korbball spielten. Im Geiste malte ich mir aus, wie ärgerlich die Lehrer auf mich sein mußten. Ich fragte mich, ob sie mich einfach ignorieren oder mich anschreien würden. Als ich schließlich in Lehrer Luos Wohnung ankam, war ich in einem Zustand, daß ich nach Hause gerannt wäre, wenn eine Katze zwischen den Büschen aufgetaucht wäre.
Lehrer Luos Frau war gerade damit beschäftigt, auf dem Balkon Wäsche von der Leine zu nehmen. »Liang Heng!« rief sie, als sie mich sah. Nun gab es kein Entkommen mehr. Die Frau drehte sich um und rief in die Wohnung hinein: »Luo Qingguang! Liang Heng ist hier!«
Sofort erschien Lehrer Luo, doch zu meinem größten Erstaunen lächelte er und nickte mir zu, als hätte er mich seit langem nicht gesehen. »Hallo, Liang Heng! Komm hoch und trink eine Tasse Tee mit mir!« forderte er mich auf. »Wir haben etwas miteinander zu besprechen.«
Als ich unbequem dasaß, ein Schälchen mit Süßigkeiten und eine Tasse Tee vor mir auf dem Tisch, sagte Lehrer Luo: »Heute nachmittag hat mich dein Vater aufgesucht.« Wohlwollend fuhr er fort: »Mach dir nichts draus, es ist ja schon alles vorüber.«
»Lehrer Luo, bitte verzeihen Sie mir«, sagte ich. »Es tut mir sehr leid.«
»Denk nicht mehr dran«, erwiderte er. »Falls du irgendwelche Fragen wegen deiner Schularbeiten hast, bist du mir hier stets willkommen.«
Da übermannte mich ein seltsames Gefühl. Völlig verwirrt stand ich auf, nickte mit dem Kopf und rannte zur Tür. Ich wollte nicht, daß mich Lehrer Luo weinen sah. Fast hätte ich das Schälchen mit den Süßigkeiten umgestoßen. Wie konnte jemand so freundlich zu mir sein nach allem, was ich ihm angetan hatte? Hatte er vergessen, daß ich ihn auf meiner Karikatur mit der sowjetischen Fahne in der Hand dargestellt hatte?

Vater hatte auch alle übrigen Lehrer aufgesucht, denn sie empfingen mich ohne Ausnahme freundlich und nahmen meine Entschuldigung entgegen. Als ich mich später auf den Heimweg machte, war ich vor Angst ganz außer mir, einer meiner Schulkameraden könnte mich gesehen haben und mich fragen, wo ich gewesen war. Nie würde ich ihnen erzählen können, was ich getan hatte. Ich nahm mir vor, künftig besser über meine Handlungsweise nachzudenken, damit ich nie wieder in eine solch unangenehme Lage geriet.

Natürlich hatte ich nicht die geringste Absicht, auf mein Rebellentum zu verzichten, jedenfalls nicht solange im ganzen Land die Kulturrevolution herrschte. Der nächste Schritt bestand darin, unserer Rebellengruppe einen formalen Status zu geben. Klein Li übernahm es, aus uns eine Organisation zu machen. Wir waren rund dreißig Jungen, deren Eltern alle etwas mit der Zeitung zu tun hatten. Nach langen Diskussionen entschieden wir uns für den Namen *Kampfgruppe für die Kritik am Revisionismus.* Ich erhob nun die Stimme nicht mehr so laut wie vor meinem Gang zu den Lehrern, um ihnen Abbitte zu leisten, aber ich blieb dennoch ein aktives Gruppenmitglied. An jenem sonnigen Nachmittag gaben wir die Gründung unserer Kampfgruppe auf einem großen roten Plakat bekannt. Mit schwarzer Tinte hatten wir darauf alle unsere Namen geschrieben. Das Kulturrevolutionskomitee der Zeitung teilte uns zwei unglaublich geräumige Büros zu. Dazu kam eine Druckerpresse, Papier, warme Decken und eine rote Fahne. Niemand konnte stolzer sein als Klein Li und ich, als wir unseren neuen Herrschaftsbereich inspizierten.

Aber schon am nächsten Morgen, als Klein Li, Gang Di, Gang Xian und ich an unserer Wandzeitung arbeiteten, kam der Sohn des Fotografen gelaufen und berichtete atemlos: »Es ist etwas Schlimmes passiert. Sie wollen nicht mehr zu unserer Organisation gehören.«

Zwischen den Augenbrauen von Klein Li bildete sich eine so steile Falte, daß sein viereckiges Gesicht aus zwei Hälften zu bestehen schien. »*Wer* will nicht mehr zu unserer Organisation gehören?« wollte er wissen.

»Alle! Sie haben ihre Namen ausgelöscht.«

Wir liefen hinüber in den Speisesaal und blieben wie vom Donner gerührt stehen. Dreiundzwanzig Namen waren mit Tinte übermalt worden. Unser rotes Plakat sah jetzt aus wie eine Wassermelone, so viele schwarze Flecken hatte es. Die restlichen sieben Namen gehörten samt und sonders zu Söhnen von »Intellektuellen«: Herausgeber, Reporter, Fotografen und Redakteure.

Wir standen da und schauten uns an. Schließlich sprach Klein Li aus, was wir beide dachten. »Gut, wir machen trotzdem weiter. Wir werden den Kampf des Vorsitzenden Mao auf Leben und Tod weiterführen.« Diese Worte klangen ähnlich wie die Parolen, die wir im Radio gehört hatten, aber sie waren noch tapferer und ermutigender. Finster entschlossen nickten wir mit dem Kopf.

Wir hatten kaum unseren Schock überwunden, als etwas noch Schlimmeres passierte. Einer unserer Exkameraden kam herbeigeschlendert, schnitt uns eine Grimasse und spuckte direkt vor unseren Füßen auf den Zementfußboden. »Ihr Söhne von stinkenden Intellektuellen und reaktionären Kapitalisten!« sagte er verächtlich. »Lauft nur und schaut euch die Wandzeitungen über eure Väter an! Dann könnt ihr gleich nach Hause gehen und *sie* kritisieren.«

Ich konnte mir keinen Reim auf diese Worte machen. Mein Vater war kein hoher Beamter, er hatte nie Bestechungsgelder angenommen oder staatseigene Möbel veruntreut. Er hatte auch seine Stellung nie dazu mißbraucht, um an einem Untergebenen ungerechte Kritik zu üben. Vater war einfach ein unbedeutendes Kadermitglied, das für eine Parteizeitung arbeitete. Niemand auf der ganzen Welt liebte den Vorsitzenden Mao mehr als er. Wie war es möglich, daß er auf einer Wandzeitung angeprangert wurde? Wie konnte jemand von ihm behaupten, er denke wie ein Kapitalist?

Betäubt machten wir uns zum Bürogebäude auf. In der kurzen Zeit hatte sich dort viel getan. Die Fassade war mittlerweile bis zum vierten Stockwerk mit Wandzeitungen behängt. Von einem Flügel des L-förmigen Gebäudes zum anderen waren Seile gespannt worden, an denen ebenfalls Plakate baumelten. Um überhaupt durchzukommen, mußte man diesen Vorhang aus Papier mit den Händen zerteilen. Wir machten uns an die beschwerliche Suche nach den Namen unserer Väter. Was noch tags zuvor wie ein Spiel ausgesehen hatte, war unversehens zu einem Alptraum geworden.

Wir fanden den Vater von Klein Li zuerst. STELLT DEN GUOMINDANG-SPION LI XIAOXIONG IN ALLER ÖFFENTLICHKEIT BLOSS! schrien uns die großen Schriftzeichen auf dem Plakat entgegen. Darunter stand zu lesen:

> Li Xiaoxiong ist zwar ein altgedientes Parteimitglied, aber er trägt seine Uniform nur, um dahinter seine wahre Mission zu verschleiern. Vor der Befreiung war er aktiv als Berichterstatter für den *Zentralen Anzeiger* der Guomindang tätig. Freiwillig blieb er als Spion zurück, als wir Chiang Chieshihs hündische Rotte vor uns

hertrieben, bis sie nach Taiwan floh. Jeden Tag sammelt er für sie Informationen und arbeitet von innen heraus gegen uns. Als Korrektor der Zeitungsfahnen hat er oftmals Gelegenheit gefunden, seinem Haß gegen die Partei freien Lauf zu lassen, beispielsweise als er absichtlich das Schriftzeichen für »Zehntausend« auf den Kopf stellte. Aber unser großer Führer, der Vorsitzende Mao, wird zehntausend und abermals zehntausend Jahre leben, allen heimtückischen Spionen zum Trotz. Nieder mit Li Xiaoxiong!

Ich traute meinen eigenen Augen nicht. Klein Li hatte mir oft von der glorreichen Karriere seines Vaters als Parteimitglied, im Untergrund vor der Befreiung, erzählt. Manchmal hatte ich ihn sogar beneidet und gewünscht, genauso stolz auf meinen Vater zu sein. Doch nun war alles wie in einem Zerrspiegel. Ob Klein Li mich wohl angelogen hatte? Ich drehte mich um und schaute meinem Freund ins Gesicht. Er machte eine so starre Miene wie ein Standbild, aber er biß sich auf die Unterlippe, und zwei Tränen liefen langsam über seine verkrampften Züge.
In diesem Augenblick zupfte mich Gang Di am Ärmel. Er hatte die Wandzeitungen gefunden, die meinem Vater galten. Halb betäubt folgte ich ihm durch den Irrgarten aus bemaltem Papier. Noch immer glaubte ich an ein Mißverständnis. Aber dann sah ich die schrecklichen Worte auf dem knallgelben Papier. Sie brannten sich mir wie Feuer in die Seele.
MACHT DIE VERSCHWÖRUNG DES REAKTIONÄREN GELEHRTEN LIANG SHAN ZUNICHTE UND BRINGT SIE ANS LICHT DES TAGES!
Es gab viele solcher Plakate, vielleicht waren es mehr als zehn. Jedes war mannshoch und mit Worten beschriftet, die mein Herz trafen wie die Spitze eines glühenden Messers. Jeder Satz versetzte mir einen Schlag, der schlimmer war als der grauenhafteste Schrecken. Der Boden schien unter meinen Füßen zu wanken. Auf dem ersten Plakat las ich:

> Liang Shan ist ein durch und durch kapitalistischer Berichterstatter, er ist für unsere Zeitung das, was das Drei-Familien-Dorf für unsere Provinz war. Er hat das Wissen, das ihm von der Partei vermittelt wurde, gegen die Partei eingesetzt und viele reaktionäre Artikel geschrieben. In einem von ihnen, einer Abhandlung über das Wachstum der Sonnenblume, hat er die unflätige Behauptung aufgestellt, eine Blume existiere aus reiner Lust am eigenen Dasein. Wie übel, wie verderblich! Das Drei-Familien-Dorf hat behauptet, die Sonne habe dunkle Schatten. Das sollte heißen, daß die Partei Fehler gemacht hat. Aber Liang Shan sagt, die Sonnen-

blume brauche die Sonne überhaupt nicht! Das ist eine tückische Anspielung darauf, daß China auch ohne die kommunistische Partei stark sein kann. Ist das nicht dasselbe reaktionäre Liedchen, das uns die kapitalistischen Revisionisten von der Guomindang vorsingen? Liang Shan ist schlimmer als der Kapitalismus, erbarmungsloser als die Guomindang und gefährlicher als der Revisionismus. Nieder mit Liang Shan!

Das zweite Plakat begann mit der Überschrift:
ZIEHT LIANG SHAN DAS FELL ÜBER DIE OHREN!

Daß sich Liang Shan der Partei und dem Sozialismus widersetzt, ist nur natürlich. Werfen wir einen Blick auf seine Geschichte: Sein Vater war ein Arzt, der sich von Zhejiang bis nach Hunan durchschummelte, indem er seinen »Privatpatienten« trickreich das Geld abnahm. Liang Shan hat diese Fähigkeit von seiner Familie übernommen. Als er jung war, trat er eifrig der Jugendliga der Guomindang bei. Seine frühere Ehefrau ist eine Reaktionärin, und er wurde unter ihrem Einfluß ebenfalls reaktionär. Als er sah, was mit seiner Frau geschah, begriff er, daß es sich nicht lohnte, offen gegen die Partei zu opponieren. Deshalb verfaßte er Artikel und schrieb Gedichte, um die Partei heimlich auszuhöhlen. Seine Vergehen gegen die Ziele der Revolution sind deshalb noch schlimmer als die seiner Frau. Der Vorsitzende Mao hat uns gelehrt: Abschaum ist Abschaum. Wir müssen ihm die Maske vom Gesicht reißen. Die große proletarische Kulturrevolution wird Liang Shan nun das Fell über die Ohren ziehen, damit sein wahres Wesen zutage tritt!

Ich wandte mich dem dritten Plakat zu:

LIANG SHAN IST EIN BLUTSAUGER!

Liang Shan hat nicht nur versagt, einen Beitrag zur Revolution zu leisten, sondern er hat sich im Gegenteil zu Unrecht an ihr bereichert. Zwar verzichtete er vor einiger Zeit auf einen Teil seines Gehaltes, doch damit wollte er nur auf seine angebliche Fortschrittlichkeit hinweisen. Tatsache ist, daß er mit seinen Artikeln nebenbei eine Menge Geld dazuverdiente. Jeder Pfennig, den er einnahm, war wie ein Tropfen Blut des Volkes. Er saugte dieses Blut in sich hinein, um sich selbst zu mästen. Und was gab er selbst dem Volk? Keine Kunst, sondern Kot, Unrat und giftiges Kraut!

Obwohl es fast über meine Kräfte ging, las ich auch noch den Text eines vierten Plakates:

> WAS HAT LIANG SHAN DIE GANZE ZEIT ÜBER GETAN?
> Jahrelang hat Liang Shan ein Magazin herausgegeben, das *Korrespondent* hieß. Es zielte auf unsere jungen Zeitungsleute und bezweckte einzig und allein, die Meinungen der kapitalistischen Presse zu verbreiten und unsere jungen Berichterstatter mit den Gepflogenheiten westlicher Zeitungen vertraut zu machen. Liang Shan sagte, Nachrichten müßten »wahr« sein. Für ihn bedeutete das, daß die angeblichen Fehler der Partei angeprangert und verhöhnt werden sollten. Er verkündete: »Ein Berichterstatter sollte über Macht verfügen, und wenn er eine Information benötigt, sollte er all seinen Mut und seinen Einfallsreichtum daransetzen, um sie zu erhalten, koste es, was es wolle.« Lassen es solche Worte an Klarheit mangeln? Liang Shan will, daß Intellektuelle unser Land lenken! Außerdem hat er die Zeitschrift benutzt, um das Treiben westlicher Schreiberlinge zu beschönigen. In all den Jahren hat er nur ein einziges Zitat des Vorsitzenden Mao gebracht, aber Hunderte von Tolstoi, Balzac, Shakespeare und Mark Twain ... Liang Shan! Deine Augen sind blind. Geh auf der Wall Street spazieren! Was willst du bei uns? Hier stößt du dir nur den Kopf blutig. Bist du Chinese oder der hündische Sklave von Ausländern? Du hast unseren jungen Reportern lange genug den Geist vergiftet. Wir befehlen Liang Shan, seine Verbrechen einzugestehen, sonst zerschmettern wir ihm seinen Hundekopf!

Der Text ging weiter, aber die Worte tanzten mir vor den Augen. Ich zitterte am ganzen Körper. Das bunte Papier der Plakate, das sich um mich herum im leichten Wind bewegte, beengte mich plötzlich wie Wände aus Eisen. Die Plakate reichten fast bis auf den Boden. Manchmal sah ich die mit Sandalen bekleideten Füße von Unbekannten, und ich fühlte mich, als sei ich von Feinden eingekreist. Alles war auf den Kopf gestellt, verzerrt, korrupt und verrückt. Ich wußte nicht, ob ich träumte, ob mein bisheriges Leben in meinem Elternhaus ein Traum gewesen war. Ich schüttelte mich und kniff mich selbst in den Arm, aber ich wachte davon nicht auf. Da schloß ich meine Augen und machte sie gleich wieder auf, aber die Worte auf den Plakaten waren noch immer vorhanden. Mein Vater war reaktionär und ein Feind! Mein Vater, der davon geträumt hatte, der Partei beizutreten, war ein Kapitalist! Wie konnte alles derartig zugrunde gerichtet werden? Warum hatte *er* alles zugrunde gerichtet? Ich wußte nicht wohin mit all meinem Haß und meinem Elend. Niemals mehr würde ich an das glauben, was mir meine eigenen Sinne vorgaukelten.

Dann fiel mein Blick auf den Sohn des Pressefotografen. Er stand ein paar Schritte von mir entfernt und weinte leise in sich hinein. Halb von Sinnen und benommen traten wir den Rückweg zu unserem »Hauptquartier« an. Keiner sagte ein Wort. Uns war elend zumute, und wir hatten Angst, einem anderen Menschen unter die Augen zu treten. Aber noch mehr fürchteten wir uns, nach Hause zu gehen. Als wir ankamen, waren Klein Li und die Gang-Brüder schon da. Mit aschfahlen Gesichtern erwarteten sie uns. Es war fast, als ob uns unser kurzer Ausflug ins Reich der Gedanken des Vorsitzenden Mao zu der intuitiven Einsicht befähigt hatte, daß es ratsam war, uns auf die Grundlagen der Revolution zu besinnen und dort nach jener Sicherheit zu suchen, derer wir nun, da unser Elternhaus in Stücken lag, so dringend bedurften. Keiner fand ein tröstliches Wort für den anderen, aber wir waren einander sehr nahe. Und wir wußten, daß wir nicht aufhören durften, Rebellen zu sein, obwohl unsere eigenen Väter Kapitalisten und Spione waren. Was wir noch nicht verstanden, war die Tatsache, daß wir von jenem Tag an das Recht verloren hatten, unsere Gesinnung und unsere Loyalität zum Ausdruck zu bringen. Revolutionärer Überschwang war uns nun nicht mehr gestattet. Im übrigen sagte uns eine Art Vorahnung, daß man uns auch unser Büro im Zeitungsgebäude wegnehmen würde.

So war es auch. Kurz vor dem Abendessen erschien ein bebrillter Arbeiter namens Zhou Sawu in Begleitung von ungefähr zehn Schülern aus unserer Klasse. Kurz und bündig erklärte er: »Ihr habt hier nichts zu suchen, ihr Söhne von stinkenden Intellektuellen. Raus!«

Wie auf ein Signal nahmen uns die anderen Kinder unser Schreibzeug weg und drängten uns aus dem Zimmer. Jemand versetzte mir einen heftigen Fußtritt gegen die Wade. Dann fiel die Tür hinter uns krachend ins Schloß.

Unten im Hof lungerten wir noch lange im Schutz der Bäume herum und schauten hinauf zum Fenster unseres einstigen »Hauptquartiers«. Da mußten wir alle weinen.

Als im Lautsprecher die Durchsage kam, daß es Essenszeit war, blieb uns nichts weiter übrig, als uns langsam auf den Heimweg zu machen. Jeder von uns schlug eine andere Richtung ein. Wir haßten uns und die Welt, beneideten unsere revolutionären Klassenkameraden und ahnten voller Angst, daß etwas Schreckliches auf uns zukam, dessen Ausmaß wir noch nicht ermessen konnten. Ich achtete kaum darauf, daß per Lautsprecher verkündet wurde, am Abend würde im Radio eine wichtige Sendung übertragen. Als ich am Sportplatz vorbeikam, wimmelte es dort von Leuten, die für einen Umzug Trommeln, Fahnen, rote Plakate und Töpfe mit frischer weißer Farbe zusammentrugen. Ich nahm sie kaum wahr, denn ich gehörte nicht mehr zu ihrer Welt. Mir hatte man einen Tritt versetzt, ich war ein Ausgestoßener.

Jemand hatte das Schloß von unserer Wohnungstür entfernt. Unsere Behausung wirkte seltsam traurig und unfreundlich, wodurch mein eigenes Elend nur noch schlimmer wurde. Vater saß im Wohnzimmer, umgeben von einer dichten Wolke aus Zigarettenrauch. Er tat alles, um sich noch mehr einzunebeln. Die Zigarettenkippen lagen auf dem Holzfußboden verstreut wie Treibholz nach einem Schiffbruch. Vater bewegte sich kaum, als ich zu ihm ins Zimmer trat. Sein Anblick schmerzte mich. Rasch zog ich die Schublade auf, wo wir die Essenbons aufbewahrten. Meine Hand zitterte, als ich danach griff.

Plötzlich überkam es mich. Ich drehte mich auf dem Absatz herum und schrie die Frage heraus, die mir das Herz zusammenschnürte: »Vater! Ist es wahr, daß du ein Blutsauger bist?« Argwohn, Liebe, Zorn, Sympathie und Haß lagen in mir im Widerstreit. Ich fühlte mich so, als würde ich im nächsten Augenblick explodieren.

Vater sagte nichts. Er gab mir jedoch zu verstehen, daß er mich gehört hatte, indem er seine Zigarette ausdrückte und sofort eine neue anzündete. Dabei hatte er nur ein paarmal an der alten gezogen, bevor er sie auf dem Fußboden austrat.

»Sag es mir!« beharrte ich. »Bitte sag es mir, ich muß es wissen.«

Vater sagte noch immer nichts, und er vermied auch, mich anzublicken. Am liebsten hätte ich seine Schultern gepackt und ihn geschüttelt. »Warum sagst du nichts?« rief ich.

Als er schließlich sprach, war seine Stimme ein kaum vernehmbares Flüstern: »Du sollst immer an die Partei und an den Vorsitzenden Mao glauben.«

Damit war meine Frage nicht beantwortet. Abwartend starrte ich ihn an. Vater gab sich einen Ruck. »Die Kulturrevolution ist eine Massenbewegung. Jene Menschen, die mich kritisiert haben, haben die Gefühle echter Proletarier und empfinden große Liebe für den Vorsitzenden Mao.«

Ich glaubte meinen Ohren nicht zu trauen: Es war also wahr! Unterdessen sprach Vater weiter: »Ich habe eine Menge Fehler gemacht und muß mich gründlich prüfen. Aber solange ich der Partei und dem Vorsitzenden Mao treu bin, kann es nicht lange dauern, bis ich all meine Verfehlungen gutgemacht habe.«

Ich hörte ihm kaum zu. Mir fiel nichts weiter ein, als halb betäubt Vaters Verbrechen herunterzusagen, wie eine Lektion, die ich auswendig gelernt hatte. »Ist es wahr, daß du behauptet hast, China könne auch ohne die Partei stark sein? Ist es wahr, daß du mit Gedichten und Zeitungsartikeln versucht hast, die Partei heimlich zu unterminieren? Und was ist mit den kapitalistischen Methoden, die du unseren Journalisten beibringen wolltest? Was hast du zu all diesen Dingen zu sagen?«

Die Hand meines Vaters zitterte, als er ein neues Streichholz anmachte. Plötzlich wurde das beklommene Schweigen durch den Lärm von Schritten unterbrochen. Liang Fang und Liang Weiping kamen die Treppe heraufgelaufen und stürzten ins Zimmer. Sie waren beide in Tränen aufgelöst und liefen schnurstracks ins Schlafzimmer, wo sie sich auf die Betten warfen und laut schluchzend die Kissen umklammerten. Es dauerte nicht lange, bis sich Liang Fang wieder soweit in der Gewalt hatte, daß sie Vater mit Vorwürfen überschütten konnte. »Es ist so schlimm, zu einer Familie wie dieser zu gehören!« beklagte sie sich. »Zuerst hatte ich eine Mutter, die daran schuld war, daß ich nicht in die Jugendliga aufgenommen wurde. Kaum habe ich es geschafft, als Revolutionärin anerkannt zu werden, ruiniert mein Vater alles. Schau her!« rief sie unter Tränen und hielt uns ein Schriftstück vor Augen. »Heute abend sollte ich beim Umzug Kolonnenführerin sein. Hier ist der Plan für die Aufstellung. Glaubst du etwa, ich könnte mich jetzt irgendwo sehen lassen?« Schluchzend riß sie das Papier in lauter kleine Fetzen.

Vater saß unterdessen am Tisch und stützte den Kopf in beide Hände. Widerstandslos ließ er die zornigen Worte seiner Tochter über sich ergehen, als hätte er nichts anderes verdient. Gedankenverloren tastete er nach seiner Zigarettenschachtel, aber sie war leer. Liang Weiping, die Gutherzigste von uns, gab Liang Fang einen Rippenstoß, mit dem sie sie aufforderte, sich ein wenig zu beherrschen. Dann ging sie nach nebenan und holte Vater ein neues Päckchen Zigaretten. Als sie damit zurückkam, fragte ich Vater: »Weißt du, wie man uns heute genannt hat? Söhne von stinkenden, kapitalistischen und reaktionären Intellektuellen! Wir sind von allen gemeinschaftlichen Veranstaltungen ausgeschlossen, und man hat uns aus unserem Büro geworfen. Wir dürfen überhaupt nichts mehr tun.«

Vater hob den Kopf und wiederholte: »Ihr sollt immer an die Partei glauben. Vertraut auf das, was der Vorsitzende Mao sagt.« Seine Worte klangen wie ein Gebet oder wie unverrückbare Leitsätze, die er sich im Herzen für Zeiten der Not aufbewahrt hatte. Während der vergangenen zwanzig Jahre waren sie sein Leitfaden gewesen.

Aber Liang Fang war nicht zu halten. »Das glaubt dir niemand! Die andern sagen, du seiest ein Kapitalist, ein Blutsauger und ein Lakai der Ausländer!«

Vater erhob sich von seinem Stuhl. Sein Gesicht war kreideweiß, und die Worte sprudelten in einem einzigen Atemzug aus ihm heraus: »Ich bin nichts von alledem, denn ich glaube an die Partei und an den Vorsitzenden Mao. Ich habe nichts getan, das euch schaden könnte. Nehmt ruhig weiter teil an der Revolution. Wenn ihr wollt, könnt ihr ganz mit mir brechen. Geht hin und wohnt im Schulgebäude, wenn euch das lieber ist. Aber eines will ich euch sagen: Egal wie sehr ihr mich haßt – ich bin immer dem Vorsitzenden Mao treu geblieben, und ich bin immer für die Partei und den Sozialismus eingetreten.«

»Wenn ich gehen muß, dann soll es lieber gleich geschehen!« schrie Liang Fang. Hastig raffte sie ihr Bettzeug und ihre Kleidung zusammen. »Ich will nicht länger zu dieser konterrevolutionären Familie gehören! Ich brauche keine konterrevolutionären Eltern!«

Liang Weiping schloß sich ihrer älteren Schwester an. »Ich gehe auch«, sagte sie niedergeschlagen. »Vielleicht ist es besser so.« Dann begann auch sie, ihre Habseligkeiten zusammenzupacken.

Vaters Augen waren gerötet. »Geht nur, geht alle fort! Ich kann es euch nicht verdenken, und ich werde euch auch nicht zurückhalten.«

Ich weiß nicht, wie dieser Abend zu Ende gegangen wäre, wenn wir nicht plötzlich draußen eine Lautsprecherdurchsage gehört hätten: »Die roten Radiowellen bringen gute Nachrichten. Stellt alle euer Gerät ein und hört genau zu. Bitte alle herhören!«

Getrieben von der Macht der Gewohnheit, die wir in den vergangenen Monaten entwickelt hatten, versammelten wir uns unverzüglich um das kleine Transistorradio, das auf dem Tisch stand. Wir setzten uns hin und senkten die Köpfe, um uns besser konzentrieren zu können. Nach einem Knistern und Knacken im Radio hörten wir eine Stimme: »Wir verlesen eine am 8. August verfaßte Resolution des Zentralkomitees der Kommunistischen Partei von China über die Große Proletarische Kulturrevolution.«

Es stellte sich heraus, daß diese Sendung anscheinend vor allem den Zweck hatte, die Ziele der Kulturrevolution klarzustellen. Während wir zuhörten, fiel uns ein Stein nach dem anderen vom Herzen, besonders bei der Verlesung des Artikels 5 der Resolution:

> Wer sind unsere Feinde und wer unsere Freunde? Die jetzige Bewegung ist hauptsächlich gegen jene Menschen gerichtet, die innerhalb der Partei Ämter und Würden bekleiden und dennoch einen kapitalistischen Weg eingeschlagen haben. Es muß sorgfältig unterschieden werden zwischen Reaktionären, die gegen die Partei und den Sozialismus sind, und jenen Menschen, die die Partei und den Sozialismus unterstützen, obwohl sie etwas Falsches gesagt, geschrieben oder getan haben ...

Als sämtliche sechzehn Artikel verlesen waren, standen Freudentränen in Vaters Augen. Triumphierend sagte er: »Seht ihr, euer Vater ist kein Konterrevolutionär: Ich gehöre zur dritten Kategorie der Kadermitglieder, denn ich habe zwar schwere Fehler gemacht, aber ich bin kein Reaktionär, der gegen die Partei und den Sozialismus kämpft.«

Meine Schwestern lächelten beschämt und peinlich berührt, weil sie noch vor wenigen Augenblicken so außer sich gewesen waren. Auch ich war ganz zerknirscht, weil ich Vater so schlimme Dinge zugetraut hatte. Doch dann entwickelte sich zwischen uns ein ruhiges Gespräch über die Vorwürfe auf den Wandzeitungen, und wir waren uns alle einig, daß manche dieser Dinge keine schweren Vergehen darstellten. Beispielsweise hatte Vater schon vor langer Zeit mit der örtlichen Parteiführung über seine einstige Mitgliedschaft in der Jugendliga der Guomindang und über unsere Mutter gesprochen. Sein Versäumnis, den Vorsitzenden Mao in seinen Zeitungsartikeln möglichst häufig zu zitieren, war nur eine Frage der persönlichen Umerziehung. Wenn solche Dinge auf den Wandzeitungen über Gebühr aufgebauscht worden waren, dann war das nicht weiter schlimm, denn es zeigte nur, wie eifrig und leidenschaftlich die Verfasser bei der Sache gewesen waren.

Der Familienfrieden war kaum wiederhergestellt, als draußen auf der Straße plötzlich ein solch ohrenbetäubender Lärm von Feuerwerkskörpern und Pauken loslegte, daß die Erde zu beben schien. Liang Fang sprang auf die Füße, als sei ihr plötzlich etwas eingefallen. »Der Umzug!« rief sie. »O Vater, ich möchte gern in der Schule übernachten, aber es ist wirklich nur wegen der Revolution, nicht weil ich zu Hause ausziehen möchte.«

Vater half ihr sogar, ein paar Sachen zusammenzupacken. Zum Zeichen dafür, daß er seiner Tochter vergeben hatte, stopfte er noch ein paar Kekse und Süßigkeiten in ihren Beutel. Liang Fang hatte es sehr eilig, denn sie hatte sich verspätet. Wir standen auf dem Balkon und sahen ihr nach. Von jenem Tag an war sie ständig unterwegs, um irgendwo die Revolution voranzutreiben. Bei uns wurde sie nie mehr so richtig heimisch.

Liang Weiping ging in die Küche, um Nudeln zu kochen. In unserer Aufregung hatten wir das Abendessen im Speisesaal des Zeitungsgebäudes verpaßt. Ich blieb bei Vater sitzen und unterhielt mich mit ihm. Die Ereignisse des Nachmittags waren für mich ein großer Schock gewesen, den ich noch längst nicht überwunden hatte.

»Laß dich nicht entmutigen«, tröstete mich Vater. »Auch wenn du nicht zu einer Gruppe gehörst, kannst du die Kulturrevolution in Gedanken mitmachen und daraus lernen. Jeden Tag kannst du die Zeitungen lesen. Wir beide wollen uns zusammen hinsetzen und gemeinsam das gesamte Werk des Vorsitzenden Mao studieren. Abends können wir dann darüber diskutieren.« Sofort fühlte ich mich viel besser, denn ich liebte es, zusammen mit meinem Vater ein Buch zu lesen. Dennoch entschädigte es mich nicht gänzlich dafür, daß ich von meinen Klassenkameraden verstoßen worden war.

Nach dem Essen hatte Vater plötzlich einen Einfall. »Wir wollen alle unsere Sachen durchsehen, damit wir sicher sind, daß wir nichts Schlechtes besitzen. Wenn wir es jetzt loswerden, kann es uns später eine Menge Ärger ersparen. Erinnert ihr euch noch, wie es war, als China alle Beziehungen zu Rußland abbrach? Damals mußte ich alle Bücher über die Sowjetunion wegwerfen.«

Wir begaben uns also in das große Wohnzimmer und inspizierten Vaters Bücher. Am Ende trennte er sich nur von ein paar Bänden, und das mit sichtlichem Bedauern. Dazu gehörte auch Liu Shaoqis berühmte *Abhandlung über die Erziehung zum Mitglied der Kommunistischen Partei.* Ich wußte, wie ernsthaft Vater immer alle Bücher las. Er unterstrich einzelne Wörter und machte sich Randnotizen. Jedes einzelne Buch stand für Stunden der Mühe und des Nachdenkens.

Wir blätterten auch in Zeitschriften. Als ich auf ein Foto stieß, das den Vorsitzenden Mao Seite an Seite mit Liu Shaoqi zeigte, fragte ich: »Was ist hiermit? Sollen wir das Bild in zwei Teile schneiden und den wegwerfen, auf dem Liu Shaoqi zu sehen ist?«

»O nein, das wäre nicht gut«, antwortete Vater. »Es ist wohl besser, wenn wir die Zeitschrift bei der revolutionären Arbeitsgruppe abliefern.« Damals hielt ich eine solche Maßnahme für übervorsichtig, doch es stellte sich bald heraus, daß Vaters politische Erfahrung uns vor einer Katastrophe bewahrt hatte. Die Familie, die unter uns wohnte, schnitt Liu Shaoqi aus dem Bild heraus und wurde prompt dafür denunziert, daß sie mit voller Absicht ein Foto des Vorsitzenden Mao ruiniert hatte. Solche Dinge passierten so oft, daß die Menschen es sich allmählich zur Regel machten, alte Bilder des Vorsitzenden Mao nicht einfach gegen neue auszutauschen, sondern die örtliche Parteiführung um Erlaubnis baten.

Die Bücher und Zeitschriften bildeten auf unserem Tisch einen kleinen Stapel, der Vater an seine Vergehen erinnerte. Er nahm Feder und Tinte und setzte sich hin, um eine Selbstkritik zu schreiben. Als ich später in der Nacht aufwachte und auf die Toilette mußte, saß er noch immer am Tisch und schrieb. Sein normalerweise sorgfältig gekämmtes Haar war zerwühlt, und er war so in seine Aufgabe vertieft, daß er mich nicht einmal wahrnahm.

Kapitel 5

Zerstörte Tempel

Der Tag fing gut für mich an, denn im Morgengrauen weckten mich die Lautsprecher mit der altvertrauten Melodie von »Der Osten ist rot«. Das Licht des jungen Tages vertrieb all die unglücklichen Erinnerungen an gestern. Liang Weiping sang ein Liedchen, während sie sich anzog. Auch Vater wirkte viel ruhiger und gefaßter, als er aus dem Speisesaal zurückkam und uns Reisgrütze und *mantou* brachte. Er war unterwegs einem anderen Berichterstatter der Zeitung über den Weg gelaufen, den die Radiosendung vom gestrigen Abend genauso optimistisch gestimmt hatte. Als Vater zur Arbeit ging, nahm er den kleinen Stapel Bücher und Zeitschriften mit. Auch seine umfangreiche Selbstkritik vergaß er nicht. Liang Weiping ging zur Schule, wo heute mehrere Versammlungen stattfinden sollten. Leider stellte sich später heraus, daß die sechzehn Artikel der gestrigen Resolution unserem Vater nicht im geringsten nutzten und schützten, ebensowenig wie anderen Intellektuellen. Aber das wußte er noch nicht und konnte sich für wenige Stunden seinen Glücksgefühlen hingeben. Ich selbst setzte mich zufrieden mit Vaters Ausgabe der *Worte des Vorsitzenden Mao Zedong* an den Tisch, bereit, mich wieder in die Reihen der Revolutionäre einzugliedern.

Gegen neun Uhr morgens klopften zwei Männer, mit riesigen Strohhüten auf dem Kopf, bei uns an die Tür. Sie lächelten sehr freundlich und fragten, ob hier ein gewisser Liang Shan wohnte. Ich ließ sie eintreten und bot ihnen einen Stuhl an. Der ältere der beiden, ein kleiner, fast kahlköpfiger Mann ergriff das Wort. Er nannte mich »Klein Liang«, und es klang so, wie ein älterer Erwachsener einen jüngeren anredet. Jedenfalls sagte er nicht »mein Kind« zu mir, wie es die meisten taten. Ich war darüber sehr stolz.

»Mein Name ist Jiang, und ich komme im Auftrag der Abteilung für landwirtschaftliche Fragen des Parteikomitees unserer Provinz. Dies hier ist Kamerad Du vom Amt für Forstwirtschaft. Wir sind gewissermaßen *von den fünf Seen und den vier Meeren zu einer gemeinsamen revolutionären Aufgabe* ausgesandt worden, und wir gehören zu einer Arbeitsgruppe der Partei.«

Ich erkannte das Zitat des Vorsitzenden Mao wieder, das der Mann in seine Rede eingeflochten hatte. Lächelnd und mit dem Kopf nickend schenkte ich den beiden Tee ein. Der Mann, der Du hieß, nahm mein Notizbuch vom Tisch und blätterte darin. »Wie ich sehe, hast du die Schriften des Vorsitzenden Mao studiert. Du bist wirklich ein netter kleiner Bursche, und deine Noten in der Schule sind auch ganz ausgezeichnet.« Es war mir nicht entgangen, daß der Mann sich meine Notizen nicht sehr sorgfältig angesehen hatte. Irgend etwas machte mich mißtrauisch, aber schon seine nächsten Worte nahmen mich wieder für ihn ein.

»Weißt du, wie der Vorsitzende Mao Menschen deines Alters nennt? Er bezeichnet sie als das Sonnenlicht des Morgens.« Kamerad Du wies mit dem Finger auf ein kleines Bündel von Sonnenstrahlen, die genau auf Vaters Tusche und Schreibpinsel fielen. »Schau, da hast du sie, die Hoffnung der Revolution. Du hast als Wegbereiter der Revolution eine große Zukunft vor dir. Und deine Karikaturen sind auch nicht so übel, nicht wahr?«

Diese Worte trösteten mich. Sie gaben mir etwas von meinem alten revolutionären Schwung zurück. Hier waren zwei Männer, die mich ganz anders behandelten als gestern dieser Arbeiter Zhou Sawu. Vielleicht wußten sie, unter welchen Umständen ich aus meiner Gruppe ausgestoßen worden war, und hatten Zhou und meine Klassenkameraden deshalb zurechtgewiesen. Bestimmt waren sie gekommen, um mir mitzuteilen, daß ich wieder mitmachen durfte. Ich fühlte mich großartig, wie ein Soldat in Erwartung eines Auftrages.

Nun ergriff der Mann das Wort, der Jiang hieß. Während er mit sanfter Stimme auf mich einredete, fächelte er sich mit dem Hut kühle Luft zu. »Man braucht viel Mut, um ein Rebell zu sein, Klein Liang. Für dich kommt es jetzt darauf an, daß du genauso handelst, wie es die Situation erfordert.« Er blickte mich eindringlich an, um zu sehen, ob ich den Sinn seiner Worte verstanden hatte. Ich fühlte mich jedoch verwirrt und rutschte unbehaglich auf meinem Stuhl hin und her. Da sagte der Mann, der Du hieß: »Wir wollen offen miteinander reden, Klein Liang. Was hältst du von den Wandzeitungen, die von deinem Vater handeln?«

Diese Frage kam so unerwartet, daß ich nicht auf sie vorbereitet war. Ich wußte nicht, was ich antworten sollte, aber instinktiv kamen mir

Vaters eigene Worte in den Sinn: »Wir sollten der Partei und dem Vorsitzenden Mao vertrauen.«

Meine Besucher lächelten breit, und Du klopfte mir auf die Schulter. »Brav, sehr brav!« sagte er anerkennend. »In diesem besonderen Fall kannst du dich also durchaus uns anvertrauen, denn wir sind als Mitglieder einer Arbeitsgruppe im Auftrag des Vorsitzenden Mao hier. Wenn du irgend etwas zu berichten hast, dann rede nur freiheraus. Wenn der Vorsitzende Mao den Leuten hier etwas mitteilen will, dann benutzt er uns dazu. Du kannst dich also auf uns verlassen und mit uns zusammenarbeiten.«

Nun war wieder der Mann an der Reihe, der Jiang hieß. »Für dich kommt jetzt alles darauf an, deinem Vater zu helfen. Sei ihm behilflich, seine eigenen Fehler zu erkennen. Sei mutig und kritisiere ihn, damit er sich ändern kann.«

Ich war starr vor Staunen, denn ich war nicht darauf gefaßt gewesen, daß man derartiges von mir verlangen würde, damit ich in die Reihen der Revolutionäre zurückkehren durfte.

»Ich weiß nicht, wie ich das anstellen soll«, sagte ich deshalb.

»Am besten gehst du hin und schaust dir noch einmal die Wandzeitungen an, damit du weißt, was darin steht. Dann kannst du alles aufschreiben, was du dazu zu sagen hast, und es uns heute nachmittag in unser Büro bringen. Wir werden dort auf dich warten.«

»Aber ich weiß doch gar nicht, wie man solche Dinge aufschreibt!« protestierte ich schwach.

Jiang dachte einen Moment nach, dann meinte er lächelnd: »Nenn es doch einfach *Ich tadle und kritisiere meinen Vater Liang Shan*. Das wäre eine gute Überschrift. Du bist ein netter kleiner Kerl, und du scheinst dem Vorsitzenden Mao treu ergeben zu sein. Wir sind stolz auf dich.«

Die beiden standen auf und setzten sich ihre großen Hüte auf. »Wir müssen jetzt gehen, weil wir noch viel zu tun haben, aber wir sehen uns später am Nachmittag wieder.« Damit schüttelten sie mir herzlich die Hand und gingen zur Tür.

Ich fühlte mich sehr bedrückt. Wie konnte ich meinen Vater kritisieren, wenn ich doch genau wußte, wie linientreu er war? Es war mir von Anfang an klar, daß ich nichts gegen ihn schreiben konnte. Urplötzlich hatte die Revolution ihren ganzen Reiz für mich verloren. Als Vater gegen Mittag nach Hause kam, verschwieg ich ihm den Besuch der beiden Männer von der Arbeitsgruppe. Insgeheim hoffte ich wohl auch, daß man die ganze Sache fallenlassen würde, weil ich ja erst zwölf Jahre

alt war. Zugleich beneidete ich meine Schwestern, weil sie in der Schule waren und von dem Problem nicht berührt wurden.
Leider war alles nicht so leicht, wie ich erhofft hatte. Am nächsten Tag wurde gegen Mittag per Lautsprecher verkündet, daß sich um zwei Uhr alle Familienmitglieder von Angestellten der Zeitung zu einer Versammlung einzufinden hätten, zu der die Arbeitsgruppe aufgerufen hatte. Für jeweils sieben oder acht Häuser durfte nur eine einzige Aufsichtsperson zurückbleiben. Alle anderen hatten ohne Ausnahme zu erscheinen.
Die meisten Familienmitglieder waren alte Leute im Ruhestand oder Schulkinder. So sah man an jenem heißen Nachmittag alte Frauen auf Bambusstöcke gestützt durch die Straßen schlurfen. Viele hatten sich kleine Kinder auf den Rücken gebunden, die noch nicht laufen konnten. Zahnlose Greise humpelten im Schatten schwarzer Regenschirme dahin, während die größeren Jungen und Mädchen durch den Irrgarten überall herabbaumelnder Plakate eilten und die Treppe zum Vortragssaal hinaufpolterten. Die Glücklicheren von ihnen hielten ein Exemplar der *Worte des Vorsitzenden Mao* in ihren schwitzenden kleinen Händen. Jene, die sich bisher nie veranlaßt gesehen hatten, den Hinterhof ihres Hauses zu verlassen, mußten sich nun ihren Weg durch Straßen suchen, die von den Abfällen politischer Machtkämpfe verunziert waren. Sogar jene Menschen, die nicht lesen und schreiben konnten, sollten mit eigenen Augen sehen, was sich beim *Hunan-Tageblatt* geändert hatte.
Der Vortragssaal befand sich im obersten Stockwerk des Bürogebäudes. Es war ein ziemlich eleganter und moderner Raum, in dem sonst nur die Versammlungen stattfanden, für die keiner von uns wichtig genug war. Jetzt zwängten sich die Leute auf den wenigen Sitzgelegenheiten zusammen und drängten sich in den Korridoren. Vergeblich versuchten sie sich in der Hitze dieses Augusttages ein wenig kühle Luft zuzufächeln.
Ein kleiner, stämmiger Mann mit einem schwarzen Fächer in der Hand betrat das Podium. Fast verlor er die Kontrolle über die versammelten Menschen, als er befahl, die großen Ventilatoren an der Decke einzuschalten. Voller Bewunderung blickten wir alle hinauf. »Aufgepaßt! Alle mal herhören!« rief der Mann, aber es dauerte ein Weilchen, bis er wieder unsere ungeteilte Aufmerksamkeit hatte. »Es kommt darauf an, daß wir alle genausogut ausgebildet und vorbereitet sind wie die Volksbefreiungsarmee! Um überhaupt an dieser Versammlung teilnehmen zu können, muß jeder von euch tiefe proletarische Gefühle für den Vorsitzenden Mao und die Partei haben. Während der Veranstaltung darf nicht geredet oder herumgelaufen werden, und niemand darf vor Ende der Versammlung gehen. Falls Kinder zu weinen anfangen, dürfen sie

aus dem Saal gebracht werden, aber sobald sie wieder ruhig sind, sind sie weiterhin zur Teilnahme an der Versammlung verpflichtet. Lesen und Handarbeiten sind verboten. Jeder, der schreiben kann, soll sich Notizen machen. Heute geht es um zwei Hauptthemen: Zuerst werden wir die ›16 Artikel‹ studieren. Dann wollen wir darüber diskutieren, wie jeder von uns seinen Beitrag zur Kulturrevolution leisten kann.«
Ein anderer Mann betrat das Podium und verlas von Anfang bis Ende jene Resolution, die wir schon gestern abend im Radio gehört hatten. Nach einer Weile fing ein kleines Kind an zu weinen und wurde aus dem Saal gebracht. Andere Kinder, die sonst recht aufsässig waren, verhielten sich ganz still. Nur das Summen der elektrischen Ventilatoren begleitete die eintönige Stimme des Mannes auf dem Podium. Für viele von uns war dies die erste Veranstaltung dieser Art, und wir wußten nicht so recht, was wir davon zu halten hatten.
Dann ergriff der kleine, dicke Mann wieder das Wort: »Die Große Proletarische Kulturrevolution hat bei uns vielversprechend angefangen, aber damit aus ihr eine wirkliche Massenbewegung wird, muß jeder mitmachen. Kein Familienmitglied darf hinterherhinken. Wir wollen einen großen proletarischen Wettstreit austragen, um festzustellen, wer die tiefsten Gefühle für den Vorsitzenden Mao hegt, wer das wachste politische Bewußtsein hat, wer die Bewegung am aktivsten unterstützt und wer die größte politische Standfestigkeit hat.
Über einige Dinge müßt ihr euch alle im klaren sein: Falls jemand in eurer Familie kritisiert wird, ist das eine gute Sache, denn es bewahrt diese Kameraden davor, im Treibsand des Kapitalismus zu versinken. Unglücklicherweise gibt es einige Leute, die die Ziele der Kulturrevolution nicht ganz verstehen und denen deshalb Kritik nicht willkommen ist. Das ist zwar verständlich, aber es ist falsch. Die Denkweise solcher Leute hat mit den Ereignissen der jüngsten Vergangenheit nicht schrittgehalten. Deshalb müssen wir uns heute gegenseitig mobilisieren, damit wir in den Reihen der Revolution mitmarschieren können.
Unsere Arbeitsgruppen haben schon mit den Angehörigen vieler Familien gesprochen. Manche haben schon schriftliche Zeugenaussagen eingereicht und verdienen deswegen großes Lob. Andere jedoch haben diese Pflicht verschleppt. Heute erhalten sie nochmals eine Gelegenheit. Wir wollen einstweilen darauf verzichten, sie öffentlich durch Nennung ihrer Namen bloßzustellen. Aber wenn sie sich uns nicht bald anschließen, wird uns nichts anderes übrigbleiben, als sie öffentlich anzuprangern, weil sie die Große Proletarische Kulturrevolution behindern.«
Der Redner hielt inne und ließ seinen Blick über die Zuhörer schweifen,

als suchte er nach den Bummlern. Ich machte mich hinter dem Rücken meines Vordermannes ganz klein und setzte eine harmlose Miene auf. »Nun gut«, sagte der Mann schließlich. »Damit ist dieser Punkt der Tagesordnung abgeschlossen. Die Arbeitsgruppe fordert nun alle Versammelten auf, nach draußen zu gehen und die Wandzeitungen zu lesen. Schüler und Studenten sollen sie alten Leuten vorlesen, die nicht lesen und schreiben gelernt haben. Auf diese Weise erfährt jeder, worum es geht. Das nächste Mal werdet ihr unaufgefordert kommen und die Wandzeitungen studieren, um eure revolutionäre Schulung voranzutreiben. Das ist alles.«

Es war so fürchterlich heiß, und es gab so viele Wandzeitungen! Ich vermied geflissentlich die Stelle, wo jene Plakate hingen, auf denen von Vater die Rede war. Viele kleine Kinder weinten laut, und die meisten alten Frauen waren bald so ermattet, daß sie sich auf die kleinen mitgebrachten Bambushocker setzten und sich Luft zufächelten. Die meisten Leute waren eifrig bei der Sache, aber ich fühlte mich erschöpft. Endlich teilte uns die Arbeitsgruppe über Lautsprecher mit, daß wir nach Hause gehen durften.

An jenem Abend kam Vater zum Essen nach Hause. Den ganzen Tag hatte er die Wandzeitungen studiert und selbstkritische Anklagen gegen sich selbst geschrieben. Mit einem Seufzer nahm er sein Reisschälchen mit ein wenig fettem Schweinefleisch und den aus Süßkartoffeln gefertigten Nudeln. Ich hatte schon fast meine ganze Portion hinuntergeschlungen, als meine Schwester Liang Weiping verkündete: »Es sieht ja wohl so aus, daß wir jetzt unsere eigenen Wandzeitungen aufhängen müssen.«

Vater blickte vom Essen auf. »Was meinst du damit?«

»Die Arbeitsgruppe verlangt von Liang Heng, daß er auf einem Plakat über dich schreibt.«

»Nein, nein!« unterbrach ich sie. »Sie wollen kein Plakat, sondern nur ein paar Auskünfte von mir.«

»Was hat das alles zu bedeuten?« wollte Vater wissen.

»Ich will nicht darüber reden«, erwiderte ich.

Vaters Lippen verzogen sich zu einem bitteren Lächeln. »Du traust mir nicht, nicht wahr? Du glaubst, ich will dich daran hindern, etwas über mich zu schreiben.«

In Wirklichkeit wollte ich überhaupt nichts schreiben. Ich berichtete Vater von dem Besuch der beiden Männer und der Versammlung, bei der die Leute von der Arbeitsgruppe gedroht hatten, jeden, der nicht mitmachen wollte, öffentlich bloßzustellen. »Wie kannst du nur so

dumm sein!« sagte Vater zutiefst beunruhigt. »Schreib schnell irgendwas auf, damit du etwas vorzuweisen hast.«
Ich begriff nicht, worauf er hinauswollte, aber Liang Weiping war heller als ich. »Ja, du mußt sofort etwas schreiben, sonst glauben die, daß Vater dich daran hindert. Dann wäre alles nur noch schlimmer.«
»Ich weiß aber nicht, was ich schreiben soll!« protestierte ich.
»Dann schreib wenigstens, daß dir nichts einfällt. Auf jeden Fall mußt du etwas abgeben«, rief Liang Weiping aus der Küche herüber, wo sie unsere leeren Reisschalen spülte. Nach einer Weile kam sie zurück und nahm ihre Schultasche. »Ich muß noch zu einer Versammlung in die Schule«, sagte sie. »Aber vergiß nicht, irgend etwas zu schreiben.«
Ich saß am Tisch und starrte aus dem Fenster in die sinkende Sonne. Meinen Vater zu kritisieren würde nicht so leicht sein wie meine Lehrer anzuschwärzen. Ich lebte mit ihm zusammen und kannte seine Gedanken. Plötzlich stand Vater neben mir. Mit einem Seufzer sagte er: »Es gibt so viele Dinge in der Welt, deren Sinn nur schwer zu verstehen ist.«
»Was meinst du damit?« fragte ich und blickte zu ihm auf. Vater zuckte zusammen und beeilte sich, seine Worte zurückzunehmen. »Oh, nichts. Ich dachte nur über den Sonnenuntergang nach.« Dann ging er zum Schrank, öffnete eine Schublade und holte einige Räucherstäbchen gegen die Stechmücken heraus. Nachdem er sie angezündet hatte, zog er sich in das angrenzende Zimmer zurück, um seine allabendliche Selbstkritik zu verfassen. Ich selbst brachte die Worte: »Ich tadle und kritisiere meinen Vater Liang Shan« zu Papier, doch dann verschwammen mir die Schriftzeichen vor den Augen, und ich fühlte Tränen in mir aufsteigen. Immerhin gelang es mir im Verlauf des Abends, eine ganze Seite vollzuschreiben. Ich hatte mich vor allem über unser Gespräch nach der Verlesung der »16 Artikel« im Radio ausgelassen. Als ich schließlich zu Bett ging, fühlte ich mich elend und niedergeschlagen.
Früh am nächsten Morgen machte ich mich auf, um meine Aussage bei der Arbeitsgruppe abzugeben. Der Mann mit Namen Du saß hinter einem Schreibtisch und blickte mir spöttisch entgegen. Die Wärme unseres ersten Gesprächs war aus seinem Blick verschwunden. Er streckte die Hand nach meinem Blatt Papier aus. »Hast du dich also doch dem Zwang der Dinge gebeugt, nicht wahr? Nächstes Mal denk ein bißchen besser und schneller nach. Das kann dir eine Menge Kummer ersparen!«
Dies war meine erste Lektion in Sachen Selbstverteidigung in unserer modernen Gesellschaft.

Während die große kritische Bewegung allmählich richtig in Gang geriet, stellten Ober- und Mittelschüler die ersten Einheiten der Roten Garden auf. Sie waren noch ziemlich konservativ, denn sie beschützten vor allem jene Parteiführer, deren Kinder selbst Rote Garden und folglich ungeheuer stolz auf ihre »guten« Familienverhältnisse waren. Das ging so weit, daß nur Schüler und Studenten akzeptiert wurden, die von den »Fünf roten Typen« abstammten, das heißt von revolutionären Kadermitgliedern, revolutionären Märtyrern, revolutionären Soldaten, Arbeitern und armen oder zur unteren Mittelklasse gehörenden Bauern. Diese ersten Einheiten der Roten Garden konzentrierten ihre Angriffe vor allem auf die »Fünf schwarzen Typen«: Landbesitzer, reiche Bauern, Konterrevolutionäre, »üble Elemente« und Reaktionäre. Ihr Slogan lautete: »Wenn der Vater ein Held ist, ist auch der Sohn ein tapferer Mann. Ist der Vater ein Reaktionär, dann ist sein Sohn ein Bastard.« Auf diese Weise wurde das Problem der Klassenzugehörigkeit für alle Zeiten erledigt. Die Ironie der Situation bestand jedoch darin, daß diese Söhne und Töchter hoher Kadermitglieder eine Bewegung ins Leben gerufen hatten, die sich schon bald gegen ihre Eltern richten sollte. Es war ihnen bestimmt, Opfer des eigenen revolutionären Eifers zu werden.

In Changsha nannte sich der erste Trupp »Rote Verteidigungsgarden«. Durch einen unglaublichen Glücksfall schaffte es meine Schwester Liang Fang, Mitglied zu werden. In der Mittelschule Nr. 1 gab es so viele Kinder von Kadermitgliedern, daß sie als eine der ersten politisch organisiert wurde. Und da sich Liang Fang bei der Organisation besonders hervortat, wurde das Problem ihres »rechtsgerichteten« Elternhauses eine Zeitlang übersehen. So kam sie endlich zu lang ersehntem revolutionärem Ruhm. Wahrscheinlich hat sie ihrer Mutter in aller Öffentlichkeit besonders eifrig abgeschworen, um als würdig erachtet zu werden.

Verständlicherweise kam sie nur selten nach Hause. Neuigkeiten über sie erfuhren wir meist von Liang Weiping. Meine beiden Schwestern begegneten sich bei allen möglichen Aktivitäten in und außerhalb der Schule. Eines Tages kam Liang Weiping im Zustand höchster Erregung nach Hause. Liang Fang hatte ihr erzählt, daß der Parteisekretär der Mittelschule Nr. 1 sich selbst denunziert hatte. Er hatte gestanden, vor der Befreiung die Kommunisten an die Guomindang verraten zu haben, und sich dann in dem Keller erhängt, wo man ihn gefangenhielt. Ein echter Klassenfeind war entlarvt worden! Aber es gab noch eine zweite Neuigkeit: Eine große Anzahl von Studenten machten sich daran, nach Peking zu fahren, um Jiang Qing, Maos Frau, und anderen Mitgliedern des

Führungsgremiums der Kulturrevolution Bericht zu erstatten. Sie hatten sogar die winzige Chance, den Großen Vorsitzenden Mao höchstpersönlich zu Gesicht zu bekommen.

Am 18. August wurde das *Hunan-Tageblatt* mit roter Tinte gedruckt. Die Zeitung berichtete von mehreren tausend Roten Garden, die sich am Platz des Himmlischen Friedens versammelt hatten. Der Vorsitzende Mao hatte sich ihnen gezeigt und einem der Studenten gestattet, die rote Armbinde der Roten Garden an seinem Ärmel zu befestigen. Viele Mittel- und Oberschüler durften den Turm besteigen und Mao Zedong die Hand reichen. Eine neue große Bewegung zeichnete sich ab, das war nicht zu übersehen.

Schon bald spürten wir sogar in Changsha die ersten Auswirkungen. Vertreter der ersten Gruppe von Roten Garden aus Peking, das »Vereinigte Aktionskomitee«, kamen aus der Hauptstadt und brachten einen Vorgeschmack der Gewalttätigkeiten mit, die bald ganz China erschüttern sollten. Jene Männer stiegen in dem luxuriösen Regierungshotel in der Nähe des Märtyrerparks ab. Dort gerieten sie mit einem der niederen Hotelangestellten in einen Streit. Es handelte sich um einen jungen Burschen, dessen Großvater vor der Befreiung Grundbesitzer gewesen war. Ich weiß keine näheren Einzelheiten über diese Auseinandersetzung zu berichten, aber es hieß, daß die Roten Garden aus Peking ihn mit ihren breiten Ledergürteln fast zu Tode prügelten.

Am meisten staunte ich über die Reaktion des Parteikomitees auf diesen Vorfall. Neben dem Eingangstor des Zeitungsgebäudes befand sich eine Glasvitrine für Propagandazwecke. Gewöhnlich wurden darin Berichte über den Produktionsstand der Fabriken, über Tanzvorführungen der »kleinen Freunde« in der Schwesternschule oder lehrreiche Moritaten über das Leben des Mustersoldaten Lei Feng ausgestellt. Doch diesmal wurden Fotografien jenes gewaltsamen Zwischenfalles gezeigt, der als »revolutionärer Heroismus« gepriesen wurde. Die Stadt Changsha war allerdings nicht das erste Übungsgelände für diese neue Brut von Terroristen, nur war die geschilderte Gewalttat für die meisten von uns die erste dieser Art. Später sollte dergleichen zu einer Alltäglichkeit werden. Nach diesem Besuch aus Peking sprengte die örtliche Bewegung rasch den ursprünglichen Rahmen der »Roten Verteidigungsgarden«, wenngleich die Mitgliedschaft weiterhin nur den »Fünf roten Typen« vorbehalten war. Die einzelnen Gruppierungen nannten sich gewöhnlich nach irgendeinem Zitat oder einem Gedicht des Vorsitzenden Mao. Da gab es die »Jinggang-Berg«-Gruppe, die »Der Osten ist rot«-Gruppe, die »Jagt den erschöpften Feind«-Gruppe, die »Kämpft mit den Wellen inmitten der Strömung«-Gruppe und viele andere. Wir gewöhnten uns daran, überall die Uniform der Roten Garden zu sehen – grüne Hosen und Uniformjacke der Volksbefreiungsarmee mit breitem Ledergürtel und der begehrten roten Armbinde. Liang Weiping wäre den Roten Garden gern beigetreten, aber wegen unserer Mutter wurde sie abgewiesen. Sie dürfe nur in der Schule arbeiten, hieß es, die inzwischen zu einem Gemeinschaftshaus der Roten Garden gemacht worden war, das heißt, zu einer Art Herberge für Mitglieder aus anderen Provinzen. Liang Weiping war niedergeschlagen. Ihr einziger Trost bestand darin, daß sie überhaupt ein wenig helfen durfte. Sie war stets beschäftigt, heißes Wasser zu bereiten, Schulbänke hin- und herzuschleppen oder Betten für all die vielen Gäste zu machen.

In den »16 Artikeln« war besonders auf die Notwendigkeit hingewiesen worden, die »Vier alten Übel« zu kritisieren – alte Denkweise, alte Sitten und Gebräuche, alte Kultur und alte Moral. Auf dieses Ziel richtete sich die Stoßkraft der ersten Kampagne, die die Roten Garden durchführten. Das sofortige und augenscheinliche Ergebnis bestand darin, daß von einem Tag auf den anderen die Namen und Bezeichnungen vieler vertrauter Dinge geändert wurden. Der »Himmel-und-Herz-Park« wurde umgetauft in »Volkspark«, die »Cai-E-Straße«, so genannt nach einem Revolutionshelden des Jahres 1911, wurde zur »Straße der Roten Garden«. Plötzlich lag der Nordbahnhof, wo ich mich mit dem Schieben von Karren versucht hatte, an der »Straße des Kampfes gegen den Revisionismus«, und ein Laden, der noch den Namen seines kapitalistischen Besitzers aus der Zeit vor der Revolution getragen hatte, hieß nun »Der Osten ist rot«. Im Handumdrehen erhielt Changsha ein »Theater der Roten Garden«, eine »Shaoshan-Straße«, eine »Straße des Volkes« und eine »Straße des Widerstandes gegen den Imperialismus«.
All dies war äußerst verwirrend, besonders für ältere Leute. Es passierte immer wieder, daß man an der falschen Bushaltestelle ausstieg und sich nicht mehr in der Stadt zurechtfand. Doch damit nicht genug. Sogar die Schaffner in den städtischen Bussen waren so damit beschäftigt, lehrreiche Passagen aus den *Worten des Vorsitzenden Mao* vorzulesen, daß man in dem allgemeinen Durcheinander nicht auf sie rechnen konnte. Natürlich gibt es Menschen, die sich nie an all die Neuerungen gewöhnt haben. Bis auf den heutigen Tag halten sie sich an Straßennamen aus längst vergangenen Zeiten, von denen die Jüngeren noch nie etwas gehört haben. (Zehn Jahre später fragte mich ein alter Mann nach der »Straße der Erziehung«, aber ich hatte keine Ahnung von einer solchen

Straße. Da fragte der Greis einen Polizisten, aber auch der konnte ihm nicht weiterhelfen. Immer mehr Leute blieben stehen. Sie umringten den alten Mann und versuchten ihm klarzumachen, daß er sich irrte, denn es habe eine solche Straße nie gegeben. Schließlich war es dem Alten zuviel. »Wie kann ich mich irren?« protestierte er. »Diese Straße gab es hier in Changsha schon im 37. Jahr der Republik China!« Alle Passanten mußten schallend lachen. Der alte Mann hatte die längst abgeschaffte, nach der Revolution von 1911 eingeführte Zeitrechnung benutzt.)

Viele Leute änderten auch ihren eigenen Namen. Einer meiner Klassenkameraden gab seinen alten Namen Wen Jianping (Wen der Friedensstifter) zu Gunsten von Wen Zaofan (Wen der Rebell) auf. Meine Nachbarin Li Lin (Li der Wald) taufte sich selbst um in Li Zihong (Li, von Geburt an rot), um auf ihre gute familiäre Herkunft hinzuweisen. Zao Caifa (Zao, der Geldverdiener) wurde Zao Weidong (Zao, Beschützer des Ostens). Ein anderer meiner Freunde tilgte das »Chiang« aus seinem Namen, weil es an Chiang Shieshih erinnerte.

In der Stadt herrschte also viel Aufregung, aber bei uns zu Hause war es sehr ruhig. Vater verbrachte seine Abende mit Schreiben. Liang Weiping und ich waren nicht sonderlich zu Gesprächen aufgelegt. Meist saßen wir schweigsam am Tisch, lasen in einem Buch oder schrieben. So war es auch an jenem heißen Sommerabend, als Liang Fang nach Hause kam. Drei Wochen hatte ich sie nicht gesehen. Sie war nicht wiederzuerkennen.

Tatsächlich hatte sie nie besser ausgesehen. Sie war schlank und drahtig und trug einen breiten Ledergürtel um die schlanke Taille. Die grüne, an die Armee erinnernde Uniform und die Kappe, unter der ihre kurzen Zöpfe hervorschauten, verliehen ihr Autorität, aber auch ein flottes Aussehen und eine Zuversicht, die ich nie zuvor an ihr festgestellt hatte. Sie wirkte wie ein richtiger Soldat. Ich saß steif auf meinem Stuhl und starrte sie an. Es ging mir kaum in den Kopf, daß dies wirklich meine Schwester war. Aber von jenem Augenblick an spürte ich selbst den brennenden Wunsch, Mitglied der Roten Garden zu werden.

Vater trat ins Zimmer. Er hatte unsere Stimmen gehört. Als er Liang Fang erblickte, wirkte er erfreut.

»Wie ist es dir denn ergangen?« erkundigte er sich. »Wir haben uns lange nicht gesehen.«

»Die Situation ist ausgezeichnet«, antwortete Liang Fang mit revolutionärem Schwung. »Wir spülen all den Schmutz der Vergangenheit fort. Ich komme kaum zum Schlafen. Jede Nacht sind wir draußen und machen überraschende Razzias.«

»Wie läuft eine solche Razzia ab?« wollte Vater wissen.
»Weißt du, bevor du nicht an einer solchen Razzia teilgenommen hast, kannst du dir überhaupt nicht vorstellen, was sich in unserer Gesellschaft abspielt. Die Leute verstecken alle möglichen Dinge – konterrevolutionäre Materialien, reaktionäre Kunstwerke aus der Zeit vor der Befreiung, Gold, Jade, Silber, Juwelen. Die Fallstricke von Feudalismus, Kapitalismus und Revisionismus lauern überall.«
Mein Vater wirkte überrascht. »Was kümmern euch solche Gegenstände?«
Aber Liang Fang war derartig im Bann ihrer eigenen Geschichte, daß sie nicht auf seine Worte achtete. »Wir folgen einem genauen Plan. Jeden Abend gehen wir in eine bestimmte Anzahl von Häusern. Dort nehmen wir uns jedes Buch vor. Wir blättern es Seite für Seite durch, um festzustellen, ob es nicht Dinge enthält, die gegen die Partei gerichtet sind. Das bedeutet unglaublich viel Arbeit. Wir müssen alle Kisten und Koffer überprüfen, ob sie nicht vielleicht doppelte Böden haben. Manchmal reißen wir sogar die Fußböden auf, um geheime Verstecke ausfindig zu machen.«
Liang Weiping brachte ihrer Schwester eine Schüssel mit heißem Wasser und ein Handtuch, damit sie sich das Gesicht waschen konnte. Als sich Liang Fang erhob, fiel ihr Blick auf ein im traditionellen Stil gemaltes Bild eines Pferdes von Xu Beihong. »Was soll denn *das* hier?« rief sie. »Xu Beihong ist schon endlos lange verpönt. Ihr Leute seid wirklich zu unachtsam!«
Mit diesen Worten trat sie zu dem Bild, um es von der Wand zu nehmen, aber Vater gebot ihr Einhalt.
»Was ist schlecht daran? Es hat nichts mit Kapitalismus oder Revisionismus zu tun, also laß es dort hängen.«
»Aber du weißt ja gar nicht, worum es wirklich geht«, entgegnete Liang Fang. »Die alten Bilder sind es nicht allein, sondern überhaupt alle Dinge von früher! Was glaubst du wohl, wo ich den ganzen Tag gewesen bin? Ich war mit Studenten der Universität von Hunan oben auf dem Yuelu-Berg. Wir haben versucht, diese alten Monumente und Pavillons loszuwerden. Das war keine leichte Sache. Die Hälfte von diesem alten Zeug ist aus Stein gebaut. Mit Beilen und Messern mußten wir die alten Inschriften vernichten. Lauter stinkende Poesie einer feudalistischen Gesellschaftsordnung! Was wir nicht zerstört haben, wurde mit Brettern vernagelt.«
»Dürfen wir noch zum Spielen dorthin gehen?« fragte ich.
»Nun ...«, meinte Liang Fang zögernd. »Vielleicht solltet ihr es für ein

Weilchen bleiben lassen. Die Leute könnten denken, daß ihr euch dort oben aus falschen Gründen herumtreibt.«
Endlich fand Vater seine Stimme wieder. »Wie konntet ihr nur die alte Poesie in den Tempeln und Pavillons vernichten? Was für ein Benehmen ist das?«
»Benehmen? Es ist revolutionäres Handeln, nichts weiter. Die Roten Garden im Hengyang-Distrikt haben schon sämtliche Tempel auf dem Südgipfel des Heng-Berges demoliert. Von wegen »heiliger« Berg! Das war einmal!«
Als ich Südgipfel hörte, mußte ich daran denken, daß Waipo mir erzählt hatte, noch immer gingen dort Leute hin, um Weihrauch zu verbrennen. Diese Pilger knieten angeblich alle paar Schritte nieder, bis sie endlich oben auf dem Berg ankamen. Was würde Waipo tun, wenn sie erfuhr, daß es keine Tempel mehr gab? Wer würde nun ihren Weihrauch verbrennen?
»Wer hat euch beauftragt, solche Dinge zu tun?« wollte Vater von Liang Fang wissen.
»Vater!« antwortete sie mit letzter Geduld. »Du begreifst anscheinend die Kulturrevolution überhaupt nicht, oder? Wir müssen die »Vier alten Übel« loswerden! Dazu gehört *alles*, was alt ist. Liest du denn keine Zeitungen? Du solltest dafür sorgen, immer auf dem laufenden zu sein, dann kannst du dir viel Kummer ersparen.«
»Es ist eine Sache, alte Gebräuche und Ideen abzuschaffen, aber es ist etwas ganz anderes, alte Tempel zu zerstören!« entrüstete sich Vater.
»Wozu sind sie denn gut? Sie dienen nur dazu, die Leute an der Nase herumzuführen und sie abergläubisch zu machen. Auf junge Menschen üben sie einen schlechten Einfluß aus.«
»Und wer hat dich beeinflußt?« fragte Vater. »Noch nie hat jemand von dir verlangt, an irgendwelche Buddhas zu glauben!«
Als Liang Fang nicht gleich wußte, was sie darauf erwidern sollte, ärgerte sie sich. »Na ja, aber das sind auf jeden Fall lauter alte Sachen«, brachte sie schließlich heraus. »Warum gibt es nicht revolutionäre Gedichte, beispielsweise vom Vorsitzenden Mao, oder Standbilder von Volkshelden, Arbeitern, Bauern und Soldaten?«
Unser Vater war verzweifelt. »Es ist alles vorbei! Chinas uralte Kultur wird zerstört.« Um seinen Worten Nachdruck zu verleihen, schlug er mit der Faust auf den Tisch. »Solche unersetzlichen historischen Schätze! All diese Symbole von Chinas alter Kultur innerhalb weniger Tage zerstört! Ihr habt euch gegen eure Ahnen versündigt!«
Nun war Liang Fang nicht länger zu halten. »Kein Wunder, daß die

Leute dich kritisieren!« rief sie. »Du verfolgst also weiterhin den Kurs der Revisionisten und willst dich nicht ändern, nicht wahr?«
»Ach, was geht mich das an! Auf jeden Fall verbiete ich dir, dieses Bild zu berühren!« erwiderte Vater ärgerlich.
Damit war der Streit zu Ende, denn Vater ging ins angrenzende Zimmer und schloß die Tür hinter sich. Ich konnte nicht erkennen, wer von beiden im Recht war, aber mir war klar, daß der Vorsitzende Mao auf der Seite der Roten Garden stand. Deshalb sagte ich zu Liang Fang: »Vergiß es einfach, wenn du kannst. Es fällt ihm eben schwer, die alte Denkweise aufzugeben. Wollen wir uns nicht über etwas Angenehmeres unterhalten?«
Aber Liang Fang war so böse, daß sie nichts mehr sagte. »Ich kam eigentlich nur nach Hause, um mich einmal richtig auszuschlafen«, sagte sie. »Was für eine Familie!« Sie ging zu ihrem Bett, legte sich darauf und schlief fast augenblicklich ein.

Kapitel 6

Beschwerliche Reise

Es dauerte nicht lange, bis auch die Wohnungen im Zeitungsgebäude durchsucht wurden. Wir hatten eine schreckliche Zeit, denn jede Nacht hörten wir, wie laut an eine Wohnungstür gepocht wurde. Wenig später vernahmen wir, wie irgendwelche Gegenstände zu Bruch gingen. In den Lärm mischte sich das Weinen von Kindern.

Auch in unserer Familie war jemand, nämlich unser Vater, auf den Wandzeitungen attackiert worden. Deshalb wußten wir, daß früher oder später die Roten Garden auch bei uns anklopfen würden, und waren ständig auf alles gefaßt. Tagsüber schauten wir uns die beschlagnahmten Sachen an, die öffentlich zur Schau gestellt wurden. Des Nachts lagen wir angekleidet auf den Betten und warteten, daß wir an der Reihe sein würden.

Eines Nachts gegen elf Uhr hämmerten ungeduldige Fäuste heftig gegen unsere Wohnungstür. Sofort waren wir auf den Beinen. Vater trat ins Wohnzimmer und schaltete das Licht an. Mit dem Kopf gab er Liang Weiping das Zeichen, die Tür zu öffnen.

Es waren sieben oder acht, lauter Männer oder Halbwüchsige. Unser Wohnzimmer war plötzlich voller Menschen wie nie zuvor. Trotz der Hitze waren die Männer schwarz gekleidet und trugen ein weißes Tuch vor Mund und Nase. Der Anführer hatte eine Art Spiralfeder aus Eisen mit einer Hartgummispitze in der Hand. Er schlug damit auf den Tisch, daß es laut krachte.

»Liang Shan!« sagte er mit erhobener Stimme. »Gibt es irgendwelche feudalistischen, kapitalistischen oder revisionistischen Dinge in deinem Haus?«

»Nein, nein«, stammelte Vater. »Ich hatte Fotos von Liu Shaoqi, aber ich habe sie schon längst bei der Arbeitsgruppe abgeliefert. Sonst gibt es nichts.«

»Schwindler!« rief der Mann und schlug wieder mit der Spiralfeder auf den Tisch.

Liang Weiping fing an zu weinen.
»Was soll das Geheule?« fuhr der Anführer der Roten Garden sie an. »Hör auf damit! Du und der Junge – geht dort rüber in die Ecke!« Wir kauerten uns wie befohlen in einen Winkel des Zimmers und versuchten unsere lauten Schluchzer zu unterdrücken. »Du mußt verstehen, dies ist eine revolutionäre Handlung«, verkündete der Mann. »Klar?«
»Ja, ja, eine revolutionäre Handlung«, wiederholte Vater kleinlaut. Nie zuvor hatte ich meinen Vater in unterwürfiger Haltung gesehen, immer war er auf seine Würde bedacht gewesen.
»Du begrüßt sie, nicht wahr? Los, sag es!«
Vater mußte schlucken, die Worte blieben ihm in der Kehle stecken.
»Scheiße. Du bist immer ein Lügner gewesen!« Zwei Rote Garden packten ihn an den Armen und drückten mit aller Kraft Vaters Kopf nach vorn, so daß er gezwungen war, auf dem Fußboden niederzuknien. Dann zerrten sie ihn an den Haaren und schüttelten ihn, bis seine Brille zu Boden fiel. Als er mit den Händen danach tastete, traten sie ihm mit den Stiefeln auf die Finger. »Lügner!« wurde er beschimpft.
Die anderen Roten Garden hatten sich inzwischen schon an die Arbeit gemacht. Einige durchsuchten die Truhen und Schubladen, die anderen wühlten nebenan in den Büchern. Minutenlang herrschte Schweigen. Nur das Rascheln von Papier und das Öffnen und Schließen von Schubfächern war zu vernehmen. Dann rief einer der Männer: »Ein schlauer Fuchs ist das! Aber wir wußten ja, daß er lügt! Was soll denn das hier bedeuten?« Es handelte sich um zwei Krawatten und ein Jackett, alles im westlichen Stil.
»Das sind Krawatten«, murmelte Vater.
»Krawatten!« wiederholten die Roten Garden und versetzten ihm ein paar Fußtritte. »Glaubst du, wir sind Kinder? Jeder weiß, daß dies Krawatten sind, kapitalistische Krawatten!«
Aufgeregt zeigte Vater mit dem Finger darauf. »Ich habe sie im Auftrag der Zeitung bestellt, für gewisse Anlässe. Es war nicht meine Idee. Sie waren für Empfänge und ...« Weiter kam er nicht, denn seine Hand wurde so heftig von der eisernen Spiralfeder getroffen, daß er sich vor Schmerz krümmte.
»Wer hat dir gesagt, daß du mit dem Finger darauf zeigen sollst? Du denkst wohl, du könntest noch immer die Leute herumkommandieren, oder etwa nicht? Stinkender Intellektueller!«
Liang Weiping rief unter Tränen: »Was fällt euch ein, andere Menschen zu schlagen? Ohne seine Brille kann Vater ja kaum etwas sehen!«

»Halt den Mund, kleine Schlampe, oder du bist als nächste dran!« schnappte einer der Roten Garden, der neben Vaters Schreibtisch stand. »Schaut euch dies an! Elegante Hosen und Jackenärmel mit drei Knöpfen!«

Aus dem angrenzenden Zimmer kamen zwei Rote Garden mit einem Armvoll Bücher. Sie ließen sie achtlos zu Boden fallen, nicht weit von der Stelle entfernt, wo Vater noch immer kniete. Dann gingen sie wieder nach nebenan, um mehr zu holen. *Tang*-Poesie, historische Werke, ausländische Romane und chinesische Klassiker – alles lag bunt gewürfelt auf dem Fußboden. Unsere Wohnung war immer ordentlich und sauber gewesen. Ich hatte gar nicht gewußt, daß Vater so viele Bücher hatte.

Nach ungefähr einer Stunde hatten die Roten Garden alles durchstöbert. Sogar mein komisches Buch über die klassischen Dichter war zu den anderen auf den Haufen geflogen, desgleichen das arg ramponierte Pferdebild des Malers Xu Beihong. Unsere gesamte Habe war auf den Kopf gestellt worden. Alles lag auf dem Fußboden herum, und sogar die Kopfkissen waren mit Messern aufgeschlitzt worden. Vater hatte alles kniend mitansehen müssen. Er zitterte am ganzen Leib. Die Roten Garden stopften alle beschlagnahmten Gegenstände in einen großen Beutel aus Stoff, doch da hatte einer von ihnen eine Idee. Er nahm unsere große metallene Waschschüssel, stellte sie auf den Boden und schichtete darin einige von Vaters schönsten Büchern zu einem Haufen. Dann entzündete er ein Streichholz und hielt es an das Papier. Mit einem anderen Buch fächerte er so lange, bis alles lichterloh brannte. Nun zerriß der Mann die anderen Bücher und fütterte das Feuer damit. Vater hatte den Kopf abgewandt. Er brauchte seine Brille nicht, um zu wissen, was es mit diesem kleinen Scheiterhaufen auf sich hatte.

»Was ist los, Liang Shan? Können deine Augen das Licht nicht vertragen?« Der Anführer der Roten Garden hielt die biegsame Rute aus Stahl wie eine tückische Schlange vor Vaters Nase. »Dies ist eine revolutionäre Handlung. Sag es! Es ist ein gutes Feuer!«

Vater schwieg. Ich betete, daß er sprechen würde.

»Du beschissener Lügner, sag es!« brüllte der Mann, griff Vater beim Schopf und drehte seinen Kopf so, daß er in die Flammen blicken mußte. »Es ist ein gutes Feuer, los, sag es.«

Das Gesicht meines Vaters sah ohne die Brille sehr nackt aus. Im Feuerschein glitzerten die beiden feuchten Bahnen, die seine Tränen auf den Wangen hinterlassen hatten. Kaum vernehmlich sagte er schließlich: »Eine revolutionäre Handlung, ein gutes Feuer!«

Da ließen sie ihn los. Es war vorbei.
Einer der Roten Garden schulterte den großen Beutel, dann marschierten sie alle im Gänsemarsch hinaus. Der letzte steckte sich noch unser Transistorradio in die Tasche, als er am Tisch vorbeikam. Wir drei fanden kein Wort des Trostes füreinander. Schweigend machten wir uns daran, die Dinge wieder an ihren Platz zu stellen. Erst am nächsten Tag entdeckten wir, daß die Roten Garden sogar Vaters Gehalt jenes Monats hatten mitgehen lassen.

Viele Tage lang herrschten in unseren Seelen Angst und Schrecken. Eines Abends – wir saßen gerade beim Essen – ging die Tür auf, und Liang Fang trat ein. Irgendwie empfand ich diesmal weniger Freude darüber, sie wiederzusehen.
Liang Weipings Gefühle schienen ähnlich zu sein. »Oh, da bist du ja«, sagte sie, ohne von ihrer Reisschüssel aufzublicken. Vielleicht lag es daran, daß Liang Fang an all den Dingen teilnahm, die uns so viel Schmerz bereitet hatten. Sicherlich spürte sie etwas davon, denn sie ging wortlos in die Küche, holte sich eine Reisschale und setzte sich zu uns.
Erst jetzt bemerkte sie, daß die Wohnung nicht so war wie früher. »Was ist los?« fragte sie. »Hat hier auch eine Durchsuchung stattgefunden?«
»Allerdings!« sagte Liang Weiping. Voller Erbitterung berichtete sie, was sich an jenem Abend bei uns zugetragen hatte. Besonders eindringlich schilderte sie, wie die Roten Garden unseren Vater behandelt hatten.
Irgendwann mischte sich Vater ein. »Was nützt es noch, darüber zu reden? Es war doch eine *revolutionäre Aktion*!«
Der Sarkasmus seiner Worte versetzte Liang Fang einen Stich. »Vater, ich schwöre, daß ich so etwas nie tun würde!« rechtfertigte sie sich. »Jedesmal, wenn jemand aus unserer Gruppe andere Leute schlägt, wird er dafür von uns Mädchen heftig kritisiert. Es würde mir auch nie einfallen, mir bei einer Razzia die eigenen Taschen zu füllen.«
Es war Liang Fang anzumerken, daß sie noch immer fürchterlich böse auf Vater war, vor allem wegen der Sachen, die in den Wandzeitungen über ihn geschrieben worden waren. Aber zugleich schien ihr sehr daran zu liegen, daß er ihre Beweggründe verstand. Auch Vater machte sich nach wie vor Sorgen um seine Tochter, mochte sie ihn noch so sehr verletzt haben. »Wie ist es dir denn in letzter Zeit ergangen?« erkundigte er sich schließlich. »Ich bin immer in Sorge um dich.«
»Seit Ende August haben sich die Roten Garden in zwei Richtungen aufgespalten, und ich bin jetzt in der richtigen Rebellengruppe«, erwi-

derte Liang Fang. »Aus den Roten Verteidigungsgarden bin ich ausgetreten, weil die sich weigerten, die großen Tiere im Zentrum der Macht anzugreifen, also die Parteispitze. Sie denunzierten nur Intellektuelle und wurden auf diese Weise immer elitärer. Am Ende verlangten die Snobs unter ihnen, daß jeder den Nachweis für eine einwandfreie familiäre Abstammung erbrachte. Deshalb kam ich vor einiger Zeit hierher ins Zeitungsgebäude ...« Liang Fang unterbrach sich und warf Vater verstohlen einen Blick zu. Es war ihr wohl peinlich, daß sie uns bei dieser Gelegenheit nicht besucht hatte. »Zuerst wollte man mir eine solche Bescheinigung nicht ausstellen, weil angeblich entsprechende Dienstvorschriften fehlten, aber irgendwie gelang es mir doch, die zuständigen Leute zu überzeugen. Als ich schließlich das Papier in den Händen hielt, mußte ich feststellen, daß darin auch von meiner reaktionären Mutter die Rede war. Ich war so wütend, daß ich die Bescheinigung ins Klo schmiß. Danach konnte ich nicht länger bei meiner Gruppe bleiben. Inzwischen bin ich darüber sehr glücklich, weil unsere neue Rebellengruppe längst stärker ist als die alte. Ich bin gerade unterwegs zu einer Baumwollmühle. Dort wollen wir ein paar Leute davonjagen, die noch immer Anhänger der »Schützt den Kaiser«-Bewegung sind. Wir wollen die Arbeiterschaft so organisieren, daß sie die Macht von der bisherigen Führung übernimmt. Unsere Leute gehen in alle Produktionsstätten. Ich habe gehört, daß sich hauptsächlich die Studenten des Lehrerkollegs von Hunan um die hiesige Zeitung kümmern werden.«

»Aber welches der beiden Lager ist im Recht? Es wäre doch schlimm für dich, wenn es sich herausstellen würde, daß du auf der falschen Seite stehst«, gab Vater zu bedenken.

Liang Fang mußte lachen. »Wir haben die volle Unterstützung der obersten Führung in Peking. Das konservative Lager der Roten Garden ist erledigt. Einige der Anführer sind schon verhaftet worden. Sie handelten falsch, als sie aus der Kulturrevolution eine Art privaten Klub zu machen versuchten. Frau Jiang Qing hat sie schon vor langer Zeit wegen ihrer elitären Art kritisiert. Jetzt geht es sogar gegen die Parteiführer! Niemand ist mehr immun.« Liang Fang unterbrach sich. Sie ergriff ihre Reisschale und begann, sich mit den Stäbchen das Essen in den Mund zu schaufeln.

Nach dem Essen fragte Vater sie, ob sie irgend etwas benötigte. »Geld brauche ich keines«, erwiderte sie. »Ich erhalte acht *jiao* am Tag, außerdem Bezugsscheine für vier *liang* (200 Gramm) Reis. Alle Rebellengruppen erhalten jetzt Stipendien.« Liang Fang zögerte kurz, dann meinte sie: »Ein Moskitonetz könnte ich allerdings gut gebrauchen.«

Diese Bitte war nicht leicht zu erfüllen. Es gab bei uns drei Betten, eines für Vater in seinem Zimmer, eins für mich und eines für meine beiden Schwestern. Zu jedem Bett gehörte ein Netz, und das war kein gewöhnlicher Luxus. Ein Moskitonetz kostete nicht nur vierzig *yuan*, also fast ein Monatsgehalt, sondern man brauchte, abgesehen von den ohnehin sehr knappen Bezugsscheinen für Baumwollstoff, dafür einen speziellen Moskitonetz-Bezugsschein. Unserem Vater war nur deshalb ein neues Moskitonetz für sein Bett zugeteilt worden, weil er sich wieder verheiratet hatte. Nun zeigte sich, wie großzügig er war: »Nimm mein Netz«, sagte er zu seiner Tochter. »Ich werde die Biester mit Weihrauch vertreiben.«
Davon wollte Liang Fang zuerst nichts wissen. »Warum muß es denn unbedingt *dein* Netz sein? Ich dachte mir, Liang Heng könnte in deinem Bett schlafen, so daß er sein Netz nicht mehr braucht.«
»Nein, nimm es nur. Wenn es der Revolution nützt, gebe ich es mit Freuden her.« Es waren die ersten Scherzworte, die wir seit Monaten von unserem Vater vernommen hatten. Wir mußten herzhaft darüber lachen.
Als Liang Fang fort war, wirkte Vater wieder sehr besorgt. Diese Kulturrevolution wurde von Tag zu Tag komplizierter. Es war schwer, immer genau zu wissen, wer recht hatte und wer nicht.« An einem Tag ist man schwarz, am nächsten rot und am übernächsten wieder schwarz«, beklagte sich Vater. »Hört mir gut zu, Kinder! Ganz gleich, was ihr tut – paßt vor allem immer gut auf, was ihr sagt! Haltet immer eure Meinung zurück, auch wenn ihr direkt danach befragt werdet. Glaubt nur an die Worte des Vorsitzenden Mao. Anscheinend kann man sich heutzutage nur noch auf sie verlassen.«
Während der kommenden Jahre mußte ich immer an diese Worte denken. Wieder war mir eine Lektion erteilt worden, wie man sich in der modernen Gesellschaft behauptet. Ich stellte bald fest, daß viele andere Menschen dieselben Lektionen gelernt hatten wie ich.
Am nächsten Tag versammelten sich vor dem Tor des *Hunan-Tageblatts* zahlreiche Schüler vom Westufer des Xiang-Flusses. Sie waren gekommen, um Rebellengruppen zu organisieren. Die jüngeren Zeitungsreporter, aber auch die Arbeiter aus der Setzerei und der Reparaturwerkstatt, hießen sie mit Plakaten und Wandzeitungen willkommen. Die Schüler und Studenten stellten sich in Reih und Glied auf, schwenkten mit hocherhobenen Armen die *Worte des Vorsitzenden Mao* und riefen im Takt: »Lernt von der Rebellengruppe des *Hunan-Tageblatts*!« Dann marschierten sie los, begleitet vom Dröhnen der Pauken und Trommeln. Alle trugen rote Armbinden mit der Aufschrift »Jagt den erschöpften

Feind!« Die älteren Angestellten der Zeitung mußten ohne Ausnahme ihren Arbeitsplatz räumen. Es sollte ganze zehn Jahre dauern, bis die meisten von ihnen zurückkehren durften. Mein Vater war auch dabei. An jenem Tag fand seine Laufbahn als Journalist ein Ende.

Genau wie es Liang Fang vorausgesagt hatte, vollzog sich mit dem Eintreffen der studentischen Rebellengruppen eine Kursänderung, denn nun wurden nicht mehr hauptsächlich Intellektuelle wie mein Vater attackiert, sondern immer häufiger die Machthaber innerhalb der Partei. Unsere alte Grundschule wurde in ein provisorisches Gefängnis für zehn ehemalige Spitzenpolitiker umgewandelt. Deren Familien wurden in ein verfallenes Gebäude unweit der Zeitung gepfercht. Einmal besuchte ich meinen Freund Gang Di. Es war kaum zu glauben, daß seine achtköpfige Familie nun in einem einzigen, winzigen Zimmer hausen mußte. Seine Mutter und seine einzige Schwester schliefen in einem richtigen Bett, aber alle anderen lagerten auf Bänken oder Stühlen, die sie zusammengerückt hatten. In dem erbärmlichen Haus wohnten jetzt dreizehn Familien und teilten sich eine einzige Küche, die ein riesiges Loch in einer der zerbröckelnden Mauern hatte.

Aus den von der Arbeitsgruppe veranstalteten Familienversammlungen wurden Veranstaltungen der Kritik. Die Teilnahme daran war Pflicht. Jeden Tag wurden alle möglichen Zusammenkünfte organisiert, kleine und große, aber am tiefsten beeindruckte mich eine Variante, die »beschwerliche Reise« genannt wurde. Sie erinnerte in vieler Hinsicht an die Art und Weise, wie die Volksbefreiungsarmee nach der Befreiung mit den Großgrundbesitzern umgesprungen war. (Ich hatte Filme darüber gesehen.) Der Unterschied war nur, daß es diesmal noch grausamer zuging.

Per Lautsprecher wurden wir alle aufgefordert, uns draußen zu versammeln. Schon nach wenigen Minuten sah ich den Zug kommen, der von einer Gruppe der Roten Garden angeführt wurde. »Nieder mit den kapitalistischen Handlangern!« riefen sie, und: »Es lebe die Denkweise des Vorsitzenden Mao!« Ihnen folgten ungefähr zehn ehemalige »leitende Kameraden«, die an ein langes Seil gefesselt waren wie Perlen an einer Schnur. Auf dem Kopf trugen sie große viereckige Papierhüte, auf denen Sätze zu lesen waren wie »Ich bin ein Bastard« oder »Ich bin ein Narr«. Um den Hals hatte man ihnen kleine Holztafeln gehängt. Darauf waren ihre Namen und ihre Verbrechen verzeichnet, beispielsweise »Fu Kaixun, kapitalistischer Handlanger und Unterdrücker«. Oder: »Meng Shude, Abkömmling der grundbesitzenden Klasse«. Die ehemaligen Chefredakteure der Zeitung wurden weniger heftig geschmäht. Auf ihren Schildchen standen Dinge wie »Untertäniger Diener der kapitalistischen Handlanger«. Nach ihnen kamen ein paar Intellektuelle, zu denen auch mein Vater gehörte, die nicht gefesselt waren. Sie waren weniger wichtig, deshalb hatte man sie nur mit Plakaten aus Papier behängt, die kaum etwas wogen. Auch trugen sie keine Hüte. Aber ihr Anblick machte mich trotzdem traurig. Mit gesenktem Kopf gingen sie die Straße entlang und schlugen auf Gongs aus Messing den Takt zum Singsang der politischen Parolen. Als Vater an unserem Haus vorbeikam, senkte er seinen Kopf noch tiefer. Er muß gewußt haben, daß ich ihn beobachtete.

Langsam bewegte sich dieser Zug durch die Straßen. Bei jedem Häuserblock wurde er länger. Ich folgte ihm in einiger Entfernung nach, denn ich wollte nicht, daß Vater mich sah. Unterwegs hörte ich zu meiner Verblüffung manche Leute Sätze murmeln, deren Sinn anders war als der der gebrüllten Parolen an der Spitze des Zuges.

»Diese Plakate sind bestimmt schrecklich schwer«, sagte die Stimme einer Frau.

»Ein paar von diesen Rebellen sind auch nicht gerade ein Ausbund von Tugend«, murmelte ein Mann. »Man sollte mal *ihre* Vorgeschichte durchleuchten!« Solche Worte trösteten mich, und es war mir egal, wer sie gesagt hatte. Wahrscheinlich ein Mitglied irgendeiner betroffenen Familie wie ich selbst.

Es ging vorbei an dem Gebäude, in dem sich der Speisesaal befand, vorbei am Sportplatz, wo sonst Korbball gespielt wurde, an der Klinik und an den Häusern, in denen sich die Personalwohnungen befanden. Dann machte der Zug kehrt, zog erneut an meiner einstigen Grundschule vorbei und endete schließlich im vierten Stock des modernen Bürogebäudes, wo bisher im großen Auditorium die Familienversammlungen stattgefunden hatten. Direkt hinter dem Podium hing ein riesiges Bild des Vorsitzenden Mao an der Wand. Darunter war eine glatte Stoffbahn gespannt, auf die in übergroßen Schriftzeichen die Worte gepinselt waren: GROSSE KRITISCHE VERSAMMLUNG. An den Seitenwänden hingen zahlreiche Fahnen und Banner mit Zitaten des Vorsitzenden Mao und Parolen der Roten Garden. Die »kapitalistischen Handlanger« knieten schon auf dem Podium. Die Hände hatte man ihnen mit Stricken auf dem Rücken zusammengebunden. Zu beiden Seiten standen die »mitschuldigen« Intellektuellen. Sie hielten den Kopf gesenkt, als horchten sie in sich hinein. Vater stand ziemlich weit hinten rechts. Deshalb setzte ich mich ganz außen an die rechte Wand, damit er mich nicht sehen konnte.

Die Intellektuellen mußten als erste eine Prüfung über sich ergehen lassen. Jeder wurde aufgefordert, einen, der »Drei Abhandlungen« des Vorsitzenden Mao aus dem Gedächtnis herzusagen, entweder »Dem Volke dienen«, »Zum Gedenken von Norman Bethune«, oder »Der törichte Greis, der den Berg versetzte«. Wenn jemand einen Fehler machte, mußte er vor dem Bild des Vorsitzenden Mao niederknien und ihn bis zum Ende der Versammlung um Verzeihung bitten. Nur die Intellektuellen wurden auf diese Weise geprüft. Einer der Anführer der Roten Garden erklärte: »Kapitalistische Handlanger haben nicht das Recht, aus den Werken des Vorsitzenden Mao zu zitieren.«

Als Vater endlich an der Reihe war, knieten schon etliche seiner ehemaligen Kollegen demütig auf dem Fußboden. Mir hämmerte das Herz zum Zerspringen. Es wurde meinem Vater befohlen, »Dem Volke dienen« zu deklamieren. Er hatte erst zwei Sätze gesagt, als er sich abrupt unterbrach. Um mich herum hörte ich, wie die Leute die nächsten Sätze flüsterten, als wollten sie meinem Vater vorsagen und ihn drängen, endlich weiterzumachen. Vater rückte seine Brille zurecht. Dann rezitierte er mit klarer Stimme und ohne anzuhalten »Dem Volke dienen«, beflügelt, wie ich wußte, von seiner zuversichtlichen Liebe zu unserem Großen Vorsitzenden Mao.

Als die »kapitalistischen Handlanger« an der Reihe waren, waren sie gezwungen, all die Anklagen zu verlesen, die auf den großen Plakaten gegen sie erhoben wurden. Die Veranstaltung zog sich immer mehr in die Länge. Jedesmal, wenn jemand ins Stocken geriet, ertönten Rufe wie »Laßt ihn mit dem Flugzeug fliegen!« Daraufhin warf einer der Roten Garden das lange Seil, mit dem die Arme des Mannes auf dem Rücken gefesselt waren, über eine Rohrleitung, die unter der Zimmerdecke des großen Vortragssaales verlief. Der Unglückliche wurde hochgehievt, so daß er wie eine Libelle mit gebrochenen Flügeln zappelnd an dem Seil hing.

Einige der jüngeren Zuschauer konnten diesen Anblick nicht ertragen und schlichen weinend aus dem Saal. Gang Dis ältere Schwester lief laut schluchzend hinaus und zog ihren Bruder hinter sich her, als auch ihr Vater mit dem Seil in die Höhe gezogen wurde. Obwohl meinem eigenen Vater das gleiche Los erspart blieb, lief ich hinter ihnen her. Glücklicherweise achtete niemand auf uns.

Ich war kaum daheim angekommen, als Liang Weiping außer Atem ins Zimmer stürzte. Ich war zu keinem Gespräch aufgelegt, aber sie bestand darauf, mir von einer großen Demonstration zu berichten, die auf der Straße des 1. Mai stattgefunden hatte. Fünfzig oder sechzig offene Lastwagen waren auf dem Weg zum Erschießungsgelände im Osten der

Stadt durch die Straßen gefahren. »Die Frau, die hingerichtet werden sollte, stand auf der Ladefläche des ersten Lastwagens. Man hatte ihr ein Taschentuch in den Mund gestopft, und auf dem Rücken trug sie ein riesiges Plakat, das zwischen zwei lange Bambusstangen gespannt war«, erzählte meine Schwester aufgeregt. »Auf dem Plakat war ein großes rotes X, und darunter stand zu lesen, daß es sich um eine Spionin der Guomindang handelte, die zum Tod verurteilt worden war. Neben der Frau standen zwei Rote Garden und drückten ihren Kopf nach unten.« Auf dem Lastwagen waren noch andere Reaktionäre, die schon ein Geständnis abgelegt hatten. Manche von ihnen trugen große Schilder aus dickem Eisenblech, die so schwer waren, daß sie unter dem Gewicht fast zusammenbrachen. Andere Übeltäter, die nicht so wichtig waren, waren mit ähnlichen Schildern aus Holz behängt. Alle hatten Gongs und riefen im Takt Dinge wie »Ich bin ein Konterrevolutionär und habe falsch gehandelt.« Oder: »Ich danke dir, Vorsitzender Mao, daß ich nicht sterben muß.«

Ich konnte mir das nicht länger anhören, denn es machte mich elend. Aber Liang Weiping war nicht zu bremsen: »Meine Klassenkameradinnen haben gesagt, daß es wahrscheinlich lauter Lehrer, Filmschauspieler, alte Kadermitglieder, Schriftsteller und ähnliche Leute gewesen sind. Auf allen Lastwagen waren Rote Garden mit Bajonetten. Noch nie habe ich so viele gesehen.«

Liang Weiping hatte nicht bemerkt, daß unser Vater leise die Treppe heraufgekommen war. Er stand in der offenen Tür und hörte ihr zu. »Alle Leute riefen mit lauter Stimme irgendwelche politischen Parolen. Die Kinder warfen mit Stöcken und Steinen nach den Verbrechern. Ein großer Stein traf die Guomindang-Spionin genau am Kopf.«

»Hör auf!« rief ich. »Sprich nicht mehr darüber! Siehst du denn nicht, daß Vater müde ist?«

Überrascht und peinlich berührt drehte sich Liang Weiping um. »Vater, ich wußte nicht, daß du schon zurück bist«, sagte sie. »Ich hol dir gleich etwas warmes Wasser.«

Während sie sich mit der Schüssel und dem Handtuch zu schaffen machte, führte ich Vater in sein Schlafzimmer und schüttelte sein Kopfkissen auf. Wenig später erschien Liang Weiping mit einem dampfenden Handtuch. Vater rieb sich damit Gesicht und Nacken ab, als hätte er sich wochenlang nicht gewaschen. Als er fertig war, blickte er uns niedergeschlagen an. »Hör mal, Liang Weiping«, sagte er. »Gott sei Dank hast du die ›beschwerliche Reise‹ anderer Leute gesehen und nicht meine. Gewiß hättest du sie nicht so unterhaltsam gefunden.«

Langsam ließ er seinen Kopf auf das Kissen sinken und schloß die Augen.

Leise verließen wir das Zimmer und zogen die Tür hinter uns zu. »Es ist gräßlich, daß ich ausgerechnet in Vaters Gegenwart von diesen Dingen reden mußte«, sagte Liang Weiping, setzte sich auf den Rand ihres Bettes und blickte lange Zeit unverwandt aus dem Fenster in die Ferne.

Kapitel 7

Ein konterrevolutionärer Zwischenfall

Tags darauf, als ich gerade mit meinem Freund Äffchen auf dem Zementboden vor einem der zur Zeitung gehörenden Häuser Murmeln spielte, kamen plötzlich ein paar Leute um die Ecke und liefen mitten durch unser Spiel. Sie verschwanden in einem schmalen Gäßchen zwischen zwei Häusern. Wir dachten schon, daß es sich wieder einmal um irgendeine Versammlung oder Hausdurchsuchung handelte. Deshalb sammelten wir eilig unsere Murmeln ein und rannten hinterher, um festzustellen, welche Familie es diesmal erwischt hatte.

Vor dem alten Wohnhaus, das genau gegenüber der Klinik stand – es war gerade in ein provisorisches Gefängnis umgewandelt worden –, hatte sich eine Menschenmenge zusammengeschart. Ich drängelte mich durch die Gaffer. Die Hauswand war frisch verputzt worden. Irgend jemand hatte die Worte NIEDER MIT DEM VORSITZENDEN MAO in den frischen Mörtel gekritzelt. Die Schriftzeichen glänzten noch feucht in der herbstlichen Sonne. Männer vom Amt für Öffentliche Sicherheit waren damit beschäftigt, aus allen möglichen Blickwinkeln Fotos zu machen. Sie schrien die Leute an, sie sollten hinter der weißen Linie bleiben, die gegen den Ansturm der Neugierigen quer über den Hof gezogen worden war.

Mir war klar, daß es hier um eine todernste Sache ging, aber ich fand es richtig spannend. Auf dem Rückweg versuchten Äffchen und ich uns vorzustellen, wer das wohl getan haben könnte. Mein Freund meinte, es sei bestimmt ein Spion der Guomindang, den man noch nicht gefaßt hatte, während ich mir sicher war, daß es sich um einen Großgrundbesitzer handelte. Es kam uns nie in den Sinn, daß möglicherweise auch andere Menschen als Spione oder Großgrundbesitzer gegen den Großen Vorsitzenden Mao Zedong sein könnten.

Vater war entsetzt, als er abends nach Hause kam und von mir die Neuigkeit vernahm. »Solche Konterrevolutionäre sind wirklich schädlich«, sagte er. »Alle, die gegen den Vorsitzenden Mao sind, müssen streng bestraft werden.«

Liang Weiping und ich waren überzeugt, daß der Schuldige bald dingfest gemacht würde. Sicherlich gab sich niemand dazu her, einen solchen Kriminellen zu verstecken.

Am selben Abend – es war gegen neun Uhr – wurde laut an unsere Tür gepocht, was, soviel hatten wir schon gelernt, nur Ärger bedeuten konnte. Natürlich fürchteten wir uns, aber seltsamerweise hatten wir uns auch schon ein wenig an derartige Vorfälle gewöhnt. Also öffneten wir die Tür. Drei dunkel gekleidete Männer mit roten Armbinden traten ein. Ihre Augen waren blutunterlaufen, und sie wirkten sehr müde. Einen von ihnen erkannte ich als einen Setzer namens Zheng wieder, ein zweiter war ein junger Arbeiter namens Liu, der früher in der Reparaturwerkstatt tätig gewesen war. Vor Ausbruch der Kulturrevolution hatten wir sie nur als freundliche Bekannte erlebt, aber jetzt waren sie »revolutionäre Arbeiter«, stets damit beschäftigt, Plakate über Intellektuelle und Parteiführer aufzuhängen. Mir erschien jener Zheng als der Furchterregendste von allen, denn sein dicht behaartes Gesicht verlieh ihm ein besonders einschüchterndes Aussehen. Wegen seines Shaoyang-Akzentes fiel es sogar den Leuten aus Changsha schwer, ihn zu verstehen. Ich hatte schon mehrmals zugeschaut, wenn er irgendwelche kapitalistischen Handlanger verprügelte. Den dritten Mann kannte ich nicht, doch später erfuhr ich, daß er ein Student des Lehrerkollegs von der anderen Seite des Flusses war. Er gehörte zu den Roten Garden, die der Rebellengruppe halfen, das *Hunan-Tageblatt* herauszugeben.

Statt wie beim ersten Mal wieder auf Vater loszugehen oder Schubladen und Truhen zu durchwühlen, traten die drei schnurstracks auf mich zu und sagten: »Komm mit!«

Vater zitterte am ganzen Leib, aber Liang Weiping packte beherzt meine Hand und sagte: »Nein! Wo wollt ihr ihn denn hinbringen?«

»Dies ist eine sehr ernste Angelegenheit«, sagte Liu.

»Worum geht es denn?«

»Weißt du denn nichts von dem konterrevolutionären Vorfall heute nachmittag?«

Darauf wußte niemand von uns etwas zu entgegnen. Es half alles nichts, ich mußte mitgehen.

Es ging die Treppen des Bürogebäudes hinab und an einer Druckerwerkstatt vorbei, die nach Papier und Tinte roch, bis in einen schmutzigen Raum im Kellergeschoß. Abgesehen von drei Holzstühlen, die in einer Reihe einem vierten Stuhl gegenüber standen, einer Bank mit

Thermosflaschen und drei Teetassen, einer nackten Glühbirne, die von der Mitte der Zimmerdecke herabbaumelte, und einem elektrischen Ventilator in einer Ecke war der Raum leer. Der Mann, der Zheng hieß, schaltete zuallererst den Ventilator ein. Dicht unter der Zimmerdecke gab es ein winziges Belüftungsfenster, aber es war geschlossen. Deshalb konnte der Ventilator auch nicht viel gegen die feuchte Muffigkeit ausrichten.

Zheng holte hinter der Tür eine Leine hervor und band mich auf dem einzelnen Stuhl fest, die Arme auf dem Rücken. Der Mann, den ich nicht kannte, zog ein Notizbuch und einen Bleistift aus der Tasche. Abwartend saß er da. Liu stellte die erste Frage:

»Hast du heute den großen Demonstrationszug gesehen, der auch am Tor des Zeitungsgebäudes vorbeikam?«

Er meinte einen ähnlichen Umzug wie den, den mir Liang Weiping an dem Tag geschildert hatte, als Vater seine »beschwerliche Reise« gemacht hatte und die Spionin erschossen werden sollte. Dergleichen war in Changsha schon zu einer Alltäglichkeit geworden. Als der Demonstrationszug heute morgen bei uns vorbeigekommen war, war ich nach unten auf die Straße gegangen, um wie alle anderen zuzuschauen. Deshalb sagte ich wachsam: »Ja, ich sah ihn.«

»Hebe den Kopf und lies die Parole an der Wand! Wie lautet sie?«

Es war ein Zitat des Vorsitzenden Mao. Auf einer großen roten Tafel waren acht gelbe Schriftzeichen zu erkennen: *tanbai cong kuan, kangju congyan* – MILDE GEGENÜBER JENEN, DIE SICH ZU IHREN VERBRECHEN BEKENNEN, ABER UNNACHGIEBIGE STRENGE GEGEN ALLE, DIE SICH WEIGERN.

»Lies es vor!«

Ich tat wie mir geheißen.

Dann fragte mich Zheng: »Weißt du, warum heute der Konterrevolutionär hingerichtet wurde?«

»Er wurde bestraft, weil er nicht gestehen wollte«, antwortete ich.

»Und warum waren Leute auf dem Lastwagen, die sagten: »Wir danken dir, Vorsitzender Mao?«

»Weil man Milde walten ließ, nachdem sie ihre Verbrechen gestanden hatten.«

Zheng lächelte und meinte sarkastisch: »Nicht übel. Du scheinst dich ja gut in der Politik auszukennen.«

Nun ergriff Liu das Wort. »Nun gut, dann gestehe jetzt, daß du heute die konterrevolutionäre Parole an die Wand geschrieben hast!«

Ich war sprachlos vor Staunen und konnte kaum glauben, daß man mich verdächtigte. Ich hatte geglaubt, man würde wiederum von mir verlangen, meinen Vater zu beschuldigen. Deshalb antwortete ich eifrig: »Ich war es nicht! Ich habe nichts damit zu tun!«

Zheng begann, mich regelrecht zu verhören: »Was hast du heute um die Mittagszeit gemacht?«

»Ich habe gespielt.«

»Wo hast du gespielt?«

»In der Weinlaube vor dem Krankenhaus.«

»Was hast du dort gemacht?«

Ich mußte daran denken, daß ich heute mittag versucht hatte, mit meiner Steinschleuder ein paar Weintrauben herunterzuschießen. Aber das wollte ich nur ungern zugeben. »Nichts«, sagte ich deshalb.

Zhengs Faust landete krachend auf der Bank. »Nichts? Und was hattest du in der Hand?«

Ich erschrak. Anscheinend wußten sie alles. »Ich hatte eine Schleuder«, sagte ich. »Ich hab damit auf die Weintrauben geschossen.«

Jetzt legte Zheng los, daß die Teetassen auf der Bank klirrten: »Du bist randvoll mit Scheiße! Weißt du, womit du die konterrevolutionäre Parole an die Wand geschrieben hast? Mit deiner Schleuder! Deine kleinen Spielkameraden haben schon gegen dich ausgesagt. Es wurde ein Junge gesehen, wie er mit einer Schleuder die Worte an die Wand kritzelte. Du bist der einzige, der hier in der Gegend eine solche Steinschleuder hat.«

Ich zitterte am ganzen Körper. »Ja, ich habe eine Schleuder, und ich schieße damit auf Vögel. Heute mittag habe ich damit auf die Weintrauben gezielt. Aber sonst habe ich nichts getan. Ich würde es mir nie einfallen lassen ...«

»Du willst es also nicht zugeben?« unterbrach mich Zheng. »Das wirst du bereuen! Kannst du hören, was dort oben passiert?« Damit zeigte er zur Decke. Ich hörte dumpfe Schläge und die gequälten Schreie eines Menschen. Es klang jedesmal anders. Vielleicht wurden mehrere Leute gleichzeitig geschlagen. Einmal hörte ich sogar, wie jemand protestierte, doch gleich darauf fiel ein Stuhl krachend um. Dann wurde es im ganzen Gebäude totenstill. Mir brach am ganzen Körper der Schweiß aus.

»Heb den Kopf!« befahl Zheng. »Dein Vater ist mitschuldig an deinem Verbrechen. Bestimmt hat er dich dazu verleitet, weil er die Kulturrevolution haßt.«

Von da an versuchten sie das Geständnis zu erzwingen, daß ich alles auf Vaters Veranlassung getan hatte. Mir tat der Rücken weh. Meine Handgelenke waren wund und juckten von dem groben Seil, mit dem

man mich gefesselt hatte. Ich drehte und wand mich auf dem Stuhl, aber es half alles nichts.
Der Mann mit dem Notizbuch sagte gehässig: »Die Fesseln sind ganz schön unbequem, was? Wenn dir das alles keinen Spaß macht – warum sagst du uns dann nicht schnell, daß du es getan hast?«
Ich war am Ende meiner Kräfte. Viele Stunden waren vergangen. Ein Stockwerk höher fand gerade wieder ein heftiger Wortwechsel statt. Zheng und Liu gingen nach oben, um nachzuschauen, was dort vor sich ging. Nur der Mann mit dem Notizbuch blieb da, aber er rauchte nur eine Zigarette und stellte mir keine weiteren Fragen. Irgendwann nickte ich ein. Ich wachte auf, als Zheng schmerzhaft an meinem Haar riß. Mit höhnischem Lachen meinte er: »Soso, du willst hier also einfach schlafen!«
Glücklicherweise sagte der Mann mit dem Notizbuch nach einem Blick auf seine Uhr: »Es ist schon ziemlich spät.« Und zu mir gewandt: »Du darfst kein Sterbenswörtchen von dem weitererzählen, was heute abend hier passiert ist. Geh jetzt nach Hause. Und laß dir ja nicht einfallen, morgen nicht dazusein, wenn wir dich holen!«
Mit letzter Kraft rannte ich nach Hause. Als ich die Tür öffnete, liefen Vater und Liang Weiping auf mich zu. Sie warfen ihre Arme um mich und drückten mich, als wollten sie mich ersticken.
»Bitte nicht weinen!« sagte ich zu ihnen. Überrascht stellte ich fest, wie gerührt und erschüttert sie waren. Schließlich hätte es mir doch viel schlimmer ergehen können.
»Wohin haben sie dich geschlagen?« wollte Vater wissen.
»Sie haben mich überhaupt nicht geschlagen.«
»Du willst es bloß nicht zugeben«, sagte meine Schwester. »Aber ich habe mit meinen eigenen Augen gesehen, wie du verprügelt wurdest.«
Das kam mir recht seltsam vor, aber dann erklärte mir Vater, daß er und Weiping meinetwegen so besorgt gewesen waren, daß meine Schwester zum Bürogebäude der Zeitung gegangen war, um herauszufinden, was dort mit mir geschah. Sie hatte die Schreie von Leuten gehört, die im ersten Stockwerk geschlagen wurden. Deshalb war sie die Treppe hinaufgeschlichen und hatte durch ein Schlüsselloch in den Raum gespäht, aus dem all der Lärm kam. Drinnen hatte sie einen Mann gesehen, der mit einem armdicken Knüppel auf jemanden einschlug, und dachte, das sei ich. Sie war nach Hause zurückgelaufen und hatte Vater davon berichtet. Danach hatten die beiden zu Hause herumgesessen und sich fürchterliche Sorgen um mich gemacht.

Ich erklärte ihnen, daß ich es nicht gewesen sein konnte, denn ich sei die ganze Zeit unten in einem Kellerraum gewesen.
»Warum haben sie dich überhaupt mitgenommen?« fragte Vater.
»Sie behaupteten, ich hätte die konterrevolutionäre Parole an die Wand gekritzelt«, erwiderte ich. Kaum hatte ich das gesagt, als mich Vater an den Schultern packte, mich schüttelte und rief: »Was? Hast du das etwa geschrieben? Wie kannst du solche konterrevolutionären Dinge tun? Damit hast du nicht nur dir selbst geschadet, sondern auch deiner ganzen Familie! Warum ... warum hast du so etwas getan?«
Nun mußte ich zum ersten Mal an diesem Abend weinen. »Nein, ich habe es nicht getan! Wirklich!«
Im Bruchteil einer Sekunde veränderte sich Vaters Gesichtsausdruck. Es war, als habe er nur auf diese Worte gewartet. Er warf seine Arme um mich und preßte mich wie von Sinnen an sich. »Ich glaube dir, ich glaube dir!« stammelte er. »Ich glaube dir, weil du mein Sohn bist. Niemals würdest du dich gegen unseren geliebten Vorsitzenden Mao stellen. Nie könntest du solche üblen Dinge tun!« Nervös blickte er sich um. »Also gut, hör zu! Du darfst dich auf keinen Fall zu einem falschen Geständnis zwingen lassen.«
Im Morgengrauen des nächsten Tages kam der Mann mit dem Notizbuch wiederum zu uns und forderte mich auf, ihm zu folgen. Wieder ging es zum Bürogebäude, doch diesmal brachte man mich nach oben in ein großes Konferenzzimmer. Auf Stühlen saßen schon andere halbwüchsige Söhne von Mitarbeitern der Zeitung, zumeist Kadermitglieder, Herausgeber und Berichterstatter, an denen öffentlich Kritik geübt worden war. Auch die Gebrüder Gang waren da und der Sohn des Pressefotografen. Die meisten waren älter als ich, aber einer war erst neun. Diese kleine Gruppe sollte mir bald sehr vertraut werden, denn während der kommenden Monate waren immer wir die Verdächtigen, wenn irgend etwas passierte.
Die Tür ging auf, und ein Mann vom Amt für Öffentliche Sicherheit, der eine große Tasche trug, trat ein. In seiner Begleitung befand sich Zhou Sawu, der Arbeiter, der uns vor kurzem aus unserem Büroraum vertrieben hatte. Er gab jedem von uns ein Stück Papier und einen Bleistift und befahl uns, zwei Sätze aufzuschreiben: »Lang lebe unser geliebter großer Anführer, der Vorsitzende Mao!« und: »Nieder mit den kapitalistischen Handlangern!« Dann wurden die Blätter eingesammelt und einem Polizisten überreicht. »Sie vergleichen die Handschriften«, flüsterten wir uns zu.
Längere Zeit flüsterten die Männer miteinander, dann wurden die

meisten von uns nach Hause geschickt. Nur fünf oder sechs der älteren Jungen mußten bleiben. Sie wurden in der Schule für Krankenschwestern eingesperrt, nicht weit von unserer alten Grundschule, wo ihre Väter gefangengehalten wurden. Später erfuhren wir, daß man von ihnen verlangte, belastende Aussagen gegen ihre Eltern zu machen. Es sollte fast einen Monat dauern, bis man sie wieder freiließ. Einmal konnte ich im Vorbeigehen einen Blick durch ein vergittertes Fenster werfen. Ich sah zwei halbwüchsige Burschen, die mit Handschellen aneinandergefesselt waren. Sie lehnten an der Wand und stocherten gelangweilt mit den Zehen in dem Reisstroh herum, auf dem sie nachts schliefen. Einer von ihnen war der Sohn des Kadermitgliedes, dem früher die Druckerei unterstanden hatte, der andere war der Sohn des ehemaligen Stellvertretenden Herausgebers Meng. An einer Wand der Gefängniszelle stand in großen Schriftzeichen zu lesen: MILDE FÜR JENE, DIE IHRE VERBRECHEN EINGESTEHEN, ABER STRENGE GEGENÜBER DENJENIGEN, DIE SICH WEIGERN. Es wurde nie aufgeklärt, wer jene Parole an die Wand geschrieben hatte. Bei uns Kindern hielt sich jedoch das hartnäckige Gerücht, daß es der Sohn eines der Herausgeber gewesen war, ein Knabe von höchstens acht oder neun Jahren. Erstaunlicherweise hatte gerade er den Roten Garden erzählt, er habe zum Zeitpunkt der Tat ganz in der Nähe einen Jungen mit einer Steinschleuder spielen gesehen.

Kapitel 8

Flucht aufs Land

Wir waren zwar nicht wie »kapitalistische Handlanger« aus unserer Wohnung vertrieben worden, aber fast wäre ich in der ehemaligen Grundschule eingesperrt worden, und auch sonst hatte unsere Familie in jener unruhigen Zeit viel zu erdulden. Draußen auf der Straße wurde ich beschimpft, und auch daheim waren wir nicht mehr sicher. So viele Steine wurden gegen unsere Fenster geworfen, daß bald nur noch zwei oder drei Scheiben heil waren. Mein tägliches Leben bestand aus einer eintönigen Routine. Gegenüber unserem Vater wurde ich immer einsilbiger, und meine Schwester Liang Weiping verbrachte die meiste Zeit im Gästehaus der Roten Garden. Nach der Plünderung von Vaters Bibliothek waren nur die Werke von Mao Zedong, Marx und Lenin übriggeblieben. Ich hatte also keine Bücher mehr mit Bildern und Geschichten, die mir hätten helfen können, die Zeit totzuschlagen. Auch traute ich mich nicht mehr, draußen mit Gang Di und Äffchen zu spielen, denn wir mußten ständig befürchten, auf die Kinder linientreuer Parteigenossen zu stoßen. Wie beneidete ich Klein Li, weil er bei seiner Mutter leben durfte! Da seine Familie erst vor kurzem zugezogen war, wußten die Leute kaum etwas über sie. Klein Li hatte es deshalb viel besser als ich.

Zu den schlimmsten Dingen zählte für mich der tägliche Gang in den Speisesaal, um das Essen zu holen. Kinder aus »revolutionären« Familien drängelten sich einfach vor oder befahlen mir sogar, mich ganz hinten anzustellen. Mir blieb nichts weiter übrig, als zu gehorchen, denn die Erwachsenen waren entweder auf ihrer Seite, oder sie kümmerten sich nicht um uns. Ich konnte schon von Glück sagen, wenn ich nicht getreten oder bespuckt wurde. Das beste Essen war meist schon an andere ausgegeben worden, wenn ich endlich an die Reihe kam. Noch verhaßter als der Speisesaal war mir jedoch das Einsammeln von Müll, denn diese Tätigkeit oblag ausschließlich Kindern. Es war eine

kleine Welt für sich, und die Abkömmlinge politisch einwandfreier Familien schwangen sich hier zu kleinen Despoten auf.
Jeden Tag kam ein Arbeiter mit einem großen Holzkarren vorbei, um die Abfälle fortzuschaffen. Dies geschah meist am späten Nachmittag, wenn ich allein daheim war. Sobald eine Glocke läutete, wußten wir Kinder, daß es wieder einmal Zeit war, die großen, mit Holzgriffen versehenen Blecheimer nach unten zu schleppen und ihren Inhalt mit einem dumpfen Klatschen auf einen unsäglichen Berg von kalter Asche, Melonenschalen, Gemüseabfällen und Geflügelinnereien zu entleeren. Vor der Kulturrevolution war die Ankunft des Müllkarrens jedesmal ein gesellschaftliches Ereignis gewesen, mit Spiel und Spaß und den neuesten Klatschgeschichten. Doch inzwischen war daraus ein weiterer Anlaß für Demütigungen geworden. Immer mußte ich darauf gefaßt sein, daß mir jemand einen faulen Apfel an den Kopf warf. Einmal wurde ich am Müllkarren besonders schlimm verprügelt.
Die »Rebellenkinder« hatten es wegen eines Vorfalls am vorangegangenen Tage auf mich abgesehen. Als mein Vater nach dem Essen ein Schläfchen machte, hörte ich in seinem Zimmer plötzlich ein lautes Krachen. Ich lief zu ihm und sah, daß er wie betäubt auf dem Bettrand saß und ein Bein, das ihn offensichtlich schmerzte, umklammerte. Das Bett war mit Glassplittern übersät, und davor lag ein großer Stein. »Fast hätten sie mich umgebracht, diese Narren!« sagte Vater. »Die sind vielleicht unverschämt!«
Ich lief zum Fenster und schaute hinaus. Unten auf der Straße erblickte ich fünf Rebellenkinder. Zwei von ihnen waren einst Freunde von mir gewesen. Ich war außer mir vor Wut. »Wenn ihr auch nur ein bißchen Anstand hättet, dann würdet ihr so etwas nicht tun, denn ihr wißt genau, daß die Leute um diese Zeit schlafen!« schrie ich. »Feiglinge!«
Vater zog mich eilig vom Fenster zurück. »Es ist nicht wichtig, vergiß es! Was kann eine Mücke gegen einen Elefanten ausrichten? Komm, wir nageln ein Stück Pappe vor das Fenster.« Ich wußte, daß Vater recht hatte. Am liebsten hätte ich meine wütenden Worte rückgängig gemacht, denn schließlich war ich einer gegen viele.
Als ich am nächsten Tag den Mülleimer hinunterbrachte, war ich ziemlich nervös. Meine schlimmsten Befürchtungen wurden bestätigt, als ich sah, daß sieben Rebellenkinder mit ihren Mülleimern geduldig auf mich warteten. Wu Dong, der älteste der kleinen Gruppe, war ein stadtbekannter Schläger. Schon als kleiner Junge hatte er begonnen, sich an der Welt zu rächen, weil er so häßlich war.
Als er mich kommen sah, lächelte er breit. »Da kommt ja unser tapferer

Liang, der Müllmann! Gerade rechtzeitig, um uns mit unseren schweren Eimern zu helfen.«

Ich schluckte Angst und Ärger hinunter und begann, einen Eimer nach dem anderen in den Müllkarren zu entleeren. Die anderen schauten aus sicherer Entfernung zu, wie sich eine Wolke aus Staub und Asche auf mich herabsenkte, bis mir die Augen tränten und ich einen Hustenanfall hatte. Zuletzt packte ich unseren Mülleimer und betete im stillen, daß sie mich ungeschoren nach Hause ließen.

Doch da sagte Wu Dong mit einem verräterischen Zucken seiner fleischigen Lippen: »He, warte einen Moment! Wo willst du so schnell hin? Hast du nicht gestern selbst gesagt, wir sollten die Dinge hier draußen in aller Öffentlichkeit austragen? Nun, hier sind wir!«

Er machte einen Schritt auf mich zu, und die anderen Kinder bildeten einen Kreis um mich.

»Wenn ich dir jetzt eine Ohrfeige gebe, dann sollst du deinen Kopf in die Richtung drehen, aus der der Schlag gekommen ist. Ich hau dir dann gleich auf der anderen Seite eine runter!« verkündete Wu Dong. Er ließ mir kaum Zeit, über die Bedeutung seiner Worte nachzudenken, denn er holte aus und schlug mit ganzer Kraft zu. Mein Kopf schien zu explodieren. Schockiert und verblüfft blickte ich ihn an.

»Du Sohn eines stinkenden Intellektuellen! Du wagst es, uns zu beleidigen!« In rascher Folge versetzte er mir vier oder fünf Ohrfeigen, daß ich taumelte und fast zu Boden stürzte. Gleich darauf stürzten sie sich alle auf mich und bearbeiteten mich mit den Fäusten.

In meiner äußersten Bedrängnis vernahm ich die Stimme des Mannes mit dem Müllkarren: »Hört auf mit der Schlägerei. Was soll das?« Die Kinder erwiderten wie im Chor: »Sein Vater stinkt mehr als dein Müll! Halte dich da raus!«

Als der Mann zu ihnen sagte: »Dann geht woandershin, wenn ihr euch unbedingt prügeln müßt, aber kippt mir nicht meinen Karren um!«, erkannte ich meine Chance. Blitzschnell befreite ich mich und rannte los. Ein leerer Mülleimer traf mich hart im Rücken, aber ich war schon am Fuß der Treppe. Mit Müh und Not kroch ich die Treppe hinauf in unsere Wohnung und schlug die Tür hinter mir zu. Vor Angst und Schmerz weinte ich laut. Mein Hemd war zerrissen, und ich hatte überall am Körper Schnitte und Kratzer. Meine Hände zitterten so sehr, daß ich kaum die Kanne halten konnte, als ich Wasser in eine Schüssel goß, um mich zu waschen. Als ich später in einen Spiegel blickte, sah ich, daß ich seitlich am Kopf eine kartoffelgroße Schwellung hatte. Ich kroch ins Bett und zog das Moskitonetz hinter mir zu. Dann drehte ich mich zur Wand

und vergrub mein zerschundenes Gesicht im weichen Kissen. Ich war so erschöpft, daß ich bald einschlief.
Einige Zeit später hörte ich, wie mein Vater heimkam. »Was ist hier los?« fragte er besorgt. »Was machst du um diese Zeit im Bett?«
Ich wußte, daß er sich nur unnötig aufregen würde, wenn ich ihm alles erzählte. »Ich habe Magenschmerzen«, sagte ich deshalb.
»Tut es sehr weh? Soll ich einen Arzt rufen?« erkundigte er sich.
»Nein, nein!« sagte ich hastig. »Es ist bestimmt bald vorbei.«
»Du solltest aber etwas essen«, sagte Vater. Ich hörte, wie er eine Schublade öffnete. »Ich gehe rüber in den Speisesaal und hole dir etwas.«
Die Tür wurde geöffnet und geschlossen, und alles war wieder ruhig. Aber schon nach wenigen Minuten ging die Tür wieder auf, und ich vernahm das Klappern von Geschirr, als Vater den Tragekorb unsanft auf den Tisch stellte.
»Was ist los?« fragte er. »Stimmt es, daß du in eine Schlägerei verwickelt warst? Die Nachbarn haben mir alles erzählt. Komm, dreh dich um!« befahl er. Ich sträubte mich, aber er packte mich an der Schulter und drehte mich zu sich hin. »Mein Gott!« sagte er und holte tief Luft. »Wie dein Auge aussieht!« Er stützte mich, als ich mich im Bett aufsetzte. Dann holte er einen kalten Waschlappen und betupfte damit behutsam mein Gesicht. Nachdem er das geronnene Blut entfernt hatte, wusch Vater den Lappen aus und forderte mich auf, ihn gegen mein wundes Gesicht zu drücken. Mit zerfurchter Stirn und gerunzelten Brauen setzte er sich zu mir auf den Rand meines Bettes und blickte mich lange Zeit bekümmert an. Plötzlich entrang sich ihm ein lautes Schluchzen. Er ließ sich vor dem Bett auf die Knie sinken und schlang seine Arme um meine Beine.
»Mein armer Sohn! Es tut mir so leid, ich bin an allem schuld. Es passiert alles wegen deines elenden Vaters! Du mußt meinetwegen leiden, und bestimmt haßt du mich.«
Ich legte meine Arme um seinen Hals und schmiegte mich an ihn. Der grobe, blaue Stoff seiner Jacke vermittelte mir Trost und Stärke, aber der Mann, der diese Jacke trug, zitterte am ganzen Körper. Wir beide weinten lange Zeit. Es war, als würden wir in einem Strom von Tränen allen Kummer und alle Sorgen los, die sich in uns seit jenem Tag aufgestaut hatten, als Vater zum ersten Mal öffentlich angeprangert worden war.
Irgendwann blickte Vater auf und sagte zu mir: »Du mußt mir glauben, mein Sohn! Dein Vater ist kein schlechter Mensch. Eines Tages wird alles vorüber sein, und wir werden wieder ein ganz normales Leben führen.«
»Vater, ich mache dir keine Vorwürfe«, erwiderte ich. »Du bist mein lieber, guter Vater wie immer!« Meine eigenen Probleme hatte ich

vergessen. Zum ersten Mal hatte ich begriffen, daß alles, was wir jetzt durchmachen mußten, für ihn tausendmal schlimmer war als für mich.

Vater machte sich meinetwegen schreckliche Sorgen, denn er wußte, daß ich meinen Quälgeistern nicht aus dem Wege gehen konnte. Ab und zu mußte ich einfach das Haus verlassen. Dann hatte er die rettende Idee: Ich sollte für eine Zeitlang zu Vaters zweiter Frau, unserem »Tantchen« ziehen. Sie wohnte irgendwo im Kreis Shuangfeng. Dort wußte niemand etwas über unsere Familie.

Ich packte Wäsche zum Wechseln ein, nahm einen Brief von Vater an Tantchen mit und vergaß auch nicht ein Exemplar der mittlerweile überall erhältlichen *Worte des Vorsitzenden Mao*. Liang Weiping brachte mich zum Busbahnhof. Es regnete in Strömen. Kaum hatte ich einen Fensterplatz ergattert und mich neben einem Bauern niedergelassen, der eine Art Turban trug, wurde mir klar, daß mir eine ziemlich feuchte Reise bevorstand: Die Fensterscheibe unmittelbar vor mir war zerbrochen. Eine Frau, die dort saß, hatte einen Regenschirm aufgespannt, von dem das Wasser in kleinen Bächen herabrann, mir genau auf den Schoß. Zum Schutz gegen den Regen steckte ich mein »Kleines Rotes Buch« unter das Hemd und versuchte mich damit abzufinden, daß ich bald klatschnaß sein würde. Denn da die Frau älter war als ich, blieb mir nichts weiter übrig, als den Regen vier Stunden lang, bis zu unserer Ankunft in Shuangfeng, geduldig zu ertragen.

Im übrigen verlief die Reise gar nicht so übel. Ich war gut gelaunt, weil ich all meinen Kummer hinter mir lassen und woandershin fahren durfte. Vielleicht war es dort genauso schön wie bei Onkel Hou vor vier Jahren. Unter den Passagieren befanden sich auch einige Rote Garden. Sie forderten die Fahrgäste auf, revolutionäre Lieder zu singen, revolutionäre Spiele zu spielen und sich in revolutionäre Schriften zu vertiefen. Ich war glücklich, denn ich durfte mich wieder als normales Mitglied der menschlichen Gemeinschaft fühlen. Deshalb schrie ich aus voller Kehle: »Lang lebe der Vorsitzende Mao!« Ich übertönte alle anderen und trug auf diese Weise kräftig zum revolutionären Ruhm der hinteren Sitzreihen bei.

Nach wenigen Stunden Fahrt hörte es auf zu regnen. Die gelblichen, abgeernteten Felder lagen tot und verlassen da, aber die herbstliche Stimmung war dennoch schön. Die dunklen Silhouetten der Bäume säumten die Straße und hoben sich mit scharfen Konturen vom bläulichen Dunst der fernen Berge ab. Gegen Mittag erreichten wir die Stadt

Xiangxiang. Dort waren alle Häuser mit schwarzen Dachziegeln gedeckt und hatten nach oben gewölbte Traufen im alten Stil. An der Busstation machten wir Pause, damit wir etwas zu Mittag essen konnten. Als ich ausstieg, erblickte ich einen schönen Tempel mit roten Wänden. Sein Dach war mit großen geschnitzten Drachen und Phönix-Figuren verziert. Ich mußte an Liang Fangs Mahnung denken, besser nicht zum Tempel auf dem Yuelu-Berg zu gehen. Um so seltsamer erschien mir nun, daß es am Eingangstor des Tempels nur so von Menschen wimmelte. Statt wie die anderen Fahrgäste loszugehen und pikante Reisnudeln, Erdnüsse und geröstete Süßkartoffeln zu kaufen, ging ich hinüber, um nachzusehen, was dort vor sich ging.

Es stellte sich heraus, daß all die Menschen an einem alten Mönch Kritik übten. Ich war sehr neugierig, denn noch nie hatte ich einen Mönch gesehen. Er hatte ein kleines runzliges Gesicht und einen kahlgeschorenen Schädel. Er trug schwarze, verblichene Kleider und schwarze Pantoffeln von einer Machart und Form, die ich noch nie gesehen hatte. Der Mönch kniete auf dem Boden und schlug gegen einen Gong. Vor ihm lag eine geborstene Steinplatte. Ich vermutete, daß darauf die Geschichte des Tempels oder irgendeine buddhistische Schrift verzeichnet war. Es war mir unmöglich, die Schriftzeichen zu entziffern, denn sie stammten aus alter Zeit. Während der Mönch auf dem Gong rhythmisch den Takt schlug, intonierte er einen Sprechgesang: »Ich habe das Volk übervorteilt, ich verdiene Strafe! Buddhismus ist eine Lüge, nur die Gedanken des Marxismus-Leninismus und des Vorsitzenden Mao sind wahr!« Mir schien, daß der Mann sehr alt und müde aussah, insbesondere wenn man ihn mit den jungen Leuten verglich, die ihm Schmähworte zuwarfen. Auch fragte ich mich, was er nun wohl anfangen würde, wo doch der Tempel ein verbotener Ort war. Gern wäre ich noch länger dortgeblieben und hätte ihm zugeschaut, aber der Bus sollte nach einer Viertelstunde weiterfahren.

Nach einer weiteren Stunde Fahrt kam ich endlich an meinem Bestimmungsort an. Das Städtchen hieß Grünbaumstadt und lag unweit der Kreishauptstadt von Shuangfeng. Hier gab es nur eine einzige lange Straße mit Kopfsteinpflaster, aber wegen des anhaltenden Regens war sie wie eine einzige lehmige Pfütze. Als ich jemanden nach der Grundschule fragte, zeigte der Mann auf diese beidseitig mit zahllosen roten Spruchbändern und Plakaten geschmückte Straße und sagte, die Schule befände sich genau am anderen Ende.

Bisweilen gab eine Lücke zwischen den dunklen Holzhäusern den Blick auf gelbliche Felder frei. Wenn man von der Enge der Straße absah, erinnerte sie stark an einige alte Straßen in Changsha. Hocherfreut stellte ich fest, daß die Hauseingänge sehr groß und meistens offen waren, so daß ich die Menschen drinnen bei ihren täglichen Verrichtungen beobachten konnte. Ich sah junge Frauen beim Spinnen und Greisinnen, die Säuglinge auf dem Schoß wiegten, aber ich vernahm auch die metallischen Hammerschläge aus einer Schmiede und den sausenden Atem handbetriebener Blasebälge. Insgesamt wirkten die Menschen mit ihrer bräunlichen Hautfarbe ziemlich arm, aber es gab viel mehr alte Frauen als in Changsha, die Jadearmbänder und goldene Ohrringe im alten Stil trugen. Die meisten von ihnen hatten auch weiche, altertümlich wirkende Hüte aus schwarzem Samt auf dem Kopf. Deren Ränder waren mit aufgenähten Figürchen aus Jade verziert. Auffällig waren auch die schwarzen Hemden, die seitlich und auf der Schulter eine Reihe von Stoffknöpfen hatten, anders als die modernen, in der Mitte durchzuknöpfenden Hemden. Einige Männer waren barfuß. Sie hatten ihre Hosen hochgerollt, so daß ich ihre sehnigen Beine und ihre bäuerlichderben, lehmigen Füße sehen konnte. Wieder mußte ich an das Luojia-Gebirge denken. Meine Füße juckten mir in den völlig durchnäßten, schmutzigen Stoffschuhen.

Die Kinder in diesem Städtchen kamen mir klein und mager vor. Sie trugen geflickte Kleidung, aber genau wie wir Stadtkinder mußten sie bei der Essenausgabe vor einem großen, schwenkbaren Dampfkochtopf aus schwarzem Gußeisen Schlange stehen. In den Händen hielten sie Schalen mit ungekochtem Reis und Sojabohnen. Jedesmal, wenn ein lautes »Bumm!« ertönte, war das nächste Kind an der Reihe, um sich die schlichten Zutaten in ein leckeres Mahl eintauschen zu lassen. Als ich vorbeikam, wurde ich neugierig beäugt. Das lag wohl daran, daß nur selten Fremde in diese Stadt kamen. Außerdem war ich an meiner Kleidung und meinem Haarschnitt als Stadtkind zu erkennen. Mir machte es nichts aus, begafft zu werden, denn ich schaute genauso neugierig auf sie. Auf jeden Fall wirkten sie nicht abweisend und unfreundlich.

Bald gelangte ich zu einem Gebäude, das nur die Grundschule sein konnte. Auf einem Sportplatz standen unter freiem Himmel einige Tischtennistische, an denen gerade ein paar Kinder spielten. Ich blieb vor dem Eingang des Gebäudes kurz stehen, um die mit großen Schriftzeichen bedeckten Plakate zu lesen. Sie bestanden aus altem Zeitungspapier. Anscheinend war den Leuten hier unbedrucktes Papier zu teuer. Plötzlich traf es mich wie ein Keulenhieb. Mein Blick war auf ein Plakat gefallen, auf dem zu lesen stand: NIEDER MIT ZHU ZHIDAO, DER KORRUPTEN

TOCHTER DER GROSSGRUNDBESITZERKLASSE! Schlagartig wurde mir klar, daß mein hiesiger Besuch wohl doch nicht so problemlos verlaufen würde, wie ich gehofft hatte. Ich beeilte mich, ins Innere der Schule zu gelangen, bevor ich jemandem auf der Straße auffiel. Es stellte sich heraus, daß Zhu Zhidaos Zimmer ganz am Ende eines langen Ganges lag. Auf dem Weg dorthin hörte ich die vertrauten Klänge revolutionärer Lieder. Es klang nach einer Probe. In die Stimmen der Menschen mischte sich das durchdringende Quäken eines ländlichen Blasinstrumentes.

Tantchen öffnete die Tür. Als sie mich erblickte, stieß sie vor Verblüffung einen leisen Schrei aus. »Was machst du denn hier?« fragte sie mich. »Komm herein!« Ich hatte das dunkle Gefühl, daß ihr meine Anwesenheit vielleicht gar nicht so lieb war. Wortlos überreichte ich ihr Vaters Brief.

Bevor wir beide etwas sagen konnten, hörte ich hinter mir die Stimme eines Mannes: »Zhu Zhidao, wer ist dein Besucher?«

»Es ist der Sohn des alten Liang«, erwiderte sie und errötete, als hätte sie etwas sehr Persönliches preisgegeben.

Es dauerte nicht lange, bis wir draußen die Stimmen vieler Menschen vernahmen. Vor dem Fenster drängelten Kinder, die versuchten, einen Blick ins Zimmer zu werfen.

»Die Leute hier klatschen und tratschen gern«, sagte Tantchen. »Du bist nicht mein leiblicher Sohn, und das ist natürlich ein willkommenes Gesprächsthema. Aber zerbrich dir nicht den Kopf darüber.«

Diese Worte waren so direkt, daß ich mich noch weniger willkommen fühlte als zuvor. Vielleicht hatte ich kein Recht, mich zu Vaters zweiter Frau zu flüchten. Peinlich berührt lächelte ich ihr zu, doch da sagte sie: »Ich geh schnell rüber in den Speisesaal, um heißes Wasser für Tee zu holen.« Als sie fort war, schaute ich mich in ihrem Zimmer um. Es war lang und schmal und äußerst dürftig ausgestattet. Die Fenster hatten keine Scheiben, sondern nur aus Holzlatten zusammengenagelte Läden. In einer Ecke stand ein kleiner eiserner Kohleofen. Die Wände des Raumes waren mit vergilbtem Zeitungspapier tapeziert. Es gab keine Toilette, keinen Herd und keinen Wasserhahn. Kein Wunder, daß Tantchen gern nach Changsha versetzt werden wollte.

Als sie mit der Heißwasserflasche zurückkam, schloß sie sorgfältig die Tür hinter sich zu und lauschte einen Augenblick, bevor sie mit leiser, besorgter Stimme sagte: »Liang Heng, es ist nicht gut, daß du gerade jetzt zu mir gekommen bist, denn ich muß jeden Tag an politischen Versammlungen teilnehmen. Es ist hier schlimmer als in der Stadt. Menschen mit zweifelhafter Vergangenheit werden hier ständig beobachtet.« Ihre Augen hatten sich mit Tränen gefüllt. »Nur der Himmel weiß, was ich getan habe! Sogar meine Post wird kontrolliert. Deshalb habe ich ganz mit dem Schreiben aufgehört.« Ich wußte, daß sie die Wahrheit sagte, denn wir hatten seit langem keinen Brief von ihr erhalten. »Dein Vetter Bing wird dich zu seinem ältesten Bruder aufs Land bringen. Er wohnt ungefähr acht *li* von hier entfernt. Dort kannst du sicherlich ein bis zwei Wochen bleiben. Ich werde dir Geld und Lebensmittelmarken geben, damit du durchkommst. Ganz bestimmt bist du dort willkommen.«

Schon nach wenigen Minuten kam Bing. Während meine Stiefmutter ihm die Situation erklärte, betrachtete ich ihn aufmerksam. Er mußte ungefähr drei Jahre älter sein als ich und sah sehr stark aus. Er war barfuß wie die Männer, die ich auf der Straße gesehen hatte. Am seltsamsten war seine Frisur. Sie sah aus, als hätte man ihm eine Schüssel bis halbwegs über die Ohren gestülpt und rundherum alles säuberlich glattrasiert. Dafür hatte er oben einen um so wilderen Haarschopf.

Plötzlich fiel mein Blick auf eine Anstecknadel mit dem Bild des Vorsitzenden Mao. Diese runde Plakette war von einer Größe, wie sie selbst in der Stadt schwer aufzutreiben war. Mir brannte die Frage auf der Zunge, wo er sie herhatte, aber ich sagte nichts. Wenig später machten wir uns auf den Weg. Bing schlug schnurstracks einen schmalen Pfad zwischen Reisfeldern ein. Er ging mit dem raschen Schritt eines Bauern. Um mit ihm mitzuhalten, mußte ich neben ihm hertraben. Ich freute mich, wieder auf dem Land zu sein. Die Luft roch frisch und klar, und die Erde unter unseren Füßen war warm und einladend.

»Warte einen Augenblick!« rief ich Bing zu und streifte meine lehmverschmierten Schuhe ab, um wie er barfuß zu gehen.

»Komm, ich trage sie für dich«, erbot sich Bing. Seine Freundlichkeit ermutigte mich, endlich die Frage zu stellen, die mich so sehr beschäftigte: »Wo hast du die schöne Plakette mit dem Bild des Vorsitzenden Mao her?« erkundigte ich mich. »Ich hab' noch nie eine so große gesehen.«

»Oh, wir haben eine Klassenreise nach Shaoshan gemacht«, erwiderte er voller Stolz. »Als wir das Haus besichtigten, in dem der Vorsitzende Mao geboren wurde, erhielt jeder von uns eine solche Anstecknadel. Shaoshan ist nur hundert *li* von hier entfernt.« Das war es also! Ich faßte den Beschluß, eines Tages auch dorthin zu reisen. Notfalls würde ich sogar zu Fuß gehen.

Wir legten ein ganz schönes Tempo vor. Da mein Vetter Bing anscheinend zu keinem weiteren Gespräch aufgelegt war, vertrieb ich mir unterwegs die Zeit damit, daß ich die neuen Lieder sang, die ich im Bus gelernt hatte. Ich ließ den Blick übers Land schweifen und freute mich an seiner Schönheit. Das Gelände war ziemlich eben. Die wenigen sanften Hügel versperrten nicht den Blick in die Ferne. Alle Häuser, an denen wir vorbeikamen, waren aus großen, bröckeligen Lehmziegeln gebaut. Sie hatten graue Dachziegel und trugen manchmal Inschriften wie LANG LEBE DIE GROSSE PROLETARISCHE KULTURREVOLUTION! Oder: WIR HEBEN UNSERE ROTEN HERZEN ZUR ROTEN SONNE EMPOR. Ein paar ältere Parolen waren auch darunter, beispielsweise LANG LEBE DER GROSSE SPRUNG NACH VORN! Oder: LANG LEBEN DIE VOLKSKOMMUNEN! Einige dieser Sprüche reichten bis in das Jahr 1958 zurück. Mir kam diese Gegend ziemlich komisch vor, denn hier war Neues und Altes bunt miteinander vermischt.

Unweit jeder Häusergruppe gab es einen viereckigen Brunnen aus Stein, aus dem das Wasser in einem kleinen Bach herausfloß. Frauen waren damit beschäftigt, Wäsche mit Knüppeln durchzuwalken oder Gemüse zu waschen. Andere kamen mit Tragstangen und Eimern, um Wasser für den Haushalt zu holen. Als mir mein Vetter Bing erklärte, das Wasser steige aus der Tiefe der Erde herauf, war ich sehr überrascht, denn abgesehen von Wasserhähnen in der Stadt kannte ich nur die Gebirgsbäche auf dem Luojia-Berg, aus denen wir Wasser geschöpft hatten.

Allmählich begann mich die schnelle Gangart zu ermüden. Bing hielt kurz an und pflückte mir von einem ausladenden Baum eine Handvoll saurer Beeren. Die Sonne stand schon dicht über dem Horizont. Von Minute zu Minute bot sich uns ein schönerer Anblick. Der Dunst des frühen Abends färbte sich rosig, und der Rauch der Feuerstellen stieg kerzengerade und purpurrot von den Spitzen der Dächer in den Himmel. Kinder kehrten auf dem Rücken von Wasserbüffeln heim. Bauern mit Tragstangen und Eimern hoben sich wie Scherenschnitte vor der untergehenden Sonne ab. Ich war sehr froh, hier zu sein.

Bald tauchte vor uns ein großes, graues Gebäude auf. Mein Vetter erklärte, wir seien gleich da. Das Haus war anders als die kleinen Weiler aus Lehmziegeln, an denen wir vorbeigekommen waren. Überrascht fragte ich: »Wohnt hier die Produktionsgruppe deines Bruders? Was ist das für ein Haus?«

»Vor der Befreiung gehörte das ganze Anwesen einem mächtigen Großgrundbesitzer«, antwortete Bing. »Jetzt wohnen dort siebzehn Familien.«

Als wir näherkamen, erblickten wir ein paar junge Leute, die im scheidenden Licht des Tages politische Parolen an die Wände malten. Die Schriftzeichen waren riesengroß, denn als Pinsel benutzten sie Strauch-

besen. NIEDER MIT DEN KAPITALISTISCHEN HANDLANGERN! las ich, und: NIEDER MIT DEM SOWJETISCHEN REVISIONISMUS! NIEDER MIT DEM AMERIKANISCHEN IMPERIALISMUS!
»Dort ist mein Bruder«, sagte Bing, und ich spürte bei ihm zum ersten Mal so etwas wie Lebhaftigkeit und Interesse.
»Bruder Han!« rief er. »Du hast einen Gast!«
Ein junger Bauernbursche legte seinen Besen aus der Hand und kam uns entgegen. Unterwegs wischte er sich die Hände an der Hose ab. Dann begrüßte er uns herzlich.
»Dies ist unser Vetter Liang Heng aus Changsha, Tante Zhus Sohn«, sagte Bing zu ihm. »Wir beide sollen ein paar Tage bei dir bleiben.«
»Aus Changsha?« wiederholte Han sichtlich beeindruckt. »Kommt herein und ruht euch aus, ihr seid bestimmt müde.« Dann ging er vor uns her in das große Gebäude. Später erfuhr ich, daß, abgesehen von ein paar jungen Burschen, die in der Armee gedient hatten, keiner der Menschen hier die Hauptstadt kannte oder jemals Besuch aus der Hauptstadt empfangen hatte. Dafür hatte sich nie ein Anlaß ergeben, und so war es nur verständlich, daß mich die Leute nicht wie ein Kind, sondern wie einen Ehrengast behandelten.
Han führte uns in einen kleinen dunklen Raum, den man ihm zugeteilt hatte, als er vor Jahren von Grünbaumstadt hierhergezogen war. Es gab keine Elektrizität, doch im spärlichen Licht der Kohlenglut in der offenen Feuerstelle unterschied ich ein Bett, einen breiten Schrank und einen Tisch vor dem Fenster. Über dem Feuer hing ein Kessel an einer Kette von der Zimmerdecke herab, und in einer Ecke stand ein großer offener Wasserbehälter.
Die Nachricht von meinem Kommen verbreitete sich in Windeseile. Bald wurde ich von mehr Augenpaaren begafft als vor kurzem in Zhu Zhidaos Zimmer. Sicherlich war von mir in dem dunklen Zimmer nicht viel zu sehen, aber das hielt die Leute nicht davon ab, sich in den kleinen Raum zu drängeln. Schließlich bahnte sich ein hochgewachsener junger Bauer den Weg durch die Neugierigen und schüttelte mir herzlich die Hand, als wäre ich ein Erwachsener. »Mein Name ist Zhang«, sagte er. »Ich bin der Leiter des hiesigen Kulturrevolutionskomitees. Man hat mir gesagt, du seiest aus Changsha. Herzlich willkommen in unserer Produktionsgruppe!« Ich bedankte mich schüchtern bei ihm. Nie zuvor war ich mit soviel Respekt behandelt worden.
Immer noch lächelnd zündete sich Zhang eine Zigarette an. Im Lichtschein des Streichholzes sah ich, daß seine Zähne so schwarz waren, als wären sie noch nie mit einer Zahnbürste in Berührung gekommen.

»Nachdem du etwas gegessen und dich ausgeruht hast, würde ich gern mit dir über die Lage in der Stadt reden. Wir erhalten nicht oft Nachrichten aus erster Hand.« Nach diesen Worten drehte er sich um und rief der versammelten Menschenmenge zu: »Unser Gast ist müde, laßt ihn jetzt allein!« Daraufhin verließen die Bauern das Zimmer. Als wir allein waren, sagte Zhang zu mir: »Bitte bleib so lange, wie du magst. Gäste sind uns hier immer willkommen.« Dann packte er wiederum mit festem, rauhem, aber herzlichem Griff meine Hand und schüttelte sie.

Mein Vetter Han war unterdessen damit beschäftigt, uns etwas zu essen zu machen. Er goß gerade den Reis ab, den er in einem Topf gekocht hatte, und schüttete ihn in eine Schüssel. Dann angelte er mit den Fingern eingelegten Kohl, Rüben, Bohnen und Paprikaschoten aus schlichten blauweißen Keramiktöpfen und legte alles zusammen auf eine Platte. Aus einer Flasche träufelte er einige Tropfen Öl über den heißen Reis und garnierte ihn sodann mit dem Gemüse. Der aufsteigende Dampf war so heiß und säuerlich, daß mir Tränen in die Augen traten und ich husten mußte. Mein Vetter Han verkündete, daß wir nun bald essen könnten. »Aber zuerst wollen wir noch eine Suppe machen«, schlug er vor. Davon war ich sehr angetan, denn ich mochte Suppe sehr gerne. Aber was Han unter Suppe verstand, war anders als alles, was ich jemals gekostet hatte, denn er füllte lediglich einen Schöpflöffel voll Wasser aus dem großen Behälter in den leeren Topf, in dem er unsere Mahlzeit gekocht hatte, und schwenkte das Gefäß ein paarmal hin und her, damit auch das letzte Tröpfchen Öl und das allerletzte Körnchen Salz nicht verlorenging. Dann gab er noch ein wenig pikante Pfeffersoße dazu, und die Suppe war fertig.

Nachdem er unsere Schalen mit Reis gefüllt hatte, nahmen Bing und ich ein wenig Gemüse von der Platte und begannen zu essen. Doch statt es uns gleichzutun, griff sich Zhang einen der Keramiktöpfe, in denen das Gemüse eingelegt gewesen war, und goß die salzige Sole über seinen Reis. Geräuschvoll kauend und schmatzend verzehrte er dieses Gemisch. Als er fertig war, bediente er sich gleich noch einmal.

Nach diesem ungewöhnlichen Abendessen wurde ich zum ersten Mal darin unterwiesen, wie man eine Zigarette raucht. Vetter Han holte ein großes, getrocknetes Tabakblatt und schnitt es mit einem Messer in feine Krümel. Dann riß er einen Streifen Papier von einem alten Kalender und machte daraus ein Röllchen. Nachdem er es mit Tabak gestopft hatte, entzündete er es, nahm einen Zug und reichte es an mich weiter. Tapfer wie ein Mann sog ich den Rauch in mich hinein, aber gleich darauf tränten mir die Augen, und ich mußte fürchterlich husten. Ich war eben

doch nur ein kleiner Junge. »Ja, huste nur kräftig, dann fühlst du dich gleich besser«, tröstete mich Han. »Mir ging es am Anfang genauso, als ich mit acht Jahren zu rauchen anfing.«
Während er sich an der Feuerstelle mit den Töpfen zu schaffen machte, stellten sich allmählich wieder die Bauern ein, um zu hören, was ich über »wichtige nationale Angelegenheiten« zu berichten hatte. Bald war der Raum mit Leuten gefüllt, deren gebräunte, von Wind und Wetter gegerbten Gesichter vor Neugierde glühten. Es roch durchdringend nach frischem, starkem Tabak. Alle möglichen Fragen wurden an mich gerichtet, und es war nicht leicht, die richtigen Antworten zu finden. Anscheinend hatten die Bauern nur eine vage Vorstellung von der Kulturrevolution. Diese Wissenslücke war so groß, daß ich sicherlich nicht der geeignete Mensch war, um sie zu überbrücken.
»Was hat das Gerede über die ›Rebellen‹ zu bedeuten?« wollte jemand wissen.
»Und was ist mit den kapitalistischen Handlangern? Ehrlich gesagt wissen wir hier nicht genau, wer damit gemeint ist.«
Ich erzählte ihnen alles, was ich über die Arbeitsgruppen und die Studenten, über die »Schützt den Kaiser«-Gruppen und die Rebellen, über die Paraden und die kritischen Versammlungen wußte. Natürlich ließ ich einen Großteil der Grausamkeiten unerwähnt und verlor auch kein einziges Wort über meine eigene Familie.
Zhang meinte mit einem Seufzer: »Es ist hier so schwer für uns, an Informationen heranzukommen. Bei unserer Produktionsgruppe gibt es kein Radio, und um eine Zeitung zu lesen, müssen wir den weiten Weg bis zur Verwaltung der Kommune zurücklegen. Ein paar Rote Garden aus der Kreishauptstadt erschienen irgendwann in der Stadtverwaltung von Grünbaumstadt. Dann schickte die Stadt jemanden zur Kommune, die Kommune zur Brigade und die Brigade zu uns. Man sagte uns, wir sollten ein Kulturrevolutionskomitee bilden, das aus fünf Kadermitgliedern zu bestehen hatte, die armen Bauernfamilien entstammen. Wir wurden auch gefragt, ob bei uns noch irgendwelche ehemaligen Großgrundbesitzer leben. Ich sagte ja, einer lebe noch hier. Daraufhin befahl man mir, ihn im Stall des Wasserbüffels einzusperren. Da ist er jetzt noch. Auch ein paar politische Parolen wurden ausgegeben. Man wies uns an, sie aufzuschreiben und uns im übrigen jederzeit für Paraden und Versammlungen in Lu Mu bereitzuhalten. Mehr wissen wir nicht. In Lu Mu passieren eine Menge Dinge, aber wir haben eben keine ›gebildeten Leute‹ oder ›Handlanger der Kapitalisten‹. Wir sind nur arme Bauern.«
»Erzähl uns, was in der Stadt vor sich geht«, bat mich ein uralter Bauer.

Also unterhielten wir uns eine Weile über die Kulturrevolution, doch schon bald drehte sich das Gespräch mehr um das Leben in der Stadt. »Es heißt, daß es dort ein neunstöckiges Gebäude gibt und daß die Leute in Häuser gehen, um Filme anzusehen. Ist das wirklich wahr?« wollte der alte Bauer wissen.
Stolz ließ ich mich darüber aus, daß bei uns in der Stadt bis zu tausend Menschen in die Theater paßten. Es gäbe dort sogar Balkonplätze, und die Stühle seien im Winter aus Leder, im Sommer aus Bambus. Das setzte die Leute derartig in Erstaunen, daß ich sie fragte: »Wo geht ihr denn ins Kino?«
Ein Mann mittleren Alters antwortete für die anderen: »Einmal im Jahr zeigt man bei uns auf dem Dreschplatz der Kommune einen Film, in diesem Jahr sogar schon mehrmals, dank der Kulturrevolution. Die Filme handelten alle davon, wie der Vorsitzende Mao Einheiten der Roten Garden empfängt. Der Vorsitzende Mao weiß, wie arm wir sind, denn wir mußten nicht einmal Eintritt bezahlen. Deshalb gingen alle Menschen aus der Gegend hin. Manche gingen mehr als zehn *li* zu Fuß.«
Mir kam das recht komisch vor. Die Bauern hatten nicht verstanden, daß sie »politische Filme« gesehen hatten, die in den Städten Pflicht waren. Natürlich waren sie gratis! Ich sagte aber nichts, denn ich wollte ihnen nicht nachträglich die Freude verderben.
So verbrachten wir mehrere angenehme Stunden, bis wir schließlich alle zu gähnen anfingen. Die Bauern machten sich auf den Heimweg, nachdem sie sich herzlich von uns verabschiedet hatten. Bing und Han teilten sich das einzige Bett, während ich auf einer Art Bambuscouch schlief, die sich meine Vettern für mich ausgeborgt hatten. Der Morgen graute schon, als ich aufwachte.
Insgesamt blieb ich zwar nur zehn Tage, aber in der kurzen Zeit entwickelte sich zwischen den dortigen Menschen und mir eine tiefe Freundschaft. Niemand fragte mich nach meinen familiären Verhältnissen oder nach dem Grund meines Kommens. Man respektierte mich wegen meiner Schulbildung. Manchmal trat jemand mit der Bitte an mich heran, einen Brief an einen Sohn zu schreiben, der seinen Militärdienst ableistete, oder an Verwandte, die in einem anderen Landkreis wohnten.
Zhang bat mich einmal, ihm die Bedienungsanleitung für eine Gaslampe zu erklären, die von der Produktionsgruppe für abendliche Versammlungen angeschafft worden war.
Eines Abends suchte mich eine Gruppe junger Männer auf. Sie hatten tagsüber Dünger gesammelt und Tee gepflückt. Nun wollten sie mit

meiner Hilfe eine örtliche Gruppe der Roten Garden bilden. Aus rotem Papier hatten sie sich schon Armbinden angefertigt und baten mich, die Schriftzeichen daraufzumalen, die »Rote Garden« bedeuteten. Leider hatten sie nur schwarze Tusche mitgebracht. Ich erklärte ihnen, daß die Verwendung von schwarzer Tusche bei einer so ernsten Angelegenheit in der Stadt als ein konterrevolutionärer Akt angesehen würde. Daraufhin gingen sie noch einmal los, um weiße oder gelbe Farbe zu holen. Sie waren mir später sehr dankbar, daß ich sie vor einem schwerwiegenden Fehler bewahrt hatte. Ich malte die Schriftzeichen auf ihre Armbinden, die sie dann stolz und aufgeregt mit einem aus Reis hergestellten Kleister auf die Ärmel ihrer Jacken klebten.

Eines Tages wurde eine Versammlung einberufen, in deren Verlauf Zhang als Leiter des Kulturrevolutionskomitees die Mitteilung verlas, daß am nächsten Tag alle Bauern an einer Demonstration in der Kreisstadt teilzunehmen hatten, um dort die Anhänger der Bewegung »Schützt den Kaiser« zu kritisieren. Außerdem würden alle Teilnehmer bei diesem Anlaß zusätzlich zu ihrem normalen Lohn zwei *jiao* von der Produktionsgruppe erhalten.

Die Bauern applaudierten begeistert. Viele von ihnen waren noch nie in Shuangfeng gewesen, und jetzt würden sie dafür sogar Geld erhalten! Schnell liefen sie nach Hause, um sich auf die Reise vorzubereiten. Die besten Kleidungsstücke wurden gewaschen, und die Barschaft wurde gezählt. Es war, als stünde ein großes Fest bevor.

Mein Vetter Han war sehr traurig, als ihm aufging, daß er so gut wie kein Geld für die Reise hatte. Da erinnerte ich mich plötzlich an das Geld und die Bezugsscheine für Reis, die mir Tantchen Zhu für meinen Lebensunterhalt mit auf den Weg gegeben hatte. Ich zog die fünf Geldscheine und die Reismarken aus ihrem Versteck zwischen den Seiten meines Exemplars der *Worte des Vorsitzenden Mao* und reichte sie Han. Lange sträubte er sich, doch schließlich nahm er sie etwas beschämt entgegen. Drei *yuan* verbarg er sorgsam unter der Baumwolldecke seines Bettes, die anderen beiden verstaute er tief in seiner Hosentasche. Wir kochten eine Menge Süßkartoffeln, die wir morgen mitnehmen wollten. Dann gingen wir früh zu Bett, denn bis zur Kreishauptstadt war es ein Fußmarsch von zwanzig *li*.

Gegen vier Uhr morgens, also noch vor Anbruch des Tages, erwachten wir. Insgesamt waren wir an die fünfzig bis sechzig Menschen, einschließlich unserer neuen Roten Garden, die so stolz auf ihre Papierarmbinden waren. Im Schein brennender Fackeln machten wir uns auf den Weg. Ringsherum auf den Hügeln tauchten viele Lichtpunkte auf, als sei

das ganze Land von einer Vielzahl großer Leuchtkäfer bedeckt. Die einzelnen Produktionsgruppen identifizierten sich gegenseitig aus einer großen Entfernung, indem sie sich seltsame, wie Schreie von Vögeln klingende Erkennungsparolen zuriefen. Später, als die einzelnen Gruppen aus verschiedenen Himmelsrichtungen kommend auf Shuangfeng zumarschierten, wurde aus diesen Rufen eine Art Chor.
Dank der bei Bauern üblichen raschen Gangart erreichten wir die Stadt im Morgengrauen, stellten aber fest, daß die Straßen schon von Menschen wimmelten. Mein Vetter Han war so aufgeregt, daß er nicht wußte, wo er zuerst hinschauen sollte. Das Gedränge war so dicht, daß wir uns nicht frei bewegen konnten; so ließen wir uns in dem Menschengewühl einfach treiben. Von Organisation war nicht viel zu spüren. Es kam lediglich die Lautsprecherdurchsage, daß um neun Uhr eine große Versammlung auf dem Hauptplatz stattfinden sollte. Vielleicht wollten die »Rebellen« nur unter Beweis stellen, wie viele Anhänger sie bei den Bauern hatten, und tatsächlich war deren Zahl recht eindrucksvoll.
Mir fiel auf, auf welche Weise die Bauern ihren Einkaufsbummel gestalteten. Sie betraten irgendein Geschäft, die Augen vor Staunen geweitet, doch dann, wenn ihnen aufging, daß alles viel zu teuer für sie war, ließen sie den Kopf hängen und gingen in den nächsten Laden. Die meisten Mitglieder unserer Produktionsgruppe ergatterten nur ein Handtuch oder einen Spiegel oder einen Kamm. Mein Vetter Han konnte sich nicht sattsehen an all den Dingen. Schließlich fand er etwas, das er sich gern gekauft hätte, ein weißes T-Shirt. Es sollte einen *yuan* achtzig kosten. Han zögerte und zauderte, obwohl Bing und ich ihn ermunterten, einfach hinzugehen und es zu kaufen. Aber er rechnete sich aus, daß er danach nur noch zwei *jiao* übrig hätte. Nach langem Hin und Her zog er schließlich mit bebenden Fingern die beiden Geldscheine aus der Tasche und reichte sie finster entschlossen der Verkäuferin. Mit ehrfürchtig ausgestreckten Händen empfing er die in braunes Packpapier gerollte, kostbare Neuerwerbung.
Inzwischen war es fast neun Uhr geworden. Der Strom der Besucher brandete dem großen Platz entgegen. Die Menschenmenge war so groß, daß wir uns nicht bis zum eigentlichen Platz durchkämpfen konnten, aber wir hörten die Lautsprecher. »Wir begrüßen die kleinen und die mittleren Bauern«, wurde verkündet. »Die Rebellen des Kreises Shuangfeng danken den kleinen und mittleren Bauern für ihre warmherzige Unterstützung.«
Das war so ziemlich alles, was bei der Veranstaltung geboten wurde. Wir ließen uns in der Menschenmenge treiben, bis wir in einem Buchladen

zwei Plakate mit Zitaten des Vorsitzenden Mao entdeckten. Han kaufte sie für seine letzten beiden *jiao*. Später stand ich noch mit ein paar Leuten aus unserer Produktionsgruppe bei einem Autobus herum. Ich hielt ihnen einen kleinen Vortrag und erklärte ihnen das Steuerrad, die Hupe, die Scheibenwischer und die Scheinwerfer. Meine Bauern hätten alles stundenlang begaffen können. Auch von ein paar Fahrrädern, die vor einem Dienstgebäude in Reih und Glied standen, konnten sie sich kaum losreißen. Wahrscheinlich hatten sie noch nie so viele auf einmal gesehen.

Nach und nach machten sich die Leute mit ihren Einkäufen auf den Heimweg. Nachdem wir unsere Süßkartoffeln verzehrt hatten, brachen wir ebenfalls auf. Der Rückweg kam uns lang vor, denn die Sonne brannte heiß herab und wir waren von dem Getümmel in der Stadt ermüdet. Mein Vetter Han wirkte jedoch so zufrieden wie jemand, der einen sehr erfolgreichen Tag hinter sich hatte.

Als wir daheim ankamen, holte er sich bei Zhang seine Prämie in Höhe von zwei *jiao*. Danach wirkte er noch glücklicher. Nicht so Zhang, dem ich am nächsten Tag begegnete. Er machte ein sorgenvolles Gesicht, weil er nicht so recht wußte, wie er nun den Kunstdünger für unsere Produktionsgruppe bezahlen sollte.

Es kam der Tag, an dem Bing morgens nach Grünbaumstadt ging, um seine Familie zu besuchen. Am nächsten Tag kam er mit ein wenig Geld von Zhu Zhidao zurück. Es sei nun Zeit, daß ich nach Hause führe, ließ sie mir ausrichten. »Du brauchst auf dem Rückweg nicht bei ihr vorbeizuschauen, meint sie«, berichtete mir Bing. »Hier hast du das Fahrgeld für den Bus.«

Mich machte der Gedanke an die Abreise sehr traurig, aber ich wußte, daß es Vater nicht recht wäre, wenn ich zu lange fortbliebe. Auch die Bauern sahen mich ungern gehen. Sie überhäuften mich mit gerösteten Süßkartoffeln, Erdnüssen, selbstgemachter pikanter Pfeffersoße und anderen kleinen Geschenken. Die jungen Roten Garden, denen ich behilflich gewesen war, begleiteten uns den ganzen Weg, acht *li* weit. Ich lud sie alle ein, mich in Changsha zu besuchen. Lange standen sie noch vor dem Busfenster herum, hinter dem ich Platz genommen hatte. Das Sonnenlicht fiel hell auf die weißen Schriftzeichen ihrer Armbinden aus Papier. Durch das Rückfenster des Busses winkte ich den Freunden zu, bis sie meinem Blick entschwanden.

Kapitel 9

Der neue Lange Marsch

Anfang September durften alle Ober- und Mittelschüler mit Lehrern, die eine einigermaßen revolutionäre Gesinnung hatten, kostenlos im Land herumreisen – zu einem Erfahrungsaustausch, wie es hieß.
Die Folge war, daß von einem Tag auf den anderen Busse und Züge hoffnungslos überfüllt waren. Dadurch wurde eine neue Phase eingeleitet: Es begann die Zeit der langen Märsche zu Fuß. Den Anfang machten ein paar Studenten vom Dalian-Schiffbau-Institut in der Mandschurei. Um die Gedenkstätten der Revolution zu besuchen, legten sie die riesige Strecke bis Peking zu Fuß und per Anhalter zurück. Diese Art zu reisen wurde offiziell als eine Methode willkommen geheißen, die angeblich zur »Mäßigung« der jungen Leute beitrug (und der Regierung keine Transportkosten verursachte). Plötzlich sah es so aus, als hätte sich das gesamte chinesische Volk – zumindest jedoch die jüngeren Bevölkerungsschichten – in eine Schauspielertruppe von soldatischem Aussehen verwandelt. Aus freien Stücken sollten wir die Strapazen und Entbehrungen nacherleben, die die Rote Armee vor mehr als dreißig Jahren erduldet hatte, indem wir, so wie damals die Soldaten, durch das Jinggang-Gebirge und den Ruijing-Distrikt marschierten, wo unsere Streitkräfte 1934 ihre ersten Erfolge im Guerillakrieg gegen die Guomindang verbuchen konnten. Eine andere Unternehmung bestand darin, die fünfundzwanzigtausend *li* des Langen Marsches, in dessen Verlauf von dreihunderttausend Menschen nur dreißigtausend übriggeblieben waren, zu Fuß zurückzulegen, oder von Yanan nach Peking zu marschieren, genau wie unsere siegreichen Truppen im Jahr 1949. Man erwartete von uns, daß wir bei diesen Strapazen Uniformen aus grobem grauen Stoff und Bastsandalen trugen. Außerdem mußten wir genau wie damals die Soldaten schwere Lasten schleppen und Eilmärsche wie eine Armee im Kriegszustand machen.
Da ich erst zwölf Jahre alt war, wäre ich unter normalen Umständen von

solchen Dingen verschont geblieben. Aber eines Tages kehrte der älteste Sohn unserer Nachbarn, mit denen wir uns im Haus die Küche teilten, aus Peking zurück. Er studierte dort Komposition am Zentralinstitut für Musik.

Unsere beiden Familien hatten sich immer gut verstanden. Das mag zum Teil an dem chinesischen Brauch gelegen haben, gemeinsam an heißen Sommerabenden im Freien zu sitzen. Oft hatten wir unsere Bambusstühle draußen vors Haus gestellt und uns die Zeit mit einem Schwätzchen vertrieben, bis sich die Luft ein wenig abgekühlt hatte und es Zeit zum Schlafengehen war.

Peng Ming – so hieß der Sohn unserer Nachbarn – war acht Jahre älter als ich. Schon immer hatten meine Schwestern und ich zu ihm aufgeschaut. Er war selbstbewußt, entschlossen, intelligent und ein wenig zu lebhaft. Wenn er sprach, sprudelten die Sätze nur so aus ihm heraus, als arbeitete sein Gehirn so schnell, daß sein Mund nicht mitkam. Als ich hörte, daß er zurück sei, empfand ich die gespannte Erwartung, die so typisch für einen kleinen Jungen ist, der sich auf das Wiedersehen mit seinem großen Vorbild freut.

Peng Ming wirkte größer und knochiger denn je. Seit einiger Zeit trug er eine Brille mit dicken Gläsern. Vielleicht war das die Folge vieler nächtlicher Stunden, in denen er zahllose Notenblätter mit revolutionärer Musik vollgeschrieben hatte. Selbstverständlich war er Mitglied der Roten Garden, und es stellte sich schon bald heraus, daß er in jeder Hinsicht mehr wußte als wir, auch als es darum ging, eine Gruppe zu einem »neuen Langen Marsch« zusammenzustellen. Beim Reden schlenkerte er mit seinen langen Armen, als wollte er ein Zauberkunststück vollbringen. Er malte uns aus, wie wir von der Schwelle unseres Hauses bis zum Gipfel des Jinggang-Berges marschieren würden, was einer Entfernung von achthundert *li*, das sind rund dreihundertfünfundsechzig Kilometer, entsprach. Wir würden in die Fußstapfen der Roten Armee treten und deren Strapazen erdulden. Auf diese Weise würden wir von unseren Soldaten lernen und ihre würdigen Nachfolger werden, denn unsere Reise würde uns zu dem Ort führen, wo sie erstmals die Fackel der Revolution entzündet hatten. Liang Fang entschloß sich mitzumachen. Nach einigem Hin und Her war sie damit einverstanden, daß auch ich teilnahm. Vater, der wohl froh war, daß ich wieder ohne größere Gefahren von daheim fortkonnte, erhob keinen Einwand. Ich war außer mir vor Freude.

Wir waren acht in unserer Gruppe – Peng Mings jüngere Geschwister und andere Nachbarkinder. Ich war bei weitem der jüngste. Drei Tage lang bereiteten wir uns vor. Wir lernten, unsere Habseligkeiten so in eine grüne Militärdecke zu wickeln, daß ein handliches quadratisches Päckchen entstand. Bald konnten wir auch unsere Bastsandalen schnüren wie die Soldaten der Roten Armee und wußten, wie man sich Fußlappen um die Waden wickelt. Wir hatten auch eine rote Fahne, auf die wir mit gelben Schriftzeichen die Worte »Langer Marsch« malten, wobei wir die Kalligraphie des Vorsitzenden Mao imitierten. An unseren Bündeln befestigten wir kleine Schilder mit Zitaten des Vorsitzenden, so daß die Kameraden, die hinter uns marschierten, diese Parolen lesen und sich daran aufrichten konnten. Schließlich stellten wir noch eine »Reiseapotheke« zusammen und besorgten Feldflaschen und eine Landkarte. Ich platzte fast vor Stolz, als mir Peng Ming eine rote Armbinde am Ärmel befestigte. Sie war nicht etwa aus Papier, sondern aus feinster roter Seide. Schneeweiß leuchteten darauf die Worte »Rote Garde«. Sogar eine schöne Mao-Plakette steckte er mir vorne an die Jacke. Darauf war das edle Profil des Vorsitzenden in Gelb zu sehen, von dem metallisch rote Strahlen ausgingen. Unten war reliefartig der Platz des Himmlischen Friedens abgebildet. Ich fühlte mich, als sei ich plötzlich zehn Zoll gewachsen.

An einem schönen, trockenkalten Wintermorgen brachen wir auf. In geschlossener Formation marschierte unser achtköpfiges Grüppchen durch die Toreinfahrt des Zeitungsgebäudes, Peng Mings jüngerer Bruder mit der roten Flagge vorweg. Mein Vater und die Eltern der anderen Kinder waren gekommen, um sich von uns zu verabschieden. Sie wirkten ein wenig nervös, aber sie schienen es nicht zu bedauern, ihre Zustimmung zu diesem Unternehmen gegeben zu haben. Im Gegenteil – sie waren wohl stolz auf uns, doch wagten sie nicht, der kleinen Schar neugieriger Passanten ihre wahren Gefühle zu zeigen. Ich mußte mich zusammenreißen, damit mir nicht die Augen feucht wurden, denn ich war fest entschlossen, mich nicht wie ein kleiner Junge zu benehmen. Ich sah mich nicht ein einziges Mal um, sondern marschierte rasch und stolz erhobenen Hauptes mit meinen Kameraden davon.

In den Straßen von Changsha starrten uns die Leute respektvoll und neidisch nach. Wir warfen uns deshalb noch mehr in die Brust und legten ein noch größeres Tempo vor. Schon bald hatten wir die Vorstädte hinter uns gelassen. Vor uns erstreckte sich das offene Land. Am Ende eines halben Tages trafen wir immer häufiger andere Gruppen, die ebenfalls einen neuen Langen Marsch veranstalteten. Manche kamen aus so entlegenen Provinzen wie Guangxi und Guangdong. Es erfüllte mich mit unbändigem Stolz, daß ich aus Hunan, der Heimat des Vorsitzenden

Mao und dem Ursprungsland der gesamten kommunistischen Bewegung stammte. Manche Gruppen waren besser ausgerüstet als wir. Sie trugen richtige graue Uniformen und Mützen mit roten Sternen. Außerdem war unsere Gruppe kleiner als die meisten anderen, aber wir verfolgten das gemeinsame Ziel mit dem gleichen Eifer. Von Anfang an herrschte zwanglose Kameraderie. Gemeinsam sangen wir Lieder, ermutigten uns gegenseitig und tauschten Informationen über die vor uns liegende Strecke aus. An den Bauernhäusern waren Inschriften zu lesen wie NUR NOCH SIEBENHUNDERTFÜNFZIG LI BIS ZUM JINGGANG-BERG oder REVOLUTION BIS ZUM ENDE. Mehr denn je waren wir von dem Gefühl beseelt, an einer allgemeinen Pilgerfahrt teilzunehmen. Wir bildeten eine Flutwelle der Begeisterung, die unaufhaltsam dem heiligen Licht eines fernen Mondes entgegenbrandete.

In den Kommunen, die wir auf unserer Wanderschaft passierten, wurden wir von den Bauern herzlich empfangen und freigebig verpflegt. An der Straße waren kleine Stände errichtet worden, wo wir unsere Feldflaschen mit abgekochtem Wasser füllen konnten. Jede Ortschaft hatte eine Art Herberge eingerichtet, wo wir kostenlos aus großen hölzernen Fässern soviel gekochten Reis schöpfen konnten, wie es uns beliebte. Fleisch und Gemüse gab es nur selten, aber niemand beklagte sich darüber, denn wir waren ja ausgezogen, um die gleichen Strapazen wie die Rote Armee zu überstehen. Wahrscheinlich hatten wir es dennoch besser als die damaligen Soldaten, denn abends fanden wir meist in irgendeinem Dorf eine Liegestatt aus Reisstroh. Dort konnten wir müden Wanderer uns ausruhen, unseren Durst stillen und uns mit dem warmen Wasser waschen, das die Bäuerinnen uns bereitet hatten. Ganz gewiß dezimierten wir die Vorräte der armen Leute und nahmen viel von ihrer Zeit in Anspruch, aber die Menschen auf dem Land schienen glücklich zu sein, dem Vorsitzenden Mao solche Opfer bringen zu können. Stets drängten sie uns, beim Essen kräftig zuzulangen, als wären wir Gäste, die sie höchstpersönlich eingeladen hatten. Manche von ihnen hatten es schon zu einer kleinen Sammlung von Plaketten, Parolen und sonstigen Andenken gebracht, lauter Dinge, die ihnen von Gruppen geschenkt worden waren, die vor uns hier vorbeigezogen waren.

Fast den gesamten Landkreis von Changsha durchquerten wir am ersten Tag. Abends rasteten wir in einem Gästehaus, das der Bezirksverwaltung unterstand. Es handelte sich um eine Versammlungshalle aus der Zeit der Qing-Dynastie, mit einem gewölbten Dach, dessen seitliche Ränder eingedreht waren wie die Locken der Mädchen in einem ausländischen Film. Wir kühlten unsere mit Blasen bedeckten Füße in einer Schüssel

Wasser und krochen dann jeweils zu zweit in ein Bett. Die Decke des einen benutzten wir als Laken, mit der des anderen deckten wir uns zu. Unsere Körperwärme sorgte dafür, daß die Temperatur in unseren Kokons nie unter den Gefrierpunkt sank, so daß wir eine einigermaßen angenehme Nacht verbrachten. Immerhin hatten wir tagsüber fast achtzig *li*, also rund sechsunddreißig Kilometer, zurückgelegt.

Im Verlauf der nächsten Tage gewöhnten wir uns allmählich an das Marschtempo. Wir überquerten Gebirgszüge und kamen an Felswänden vorbei, wo wir die alten revolutionären Parolen lesen konnten, die vor langer Zeit in den Stein geritzt worden waren. Eine Parole lautete: WIR WOLLEN LAND!, eine andere: NIEDER MIT DEN GROSSGRUNDBESITZERN. Bisweilen rasteten wir in malerischen kleinen Pavillons. Die Wälder hallten wider von den fröhlichen Rufen vieler Wandergruppen. Liang Fang und ein anderes Mädchen aus unserer Gruppe fielen schon nach kurzer Zeit zurück und schlossen sich vorübergehend einer Schar junger Leute aus der Provinz Hubei an. Ich hielt jedoch mit meinen Kameraden Schritt, obwohl ich abends oft vor lauter Erschöpfung und wegen der schmerzenden Blasen an meinen Füßen weinte.

Nach einiger Zeit gingen wir zu Nachtmärschen über, genau wie die Rote Armee. Fackeln erhellten unseren Weg. Wir stolperten stundenlang durch die Nacht, bis wir fast im Gehen einschliefen. Je mehr wir litten, desto stolzer waren wir auf uns. Manche Gruppen ließen sogar die Herbergen links liegen, um unter freiem Himmel zu schlafen. Mit den Händen gruben sie auf den Feldern nach süßen Kartoffeln.

Eines Tages kamen wir an Schützengräben vorbei. Dort hatte der Vorsitzende Mao mit seinen Kämpfern der Guomindang gegenübergelegen. Die Städte und Dörfer in dieser Gegend glichen Museen. Überall gab es Stützpunkte und Versammlungsräume der Roten Garden, in denen Waffen, Sandalen und allerlei Dokumente aus den Befreiungskriegen ehrfurchtsvoll ausgestellt waren. Dort ergatterten wir auch einige der begehrten Ansteckplaketten mit dem Bild des Vorsitzenden Mao. Diese Andenken hatten für uns einen unschätzbaren Wert. Sie waren längst im ganzen Land zum Wahrzeichen revolutionärer Gesinnung und Begeisterung geworden. Während unserer Reise geschah es einige Male, daß ein grauhaariger Veteran der Roten Armee auf einem Dorfplatz vor den versammelten Roten Garden von seinen Kriegserlebnissen berichtete. Während wir ihm lauschten, glühten wir vor innerer Erregung. Nie hatte ich mich der glorreichen Revolution inniger verbunden gefühlt, jener Revolution, die China von tausend Übeln befreit hatte. Als unser Anführer Peng Ming wenig später eine kurze Rastpause befahl und uns aufforderte, unsere Namen in einen dicken Bambusschaft zu schnitzen, zog ich mein Messer aus der Tasche und verewigte mich mit besonders tiefen Kerben.

Eine Sache kam mir allerdings sonderbar vor. Wenn man die Bauern nach alten Parolen und den Berichten der Kriegsveteranen einschätzte, dann waren sie damals weniger am Kommunismus oder Sozialismus interessiert als an eigenem Land. Ich begriff, daß die Landbevölkerung so gut wie nichts von den Zielen der Befreiung, noch weniger jedoch vom Wesen der Kulturrevolution verstanden hatte. Die Leute brachten uns so viel Herzlichkeit entgegen, weil der Vorsitzende Mao, der die Großgrundbesitzer vertrieben hatte, von ihnen vergöttert wurde. Mao hatte befohlen, uns willkommen zu heißen, aber in Wirklichkeit wußten die Menschen auf dem Land nicht, warum wir zu ihnen gekommen waren und was in den Städten vor sich ging. Sie schienen sich auch nicht sonderlich dafür zu interessieren. Mich machte das ein wenig ratlos. Wir mühten uns ab, kommunistische Gedanken und Ideale voranzutreiben, aber hier draußen waren die Menschen anscheinend egoistisch und materialistisch. Dabei hatte man uns jahrelang die Errungenschaften der großen sozialistischen Befreiung auf dem Lande eingebleut.

Nach vier Tagen stiegen wir von den Bergen herab und erreichten Pingxiang, eine Großstadt in der Provinz Jiangxi. In der Dunkelheit und aus der Ferne schien sie fast so groß wie Changsha zu sein. Mitternacht war schon vorbei, und es regnete ein wenig. Wir hatten eine Strecke von nahezu hundert *li* bewältigt, aber es sollte noch eine Weile dauern, bis wir zur Ruhe kamen. In der gesamten Provinz Hunan waren wir von der Bevölkerung sehr gut behandelt worden, aber hier stellte es sich heraus, daß es bei den Bauern nicht genügend Unterkünfte für die zahllosen Roten Garden auf Wanderschaft gab. Auch in der Stadt Pingxiang waren alle Hotels und Herbergen mit Pilgern überfüllt. Die meisten mußten sich in ihre Decken wickeln und auf dem Fußboden schlafen. Die Leute lagen so dicht nebeneinander, daß kein Platz mehr zwischen ihnen war. Deshalb wurde uns in der letzten Herberge als Schlafstätte ein Korridor angewiesen, in den es durch das undichte Dach hineinregnete.

Wir jungen Leute aus Changsha hätten uns in unserer Unschuld wohl ohne Murren mit dem nassen Fußboden abgefunden, aber wir waren gleichzeitig mit zwei erfahreneren Wandertrupps eingetroffen. Dazu kam, daß Peng Ming, ein Mitglied der Roten Garden von Peking, gewöhnt war, zuvorkommender behandelt zu werden und seinen Willen durchzusetzen. Es entwickelte sich ein Streitgespräch mit dem Personal der Herberge. Peng Ming und die Anführer der beiden anderen Gruppen warfen den Leuten vor, sie würden die Roten Garden nicht gebührend unterstützen. Diese Behauptung wurde mit dem Hinweis zurückgewiesen, es gäbe einfach nicht genug Platz für alle. Vom Lärm der hitzigen Auseinandersetzung erwachten die Schlafenden und kamen uns zu Hilfe. Bald stand die ganze Herberge kopf. Die Angelegenheit drohte zu einem ernsthaften Streit auszuufern. Da entschloß sich Peng Ming, mich als Hauptargument vorzuschieben.

»Schaut euch dieses Kind an!« sagte er und legte einen Arm um meine Schulter. »Ein zwölfjähriger Knabe, naß bis auf die Haut, todmüde, aber vorangetrieben von dem revolutionären Vorsatz, bis über die Grenzen seiner körperlichen Kraft weiterzumachen. Schaut, er hat sich schon erkältet!« (Das stimmte, denn die Nase lief mir unaufhörlich.) »Dennoch beklagt er sich nicht. Ihr jedoch wollt diesem Kind, diesem Sprößling der Revolution, zumuten, auf einem regennassen Zementfußboden zu schlafen!«

Beifälliges Gemurmel folgte auf diese Worte, und es waren Rufe zu hören wie »Komm, Kleiner, schlaf in meinem Bett!« Oder: »Hier hast du ein Handtuch und einen trockenen Pullover. Na komm, nimm schon!« Ich stand jedoch verwirrt und beschämt neben Peng Ming. Aller Augen waren auf mich gerichtet. Das brachte mich so aus der Fassung, daß ich nicht von der Seite meines großen Kameraden weichen wollte.

Das Personal der Herberge wollte jedoch noch immer nicht nachgeben. Am Ende traten Peng Ming und die anderen deshalb in einen Hungerstreik. Wir setzten uns im Büro auf den Fußboden und bewegten uns nicht vom Fleck. Damit wollten wir die Bewohner von Jiangxi darauf hinweisen, daß in dieser Herberge die Kulturrevolution unterminiert wurde. Während der Regen auf das Dach trommelte, stimmten wir gemeinsam im flackernden Schein einer Kerosinlampe politische Parolen an. Unserer durchnäßten Kleidung entströmte ein fauliger Geruch. Vor Erschöpfung brannten mir die Augen. Jeder einzelne Knochen tat mir weh. Es hätte nicht viel gefehlt, dann wäre ich im Sitzen auf dem Fußboden eingeschlafen.

Zum ersten Mal erlebte ich einen Fall von offenem Widerstand. Die Sache wurde schnell und zu unserer Zufriedenheit beigelegt, denn die Leute aus der Herberge beeilten sich, uns ihre Büroräume zur Verfügung zu stellen, zwei große Zimmer. Dort breiteten wir unsere Habseligkeiten aus, wo immer Platz zum Liegen war – auf dem Fußboden, auf Stühlen, sogar auf den Schreibtischen. Die darauf liegenden Akten und Schriftstücke schichteten wir einfach zu einem unordentlichen Haufen übereinander. Die Freude über unseren Sieg färbte sogar auf unsere Träume ab.

Am nächsten Tag wurden die Angestellten der Herberge im örtlichen Mitteilungsblatt der Roten Garden scharf kritisiert. Es hieß, ihre mangelnde Gastfreundschaft sei ein Verstoß gegen die »proletarische und revolutionäre Gesinnung«. Auch von dem jüngsten Mitglied der Roten Garden war in dem Mitteilungsblatt zu lesen, einem zwölf Jahre alten »Waffenkameraden« aus Hunan, der »mit derselben Entschlossenheit wie seine älteren Gefährten furchtlos alle Strapazen auf sich genommen und den anderen nachgeeifert« habe. Als wir später Pingxiang verließen, zog Liang Fang ihr Taschentuch heraus, putzte mir die Nase und meinte trocken: »Du gehörst jetzt zu den Roten Garden, und Rote Garden putzen sich die Nase!«

Die nächste Etappe unserer langen Wanderschaft führte uns auf die Höhen des Gebirgszuges von Luoxiao, zum historischen Dorf Sanwan. Dort hatte 1929 die berühmte »Sanwan-Reorganisierung« stattgefunden. Die Partei hatte zum ersten Mal die absolute Befehlsgewalt über die Rote Armee übernommen. Mit verdoppeltem Eifer erklommen wir die schroffen Hänge. Wir wählten absichtlich die schwerste Route mit steil aufragenden Felsen. An langen Zweigen, die wie Lianen herabbaumelten, zogen wir uns in die Höhe oder krochen auf allen vieren über das felsige Geröll. Abends waren wir jedesmal am Ende unserer Kräfte. Obwohl unser Magen knurrte, fühlten wir uns prächtig.

Unterwegs hatten wir mehrere Schilder gesehen, die die Roten Garden aufforderten, nicht in Sanwan zu nächtigen, sondern noch ein Stück weiter zu marschieren. In Sanwan wohnten nämlich nur einige hundert Bauern, zu wenige, um mit dem Ansturm so vieler Roter Garden fertig zu werden. Viele von uns schlugen jedoch solche Ermahnungen in den Wind, denn jeder wollte die Nacht möglichst an dieser Gedenkstätte der Revolution verbringen. So wimmelte es denn überall von jungen Leuten mit roten Armbinden. Die Bauern setzten alles daran, um jedem eine Schale mit gekochtem Reis vorzusetzen, aber sie konnten die Nachfrage kaum befriedigen. Wenn wieder ein großer Topf Reis gekocht war, gab es jedesmal ein fürchterliches Gedränge. Die Kameradschaft, die unterwegs zwischen den Roten Garden geherrscht hatte, schien vergessen. Jetzt kam es vor allem darauf an, sich den Magen zu füllen.

Ich war kleiner als die meisten, aber ich hatte eine grüne Kappe, die ich bei einem der alten Revolutionäre gegen eine der heißbegehrten Ansteckplaketten mit dem Bild des Vorsitzenden Mao eingetauscht hatte. Mit dieser Kappe in der Hand bahnte ich mir durch das Gewirr von Armen und Beinen hindurch meinen Weg, bis ich genau vor dem großen dampfenden Reistopf stand. Ich streckte den Arm mit der Kappe aus und ließ mir von einer müden, griesgrämigen Bauersfrau einen tüchtigen Schlag zuteilen. Zufrieden schlängelte ich mich dann zu meinen Kameraden zurück, und wir aßen alle zusammen mit den Fingern aus meiner schmuddeligen Kopfbedeckung. Hygiene war die geringste unserer Sorgen.

Das nächstliegende Problem bestand darin, eine Unterkunft zu finden. Peng Ming hatte den Einfall, es mit einer musikalischen Darbietung zu versuchen. Er verbrachte ein paar Minuten damit, die Begleitstimmen von Liedern zu komponieren, die er uns unterwegs beigebracht hatte. Wir probten ungefähr eine halbe Stunde lang, dann verkündete unser Anführer, daß wir den Bauern auf dem Dreschplatz des Dorfes ein kleines Konzert geben würden.

Unsere Vorstellung war alles andere als meisterhaft, aber die Leute waren entzückt, denn Sanwan war nicht eben reich gesegnet mit »kulturellen« Ereignissen. Außerdem sangen einige Mitglieder unserer Gruppe wirklich schön. Als wir uns nach Ende der Vorstellung erboten, den Dörflern einige der Lieder beizubringen, sahen sie uns an, als seien wir Sendboten des Himmels. Nun war es nur noch ein kleiner Schritt bis zu der Einladung, die Nacht als Gäste in ihren Häusern zu verbringen, jeweils zwei von uns bei einer Familie.

Die Häuser waren aus Holz und hatten zwei Stockwerke. Dadurch unterschieden sie sich sehr von den geduckten, dickwandigen Behausungen aus Lehmziegeln in der Provinz Hunan. Die Zimmerdecke zwischen dem ersten und dem zweiten Stock bestand einfach aus Balken und Holzplanken. Durch die Ritzen konnte man in das Erdgeschoß spähen. Beim Gehen galt es aufzupassen, denn unversehens konnte die eine oder andere Holzplanke hochklappen und zu einer Falltür werden, durch die man mit viel Lärm in die Tiefe sauste. Das sollte ich am eigenen Leibe erfahren, aber glücklicherweise landete ich unten auf einem Reisighaufen. Mein Gesicht war zerkratzt und blutete. Sonst hatte ich mich nicht verletzt, aber es hatte mir vor Schreck den Atem verschlagen. Unsere bäuerlichen Gastgeber waren in heller Aufregung, weil sie fürchteten, mir sei etwas zugestoßen. Ich selbst machte mir Vorwürfe, weil ich ihr Haus beschädigt hatte. In diesem Augenblick steckte Peng Ming oben den Kopf durch die Luke im Bretterfußboden. Die Brille rutschte von seiner Nase und fiel zu mir herab auf den Reisighaufen. Da mußten alle lachen. Ich stieg wieder nach oben und bewegte mich fortan mit besonderer Vorsicht. Schließlich streckte ich mich auf einer besonders dicken Bohle aus und war bald eingeschlafen.

Als wir Sanwan verließen, ging es noch höher in die Berge hinauf. Wir blickten auf die weißen Wattewolken hinab und stellten uns vor, wir befänden uns auf einer verzauberten Inselgruppe mitten im Meer. Die Bäume wurden immer spärlicher. Meist war es nur geducktes, windgepeitschtes Nadelgehölz. Die Luft, erfüllt von Feuchtigkeit und Frost, bedeckte die Schattenseiten der Felswände mit einer dünnen Eisschicht und machte unser Haar silbrig glänzend, als seien wir vorzeitig gealtert. Bald hatte ich wegen meiner Stürze an Händen und Füßen Abschürfungen und Prellungen. Glücklicherweise hatte mein Vater darauf bestanden, daß wir unsere Segeltuchschuhe und die weißen Gesichtsmasken aus Gaze mitnahmen, die als Schutz gegen den trockenen Frost gedacht waren. Mit der Maske wärmten wir uns Mund und Nase. Je näher wir unserem Ziel kamen, desto mehr legten wir uns ins Zeug. Wenn die Beschaffenheit des Geländes es zuließ, verfielen wir fast in einen Dauerlauf. Ich empfand es als seltsam, daß unsere Finger und Zehen sich wie Eiszapfen anfühlten, während wir doch gleichzeitig beim Laufen derartig schwitzten, daß unsere Kleidung durchnäßt war.

Im Jinggang-Gebirgszug gibt es zwei bedeutende Gegenden: die »Mao-Hochebene« und die »Tschi-Hochebene«. Letztere liegt höher und war früher ein wichtiger Stützpunkt der kommunistischen Truppen gewesen. Die meisten Roten Garden auf Wanderschaft verbrachten die Nacht auf der Mao-Hochebene. Sie ruhten sich dort für den Aufstieg zur Tschi-Hochebene aus. In unserer Besessenheit faßten wir jedoch den Entschluß, ohne Rast weiterzumarschieren. Als locker zusammengestellte Gruppe von ungefähr zwanzig wanderten wir die ganze Nacht hindurch, bis unsere Kraft nicht einmal mehr zum Singen ausreichte. Nur noch das Knistern und Knacken der Zweige unter unseren Füßen war zu vernehmen. Endlich erblickten wir in weiter Ferne einen Lichtschein. Wir wußten, daß wir unseren Bestimmungsort erreicht hatten, das Ziel unseres Gewaltmarsches von achthundert *li*.

Ich weiß nicht, wie wir das letzte Stück hinter uns brachten, aber die Lichter wurden größer und größer und wurden schließlich zur größten Überraschung unserer bisherigen Wanderschaft: eine Gruppe von fünf ultramodernen, vielgeschossigen Regierungsgebäuden, die in jeder Hinsicht mit dem Hunan-Hotel im Märtyrerpark von Changsha mithalten konnten. Vielleicht hatte der Vorsitzende Mao sie in Erinnerung an seine Guerillakriege bauen lassen und benutzte sie nun für geheime Zusammenkünfte auf höchster Regierungsebene. Es stellte sich heraus, daß es dort von Roten Garden nur so wimmelte. Uns fielen schon fast die Augen zu, als man uns einen Schlafplatz im Treppenhaus anwies. Dort gab es frisches Reisgras und genügend Raum für uns acht aus Hunan, wenn wir uns, eng nebeneinander in unsere Decken gerollt, auf den Fußboden legten.

Am nächsten Tag konnten wir mit eigenen Augen sehen, wie klug der Vorsitzende Mao gehandelt hatte, als er damals auf der Tschi-Hochebene sein Feldlager aufschlug. Ringsherum gab es nur spitze Felsen, die zu überklettern ähnlich viel Mühe gekostet hätte wie jene, die zu überwinden wir die größten Anstrengungen unternommen hatten. Es war schön hier oben. Sicherlich war die Gegend im Sommer grün und fruchtbar, wenn die gute braune Erde von all den kleinen Flüssen und Gebirgsbächen bewässert wurde. Aber jetzt war das Land karg und verdorrt. Die Bauern hatten nichts anderes zu tun, als den vielen Fremdlingen neugierig entgegenzustarren. Mittlerweile gab es so viele Rote Garden, daß es auf allen Straßen und Wegen von ihnen wimmelte, aber noch immer ergossen sie sich von den Hängen der Berge herab ins Tal. Meiner Meinung nach hätte irgend jemand voraussehen müssen, daß diese Hochebene leicht zu einem Notstandsgebiet werden konnte, aber anscheinend vermochte niemand abzuschätzen, was es für ein paar Quadratmeilen Winterlandschaft in einem der unwirtlichsten Gebirge Chinas bedeutete, von einer riesigen Pilgerschar überschwemmt zu werden.

Schon am nächsten Morgen begannen unsere Probleme. Peng Ming sprang plötzlich auf und rannte zur Latrine. Als er eine halbe Stunde später zurückkam, war er grün und gelb im Gesicht und hielt sich den Bauch. Er streckte sich auf seinem Strohlager aus und kam danach nicht mehr auf die Beine. Auch zwei der Mädchen waren krank. Ich brachte sie zu einer Art Landhospital und erfuhr, daß es wegen einer Epidemie überfüllt war. Die Kranken würden zweimal täglich eine Portion Reisbrei erhalten, hieß es. Alle anderen müßten sich mit gekochtem Sorghum, einer Art Hirse begnügen. Es war ein echter Alptraum – der Anführer unserer kleinen Gruppe war auf Hilfe angewiesen, und noch immer strömten zahllose junge Leute wie rote Ameisen talwärts. Ihre jubelnde Begeisterung schlug schnell in Ernüchterung und Betroffenheit um, sobald sie von der grassierenden Krankheit und dem Mangel an Nahrungsmitteln erfuhren. In dieser heiklen Situation passierte das Schlimmste: Es begann zu schneien.

Dicht fielen die dicken Flocken vom Himmel herab. Der Wind blies den Schnee von den Hängen der Berge und füllte das Tal, das einer großen Schüssel glich. Wir waren gefangen. Drei endlose Stunden lang schneite es. Als es endlich aufhörte, war der reglos daliegende Peng Ming von einer dünnen Schneeschicht bedeckt, die durch das undichte Fenster hereingeweht worden war. Liang Fangs Hände waren vor Kälte erstarrt und hatten eine seltsam rötliche Färbung. Für mich war dieses Erlebnis zugleich schön und erschreckend. Daheim in Changsha hatte ich noch nie so viele dicke weiße Schneeflocken gesehen.

In dem tiefen Schweigen, das auf den heftigen Schneefall folgte, vernahm ich plötzlich in der Ferne ein seltsames Geräusch, das an das Tuckern eines Traktors oder an das Surren eines großen Insektes erinnerte. Ein kleiner Hubschrauber erschien am Himmel weit hinten über den Bergen. Zuerst schien er reglos in der Luft zu schweben, dann kam er näher und senkte sich vorsichtig herab. Wir rannten alle hinaus in den Schnee, fuchtelten mit den Armen, weinten vor Freude und riefen: »Der Vorsitzende Mao wird uns erretten!« und »Lang lebe der Vorsitzende Mao!« Kisten wurden aus dem Hubschrauber geworfen, große, rechteckige Kisten, die an Fallschirmen herabgesegelt kamen und mit einer Art Seufzer in den tiefen Schneewehen versanken.

Unsere erste Reaktion war, den Kisten entgegenzulaufen, als wollte sich jeder von uns eine sichern, aber schon bald kam ein wenig Ordnung in die ganze Angelegenheit. Wir schleppten die kostbare Fracht zur Herberge, damit der Inhalt der Kisten dort verteilt wurde. Bald erhielten wir Anweisung, uns in einer Reihe aufzustellen und unsere Kennkarten mitzubringen. Kranke konnten sich durch ein Mitglied ihrer Gruppe vertreten lassen. Liang Fang nahm meinen Schülerausweis aus der Grundschule und das dreieckige Halstuch, das mich als Mitglied der Jungen Pioniere auswies. Dann ging sie fort, um sich anzustellen. Sie kehrte nach einer Stunde zurück und brachte einen kleinen Beutel Kekse und einige Bonbons für jeden von uns mit. Sie hatte in Erfahrung gebracht, daß die Tschi-Hochebene wegen der Epidemie evakuiert werden sollte. Schon am nächsten Tag sollten Lastwagen der Armee über die gepflasterte Straße heraufkommen und uns alle in den Landkreis Jian befördern. Von dort aus würde es dann mit der Eisenbahn weitergehen nach Hause. Kranke und deren Gruppen sollten bevorzugt abgefertigt und zuerst transportiert werden.

Diese Nachricht vernahmen wir mit einer Mischung von Erleichterung und Bedauern. Der Zustand unserer kranken Kameraden bewirkte, daß wir uns elend und unglücklich fühlten, aber ebensosehr waren wir betrübt, daß unsere revolutionäre Unternehmung ein so vorzeitiges und ruhmloses Ende nehmen sollte. Während unserer gesamten Wanderschaft hatten wir alle körperlichen Strapazen als Prüfung unseres Durchhaltevermögens willkommen geheißen und uns immer wieder vergegenwärtigt, daß sie im Vergleich zu allem, was die Rote Armee erlitten hatte, unerheblich waren. Zehn Tage hatte unser »neuer Langer Marsch« gedauert, und nie hatte ich gehört, daß sich einer von uns über die Härte unseres Kampfes gegen die Widrigkeiten der Natur beklagte. Nie zuvor in meinem Leben hatte ich so gefroren und gehungert, doch hätte man mir die Wahl gelassen, ob ich lieber weiterwandern oder in einem Armeelastwagen zurückfahren wollte, die Entscheidung wäre mir nicht leichtgefallen. Was Liang Fang berichtete, war für uns alle eine große Überraschung, doch erkannten wir voller Trauer, daß die Evakuierung des Tales die einzige Lösung war.

Ungefähr hundert Lastwagen erschienen früh am nächsten Morgen, und die Soldaten verluden uns alle, dreißig bis vierzig pro Lastwagen. Es war ein schöner sonniger Morgen, und der Schnee begann schon wieder zu schmelzen. Wir waren jedoch so geschwächt, daß wir uns kaum darüber zu freuen vermochten. Selbst unsere stolze rote Fahne hing in der Windstille schlaff herab. Ich stand neben Peng Ming und hielt eine Wolldecke um uns. Die Mädchen drängten sich eng zusammen und umschlangen sich mit den Armen. Auf ihrem Haar lag Rauhreif, und ihre Hände waren noch immer seltsam rot. Die Landstraße schlängelte sich in Serpentinen, und wir fühlten uns alles andere als wohl. Peng Mings Bruder mußte sich zweimal übergeben, Liang Fang sogar dreimal. Die Fahrt schien kein Ende nehmen zu wollen. Sie dauerte, vier, fünf, sechs Stunden, doch endlich hatten die zahllosen Kurven ein Ende. Die Straße lag nun lang und gerade vor uns, so daß die Lastwagen schneller fahren konnten. Andere Fahrzeuge kamen uns entgegen, um eine zweite Fuhre aus dem Tschi-Flachland abzuholen. Wir hatten den Landkreis Jian erreicht, aber wir waren halbtot. Dennoch ging es uns besser, als wir ahnen konnten, denn eine Woche später erkrankten oben in den Bergen viele unserer Kameraden an Hirnhautentzündung. Hunderte von ihnen starben, und ich habe gehört, daß zu ihrem Angedenken ein drei Meter hohes Monument errichtet wurde, auf dem ihre Namen verzeichnet sind.

Kapitel 10

Peking!

Als wir endlich wieder daheim waren, erfuhren wir, daß der Staatsrat das Ende jener Bewegung angeordnet hatte, die unter dem Motto »Erfahrungsaustausch« gestanden hatte. Alle Roten Garden waren aufgefordert, zu ihren örtlichen Einheiten zurückzukehren.

Sobald Peng Ming genesen war, kehrte er nach Peking zurück, aber nicht jeder verhielt sich so pflichtbewußt wie er. Je öfter der Befehl zur Heimkehr wiederholt wurde, desto mehr mußten zahllose junge Leute befürchten, daß sich ihnen nie wieder eine solche Gelegenheit bieten würde, im Land herumzukommen, denn unter normalen Umständen mußten die meisten von uns damit rechnen, ein Leben lang an die Heimatstadt gebunden zu sein. So kam es, daß noch in letzter Minute zahllose Jugendliche auf den fahrenden Zug sprangen, um eine kostenlose Reise zu machen.

Die neuen Bestimmungen wurden mit viel Phantasie unterlaufen. Beispielsweise marschierten Liang Fang und ich drei Tage lang in Richtung Süden nach Hengyang. Dort lernten wir eine Gruppe von Studenten der Landwirtschaft kennen, die nach Guangzhou zurückbeordert worden waren. Sie wollten aber unbedingt nach Peking, und jedes Mittel war ihnen recht, dieses Ziel auch zu erreichen. Deshalb tauschten sie bereitwillig ihre Fahrkarten gegen unsere ein.

In Guangzhou feierten wir das Frühlingsfest im Haus eines alten Kollegen meines Vaters. Er hatte eine hübsche kleine Tochter, die genauso alt war wie ich. Sie sorgte dafür, daß wir uns einmal nach Herzenslust an Bananen und Zuckerstangen satt essen konnten. Sha An war ihr Name, und sie tanzte und sang sich in mein zwölfjähriges Herz. Als Liang Fang und ich uns schließlich zu dem Entschluß durchrangen, uns in einer der offiziellen Herbergen für Rote Garden zu melden und kostenlose Fahrkarten für die Heimfahrt nach Changsha zu beantragen, weinte die kleine Sha An. In der Folgezeit mußte ich oft an sie denken, wenn ich einsam war. Die kindliche

Liebe, die sie mir entgegengebracht hatte, wurde für mich zu einer kostbaren Erinnerung.
All dies war jedoch nur das Vorspiel zu einem großen Abenteuer. Ich hatte nichts zu tun, denn in allen Mittelschulen war man so sehr mit der Revolution beschäftigt, daß keine neuen Schüler aufgenommen wurden. Außerdem hatte mich das Reisefieber gepackt. Mein größter Traum war nach Peking zu fahren, denn dort hätte ich mich wieder Peng Ming anschließen können. Das Glück war auf meiner Seite: Ich machte die Bekanntschaft von einigen Studenten des Instituts für Maschinenbau von Peking. Sie erklärten sich schließlich bereit, mich mitzunehmen. So wickelte ich denn meine Sammlung von Ansteckplaketten mit dem Bild des Vorsitzenden Mao fein säuberlich in ein Taschentuch und schob das kleine Päckchen in eine Tasche des wattierten Mantels, den ich mir bei meiner Abreise bei meinem Vater ausgeliehen hatte und der mir viel zu groß war. Nun war ich auf alles vorbereitet.
Die Züge waren noch überfüllter als auf der Fahrt nach Guangzhou. Anfangs sah es so aus, als würde es uns nicht gelingen, uns zwischen die anderen Fahrgäste zu quetschen. Schaffner gab es ebensowenig wie Fahrkarten, und die Roten Garden, die sich schon einen Platz im Zug gesichert hatten, weigerten sich, die Türen zu öffnen. Da hoben mich meine neuen Freunde, die älter und größer als ich waren, einfach hoch, so daß ich mit der Hand durch den Spalt eines Fensters greifen und den Verschluß entriegeln konnte. Gleich darauf war ich im Inneren des Waggons.
Auf dem Fußboden des Abteils lagerten zwei Rote Garden unmittelbar neben einem großen Loch, das offensichtlich als Latrine diente. Die beiden hatten wohl geschlafen und waren nicht allzu erfreut über den Eindringling. Ich mußte lange mit ihnen verhandeln, bis sie sich schließlich bereit erklärten, auch meine Freunde ins Abteil zu lassen, allerdings nur unter der Bedingung, daß wir uns woanders einen Platz suchten. Sie fühlten sich anscheinend als »Besitzer« dieses Latrinenabteils. In unmißverständlicher Weise hielten sie uns die Tür auf und schoben mit einem schnappenden Geräusch den Riegel vor, kaum daß wir gegangen waren.
Draußen im Freien war es kalt gewesen, aber hier im Zug herrschte drückende Schwüle. Nirgends war ein freies Fleckchen. Die Leute saßen sogar auf den kleinen Klapptischen oder lagen in den Gepäcknetzen. Es blieb uns nichts weiter übrig, als uns mit einem Stehplatz zu begnügen und darauf zu hoffen, daß irgendwann jemand ausstieg und uns seinen Platz überließ.
Die allgemeine Stimmung war besser, als es die Enge hätte vermuten

lassen. Zwar kam es dann und wann zu einem Streit, beispielsweise mit den Roten Garden aus Guangzhou, die sich gleich zu Beginn der Reise in vier Waggons verbarrikadiert hatten und keine neuen Fahrgäste hineinließen. Am Ende wurden die Fenster ihrer Abteile eingeschlagen, und es kam zu einer gerechteren Verteilung der Plätze. Aber schon fünf Stunden später war der Zug nach einem Halt in Wuhan wieder genauso gerammelt voll wie zuvor. Auf jedem Bahnhof wiederholte sich das Gedrängel und Geschiebe. Wer draußen war, wollte hinein, und wer schon einen Platz hatte, schaute zu, daß er ihn behielt.

Zwei Tage und zwei Nächte dauerte die Fahrt nach Peking. Schon bald wurde das Essen zu einem großen Problem, doch glücklicherweise teilten jene, die sich vorsorglich mit Nahrungsmitteln eingedeckt hatten, mit denen, die nichts hatten. Schlimmer als der Hunger war das Problem, sich zu erleichtern, denn die Toiletten waren ohne Ausnahme verbarrikadiert. Die Mädchen erfanden in ihrer Not eine Methode, die darin bestand, daß sie jeweils in einer kleinen Gruppe während eines Haltes auf dem Bahnsteig einen Kreis um diejenige von ihnen bildeten, die gerade »mußte«. Wir Jungens hatten es ein wenig einfacher, denn da uns diese Art von Schamgefühl fremd war, hockten wir uns einfach auf die Schienen. Allerdings war es ein riskantes Spiel, den Zug zu verlassen, denn man konnte nie sicher sein, ob man ohne weiteres wieder hineinkam. Mehr als einmal habe ich beobachten können, daß jemand auf dem Bahnsteig zurückbleiben mußte, weil er dort einem natürlichen Bedürfnis nachgegeben hatte.

In Zhengzhou gab es Ärger. Im Bahnhof wimmelte es von Soldaten, die unsere Papiere überprüften und all jene Passagiere zum Aussteigen zwangen, die aus dem Süden des Landes waren. Eine kleine Gruppe Jugendlicher wurde zum einen Ende des Bahnsteigs gedrängt. Bald erschollen aus den Waggons, die noch nicht überprüft worden waren, kämpferische Sprechchöre und ärgerliche Kommentare. Ich hatte große Angst, denn es sah so aus, als gäbe es keine Hoffnung mehr. Doch da erhob sich einer meiner älteren Freunde und bedeutete mir mit einer Handbewegung, ihm zu folgen. Ich kletterte hinter ihm aus dem Abteilfenster, das auf die Seite des Zuges ging, die dem Bahnhof abgewandt war. Nebeneinander gingen wir zwischen den Geleisen bis zum hinteren Ende des Zuges. Der letzte Waggon hatte ein Betriebsabteil. Ein Arbeiter, der eine ölige Kappe auf dem Kopf trug, war gerade damit beschäftigt, die rote und grüne Verglasung einer Signallaterne zu putzen. Mein Freund begrüßte ihn sehr höflich, indem er ihn als »alten Meister der Arbeit« bezeichnete.

»Dies ist mein kleiner Bruder«, sagte er. »Er ist sehr krank und hält es in dem Gedrängel nicht mehr lange aus. Darf er nicht eine Weile in diesem Abteil bei dir bleiben?«

Der Arbeiter betrachtete uns argwöhnisch. »Niemand darf sich hier während der Fahrt aufhalten«, sagte er. Während er mich eingehend betrachtete, versuchte ich möglichst jung und krank zu wirken, und das fiel mir nicht sonderlich schwer. Schließlich ließ sich der Arbeiter erweichen. »Seid ihr aus Peking?« erkundigte er sich.

Mein Freund zeigte ihm seine Kennkarte. Ich konnte von Glück reden, daß ich keine hatte, weil ich noch zu jung war. Darüber hinaus kam mir zugute, daß ich von all meinen Klassenkameraden immer derjenige gewesen war, der besonders gut das amtliche Chinesisch nachzuahmen verstand. So nahm ich nun all meinen Mut zusammen und sagte, indem ich den Pekinger Akzent so gut es ging imitierte: »Wenn ich mit dir in diesem Abteil fahren darf, zeige ich dir auch meine Sammlung von Mao-Plaketten.« In jenen Tagen war nichts begehrter als eine solche Ansteck-nadel mit dem Bildnis des Vorsitzenden, denn abgesehen von den Roten Garden hatten nur wenige Menschen unseres Landes Gelegenheit, zu den Städten der Revolution zu reisen, wo diese Andenken verteilt wurden. Ich sah, daß bei meinen Worten ein Glanz in die Augen des Eisenbahners trat. Geschickt nutzte ich meinen Vorteil aus. »Ich gebe dir eine, du kannst sie dir sogar selbst aussuchen«, versprach ich eifrig.

»Also gut, komm rein und laß mal sehen«, sagte der Mann. Angesichts einer solchen Versuchung hatte er schnell seine Pflichten vergessen. »Du kannst eine Weile hierbleiben, aber im nächsten Bahnhof mußt du in dein Abteil zurück.«

Bevor er es sich anders überlegen konnte, kletterte ich schnell zu ihm ins Dienstabteil. Mein Freund winkte mir kurz zu und ging. Aus der Manteltasche zog ich mein Taschentuch hervor, faltete es auseinander und gestattete dem Eisenbahner, sich mit gierigem Blick an meinen Schätzen zu weiden.

Die Hände des Mannes waren plump und ölverschmiert. Voller Entsetzen sah ich zu, wie er meine kostbare Sammlung befingerte. Jedesmal, wenn er eine der Mao-Plaketten ein wenig länger betrachtete, hielt ich den Atem an, denn der Gedanke war mir schier unerträglich, daß ich mich vielleicht gerade von diesem Stück meiner Sammlung trennen mußte. Gleichzeitig vernahm ich draußen die Lautsprecherdurchsage: »Alle Roten Garden ohne Kennkarte aus Peking bitte sofort aussteigen!« Ich mußte befürchten, daß der Eisenbahner eine Verbindung zwischen dieser Aufforderung und meinem Hiersein herstellen könnte. Deshalb plapperte ich pausenlos unzusammenhängendes Zeug, denn ich wollte ihn ablenken. Ich erzählte

ihm, wie ich eine Plakette in Sanwan, eine andere in Pingxiang ergattert hatte, aber der Mann schwankte unschlüssig zwischen mehreren hin und her. Ihm schien die Entscheidung ebenso schwerzufallen, wie mir der Gedanke verhaßt war, mich von einer der Plaketten trennen zu müssen. Schließlich nahm er eine, die ich aus den Jinggang-Bergen hatte. Darauf waren vor einem roten Hintergrund drei goldüberstrahlte Berggipfel und das Profil des Vorsitzenden Mao abgebildet.
»Ich nehme diese hier«, verkündete der Eisenbahner. »Aus Peking habe ich schon eine. Jetzt fehlt mir noch Shaoshan, Yanan und Ruijing, dann habe ich die fünf großen Schauplätze der Revolution zusammen.«
Mir brach es fast das Herz, denn ich hatte nur drei Abzeichen vom Jinggang-Berg. Andererseits hätte ich dem Mann bestimmt meine ganze Sammlung gegeben, wenn er mich nur nicht aus dem Zug warf. So mußte ich mit kaum verhohlener Seelenpein zusehen, wie er die Plakette vorne an seinen blauen Arbeitskittel heftete, während er glücklich lächelnd auf mich einredete, als säße ich bei ihm daheim beim Sonntagsnachmittagstee. Ich betete darum, daß der Zug bald abfuhr, aber nichts geschah. Schließlich sprang der alte Eisenbahner auf den Bahnsteig, um nachzuschauen. Nach zehn Minuten war er zurück. »Einige Roten Garden weigerten sich auszusteigen, aber die aus Peking haben der Volksbefreiungsarmee geholfen. Jetzt fahren wir bestimmt gleich weiter«, berichtete er. Kaum hatte er dies gesagt, da setzte sich der Zug in Bewegung. Wir kamen an einer Gruppe Roter Garden vorbei, die aus Henan, Hubei, Hunan und Guangzhou waren. Mit hängenden Köpfen standen sie auf dem Bahnsteig und warteten darauf, in ihre Heimatstadt zurückgeschickt zu werden.
Beim nächsten Halt bedankte ich mich bei dem Eisenbahner und sagte ihm, daß ich mich schon viel besser fühlte. Dann verließ ich ihn und ging zu meinen Freunden zurück. Sie begrüßten mich mit lauten Beifallsrufen und machten mir in dem Abteil Platz, das längst nicht mehr so überfüllt war wie zuvor. Schon nach kurzer Zeit war ich eingeschlafen. Als ich aufwachte, waren wir schon in Peking. Draußen ertönte aus Lautsprechern »Der Osten ist rot«, und ich war mir bewußt, noch nie etwas Schöneres gehört zu haben.
Es war sehr kalt in Peking. Die Füße froren mir in den dünnen Stoffschuhen, und der Wind war schneidend, aber ich fühlte mich trotzdem wie im Himmel. Die Alleen dieser Stadt kamen mir fünf- oder sechsmal so breit vor wie die Straßen von Changsha, die Gebäude waren sauberer und prächtiger, zugleich aber auch irgendwie strenger. Ich forderte meine Freunde auf, mich sofort zum Platz des Himmlischen Friedens zu bringen.

Obwohl sie hundemüde waren, erfüllten sie mir diesen Wunsch. Amüsiert sahen sie mit an, wie ich all die legendären Dinge bestaunte – die Große Halle des Volkes, das Monument für die Volkshelden, das Historische Museum. Wie alle anderen Mitglieder der Roten Garden, die zum ersten Mal in Peking waren, legte ich vor dem riesigen Bildnis des Vorsitzenden Mao meinen Treueschwur ab, indem ich mein »Kleines Rotes Buch« mit der rechten Hand in die Höhe hielt, mich in die Brust warf und voller Stolz rezitierte: »Vorsitzender Mao, Liang Heng hat sich nun auch an deine Seite gestellt. Immer werde ich dir treu ergeben sein, stets will ich deinen Gedanken anhängen und der Marschrichtung deiner Revolution folgen.« Am liebsten wäre ich die ganze Nacht dort stehengeblieben, aber meine Freunde vertrösteten mich mit dem Hinweis, daß sich mir noch oft die Gelegenheit bieten würde, an dieser Stelle zu verweilen. Dann nahmen sie mich mit zu sich nach Hause. Auf einem Stück Papier zeichneten sie mir den Weg zum Zentralinstitut für Musik auf, damit ich morgen gleich Peng Ming aufsuchen konnte. Dann machten sie mir ein Bett zurecht und stopften mich, ihren kleinen, völlig übermüdeten Reisegefährten, hinein.

Ich verbrachte fast den gesamten Vormittag damit, das Zentralinstitut für Musik im westlichen Bezirk der Stadt zu suchen. Wegen seiner Berühmtheit hatte ich erwartet, daß das Institut an einer der großen Alleen lag, aber dann erblickte ich es schließlich hinter einem schmiedeeisernen Tor am Ende einer schmalen Gasse. Als ich näherkam, erblickte ich zu meiner Zufriedenheit ein schönes altes Gebäude im Stil der Kaiserzeit, mit grünglasierten Dachziegeln, kunstvoll geschnitzten Holzfenstern und roten Säulen. Ich ging durch eine Durchfahrt und sah vor mir ein zweites Gebäude, das genauso beschaffen war wie das erste. Rechter Hand stand ein kleineres Haus mit einem großen Schild über der Eingangstür. Ich entzifferte die Worte: Museum für Musikinstrumente. Aus irgendeinem Grund waren Fenster und Türen mit Brettern vernagelt. Hinter dem kleinen Museum erhoben sich einige graue Wohnheime.

Ich erfuhr, daß mein Freund Ming mit ziemlicher Sicherheit im Rundfunksender der Roten Garden anzutreffen war. Also begab ich mich dorthin. Er stand im Kreise seiner Kameraden an einem Schreibtisch, auf dem einige Fotos ausgebreitet waren. Offensichtlich war gerade eine hitzige Diskussion im Gang. Die Bilder wurden herumgereicht und kommentiert. Unschlüssig blieb ich minutenlang in der Tür stehen, denn ich wollte nicht stören. Peng Ming wirkte sehr erschöpft und viel hagerer als früher, aber er sah noch immer prächtig aus in seiner Armeeuniform mit der roten Armbinde.

Als er mich endlich bemerkte, verzog sich sein Gesicht zu einem strahlenden Lächeln. Er trat auf mich zu und ergriff meine Hände. »Du kommst zur rechten Zeit, um in unserer Einheit mitzuarbeiten und die Revolution voranzutreiben«, sagte er. Dann wandte er sich zu seinen Freunden und verkündete: »Kameraden, dies ist ein Sohn meiner Nachbarn. Beim ›neuen Langen Marsch‹ war er das jüngste Mitglied meiner Gruppe. Liang Heng hat den weiten Weg von Hunan bis Peking zurückgelegt, um uns zu helfen.«

Von jenem Tag an wurde ich nur noch »Klein Hunan« genannt. Peng Ming teilte sein eigenes schmales Bett mit mir. Abends legten wir je ein Kissen an Fuß- und Kopfende, bevor wir unter die Decke krochen und ein paar alte Mäntel über uns schichteten. Jeden Morgen sangen wir gemeinsam »Der Osten ist rot« und allabendlich die »Internationale«. Wenn Peng Ming ein paar Minuten erübrigen konnte, unterrichtete er mich in revolutionärer Denkweise. Er lehrte mich, daß wir jungen Revolutionäre bereit sein mußten, unser Blut für die Revolution zu opfern; daß wir die Morgenröte Chinas seien, und daß wir ständig vor unserem eigenen Individualismus und vor revisionistischen Tendenzen auf der Hut sein mußten. Ich bewunderte meinen Freund mehr denn je, obwohl er meist so beschäftigt war, daß er sich kaum um mich kümmern konnte. Bisweilen kam er abends nicht nach Hause, oder er saß die ganze Nacht am Tisch und malte Plakate und verfaßte Artikel für Wandzeitungen. Er lebte so, als befänden wir uns mitten in einem Krieg. Seine Augen waren vor Müdigkeit blutunterlaufen, und alles was er tat, hatte die Aura allerhöchster Dringlichkeit.

Eine Woche lang wanderte ich herum und machte mich mit der neuen Umgebung vertraut. Die Klassenzimmer in den Schulen waren mit Brettern vernagelt. Auf Schildern über den Türen waren Parolen zu lesen wie FEUDALISTISCH-KAPITALISTISCH-REVISIONISTISCH. In den Fluren standen Klaviere herum, die mit dem Zeichen der Roten Garden versiegelt worden waren. Auf dem Fußboden lagen zerbrochene Stühle, Schulbänke und die losen Blätter von Partituren klassischer europäischer Komponisten herum. Manche waren halb verkohlt. Die Wände waren von der Decke bis zum Fußboden mit kämpferischen Plakaten und selbstkritischen Wandzeitungen beklebt, manchmal zehn Lagen dick. Offenbar hatte die zur Verfügung stehende Wandfläche nicht ausgereicht, denn auf dem gesamten Institutsgelände waren zusätzliche Bambusgestelle errichtet worden. Manche von ihnen verliefen quer über ein Blumenbeet oder über einen Weg zwischen den Wohnheimen. Es gab Plakate mit so riesigen Schriftzeichen, daß ich mir kaum erklären konnte, wie jemand sie mit dem

Pinsel hatte malen können. Andere waren so winzig, daß man ganz nah herangehen mußte, um sie zu entziffern.

Auf dem Weg zum Bad begegnete ich manchmal zwei Männern, die die Flure fegten und die Toiletten sauberhielten. Nach einiger Zeit erfuhr ich durch ein anderes Kind, daß der ältere der beiden Ma Sicong war, früher Leiter des Instituts und ein berühmter Geiger. Sein jüngerer Kollege, der schwere Lederschuhe und Kleidung im alten Stil mit Stoffknöpfen trug, war Liu Shikun, der bedeutende Pianist. Ich hatte inzwischen so viel gesehen und erlebt, daß ich mir nicht viel bei ihrem Anblick dachte. Aber als Peng Ming mir später erklärte, daß auf den Fotos, die er und seine Kameraden sich am Tag nach meiner Ankunft im Rundfunksender angesehen hatten, Liu Shikun zu sehen war, wie er anläßlich des Internationalen Jugendwettbewerbes in der Sowjetunion den ersten Preis entgegennahm, da folgerte ich, daß er ein besonders bösartiger Mensch sein müsse.

Es war ungefähr eine Woche vergangen, als Peng Ming mir eröffnete, daß ich nun etwas für die Organisation tun könnte. Da ich noch sehr jung war, hielt er mich für geeignet, um auf dem Platz des Himmlischen Friedens und in den angrenzenden Straßen die von Peng Ming und seinen Kameraden herausgegebene Zeitung mit dem Titel *Das Rote Banner der Kunst* zu verkaufen.

Da ich mich noch nicht sehr gut in der Stadt auskannte, erkor ich ein kleines dickliches Mädchen, das früher Meisterschülerin in der Klavierklasse gewesen war, zu meiner Führerin. Wie die meisten Kinder unseres Alters, die sich nun mit Dingen wie dem Verkaufen von Zeitungen befassen mußten, war dieses Mädchen früher eine Art Wunderkind in der Mittelschule gewesen, die dem Zentralinstitut für Musik angegliedert war.

Mit dem Fahrrad fuhren wir zur Arbeit. Mal saß ich hinten auf dem Gepäckträger, während sie kräftig in die Pedale trat, mal war es umgekehrt. Meine kleine Freundin hatte übrigens eine außerordentlich durchdringende und schrille Stimme. Als Zeitungsverkäufer konnten wir anderen Kinder ihr deshalb nicht das Wasser reichen.

Ich schuftete bis zum Umfallen. Manchmal kam ich erst um zwei oder drei Uhr morgens ins Bett. Am Ende jeden Tages mußte ich meist noch meinem großen Freund Peng Ming zur Hand gehen, beispielsweise wenn es darum ging, in der Xi-Dan-Straße eine Wandzeitung oder eine auf eine Stoffbahn gemalte politische Parole an einer eigens für diese Zwecke bestimmten Mauer oder Wand anzubringen. Manche dieser »Transparente« waren zwei Stockwerke hoch. Wir mußten zwei Leitern zusammenbinden, um sie oben an einer Hauswand befestigen zu können. Wenn wir schließlich die Stoffbahnen aufrollten, erblickten wir in riesigen, glänzend schwarzen Schriftzeichen politische Parolen wie NIEDER MIT XIAO WANG DONG! ZERSTÖRT DAS KULTURMINISTERIUM!

Auf diese Weise erfuhr ich allmählich, was im Zentralinstitut für Musik vor sich ging. Die Situation war im Grunde die gleiche wie in ganz China, das heißt, die einzelnen Rebellengruppen waren miteinander verfeindet und bekämpften sich. Die ehemalige »Beschützt den Kaiser«-Gruppe war zerschlagen worden, aber einige Anhänger hatten eine Rebellengruppe mit der Bezeichnung »Kampfgruppe für Mao Zedongs Gedankengut« gebildet. Angeführt wurde sie von Guo Sihong, einem Sohn des berühmten Gelehrten Guo Moruo. Diese konservative Gruppierung hatte beträchtliches politisches Gewicht. Die von Peng Ming geleitete »Kampfgruppe Rotes Kliff« war so benannt worden nach einem Buch über ein Guomingdang-Gefängnis aus der Zeit vor der Befreiung. Eine weitere Gruppe nannte sich »Pekingkommune«. Sie hatte sich von der »Kampfgruppe Rotes Kliff« abgesplittert und nahm für sich genau wie alle anderen in Anspruch, die revolutionärste im ganzen Land zu sein. Pausenlos attackierte ein Lager das andere. Auf riesigen Plakaten und in Rundfunksendungen schmähte man sich gegenseitig, Parteigänger des »reaktionären kapitalistischen Weges« zu sein.

Solche Streitereien nahmen die einzelnen Parteien derartig in Anspruch, daß auch bei uns die revolutionären Kräfte kaum für eine andere Tätigkeit reichten. Eines Tages – ich war nun schon seit fast einem Monat in Peking – ereignete sich etwas Furchtbares. Die »Kampfgruppe für Mao Zedongs Gedankengut« bepflasterte eine ganze Wand mit einem riesigen Plakat, auf dem die böse Kunde zu lesen stand:

> Die »Kampfgruppe Rotes Kliff« hat in unserem Institut den Geiger Ma Sicong, einen stinkenden Wegbereiter des Kapitalismus, freigelassen und ihm zur Flucht verholfen. Gestern abend berichtete ein japanischer Radiosender, daß Ma Sicong und seine Familie China bereits verlassen hätten. Dieser konterrevolutionäre Zwischenfall wurde von der »Kampfgruppe Rotes Kliff« geplant und ausgeführt. Sie allein ist für die Folgen verantwortlich.

Nie werde ich den ungläubigen Ausdruck auf Peng Mings Gesicht vergessen, als er das Plakat las. Er sah so aus, als habe ihn gerade jemand daran erinnert, daß er das Begräbnis seines eigenen Vaters vergessen hatte. Als er sich wieder in der Gewalt hatte, rief er nach einem Lastwagen, damit die gesamte Gruppe zu Ma Sicongs Haus fahren könnte, um sich zu überzeugen, daß das Plakat eine Lüge verkündete. Irgend jemand, der mit dem Fahrrad hinfuhr, nahm mich auf dem Gepäckträger mit. Als wir ankamen, mußten wir feststellen, daß die Behauptung auf dem Plakat der Wahrheit entsprach. Ma Sicong und seine Familie hatten offenbar nichts mitgenommen, aber von ihnen fehlte jede Spur. Es herrschte große Unordnung, denn inzwischen hatten mehrere Hausdurchsuchungen stattgefunden. So standen die Mitglieder der »Kampfgruppe Rotes Kliff« ratlos in dem allgemeinen Chaos herum und behaupteten, sie seien mit einem Trick hereingelegt worden, und wahrscheinlich hätte die »Kampfgruppe für Mao Zedongs Gedankengut« die kapitalistischen Verräter laufenlassen. Deshalb fuhr man eilig zurück ins Institut und hängte ein Plakat auf, auf dem zu lesen stand: *eren xian gaozhuan* – BÖSE MENSCHEN BESCHULDIGEN IMMER ZUERST ANDERE.

Etwa einen Monat lang befehdeten sich die beiden Gruppen wegen dieser Angelegenheit, aber es wurde niemals zweifelsfrei geklärt, wer dem berühmten Geiger zur Flucht verholfen hatte.

Einmal – es war schon spätnachts – lag ich wach in meinem Bett und schaute zu, wie Peng Ming irgendwelche Plakate malte. Mit einer Hand hielt er den Pinsel, mit der anderen aß er zwei gelbliche Dampfnudeln aus Zuckerhirse und ein wenig eingelegtes Gemüse. Das Haar stand in wirren Strähnen nach allen Seiten von seinem Kopf ab und umrahmte sein ausgemergeltes Gesicht wie die züngelnden Flammen eines Feuers. Insgesamt wirkte Peng Ming wie ein Skelett mit einer Brille auf der Nase. Lange schon rätselte ich herum, was ihn dazu trieb, sich derartig zu verausgaben. Nun nahm ich all meinen Mut zusammen und fragte ihn: »Woher nimmst du deinen Eifer und deine Begeisterung?«

Er hörte sofort auf zu schreiben und warf mir einen eindringlichen Blick zu. Dann legte er den Pinsel aus der Hand, um mit mir zu sprechen. Ich glaube, es war das erste Mal, daß er in mir etwas anderes sah als nur ein Kind.

»Ich will mich üben«, erklärte er. »Und ich will Erfahrungen sammeln. Indem wir uns für die große Kulturrevolution einsetzen, haben wir die große Chance, uns selbst weiterzuentwickeln.«

Im stillen sagte ich mir, daß dies auch auf mich zutraf, aber eigentlich hatten all die Auseinandersetzungen hier in Peking nichts mit mir zu tun. Aber ich glaubte dennoch, daß ich versuchen mußte, mehr von alledem zu verstehen, was um mich herum vorging.

»Warum sagst du manchmal, daß du das Zentralinstitut für Musik umkrempeln willst?« wollte ich von Peng Ming wissen.

»Weil ich dem Vorsitzenden Mao beipflichte. Das Kulturministerium wimmelt von ›Kaisern und Generälen, schönen Damen und begabten Gelehrten‹. Unser Institut war bislang eine Fluchtburg für Musiker, die sich mit Werken abgaben, welche nur von wenigen Menschen verstanden werden können. Aber das Institut sollte nicht nur einer kleinen Anzahl von Leuten gehören, sondern der großen Masse der Arbeiter, Bauern und Soldaten.« Peng Ming blickte mich erregt an. Er war voll und ganz von der Richtigkeit seiner Worte überzeugt. »Jeder, ob jung oder alt, hat in allen Winkeln und Ecken unseres Landes seine Rolle zu spielen. Du kannst von Glück reden, daß du dich hier nützlich machen kannst, obwohl du noch so jung bist. Wenn du später einmal als Erwachsener daran zurückdenken wirst, wirst du begreifen, wie ruhmreich das alles war.«

Nach diesem Gespräch nahm mich Peng Ming zu allen möglichen Versammlungen mit und sorgte auch dafür, daß ich bei der Propagandaarbeit mithelfen durfte. Doch eine wirklich verantwortungsvolle Aufgabe wurde mir erstmals an dem Tag übertragen, als die Versammlung stattfand, auf der der Pianist Liu Shikun öffentlich kritisiert wurde. Bis zum Beginn der Veranstaltung wurde er in Peng Mings Zimmer eingeschlossen, und ich durfte bei ihm Wache stehen. Das erfüllte mich mit großem Stolz. Ich trug eine Art Armeemantel, der mir viel zu groß war, und eine grünliche Mütze, die fast so aussah wie eine richtige Soldatenmütze. Als Waffe hatte man mir einen dicken Knüppel in die Hand gedrückt.

Als ich in das Zimmer trat, sah ich Liu Shikun mit gesenktem Kopf auf einem Stuhl sitzen. Mit seinem schmalen bleichen Pferdegesicht und seinem drahtigen, widerborstigen Haar wirkte er durchaus nicht wie ein bedeutender Musiker. Nervös öffneten und schlossen seine langen weißen Finger immer wieder die Stoffknöpfe seiner blauen Baumwolljacke. Als ich eintrat, blickte er kurz auf, um jedoch sofort wieder den Kopf zu senken, während ich erhobenen Hauptes zum Fenster marschierte, mich dort mit in die Hüften gestemmten Armen postierte und meinen Gefangenen nicht mehr aus den Augen ließ.

Unten auf dem Platz vor dem Haus hatte inzwischen die kritische Versammlung begonnen. »Nieder mit Liu Shikun!« wurde mehrmals gerufen. Nach einer Weile verstummten diese Rufe, und der erste Redner ergriff das Wort. Liu Shikun blickte auf und neigte seinen Kopf ein wenig zur Seite, als lauschte er angestrengt. Sofort herrschte ich ihn an: »Nicht bewegen!« Da ließ er wieder den Kopf sinken und verharrte in der gleichen Stellung wie zuvor.

Nach einiger Zeit fuhr er sich mit der Zunge über die Lippen und sagte mit tonloser Stimme: »Bitte gib mir ein wenig Wasser. Ich habe Durst.«
Ich wußte nicht, was ich tun sollte. Ein Revolutionär durfte einem Feind natürlich kein Wasser geben, aber wie konnte ich dem Mann diese Bitte abschlagen, wo doch nur wenige Meter entfernt mehrere Thermosflaschen mit Wasser auf dem Fußboden standen? Doch was wäre, wenn mich jemand ertappte? Ich ging zur Tür und lauschte, ob jemand den Flur entlangkam. Dann ergriff ich flink eine der Thermosflaschen und goß eine Tasse voll Wasser. Es war jedoch so heiß, daß Liu Shikun kaum davon trinken konnte. Ich hatte große Angst, daß jemand kommen und ihn so sehen könnte. Deshalb nahm ich eine andere Tasse, schöpfte damit ein wenig kaltes Abwaschwasser aus einem Eimer und goß es in Liu Shikuns Tasse. Während er sie ohne abzusetzen leer trank, ermahnte ich ihn mit strenger Stimme: »Niemand darf etwas erfahren, sonst erhältst du das nächste Mal von mir überhaupt nichts.«
»Wie alt bist du?« erkundigte sich Liu Shikun nach einer Weile. »Sicherlich bist du kaum älter als zehn.«
Ich fühlte mich in meinem Stolz gekränkt. »Und was ist das?« sagte ich, indem ich auf meine rote Armbinde wies. »Kann ein Zehnjähriger etwa zu den Roten Garden gehören?«
Liu Shikun erwiderte nur leise: »Du bist noch so jung, daß du es nicht besser wissen kannst.« Danach schwieg er. Unten auf dem Platz ertönten wieder die gleichen Schmährufe wie zuvor. Dann waren polternde Schritte auf der Treppe zu vernehmen. Vier stämmige Rote Garden rissen die Tür auf und brüllten: »Los, vorwärts, Liu Shikun!« Sie hatten ein Plakat zum Umhängen aus schwerem Eisenblech und außerdem einen großen Papierhut mitgebracht, auf dem die Worte zu lesen waren: LIU SHIKUN, EIN KONTERREVOLUTIONÄRER MUSIKER.
Liu stand auf und verbeugte sich linkisch, während die Roten Garden ihm grob die Blechplatte umhängten und den Papierhut auf den Kopf stülpten. Dann schoben sie ihn vor sich her zur Tür.
Ich ging ihnen ein paar Schritte hinterher, doch dann fiel mir ein, daß ich vergessen hatte, die Tür zu schließen. Plötzlich durchzuckte mich eine seltsame Idee. Vielleicht hatte er später wieder Durst, sagte ich mir. Ich goß heißes Wasser in eine Tasse und stellte sie irgendwohin, damit sich das Wasser abkühlen konnte. Dann ging ich den anderen nach.
Liu Shikun war auf ein Podium gestellt worden und sollte verhört werden. Die aufgebrachte Menge spuckte nach ihm und bewarf ihn mit Steinen.
»Bist du ein konterrevolutionärer Musiker?«
»Ich – ich ...«

Jemand versetzte ihm von hinten einen Tritt, so daß er in die Knie brach.
»Ja, das stimmt.«
»Hast du stinkende revisionistische Musik beim Pianowettbewerb des Weltjugendtreffens in der Sowjetunion gemacht? Hast du dort einen Preis gewonnen? Hast du Chruschtschow die Hand geschüttelt? Hast du dich bei den sowjetischen Revisionisten angebiedert? Ist es so?«
»Ich – ich ...«
Liu Shikun sah so aus, als dächte er angestrengt nach.
Wieder versetzte ihm jemand einen Fußtritt. »Schnell! Rede!«
»Ja, ich gestehe es.«
Nun stimmte irgend jemand einen Sprechgesang an, in den die versammelte Menge einfiel: »Nieder mit dem Spion der sowjetischen Revisionisten! Nieder mit Liu Shikun!« Als nächstes wurde ein Lied gesungen, welches speziell für diesen Anlaß verfaßt worden war:

> Liu Shikun, du Bastard! Jetzt ist es Zeit für ein Geständnis. Wenn du nicht die Wahrheit sagst, ist dein Leben nichts mehr wert ...

Die Menschen um mich her waren derartig erregt, daß es auch mich packte. Ich achtete nicht auf den kalten Wind, der den Staub vor sich herblies, sondern sang aus voller Kehle mit. Anschließend wurden einige lange und sehr mitreißende Reden gehalten. Es hieß unter anderem, Liu Shikun sei ein Individualist und habe versucht, berühmt zu werden. Ein anderer Redner hielt ihm vor, er habe im Stil eines Kapitalisten gelebt und Geld unter seinem Kopfkissen gehortet. Nach diesen Ansprachen war die Zeit gekommen, um gemeinsam die Gedanken des Vorsitzenden Mao zu studieren.
Es war Brauch, daß besonders schlimme Konterrevolutionäre bei der Verlesung von Maos Worten nicht zugegen sein durften. Lange konnte man sich nicht einigen, wer von dem reichlichen Dutzend der öffentlich Angeprangerten bleiben durfte und wer nicht. Nur zwei Musiker beziehungsweise Komponisten wurden für würdig erachtet. Der Rest wurde abgeführt.
Ich ging voraus, um Liu Shikun die Tür aufzuschließen. Als die anderen fort waren, reichte ich ihm die Tasse mit dem Wasser, obwohl er mich nicht darum gebeten hatte. Nachdem er getrunken hatte, bat er mich, ihn zur Toilette zu führen. Beim Gehen zitterte er am ganzen Körper. Als ich ihn zurück ins Zimmer führte, hatte ich ein merkwürdiges Gefühl. Ich mußte an den Tag denken, als mein eigener Vater angeprangert worden war, aber ich versuchte die Erinnerung daran zu verdrängen.

Als Liu Shikun wenig später abgeholt wurde, bedankte er sich bei mir mit leiser, matter Stimme. Jedesmal, wenn ich ihn in der Folgezeit irgendwo Fußböden kehren oder Toiletten reinigen sah, fühlte ich mich peinlich berührt und machte einen weiten Bogen um ihn. Es war fast so, als seien wir beide auf geheime, aber sehr persönliche Weise miteinander verbunden.

Wenn es in jener Zeit irgend etwas gab, das die Menschen in Ekstase versetzen konnte, dann war es die Aussicht, den Vorsitzenden Mao mit eigenen Augen zu sehen. Seit ich in Peking war, hatte ich insgeheim immer mit dieser Möglichkeit gerechnet, und wie alle anderen Roten Garden wäre ich bereit gewesen, mein Leben dafür hinzugeben. Vor ein paar Monaten war Liang Fangs Einheit in Peking gewesen und von Mao höchstpersönlich inspiziert worden. Ich erinnerte mich noch gut an die Schilderungen meiner Schwester. Sie war mit ihren Kameraden in einem der Gästehäuser der Volksbefreiungsarmee untergebracht worden. Dort wurden sie von Soldaten gründlich auf den großen Tag vorbereitet. Sie lernten, im Gleichschritt zu marschieren und in militärischer Haltung strammzustehen. Bis es endlich soweit war, vertrieben sie sich unter anderem die Zeit damit, durch abenteuerliche Tauschgeschäfte mit allerlei revolutionären Erinnerungsstücken an die größten Mao-Plaketten heranzukommen, die damals in Peking aufzutreiben waren. Als dann der bedeutungsschwere Tag anbrach, machten sich die jungen Leute mit ihren Feldflaschen und den »Kleinen Roten Büchern« bewaffnet auf den Weg. Auch ihre Postkartenkollektionen mit Sprüchen des Vorsitzenden Mao und dem Namen ihrer eigenen Einheit nahmen sie mit, um dafür auf dem Platz des Himmlischen Friedens Karten aus anderen Teilen Chinas einzuhandeln. Es war allseits bekannt, daß sich Mao immer vormittags gegen zehn Uhr sehen ließ, aber schon um fünf Uhr morgens glich der weite Platz einem Meer von Menschen, das grün und rot gefärbt war. Überall gab es große rote Schrifttafeln, rote Ballons, rote Armbinden, rote Fahnen, rote Plakate, rote Bücher und rote Ansteckplaketten. Die Roten Garden trugen ausnahmslos die grünen Uniformen der Volksbefreiungsarmee oder zumindest ziemlich genaue Imitationen. Man vertrieb sich die Zeit des Wartens, indem man um die Wette revolutionäre Lieder sang. Jede Gruppe trachtete danach, die größte Liebe für den Vorsitzenden Mao und den größten revolutionären Eifer unter Beweis zu stellen. Es gab zwar keine Toiletten, und das Gedränge war so groß, daß einige der Roten Garden ohnmächtig wurden, aber trotzdem waren alle einig, daß dies der schönste Tag in ihrem Leben war.

Als ich in Peking ankam, hatte Mao insgesamt schon achtmal Einheiten der Roten Garden inspiziert. Aber mit diesen glorreichen Zeiten war es nun vorbei. Es hatte sich jedoch herumgesprochen, daß das Führungsgremium der Partei am 1. Mai, dem Tag der Arbeit, und am 1. Oktober, dem nationalen Feiertag, auf dem Balkon über dem großen Tor das Feuerwerk anschauen würde. Während der 1. Mai immer näher rückte, drehten sich alle Gespräche und Gedanken deshalb nur um ein einziges Thema: Würde der Vorsitzende Mao sich in der Öffentlichkeit sehen lassen, und hätte man selbst eine Chance, einen Blick auf ihn zu erhaschen? Niemand konnte sich dessen sicher sein, aber es gab nicht einen einzigen Kameraden, der nicht trotzdem zum Platz des Himmlischen Friedens gehen und sein Glück versuchen wollte.
Da das Zentralinstitut für Musik eine öffentliche Lehranstalt war, fühlten sich die Roten Garden dort besonders zur Propagandaarbeit berufen. Am 1. Mai wollte Peng Ming tagsüber mit einem kleinen Chor im Sommerpalast revolutionäre Gesänge aufführen und später am Abend draußen auf dem Platz weitermachen. Ich selbst hatte inzwischen einfache Tänze wie den »Loyalitätstanz« für den Vorsitzenden Mao gelernt. Manchmal ließ man mich auch Trommeln und andere Instrumente tragen. Deshalb durfte ich mit Peng Ming und seiner kleinen Gruppe in den Palastpark ziehen. Was sich dort ereignen sollte, traf uns gänzlich unvorbereitet. Wir waren gerade dabei, eines der Lieder zu singen, die Peng Ming komponiert hatte, als wir die sensationelle Neuigkeit vernahmen: Der Vorsitzende Mao war im Park!
Hastig sammelten wir unsere Musikinstrumente zusammen und rannten los, aber wir kamen zu spät, denn er war schon fort. Wir mußten uns damit begnügen, die Hände von ein paar Glücklichen zu berühren, denen er selbst die Hand geschüttelt hatte. Fast vermeinten wir noch ein wenig von der kostbaren Wärme seines Körpers zu verspüren. Deshalb waren wir nicht enttäuscht, sondern fühlten uns überreich beschenkt. Unversehens sahen sich jene Menschen, die vom Vorsitzenden Mao berührt worden waren, in den Mittelpunkt unserer Inbrunst gerückt. Mit ausgestreckten Armen drängten wir uns zu ihnen hin, getrieben von der Hoffnung, daß ein wenig vom Zauber der Berührung auf uns überspringen würde. Wenn es einem schon nicht selbst vergönnt gewesen war, von unserem »großen rettenden Stern« berührt zu werden, so wollte man doch zumindest jemandem die Hand schütteln, der mehr Glück gehabt hatte. Hundertfach wurde der Händedruck des Großen Vorsitzenden weitergereicht. Es war, als hätte ein Meteor die stille Wasserfläche eines Sees durchschlagen und ringförmige Wellen erzeugt, die immer größer werdende Kreise um den

Ort des Einschlags zogen. Die Freude, die Hand von jemandem zu berühren, der die Hand eines anderen berührt hatte, der seinerseits von Maos Hand berührt worden war, war einfach unbeschreiblich. Mir traten Tränen in die Augen, als ich dieses Geschenk empfing. Ich wandte mich zu Peng Ming und rief ihm zu: »Gib mir deine Hand!« Auch Peng Mings Augen wurden feucht, als er meine Hand ergriff und sie mit leidenschaftlicher Erregung schüttelte. »Ich bin glücklich, so glücklich!« sagte er immer wieder.

Damit ließen wir es jedoch nicht bewenden. Unser kleiner, vierzehnköpfiger Trupp zwängte sich wieder auf der Ladefläche des Lastwagens zusammen, mit dem wir hergekommen waren. Auf der Rückfahrt zum Zentralinstitut für Musik hauten wir kräftig auf unsere Pauken und Becken. Als wir durch das Tor fuhren, verkündeten wir so lautstark die große Nachricht, daß im Nu alle Studenten und Lehrer zusammenliefen. Das allgemeine Händeschütteln begann von vorn. Es dauerte mehr als eine Stunde. Unterdessen wurde voller Begeisterung per Lautsprecher verkündet, was sich zugetragen hatte. Nach jeder Ansage wurde triumphale Musik gespielt. Ich glaube, niemand machte sich Gedanken darüber, daß keiner von uns den Mann auch nur von fern gesehen hatte.

Nach diesem Ereignis waren wir natürlich noch versessener darauf, den Großen Vorsitzenden mit eigenen Augen zu erblicken. Mit hochgespannten Erwartungen fieberten wir dem Abend entgegen. Endlich war es soweit. Wieder nahmen wir unsere Instrumente mit, denn wir hatten vor, uns von einer Abteilung der Roten Garden zur anderen zu begeben und gemeinsam mit ihnen die Lieder zu singen, die wir einstudiert hatten. Abgesehen von der Tageszeit war alles genauso, wie Liang Fang es geschildert hatte. Der Platz vor dem großen Tor war schwarz vor Menschen. Sie saßen in revolutionäre Regimenter unterteilt auf dem Boden. Es erklangen Sprechchöre wie »Wir wollen den Vorsitzenden Mao sehen!« Immer wieder machte das Gerücht die Runde, der Vorsitzende sei soeben eingetroffen. Dann war es jedesmal um die Ordnung geschehen. Eine gigantische menschliche Flutwelle brandete nach vorn. Vergeblich brüllten die Soldaten: »Geht zurück an euren Platz und setzt euch hin! Bleibt bei eurer Einheit!« Gegen neun Uhr war Mao noch immer nicht eingetroffen. Da begannen die Lautsprecher »Der Osten ist rot« zu spielen. Als habe die Menschenmenge auf dieses Signal gewartet, driftete sie wie von einer starken Strömung gepackt zur Brücke, denn diesmal hatten alle das sichere Gefühl, daß Mao endlich gekommen war.

Da wir uns ziemlich frei bewegen durften, hatten wir das Pech, uns zu jenem Zeitpunkt gerade sehr weit hinten zu befinden. Verzweifelt drängten wir nach vorn und verrenkten uns fast die Hälse, um zu sehen, was dort vor sich ging. Plötzlich kam hinter uns ein Trupp Soldaten angelaufen und stellte sich in zwei Reihen auf, so daß sich mitten durch unsere kleine Gruppe hindurch eine schmale Passage ergab. Offenbar hatte sich der Vorsitzende Mao überhaupt nicht im großen Tor aufgehalten, sondern in der Großen Halle des Volkes hinter uns auf der gegenüber liegenden Seite des Platzes. Schon kam ein aus mehreren Autos bestehender Konvoi auf uns zu. Und ich stand ganz vorn in der ersten Reihe!

Der Wagen des Vorsitzenden Mao, ein Armeejeep aus Pekinger Produktion, kam als erster. Ich sah *ihn*, und es war wie ein Traum. Er kam mir sehr hochgewachsen vor, eine prachtvolle Erscheinung, fast überlebensgroß. Während der Jeep sich langsam eine Gasse durch das Menschengewimmel bahnte, winkte der Große Vorsitzende den Leuten immer wieder mit seiner Kappe zu. Zu beiden Seiten standen die Soldaten stramm, aber wir konnten sehen, wie die Freudentränen ihre Wangen hinabliefen. Dennoch brachten sie es irgendwie zuwege, uns immer wieder mit halberstickter Stimme zu ermahnen, die revolutionäre Ordnung zu bewahren.

Ich selbst heulte wie ein kleines Kind. Wie von Sinnen rief ich immer wieder: »Du rote, rote Sonne unseres Herzens!« Das Wasser schoß mir aus den Augen, so daß ich alles nur durch einen Tränenschleier sah, aber dagegen war nichts zu machen. Schon war der Wagen mit dem Vorsitzenden Mao vorbei, gefolgt vom Premierminister Zhou.

Die Leute auf der anderen Seite des Platzes hatten nicht begriffen, was hier geschah. Noch immer forderten sie in Sprechchören: »Wir wollen den Vorsitzenden Mao sehen!« Dem eigentlichen Geschehen kehrten sie den Rücken zu. Als sie den sehnlich Erwarteten plötzlich vor sich sahen, gab es ein solches Gedränge, daß das Auto hoffnungslos eingekeilt war und nicht weiterfahren konnte. Der Vorsitzende stieg sogar aus und schüttelte vielen Menschen die Hände. Erst als man der Menge erklärte, Mao wolle vom Balkon des großen Tores aus das Feuerwerk betrachten, bildete sich eine Gasse, und der Jeep konnte weiterfahren.

Drinnen im großen Tor brannten alle Lichter. Klar und deutlich waren die Silhouetten einzelner Personen zu erkennen, aber es war nicht mit Bestimmtheit zu sagen, um wen es sich handelte. Noch immer spielten die Lautsprecher »Der Osten ist rot«. Das Feuerwerk war prächtiger als alles, was ich bis zu jenem Tag gesehen hatte. Eine halbe Stunde lang erstrahlte der Himmel in einer raschen Folge blendend schöner Lichterscheinungen, wie sie nur das Land zu bieten vermochte, in dem die Kunst des Feuerwerks erfunden worden war. Da gab es silberne Schauer von dolchspitzen Nadeln am Firmament oder einen wasserfallartigen Schwall aus blutrotem Schaum. Jedesmal, wenn hoch droben ein Feuerwerkskörper zerplatzte, öffneten sich ehrfurchtsvoll und voller Dankbarkeit für den ihnen zuteil gewordenen Segen die Herzen Zehntausender junger Menschen, die sich ganz dem Wohl Chinas verschrieben hatten. Das Feuerwerk endete mit etwas Wunderbarem: Eine Rakete, rot wie die Revolution, wurde in den Himmel geschossen und bildete, nachdem sie explodiert war, die Schriftzeichen von »Lang lebe unser großer Anführer, der Vorsitzende Mao«. Eine zweite Rakete von purpurroter Farbe malte die Parole »Lang lebe die große kommunistische Partei!« ans abendliche Firmament.

Als alles vorüber war, wurde das Postgebäude buchstäblich von der Menge gestürmt, denn jeder wollte die gute Nachricht telegrafisch an seine Familie irgendwo in China weitergeben. Ich mußte über zwei Stunden warten, bevor ich mit zitternder Hand zu Papier brachte: »Heute abend um 9.15 Uhr war ich der glücklichste Mensch der Welt.« Ich wußte, daß mein Vater keine weitere Erklärung benötigte.

Unsere freudige Erregung war so groß, daß wir uns die ganze Nacht über das bedeutsame Ereignis unterhielten. An die kleinsten Einzelheiten glaubten wir uns zu erinnern. Wir wußten genau, wie der Große Vorsitzende ausgesehen und wie er sich verhalten hatte, obwohl in der Dunkelheit eigentlich nicht viel zu erkennen gewesen war. Auch am nächsten Tag redeten die Menschen noch davon. Die Zeitungen fanden reißenden Absatz, denn jeder wollte sehen, ob auf den Fotos bekannte Gesichter zu entdecken waren. Gruppenführer wie Peng Ming versuchten festzustellen, welche Einheiten der Roten Garden namentlich in den Zeitungen erwähnt wurden, denn davon erhofften sie sich einen Hinweis auf die vorherrschende politische Strömung.

Ein paar Tage später erhielt ich einen Brief von meinem Vater. Er schrieb, daß er mich sehr vermisse. Ich solle möglichst bald heimkehren. Das Herz war mir schwer, aber da es allgemein hieß, daß der Vorsitzende Mao nicht mehr in der Öffentlichkeit erscheinen würde, und da ich nun schon fast ein halbes Jahr von daheim fort war, beschloß ich, daß es Zeit zum Aufbruch war. Peng Mings Schwester, die zu spät für das große Ereignis in Peking eingetroffen war und die deshalb vor lauter Enttäuschung beschloß, sofort nach Changsha zurückzukehren, bot sich mir als Reisebegleiterin an.

Vor der Abfahrt gingen wir zur Brücke des Goldenen Wassers und schöpften ein wenig von dem »Glückswasser« in unsere Feldflaschen. Dann füllten wir einen Briefumschlag mit etwas Erde. Schließlich holte ich noch ein Stück sauberes weißes Papier, drückte meine Hand fest gegen die

rote Mauer am Rande des Platzes, so daß die Kalkfarbe abfärbte und ich den Abdruck meiner Hand auf das weiße Papier übertragen konnte. Diese Erinnerungsstücke sollten in den kommenden Jahren mein kostbarster Schatz und mein Trost in Zeiten der Not sein. All meine Freunde beneideten mich darum.
In Peking hatte ich mich frei gefühlt und all das erreicht, wovon ich seit Beginn der Kulturrevolution geträumt hatte. Nun mußte ich zurück an jene altgewohnten Stätten des Schmerzes und des Kummers. Ich hoffte, daß die Situation in Changsha genauso konfus wie in Peking war und daß die Rebellen und die Konservativen allzusehr in ihre Parteifehden verstrickt waren, als daß sie sich um meine Familie hätten kümmern können. Am schwersten fiel mir der Abschied von Peng Ming, meinem Beschützer und Lehrer. Immer wieder versicherte er mir, daß er mir schreiben würde, doch obwohl ich als echter kleiner Revolutionär all meinen Willen zusammennahm, schossen mir dennoch die Tränen in die Augen, als Peng Ming mir beim Abschied beide Hände auf die Schultern legte.

Die kleine Peng und ich mußten im Vorort Fengtai auf einen Güterzug springen, denn Freikarten für die Heimreise mit der Bahn gab es längst nicht mehr. Wir fanden in einem offenen Waggon Platz, der Bauholz transportierte. Andere Rote Garden hatten nicht soviel Glück. Sie mußten die Reise in Waggons verbringen, die schwarze, rußige Kohle beförderten. Es war bitterkalt, und der Wind drang durch unsere Kleidung. Eng zusammengekauert hockten wir hinter einem Stapel Balken. Plötzlich rief eines der Mädchen, das weiter oben saß: »Seht mal, dort drüben! Wie schrecklich!«
Wir sprangen auf und erblickten in dem Kohlewaggon vor uns zwei Rote Garden. Der eine vergewaltigte gerade ein Mädchen, während der andere auf ihrem Oberkörper saß und ihre Arme festhielt. Ich verstand nicht so recht, was dort vorging, aber ich sah, daß sich das Mädchen wehrte. Es weinte und schrie wohl auch laut mit verzerrtem Gesicht, aber der Fahrtwind trug die Schreie davon.
»Aufhören! Aufhören!« brüllten meine Kameraden neben mir, aber ob die beiden Übeltäter ihre Rufe nun hörten oder nicht – sie wußten jedenfalls, daß es unmöglich war, während der Fahrt von einem Waggon zum anderen zu gelangen.
Wir mußten mit ansehen, wie die beiden den Platz wechselten. Nun riß der zweite Bursche die Beine des Mädchens auseinander. Die kleine Peng und ihre Freundinnen weinten vor Wut, Scham und Horror. Die beiden

Kerle achteten überhaupt nicht auf uns. Allmählich wurde der Widerstand des Mädchens, das von Kohlestaub geschwärzt war, immer schwächer.
Kurze Zeit, nachdem die beiden von ihrem Opfer abgelassen hatten, lief der Zug in einen Bahnhof ein. Doch bevor meine Reisegefährten sich schlüssig werden konnten, was zu tun sei, waren die beiden Schuldigen schon davongerannt. Das Mädchen kroch auf allen vieren an den Rand des Waggons und ließ sich auf den Bahnsteig fallen. Dort blieb es lautlos weinend liegen. Wir stiegen aus und gingen zu ihr.
Da wir nicht die geringste Ahnung hatten, wie wir uns bei einem solchen Vorfall zu verhalten hatten, wußten wir auch nicht, daß man das Opfer einer Vergewaltigung am besten gleich zu einem Arzt bringt. So war denn die Unwissenheit die einzige Entschuldigung für das, was wir für das arme Mädchen taten – nämlich nichts. Meine Freunde fragten die Arme immer wieder nach ihrem Namen und wollten von ihr wissen, wer die beiden Kerle waren und wo sie selbst hin wollte. Als ein schriller Pfiff der Lokomotive ertönte, schienen meine Freunde hin- und hergerissen zwischen dem Wunsch, etwas für das Mädchen zu tun, und der Notwendigkeit, den Zug nicht zu verpassen. Ich glaube, es war ihre Unfähigkeit, sich irgendeine Art der Hilfe auszudenken, die den Ausschlag zu Gunsten des Eigennutzes gab. So ließen wir denn das Mädchen liegen, und ich glaube, daß es niemanden gab, der nicht Schuldgefühle hatte. Als der Zug aus dem Bahnhof fuhr, meinte die kleine Peng, das Mädchen würde sich gewiß nicht trauen, nach Hause zu fahren, sondern sich eher umbringen. Ein Junge wiederholte immer wieder: »Das können keine richtigen Roten Garden gewesen sein!« Während der restlichen Reise bis Changsha redeten wir kaum miteinander.
Dieser Vorfall machte einen so tiefen Eindruck auf mich, daß sich in mir ein grundlegender Wandel vollzog. Ich entwickelte einen immer schärferen Blick für die Not anderer Menschen, und ich versuchte von da an unablässig, jene Verfehlung einer unterlassenen Hilfeleistung wiedergutzumachen.

Kapitel 11

Blutige Zuspitzung in Changsha

Es war herrlich, wieder daheim zu sein. Wie ich gehofft hatte, war Vater zu Hause. Er war erleichtert, mich wiederzusehen, und umarmte mich stürmisch. Als ich meine Schätze hervorzog, holte er sofort einen Glasrahmen für das Blatt Papier mit dem Abdruck meiner Hand. Er hängte es an die Stelle, an der sich früher das Pferdebildnis des Malers Xu Beihong befunden hatte. Dann goß er das Wasser in ein besonders hübsches Medizinfläschchen, das er zuvor ausgespült hatte. Zusammen mit der Handvoll Erde, die ich aus Peking mitgebracht hatte, plazierte er es auf einem Tischchen unter dem Bildnis des Vorsitzenden Mao. Und damit alle Welt wußte, was es mit diesen Gegenständen auf sich hatte, versah er sie mit säuberlich beschrifteten Etiketten.

Vater war begierig, alles über Peking zu erfahren, denn es war Jahre her, seit er sich dort zum letzten Mal als Reporter aufgehalten hatte. Ich selbst wollte möglichst schnell von ihm hören, wie es unserer Familie während meiner Abwesenheit ergangen war. Deshalb unterbrach ich meinen hastigen Bericht immer wieder und stellte Vater entsprechende Fragen. Seit er sich nicht mehr in Selbstkritik üben mußte, konnte er daheim in aller Ruhe die Schriften des Vorsitzenden Mao studieren und sich mit anderen Menschen unterhalten. Deshalb war er über die Lage in Changsha recht gut informiert.

Im Frühjahr 1967 mußten die Rebellen erleben, daß sich das Glück gegen sie kehrte. Besorgt über das Chaos des vergangenen Herbstes schickte der Vorsitzende Mao die örtliche Garnison der Volksbefreiungsarmee aus, um die Streitigkeiten in seinem Sinne zu entscheiden. Doch zu seinem großen Verdruß schlugen sich viele der Soldaten auf die Seite der Konservativen. Schließlich beugte sich das oberste Gremium der Kulturrevolution dem Druck altgedienter Parteiführer aus Peking und ließ sich dazu herbei, die sogenannten Rebellengruppen aufzulösen. In Hunan waren die größeren, miteinander verbündeten Rebellengruppen, also die »Xiang-Fluß-Wind-und-Donner-Gruppe« sowie der »Arbeiterbund« von der Armeeführung als konterrevolutionär gebrandmarkt worden. Viele der Rebellenführer wurden verhaftet. Natürlich war der Kampf damit nicht beendet, doch wurde er nicht mit derselben Heftigkeit weitergeführt.

Gewiß hatte Liang Fang noch längst nicht aufgegeben, meinte mein Vater mit einem Seufzer. Tatsächlich war meine Schwester außer sich vor Wut über den Rückschlag, den ihre Gruppe erlitten hatte. Der Provinzausschuß war zwar in seiner alten Struktur zerschlagen worden, aber viele seiner ehemaligen Anführer waren wieder in ihren alten Machtpositionen, als wäre in der Zwischenzeit nichts geschehen. Die studentischen Gruppierungen, die die Speerspitze der Kulturrevolution gebildet hatten, waren inzwischen in alle Winde zerstreut und hatten jegliches politisches Eigengewicht eingebüßt.

Viele Menschen haßten jene alten Anführer, weil sie Bürokraten waren und ihre Machtfülle mißbrauchten. Die große Mehrheit war auf der Seite der Rebellen. Dennoch war an die Konservativen nicht heranzukommen, denn die Armee hatte Waffen an sie verteilt. So saßen sie nun sicher in ihren Stützpunkten, den Schulen und Universitäten am westlichen Ufer des Xiang-Flusses. Zu jener Zeit führte noch keine einzige Brücke über den Fluß. Angreifer, die den Versuch machten, in Booten überzusetzen, waren folglich sehr verwundbar. Deshalb mußten sich die verfeindeten Parteien im allgemeinen damit begnügen, sich gegenseitig mittels großer Megaphone über das Wasser hinweg zu beschimpfen. Diese Teilung der Stadt hielt Monate an. Niemand wagte, den Fluß zu überqueren, weil er befürchten mußte, auf der anderen Seite für einen Spitzel gehalten zu werden. Vereinzelt war es zu Schießereien gekommen. Auch Liang Fangs Gruppe hatte an einigen dieser Kämpfe teilgenommen. Seit kurzem trug sie eine Waffe, die bei den Konservativen erbeutet worden war. Vaters Leben verlief zwar seit einiger Zeit ziemlich friedlich, aber er war wegen seiner Tochter äußerst besorgt, besonders seit der Nacht, in der ihre Gruppe den Fluß überquert hatte, um das Institut für Bergbau und Metallurgie anzugreifen. Dabei waren zwei ihrer Klassenkameradinnen getötet worden.

Schon bald nach meiner Rückkehr änderten sich die Machtverhältnisse plötzlich zugunsten der Rebellen. Der Vorsitzende Mao und die Führung der Kulturrevolution sagten ihnen im Rundfunk ihre Unterstützung zu und schickten die der Zentralgewalt unterstellte 47. Armee aus. Da wußten die Konservativen, daß sie ausgespielt hatten. Die meisten flohen zu Fuß nach Xiangtan, Zhuzhou und in andere abgelegene Städte,

während die Rebellen sich auf dem westlichen Flußufer zusammenscharten, um die Universitäten wieder in ihre Gewalt zu bringen und die letzten Widerstandsnester des Gegners zu überrennen. Liang Fang fuhr jeden Tag auf die andere Seite hinüber, aber ich selbst mußte auf Vaters Drängen mit ihm und Liang Weiping zu Hause bleiben. Seit dem Eingreifen der Streitkräfte hatten viele Leute eine Waffe. Es kam zu zahlreichen Unfällen, weil niemand damit umzugehen verstand. Vater hatte von sich aus versprochen, täglich mit mir in Maos Werken zu lesen, doch hatte er übersehen, daß ich inzwischen längst darüber hinausgewachsen war. Wie konnte ich auch zu Hause herumsitzen, während sich draußen das wahre politische Geschehen abspielte.
Als ich eines Morgens gerade das Gelände der Zeitung verlassen wollte, bemerkte ich eine große Menschenmenge, die sich in der Nähe des Tores zusammengeschart hatte. Die Leute drängten sich um einen Schaukasten, der Propagandazwecken diente. Darin war eine Reihe von Fotos ausgestellt, die zeigten, was die Rebellen am Westufer vorgefunden hatten. Zu sehen waren unter anderem Bilder von Menschen, die von den Konservativen zu Tode geprügelt worden waren, verstümmelte und gänzlich entstellte Gesichter sowie etwas derart Gräßliches, daß ich nicht gleich erkannte, worum es sich handelte – nämlich um den Körper eines Mannes, der anstelle der Geschlechtsorgane nur noch einen blutigen Stumpf hatte. Auf anderen Fotos erblickten wir Folterwerkzeuge, mit denen die Konservativen ihre Opfer mißhandelt hatten. Des weiteren waren Barrikaden zu sehen, hinter denen sich eine Anzahl Männer verschanzt hatte. Sie hielten ihre Gewehre im Anschlag.
Diese Bilder schockierten mich, doch meine Neugierde wuchs, selbst in den westlichen Teil der Stadt zu gehen, um mir das ehemalige Hauptquartier der Konservativen einmal anzuschauen. Nachdem ich etwa eine halbe Stunde lang die Straße des 1. Mai in Richtung Fluß entlanggelaufen war, erreichte ich endlich die Anlegestelle der Fähre.
Offenbar hatten viele Menschen dasselbe vor wie ich, denn es warteten schon Hunderte auf die Überfahrt. Der westliche Teil von Changsha war schon immer der schönere gewesen. Er bot dem Besucher zahlreiche Sehenswürdigkeiten, beispielsweise den Yuelu-Berg, dessen Hänge sich im Herbst rötlich verfärbten; oder den Pavillon des Lieblichen Abends, wo der Vorsitzende Mao einst mit seinen Klassenkameraden über die Revolution diskutiert hatte. Nach der Zerstörung der Tempel war dieser Pavillon zu einer noch größeren touristischen Attraktion geworden. Die meisten höheren Lehranstalten der Stadt befanden sich in jener rund drei Meilen langen Häuserzeile aus rotem Backstein, die sich zwischen dem

Fluß und dem bergigen Hinterland eng an das Ufer schmiegte. Gleich dahinter bot sich dem Besucher ein ländlicher Anblick mit grünen Reisfeldern und strohgedeckten Bauernhäusern. Während der vergangenen Monate war dieser Stadtteil verbotenes Gebiet gewesen.
Es konnte länger als eine Stunde dauern, bis ich an der Reihe war, das wurde mir schnell klar. Deshalb begab ich mich zur Autofähre. Dort wartete schon eine Anzahl Armeelastwagen darauf, verladen und auf die andere Seite des Flusses geschafft zu werden. Als die Fähre anlegte, mischte ich mich unauffällig unter eine Gruppe bewaffneter und behelmter Rebellen. An Bord spitzte ich die Ohren und erfuhr, daß wir an der Orangeninsel vorbeikommen würden, dem Schauplatz eines berühmten Gedichtes des Vorsitzenden Mao. Ich vernahm auch, daß die Männer nach Xiangtan unterwegs waren, um Konservative einzufangen, die sich dorthin geflüchtet hatten. All dies war für einen Dreizehnjährigen natürlich sehr aufregend. Gewiß, ich hatte in Peking wütende Protestmärsche erlebt, aber hier in Changsha waren die Rebellen auf bewaffneten Widerstand gestoßen. Es war erstaunlich, wie rasch sich die Revolution gewandelt hatte.
Nach einiger Zeit erreichte die Fähre die kleine Stadt Rongwan, eine Ansammlung baufälliger Bauernhäuser, die verlassen aussahen. Sie waren über und über mit Parolen bemalt, welche die Konservativen aufforderten, sich zu ergeben und ihre Waffen abzuliefern. Der Trupp Soldaten, mit dem ich bis hierher gelangt war, zwängte sich auf die Ladefläche der Lastwagen und fuhr in südlicher Richtung davon. Ich schloß mich einem Häuflein Neugieriger an und stand bald vor einer der Lehranstalten, nämlich dem Lehrerkolleg von Hunan.
Für die Rebellen war die Stunde der Rache gekommen. In den ehemaligen Büros der Konservativen hatten sie sämtliche Fenster eingeschlagen. Der Radiosender war völlig demoliert. Überall lagen Drähte und Kabel herum. Schwelende Reste von Papierstapeln und Fahnen waren über den Fußboden verstreut. Mit ein paar anderen Leuten betrat ich eines der Schulgebäude und spähte vorsichtig in mehrere Klassenzimmer. Immer bot sich mir das gleiche Bild: Konservative, die das Pech gehabt hatten, den Rebellen in die Hände zu fallen, wurden mit Lederriemen verprügelt. Der Haß der Rebellen entsetzte mich. Einige der Gefangenen waren halbtot und bluteten aus vielen Wunden. Aber ich wußte ja, daß die Rebellen ihre konservativen Gegner so sehr verabscheuten, weil jene, wie Teile der Armee auch, ihre Macht dazu mißbraucht hatten, Andersdenkende zu unterjochen. Nun bekam diese Bande von Speichelleckern, Musterknaben der Arbeit, politischen Kar-

rieristen und Parteimitgliedern die gerechte Rache des einfachen Volkes zu spüren.
Eigentlich hatte ich vorgehabt, mir auch die Universität von Hunan anzusehen, aber ein Rebell, mit dem ich ins Gespräch kam, warnte mich davor. Einige der Konservativen hielten sich dort noch immer im Kellergeschoß verborgen, meinte er, und sie würden nicht zögern, von der Waffe Gebrauch zu machen. Mein Gesprächspartner machte einen gutmütigen Eindruck auf mich. Deshalb gab ich mir einen Ruck und fragte ihn, was die Rebellen wohl mit den Konservativen machen würden, hinter denen sie in Xiangtan her waren.
»Oh, wir werden sie anständig verprügeln, genau wie sie es mit uns gemacht haben, aber dann geben wir ihnen eine zweite Chance. Wir bringen sie für eine Weile hinter Schloß und Riegel, damit sie Gelegenheit haben, über alles nachzudenken. Wenn sie dann wollen, können sie sich uns anschließen und sich für die Revolution einsetzen.«
Ich wußte, daß dies das übliche Verfahren war. Jeder erhielt Gelegenheit, sich für das eine oder andere Lager zu entscheiden, aber um diese Entscheidung kam niemand herum. Sich herauszuhalten war unmöglich, denn dann riskierte man, als Konterrevolutionär gebrandmarkt zu werden.
Übrigens erzählte mir der Mann die Geschichte eines Konservativen, der ein altgedientes Parteimitglied und Leiter einer Fabrik gewesen war. Er war lebendig begraben worden. »Viele Rebellen sind wegen seiner grausamen Machenschaften gestorben. Als sich das Blatt schließlich zu unseren Gunsten wendete und man uns erlaubte, unsere Toten zu begraben, entschlossen wir uns, sie wie echte Märtyrer zu bestatten. Es schien nur recht und billig, ihnen ihren Mörder mit ins Grab zu geben.«
Ich bekam beim Zuhören Gänsehaut, obgleich der Rebell nüchtern und sachlich gesprochen hatte. Als er bemerkte, wie entsetzt ich ihn anstarrte, sagte er schlicht: »Weißt du, sie haben das auch mit uns gemacht. Deshalb hatte der Kerl nichts anderes verdient.«
Ich verabschiedete mich von ihm und ging nachdenklich weiter. Ob diese Geschichte nun stimmte oder nicht – sie hatte mich zutiefst erschüttert, und ich brauchte ein wenig Zeit, um mich zu beruhigen. Mir kam es so vor, als ob die Racheakte längst außer Kontrolle geraten waren, aber wie man ihnen Einhalt gebieten konnte, wußte wohl niemand zu sagen. Mochten die rebellischen Roten Garden meinen eigenen Vater noch so schlimm behandelt haben, ich hatte dennoch Verständnis dafür, denn er hatte Irrtümer begangen, und es entsprach der amtlichen Parteipolitik, daß er dafür kritisiert wurde. Doch diese Art der Gewalttätigkeit war

mehr, als ich verkraften konnte. Außerdem schien sie jeglicher Logik zu ermangeln. Das Geschick der einzelnen Splittergruppen lag in der Hand anderer Mächte. Die Rebellen, die heute Prügel austeilten, konnten morgen schon die Verprügelten sein. Es war so, als ob irgend jemand mit uns sein Spiel trieb, aber niemand hatte Zeit, sich darüber Gedanken zu machen. Jenes Spiel war allzu dramatisch, alles geschah viel zu schnell, und die Informationen waren viel zu spärlich.

Es sollte in jenem Sommer in Changsha noch schlimmer kommen. Die einzelnen Rebellengruppen fingen nämlich an, sich gegenseitig zu bekämpfen. Jene, die noch vor kurzem Kameraden gewesen waren, wurden nun zu Todfeinden. Während die drückende Augusthitze auf den Straßen der Stadt lastete, floß das Blut in Strömen. Die Kulturrevolution hatte das ursprüngliche Ziel, antisozialistische Elemente auszumerzen, längst vergessen. In unserem Land tobte ein Bürgerkrieg. Jedes der zerstrittenen Lager behauptete, den Vorsitzenden Mao mehr als die anderen zu lieben und die revolutionäre Linie gegen abweichende politische Tendenzen zu beschützen. Auf beiden Seiten waren die Menschen bereit, ihr Leben herzugeben, wenn sie nur im Namen des Vorsitzenden Mao alle Macht für sich beanspruchen durften.

Die Rebellen waren jetzt bewaffnet. Sie hatten Granaten und Bajonette und Maschinengewehre und Kanonen und Panzer und Raketen gegen Flugzeuge, also alles, was Chinas Waffenarsenale zu bieten hatten. Die Parole von Jiang Qing und dem Führungsgremium der Kulturrevolution »Mit Worten attackieren, mit Waffen verteidigen« war im ganzen Land so interpretiert worden, daß alle Streitfragen mit Waffengewalt entschieden werden sollten. Und da der Vorsitzende Mao selbst gesagt hatte, daß die Rebellen Waffen haben sollten, leiteten jene daraus das Recht ab, alle Waffen an sich zu bringen, derer sie nur habhaft werden konnten. Die Bewaffnung, die der kleinen offiziellen Rebellenmiliz von der 47. Armee zugeteilt worden war, erschien ihnen unbefriedigend. Sie ergänzten ihre Ausrüstung durch das Kriegsgerät, das sie von den Konservativen erbeutet hatten, aber sie bestahlen auch die örtlichen Milizeinheiten, plünderten Militärtransporte aus, brachen in Waffenlager ein und überfielen sogar Garnisonen der Streitkräfte.

In ihren eigenen Reihen kam es zu Schießereien, weil sie sich gegenseitig die Befehlsgewalt streitig machten. Der angeblich gemäßigte »Arbeiterbund« war eine mitgliederstarker Organisation, die mit den Streitkräften kollaborierte. Ihnen stand die »Xiang-Fluß-Wind-und-Donner-Gruppe« gegenüber, die es darauf abgesehen hatte, den Militärs die Macht zu entreißen. Aber in Wirklichkeit ging es nur darum, daß jede der Parteien allein entscheiden wollte, welchen Verlauf die Große Proletarische Kulturrevolution in der gesamten Provinz Hunan künftig nehmen sollte. Hunderttausende von Arbeitern und Studenten sahen sich in einen Kampf verstrickt, dessen Ziele ihnen alles andere als klar waren. Und unser weiser, geliebter Vorsitzender Mao stand im Mittelpunkt des Konfliktes! Sicherlich dämmerte es vielen Menschen angesichts dieser blutigen Ausschreitungen, daß die ganze Kulturrevolution ein sinnloses Unterfangen war.

Es war haarsträubend. In den Straßen pfiffen einem die Kugeln um die Ohren. Motorräder donnerten durch die Stadt, und das Heulen der Sirenen kündete von Unglück und Gewalt. Quer über die Einfahrt zu vielen öffentlichen Gebäuden waren dicke weiße Striche auf das Straßenpflaster gemalt worden. Bewaffnete Wachposten standen dicht hinter diesen Demarkationslinien, bereit, auf jeden zu schießen, der diese Grenze ohne Befugnis überschritt. Ab neun Uhr abends herrschte Ausgangssperre, aber auch tagsüber verließ niemand sein Haus, wenn es nicht absolut unerläßlich war. Die Leute erzählten von unschuldigen Gemüsehändlern, die von Querschlägern getroffen und getötet worden waren. Fenster wurden kreuz und quer mit Klebestreifen beklebt, damit die Scheiben nicht zerbarsten, wenn die Stadt von heftigen Explosionen und dem Krachen der Granaten erschüttert wurde. Nachts zogen Raketen ihre leuchtenden Bahnen über den dunklen Himmel.

Jeden Abend schob Vater einen schweren Schreibtisch vor die Eingangstür unserer Wohnung. Dann setzte er sich in einen alten Bambussessel, legte einen Band der *Ausgewählten Werke* des Vorsitzenden Mao aufgeschlagen auf seinen Schoß und starrte mit gerunzelten Brauen vor sich hin. Zum Lesen kam er nie, da ihn das kriegerische Getöse in der Stadt störte. Sobald irgendeine Warnsirene heulte, mußten wir alle Lichter ausschalten und in der Dunkelheit herumsitzen. Beklommen fragten wir uns dann, ob der Angriff diesmal den Gebäuden der Zeitung galt und welches Geschick uns ereilen würde, sollten die Angreifer erfolgreich sein.

Alle Produktionseinheiten wurden von irgendeiner Organisation beansprucht. Wir gehörten zum Einflußbereich des »Arbeiterbundes«. Dessen Mitglieder hatten sich weiße Taschentücher um die Arme gebunden, damit wir sie als Freunde und Verbündete erkannten, falls wir in Bedrängnis gerieten. Jedesmal, wenn der Alarmzustand aufgehoben wurde und wir die Lichter wieder einschalten durften, trat ich vor die scheibenlosen Fenster – seit der Zeit, als die Rebellenkinder sie mit

Steinen eingeworfen hatten, waren sie nicht repariert worden – und blickte auf die mondbeschienene Straße hinab. Manchmal sah ich dann im Schein von Fackeln kleine Rebellentrupps oder einzelne Wachposten vorbeiziehen. Ihre Helme und Gewehre funkelten im Feuerschein, und die weißen Armbinden leuchteten im Halbdunkel.

Vater war wegen der Vorkommnisse in unserer Stadt zutiefst besorgt, aber etwas anderes machte ihm noch mehr zu schaffen. Es schien ihm unmöglich, daß der Vorsitzende Mao all die Gewalttätigkeiten gutheißen konnte, und es wollte ihm einfach nicht in den Kopf, warum nun alle Welt mit Waffen herumlief und warum überhaupt gekämpft werden mußte. Von Ruhe und Ordnung sei keine Spur mehr, beklagte er sich immer wieder. Jene, die eigentlich für Frieden sorgen sollten, machten das Chaos nur noch größer. Sogar die Polizei und die Beamtenschaft nahm an den kriegerischen Auseinandersetzungen teil.

An einem strahlenden Morgen verließ ich einmal das Haus, um Kerosin zu kaufen, für den Fall, daß es wieder zu Stromausfällen kam. Eigentlich wollte Vater selbst gehen, aber ich ließ mich nicht davon abbringen. Tagelang hatte ich in unserer Wohnung herumgesessen. Es juckte mich, in die Stadt zu gehen und mich umzuschauen. Vater ermahnte mich, im Schutz der Häuserwände zu bleiben und beim ersten Anzeichen von Gefahr nach Hause zurückzulaufen. Dann ließ er mich gehen.

Die Gebäude der Zeitung lagen an einer Durchfahrtsstraße, auf der normalerweise reger Verkehr herrschte. Doch nun fuhren nur noch vereinzelte Armeelastwagen und ein paar eilige Radfahrer vorbei. Ich war glücklich, endlich wieder im Freien zu sein, und war weniger nervös denn freudig erregt. Ein paar Querstraßen weiter trat ich in den kleinen Laden, wo Erzeugnisse aus Stroh und Bambus verkauft wurden. Mit lauter Stimme rief ich nach der Verkäuferin. Schließlich erschien ein verängstigtes altes Weib, füllte schnell meine Flasche mit Kerosin und verschwand wieder zwischen all den Besen, Matten, Körben und Staubwedeln. Ich mußte an eine Ratte denken, die sich in einem Haufen Reisstroh verkroch. Der Anblick der Alten hatte jedoch keineswegs meinen Übermut gedämpft. Ich verließ den Laden, bog pfeifend um die Hausecke und betrat wieder die Straße. Die Flasche mit dem Kerosin baumelte in einer Netztasche an meiner Seite.

Urplötzlich stürmten etwa sechzig Männer, die mit Maschinengewehren bewaffnet waren, durch die Toreinfahrt des Zeitungsgeländes. Sie rannten geradewegs auf mich zu. Ein untersetzter, schwarzgekleideter Mann trug ein Banner mit der Aufschrift »Kampfgruppe Junge Leibgarde«. Das war der Name einer Unterabteilung der »Xiang-Fluß-Wind-und-

Donner-Gruppe«. Instinktiv drückte ich mich flach an eine Mauer. Ich sah, wie sich andere Leute auf ihre Fahrräder schwangen, um eilig das Weite zu suchen. Als die Männer fast auf gleicher Höhe mit mir waren, eröffneten sie das Feuer. Sie hatten irgendein entferntes Ziel am Ende der Straße. Ich sah, wie ihre Körper vom Rückstoß der Waffen geschüttelt wurden.

Vom Feind war nichts zu sehen, aber das Feuer wurde mit aller Macht erwidert. Geschosse summten durch die Luft. In meiner unmittelbaren Nähe brach der Fahnenträger zusammen. Wie in einer Zeitlupenaufnahme sank er zu Boden, doch bevor die Fahne die Erde berühren konnte, wurde sie schon von einer anderen Faust gepackt, in die Höhe gerissen und im Sturmschritt vorangetragen. Furchtlos füllten immer wieder neue Kämpfer die vordersten Reihen auf, bis auch sie von feindlichen Kugeln getroffen wurden und zu Boden stürzten. Eine große Blutlache breitete sich aus. Fast hätte sie die Zehen meiner nackten Füße berührt. Bei dem Anblick wurde mir so übel, daß ich mich fast übergeben hätte.

Schließlich war auch den »Jungen Leibgarden« das Blutvergießen zuviel. Sie zogen sich in den Schutz des nächstgelegenen Hauses zurück. Zufällig war dies das Zeitungsgebäude, welches inzwischen anscheinend von den Kämpfern des »Arbeiterbundes« geräumt worden war. Sicherlich waren sie die unsichtbaren Schützen am anderen Ende der Straße gewesen. Jene unfreiwilligen Zeugen des Gefechts, die sich, wie ich selbst, unweit der Toreinfahrt an eine Hauswand gedrückt hatten, waren in der glücklichen Lage, sich mit zitternden Gliedern davonschleichen zu können, aber die anderen saßen in der Falle. Ich erkannte in einiger Entfernung eine Nachbarin, die in Todesangst ihren Reisbeutel an sich preßte.

Da ich mich nicht traute, nach Hause zu rennen, kauerte ich mich mit anderen Passanten in den Schutz des großen Bürogebäudes. In einiger Entfernung wartete ein Trupp der »Jungen Leibgarden« mit Lastwagen und Bahren das Ende des Gefechts ab. Verwundete wurden bandagiert und verarztet, während die unverletzten Kämpfer immer wieder wie die Wahnsinnigen ihre Waffen nachluden. Sie brachen große Holzkisten auf und kippten die langen, spitzen Geschosse auf den Boden. In der Nähe des Tores trieben sich ein paar reguläre Soldaten herum, doch sie leisteten keinerlei Hilfe und mischten sich nicht in die Kampfhandlungen ein, denn die offizielle Politik der Streitkräfte war Neutralität. Doch als die Soldaten sahen, wie die jungen Rebellen törichterweise auf die Straße hinaustraten, um ihre gefallenen Kameraden zu holen, konn-

ten sie sich nicht länger beherrschen. »Werft euch hin, ihr Idioten!« riefen sie. »Oder wollt ihr, daß die anderen euch mit geschlossenen Augen abknallen?«
So wurden also die Verwundeten und Gefallenen mühsam aus dem Schußfeld gezerrt. Kameraden warfen sich weinend über die Leichen der toten Freunde. Andere packten eine Maschinenpistole, rannten mitten auf die Straße und feuerten wild und ziellos eine Garbe auf den unsichtbaren Feind ab. Einer der Rebellen richtete plötzlich den Lauf seines Maschinengewehrs auf unsere kleine Gruppe, die sich eng an die Häuserwand geschmiegt hatte. »Decken, wir brauchen Decken!« schrie er. »Gibt es hier etwa keine kapitalistischen Handlanger?«
Fast blieb mir das Herz stehen, aber keiner von unseren Nachbarn sagte ein Wort. Es war unglaublich, aber die Leute, die uns in den vergangenen Monaten so arg zugesetzt hatten, schwiegen und verrieten uns nicht. Kinder wie ich, die »problematische« Eltern hatten, erstarrten vor Schreck und wurden kreidebleich, doch niemand war so herzlos, uns an diese vor Kummer und Wut halb wahnsinnigen Fanatiker auszuliefern. Der Mann hinter dem Maschinengewehr schoß einen Warnschuß in die Luft und herrschte uns ungeduldig an: »Also sagt schon, wo ist die Klinik?«
»Ich bringe euch hin«, sagte ein Arbeiter. Gleich darauf brausten die Lastwagen davon.
Inzwischen waren drei dunkelglänzende Kanonen von anderen Lastwagen abgeladen worden. Die Rebellen wollten von den regulären Soldaten wissen, wie man mit den Geschützen umging, doch jene weigerten sich, Instruktionen zu geben. Es kam zu einem hitzigen Wortwechsel. Die Kanonen sahen furchteinflößend und zugleich eindrucksvoll aus. So stellte ich mir Kriegsgerät vor, das für den Einsatz in Vietnam gegen die amerikanischen Imperialisten bestimmt war. Am Ende mußten die Rebellen einsehen, daß die Soldaten ihnen nicht helfen würden. Deshalb beschlossen sie, die Kanonen auf eigene Faust auszuprobieren. Sie feuerten drei Schüsse ab, aber alle Granaten gingen weit daneben. Eine durchschlug drüben auf der anderen Seite der Straße das Dach eines Hauses, das mit schwarzglasierten Ziegeln gedeckt war, eine andere krepierte mitten auf der Fahrbahn, und die dritte explodierte in einem nahegelegenen Ersatzteillager für Autos.
Damals empfand ich diese Geschehnisse als ein wenig belustigend, aber später sollte ich anders darüber denken. Jahre danach, als ich in einer Fabrik arbeitete, berichtete mir einer der Arbeiter, daß er seinen besten Freund aus einem halben Meter Entfernung erschossen hatte, weil er

nicht mit einer Maschinenpistole umzugehen verstand. Kinder wurden von Lastwagenfahrern überrollt, die kaum den Unterschied zwischen dem Brems- und dem Gaspedal kannten. Männer sprengten sich selbst mit Bomben und Granaten in die Luft, und so manche Kampfeinheit zündete aus Nachlässigkeit das eigene Hauptquartier an. Die Leute waren ja nicht einmal an den Umgang mit äußerst simplen Maschinen und Geräten gewöhnt. Komplizierte Waffensysteme wurden deshalb zu todbringenden Spielzeugen in den Händen von Kindern.
Nach diesem verfehlten Einsatz der Artillerie setzte der Gegner erneut zu einer Offensive an. Es regnete einen Hagel von Geschossen, so daß die Soldaten uns zwangen, im Inneren des Bürogebäudes Schutz zu suchen. Da hatte der kleine Trupp »Junger Leibgarden« den Einfall, auf das Dach des Hauses zu klettern und den Feind von oben herab zu beschießen. Unsere kleine Gruppe, die von dem Feuergefecht überrascht worden war, bestand aus rund zwanzig Personen, aus weinenden Großmüttern, Angestellten der Zeitung und anderen zu Tode erschrockenen Leuten. Natürlich hatte auch ich Angst, aber schließlich war ich ein Junge von dreizehn Jahren, also von brennender Neugier erfüllt. Ich folgte den MG-Schützen die Treppe hinauf bis aufs Dach und ging unten am Rand in Deckung, während die Männer bis auf den Dachfirst kletterten.
Sie hatten nur ein einziges schweres Maschinengewehr. Es wurde von vier Männern getragen. Zwei andere schleppten Munition herbei. Drei der Männer entfernten sich danach wieder. Während die restlichen damit beschäftigt waren, das MG in Stellung zu bringen, ließ ich meinen Blick über die Stadt schweifen. Überall am wolkenlosen Himmel waren in kurzen Abständen die hellen Rauchpilze von Explosionen zu erkennen, manchmal auch der rote Feuerschein von Bränden. Aus allen Himmelsrichtungen knallten Schüsse, besonders in der Gegend des Märtyrerparks mit seinem leuchtend weißen Monument, das alle anderen Gebäude der Stadt überragte. Der Mann hinter dem Maschinengewehr feuerte jedoch nicht etwa dorthin, sondern zielte die Straße entlang auf die Stelle, wo das Gefecht begonnen hatte.
Es wäre klüger gewesen, wenn er umsichtiger vorgegangen wäre und sich daran erinnert hätte, daß die Leute vom »Arbeiterbund« wegen ihrer engen Zusammenarbeit mit den Streitkräften mehr Sachkenntnis und auch bessere Waffen hatten. Vielleicht wußte der MG-Schütze auch nicht, daß das Monument der Märtyrer sich in den Händen des Feindes befand. So hatte er höchstens eine Minute die Gegend unter Beschuß genommen, die vom Feind längst geräumt war, als eine Granate seinen Unterleib durchschlug, so daß er, sich mehrmals überschlagend, das

Dach hinabrutschte und mit heraushängenden Eingeweiden dicht vor mir auf dem Rücken liegenblieb. Scheppernd landete sein Helm, den er gleich zu Beginn seines Sturzes verloren hatte, vor meinen Füßen. Vor Schreck war ich so versteinert, daß ich nicht auf die Idee kam, ihn aufzusetzen. Immerhin war mir bewußt, daß der Mann tot war und daß ich mich am besten nicht vom Fleck rührte.

Inzwischen war schon ein anderer an die Stelle des Gefallenen getreten, aber er hatte nicht einmal die Zeit, den Lauf des Maschinengewehrs auf ein Ziel zu richten, da er durch einen Kopfschuß niedergestreckt wurde. Glücklicherweise wurde mir der Anblick der zweiten Leiche aus nächster Nähe erspart, aber ich war mir sicher, daß ich als nächster an der Reihe war. Wie sehr ich nun meine Tollkühnheit bereute! Ich konnte nicht weinen, aber meine Blase entleerte sich, und der Urin lief warm und ätzend meine Beine runter.

Der dritte MG-Schütze war glücklicherweise nicht so todesmutig. Er kroch auf allen vieren die Treppe hinab, wobei er immer wieder verständnislos vor sich hinmurmelte: »Schrecklich, schrecklich!« Als er mich erblickte, starrte er mich verblüfft aus geröteten Augen an. Dann sagte er mit keuchender Stimme: »Was machst du denn hier? Willst du, daß man dich umbringt?« Mit einer Hand machte er die Dachluke auf und schob mich hindurch.

Im Treppenhaus roch es muffig, aber wenn ich oben auf dem Dach unter blauem Himmel schutzlos und verwundbar gewesen war, so fühlte ich mich hier sicherer und geborgener denn je. Benommen ließ ich mich auf die Stufen sinken und vernahm nur noch, wie der MG-Schütze nach Hilfe rief. Gleich darauf kamen mehrere Bewaffnete mit Tragbahren die Treppe hinaufgepoltert. Sie holten die beiden Leichen vom Dach, und als sie an mir vorbeikamen, sah ich das Gesicht des Mannes, der so dicht neben mir getötet worden war. Eines seiner Augen war weit geöffnet. Blut sickerte aus Mund und Nase. Sein Gedärm hing ihm aus dem Unterleib. Wortlos wandte ich mich von ihm ab und übergab mich.

»Faß mal mit an, Junge«, sagte jemand. Ich packte den glatten Griff einer Tragbahre aus Bambusrohr und setzte wie betäubt einen Fuß vor den anderen, Stufe um Stufe hinab und um die Kehre, hinab, hinab, hinab, bis wir im zweiten Stockwerk angelangt waren.

Dort wurden wir von einem fahrigen jungen Mann empfangen, den die anderen Kommandant Tang nannten. Er trug zwei Pistolen im Gürtel und war von einem kleinen Trupp »Junger Leibgarden« umgeben. »Schnell, schnell!« herrschte er uns an. »Wir ziehen uns zurück.« Eilig polterten wir hinter ihm die Treppe bis zum Erdgeschoß hinab. »Wo ist

der Hinterausgang?« erkundigten sich die Männer aufgeregt. Dann rannten sie los und sprangen auf die wartenden Lastwagen, ein unordentlicher Haufen aus schmutzigen Uniformen und blutdurchtränkten Bandagen. Die Motoren heulten auf, und schon waren sie fort.
Jener Tag war wie ein Alptraum, dem düstersten Winkel der menschlichen Seele entsprungen und voller furchteinflößender Bilder, die vor dem inneren Auge aufzuckten und sogleich wieder verblaßten. Diese Eindrücke waren so flüchtig, daß ich sie nicht festhalten konnte, und sie verschmolzen mit anderen noch gräßlicheren Bildern. Den ganzen Tag über ließen Explosionen die Stadt erbeben, und am Abend erglühte der Himmel in einem seltsamen Orange, als wäre im Gefolge eines Erdbebens eine Feuersbrunst ausgebrochen. Tags darauf erfuhren wir, daß Mitglieder der »Changsha-Jugendorganisation« bei einem Angriff auf den »Arbeiterbund« das Gebäude der Xiang-Stickerei an der Straße des 1. Mai mit Flugabwehrraketen beschossen hatten. Der gesamte vierstökkige Block brannte bis auf die Grundmauern ab.

Kapitel 12

Die Familie löst sich auf

Die gewaltsamen Ausschreitungen der einzelnen Splittergruppen mußten unbedingt unter Kontrolle gebracht werden. Im September 1967 besuchte der Vorsitzende Mao Hunan und andere Provinzen. Was er sah, erschütterte ihn. Er rief alle Beteiligten auf, die Kämpfe zu beenden. Die Studenten und Schüler sollten an die Universitäten und Schulen zurückkehren, alle Waffen waren bei der Armee abzuliefern. Doch vor allem galt es, die Einheit wiederherzustellen. In den einzelnen Provinzen wurden die Menschen eindringlich ermahnt, das sogenannte Vorbereitende Revolutionskomitee zu unterstützen. Es war auf Befehl von Mao im August geschaffen worden und setzte sich aus Vertretern der unterschiedlichsten Lager zusammen. Diese Maßnahme war ausschlaggebend für die Beschaffenheit der Regierung nach der Kulturrevolution.

Natürlich war es ein weiter Weg von diesen Erlassen bis zu ihrer Durchführung, denn die zerstrittenen Splittergruppen vergaßen ihre Differenzen nicht so leicht. Es ging den Leuten bald auf, daß der wahre Machthaber innerhalb des »Großen Bündnisses« die Armee sein würde, und die erfreute sich nicht allzugroßer Beliebtheit wegen ihrer konservativen Tendenzen. Deshalb wurde eine Propagandakampagne gestartet, um das Verhältnis zwischen den Streitkräften und den Volksmassen zu verbessern. Überall waren politische Parolen zu lesen wie »Das Volk unterstützt die Armee, die Armee liebt das Volk«. In Hunan trat das eigentliche Revolutionskomitee erst im April 1968 zusammen, aber schon im Oktober des vergangenen Jahres hatte das Vorbereitende Revolutionskomitee einen vielversprechenden Anfang gemacht. Sein erklärtes Ziel war »Kampf, Kritik, Umgestaltung«. Es bedeutete, daß all jene attackiert werden sollten, die den Weg des Kapitalismus eingeschlagen hatten, und daß außerdem der Aufbau der Regierung durch eine Reform verändert werden sollte. Auf diese Weise hoffte man, die Kulturrevolution nachträglich wieder auf ihre ursprünglichen Zielsetzungen auszurichten.

Alle Kadermitglieder mit »Problemen« (wie mein Vater) sollten Gelegenheit erhalten, in der alten Parteischule auf der anderen Seite des Flusses an einem Lehrgang teilzunehmen und die Gedanken des Vorsitzenden Mao zu studieren. Während der Umerziehung sollte ihr Fall gründlich untersucht werden. Nach einem abschließenden Urteil würden sie eventuell rehabilitiert werden, doch nur wenn ihre Verfehlungen als nicht schwerwiegend bewertet werden könnten. Die einzelnen Kader wurden in Gruppen zusammengefaßt, je nachdem in welchem Bereich sie tätig gewesen waren. Beispielsweise gehörten Handel und Finanzwesen zusammen, Kultur und Kunst, Industrie und Transportwesen, Bildung und Erziehung. Natürlich gab es Überschneidungen, weil nicht alle gleichzeitig an die Reihe kommen konnten. Vater gehörte zur neunten Kolonne. Sie bestand aus ehemaligen Mitarbeitern von Institutionen, die der direkten Kontrolle des ehemaligen Parteikomitees von Hunan unterstanden hatten. Dazu zählte die Zeitung, die Rundfunkstation, der Verlag von Hunan, das Komitee für religiöse Angelegenheiten nationaler Minderheiten und das Volkskomitee von Hunan.

Vater war hocherfreut, als er von dieser Aufteilung erfuhr, denn nach wie vor war er überzeugt, keines schlimmen Vergehens schuldig, sondern das Opfer eines Mißverständnisses zu sein. Nun erblickte er die Chance, alles ein für allemal zu regeln, Ordnung in die verwirrende Kette der Ereignisse zu bringen und herauszufinden, was die Zukunft für ihn bereithielt. Gewiß würde er während der Umerziehung seine Ruhe haben und vor den Übergriffen der Außenwelt geschützt sein. Endlich hätte er einen Platz, wo er in Frieden die Werke des Vorsitzenden Mao studieren konnte. Natürlich war er nicht glücklich darüber, uns verlassen zu müssen, denn die wenigen Monate familiären Lebens seit der Rückkehr seiner Töchter hatten ihm viel bedeutet. Es tröstete ihn, daß er sich nicht mehr um Liang Fang sorgen mußte, sondern ruhig schlafen konnte. Andererseits bedrückte es ihn, daß er an seinem alten Wohnsitz abgemeldet und an die Parteischule überstellt werden sollte, wo er auch seine Gutscheine für Reis beziehen würde. Der Gedanke erschreckte ihn, sich von seiner geliebten Zeitung trennen zu müssen, denn immerhin hatte er dort mehr als die Hälfte seines bisherigen Lebens verbracht. Unserem Vater kam wohl nie der Gedanke, daß die Trennung endgültig sein könnte. Er glaubte, später gewiß an seinen alten Arbeitsplatz zurückzukehren. Als die neunte Kolonne aufgerufen wurde, war er schon nach wenigen Stunden marschbereit. Sein Bettzeug hatte er säuberlich wie ein Soldat

zusammengefaltet. Ein Becher aus Blech, ein Handtuch, Seife, Zahnbürste und Zahnpasta – das war alles, was er brauchte, um für unbestimmte Zeit von daheim fortzugehen.
An jenem Morgen ging Vater zur Familie Peng hinüber. Er klopfte an die Tür, und Peng Mings Vater erschien, auch er bereit zum Aufbruch. Peng Mings Mutter und Schwester schlossen sich uns an. Zusammen marschierten wir hinter den beiden Familienvätern bis zum Basketballplatz mit. Wir blickten ziemlich betrübt drein, denn der bevorstehende Abschied stimmte uns traurig, aber zugleich freuten wir uns darüber, daß unsere Väter eine zweite Chance erhalten sollten.
Wir kamen etwas zu früh an, doch hatten sich schon zahlreiche Menschen um einen Aushang geschart, auf dem die einzelnen Kadermitglieder verschiedenen Gruppen zugeteilt wurden, genau wie beim Militär. Alle Gruppen zusammen ergaben eine Kompanie, doch die Gruppen waren ihrerseits in sogenannte Züge und jene wiederum in Abteilungen von sieben oder acht Personen unterteilt. Letztere wurden jeweils von einem Arbeiter aus dem Lager der Rebellen angeführt, während in den einzelnen Zügen und in der ganzen Kompanie reguläre Offiziere das Kommando hatten.
Bald trafen ungefähr zehn grüne Armeelastwagen ein. Die Kadermitglieder wurden aufgefordert, sich in Reih und Glied aufzustellen und Habachtstellung einzunehmen. Insgesamt waren es mehr als hundert, darunter Journalisten, Herausgeber und Fotografen aus der ganzen Provinz. Jeder trug eine Ansteckplakette mit dem Bild des Vorsitzenden Mao auf der Brust, hielt das »Kleine Rote Buch« in der Hand und hatte ein viereckiges grünes Bündel geschultert.
Ein großer dicker Armeeoffizier stolzierte vor ihnen auf und ab, um sie zu inspizieren. Plötzlich brüllte er mit unverkennbar nördlichem Akzent: »Rechtsum!«
Die armen »Intellektuellen« wußten nicht, was sie tun sollten. Viele von ihnen blickten sich verwirrt um, andere machten zögernd eine halbe Drehung nach rechts. Nur Vater wandte sich nach links.
Ich platzte fast vor Lachen, aber irgendwie wollte es mir nicht in den Kopf, daß mein eigener Vater so dumm war. Ich wußte mehr von militärischer Disziplin als er.
»Na schön!« sagte der Offizier barsch. »Du kannst also nicht einmal rechts von links unterscheiden! Was würdest du tun, wenn Krieg wäre? Aber wartet nur ab! Wenn ihr den Lehrgang hinter euch habt, werdet ihr richtige Soldaten sein, jeder einzelne von euch! Aber jetzt wollen wir zusammen die letzte Botschaft des Vorsitzenden Mao wiederholen!«

So rezitierten denn alle gemeinsam stolz und mit lauter Stimme, was Mao erst kürzlich verkündet hatte, nämlich daß sie sich selbst zu kritisieren und ihre revisionistischen Tendenzen zu bekämpfen hatten. Danach mußten sie das Lied mit dem Titel »Der große Steuermann« singen. Jemand schob Vater vor, damit er den Chor dirigierte wie in den alten Tagen vor der Kulturrevolution. Leichtgebeugt stand er da, sein kurzer »revolutionärer« Haarschnitt erinnerte nicht mehr im entferntesten an die gepflegte Frisur von einst, als er noch bei der Zeitung arbeitete. Doch in der Art und Weise, wie er dem Rhythmus der Musik folgte, lag noch immer etwas von seinem alten Schwung. Auch die Bewegung seiner Arme beim Dirigieren verrieten einen Rest von Kraft und Selbstvertrauen.

Als nächstes war der sogenannte Loyalitätstanz an der Reihe. Wir alle machten mit, sogar die Soldaten. Hunderte von Menschen tanzten auf dem kleinen Sportplatz und versuchten, in die schlichten Drehungen und Wendungen ihrer Körper ihre ganze Liebe zum Vorsitzenden Mao zu legen. Ich ging völlig auf in dem kollektiven Glücksgefühl und gab mich freudig dem Massenvergnügen hin.

Es gab jedoch eine kleine Menschengruppe, die alles andere als glücklich war, denn sie durfte nicht an dem Tanz teilnehmen, sondern stand etwas abseits und wurde von Wachen beaufsichtigt. Das waren die »Wegbereiter des Kapitalismus«, zu denen auch der Erste Stellvertretende Herausgeber Meng gehörte. Als Vater und die anderen schließlich auf den Lastwagen zusammengepfercht waren, gaben sie in ihrer dunklen Kleidung, darunter vereinzelt das Grün der Armeeuniformen, vor riesigen roten Fahnen und Bildern des Vorsitzenden Mao stehend, ein großartiges Bild ab. Unterdessen wurden die »kapitalistischen Handlanger« in Autos verfrachtet und fortgeschafft.

Wir drei Kinder weinten ein wenig, als der Lastwagen mit Vater davonfuhr. Nun gab es niemanden mehr, der sich um uns kümmern konnte, und wir wußten nicht, wann wir unseren Vater wiedersehen würden. Schon seit langem hatte Liang Weiping die Rolle unserer Mutter übernommen. Nun stand sie auch noch vor der Aufgabe, uns den Vater zu ersetzen.

Am darauffolgenden Sonntag begab ich mich nachmittags zum Eingangstor, um auf Vater zu warten, denn überall hatte es geheißen, daß es den weniger ernsten Fällen gestattet sein würde, das Wochenende daheim zu verbringen. Liang Fang und Liang Weiping bereiteten unterdessen in der Küche ein kleines Festmahl zu. Es sollte nicht etwa das übliche

Essen aus der Kantine geben, sondern eine richtige Mahlzeit aus fettem Schweinefleisch, dampfendem Reis und frischem Gemüse, das die Bauern im Frühjahr in die Stadt brachten.

Am Tor warteten schon viele Leute. Sie unterhielten sich miteinander und machten sich gegenseitig Mut, daß ihre Väter, Mütter, Ehemänner, Ehefrauen, Söhne und Töchter gewiß bald heimkehren würden.

Doch die meisten von uns erwartete eine herbe Enttäuschung. Nur eine kleine Gruppe von sieben oder acht Besuchern erschien. Augenblicklich waren sie von freudestrahlenden Familienmitgliedern umringt. Wir warteten noch fast eine Stunde, dann gaben wir auf. An jenem Abend saßen wir zu dritt daheim herum und weinten. Das schöne Essen stand auf dem Tisch und wurde nicht angerührt. Wir konnten nicht verstehen, warum Vater nicht gekommen war. Irgend etwas mußte schiefgegangen sein.

Das wiederholte sich Woche für Woche, und für uns wurde alles noch schlimmer, weil die Besucher inzwischen in Gruppen von zwanzig und dreißig, dann sogar von vierzig bis fünfzig kamen. Ihre Familien hielten das Warten am Tor nicht länger aus. Sie gingen zu Fuß den ganzen Weg bis zum Ufer des Flusses und harrten im kalten Wind neben der Anlegestelle aus, bis die Fähre kam. Schon von weitem erkannten sie ihre Angehörigen zwischen all den Gemüsekörben der Bauern und den Fahrrädern der »Pendler«. Wenn dann der kleine Trupp der Kadermitglieder ausgestiegen war und wir erkennen mußten, daß unser Vater wieder einmal nicht dabei war, warteten wir stets noch auf die nächste Fähre. Danach gingen wir schweigend heim. Niemand von uns verheimlichte seine Niedergeschlagenheit.

Eines Tages erhielten wir endlich eine Nachricht, aber sie half uns auch nicht viel weiter. Der Arbeiter, der Vaters Abteilung befehligte, kam eines Sonntags zu uns nach Hause und händigte uns vierundzwanzig *yuan* mit den Worten aus, wir würden von nun an jeden Monat diesen Betrag erhalten. Der Mann war sehr unfreundlich zu uns. Er sagte lediglich, Vater habe so viel zu tun, daß er keine Zeit für einen Besuch hätte. Über seinen Zustand und seine voraussichtliche Rückkehr verlor der Aufseher kein Wort. Dadurch wurde uns nur noch elender zumute.

Das bißchen Zuhause, das uns verblieben war, war nun wohl auch zerstört. Die Mutter hatte ich bei einem politischen Umschwung verloren, und jetzt hatte mir die Politik auch noch den Vater genommen. Als nächstes sollte ich meine beiden Schwestern verlieren. Es wurde nämlich eine neue Bewegung ins Leben gerufen, die »Gebildete Jugendliche« aufs Land schickte, wo sie mit den Bauern leben und arbeiten sollten.

Die Kulturrevolution war in dieser Phase längst außer Rand und Band geraten. Anfänglich waren Studenten und Schüler in die Fabriken gegangen, um dort die Revolution voranzutreiben, doch nun hatten die sogenannten Propagandatrupps der Arbeiterschaft zur Verbreitung der Gedanken des Vorsitzenden Mao den Spieß umgedreht und die Kontrolle über die Lehranstalten und Schulen übernommen. Im Einverständnis mit den Direktiven des Vorsitzenden Mao machten sie sich daran, sich des gesamten Bildungswesens zu bemächtigen und die Angehörigen geistiger Berufe zu beaufsichtigen. Daran hielten sie bis zum Tag von Maos Tod fest.

Eine ihrer Hauptaufgaben erblickten sie darin, einen Aufruf des Vorsitzenden in die Tat umzusetzen. Mao hatte die Absolventen der Grund- und Mittelschulen aufgefordert: »Geht hinauf in die Berge und hinaus aufs Land.« Nun gaben die Propagandatrupps »Mobilisierungsappelle« aus, in denen es hieß, die Bauern würden die Studenten und Schüler herzlich erwarten. Sie ließen verbreiten, daß man auf dem Land mit einem Hut auf den überfluteten Reisfeldern Fische fangen könne und daß die wilden Truthähne so zahlreich seien, daß man sie mit einem Knüppel erschlagen könne. Es sei die Pflicht aller Studenten und Schüler, hieß es weiter, die Heimat des Vorsitzenden Mao in einen schönen Park zu verwandeln. Niemand solle sich diese große Gelegenheit entgehen lassen, revolutionären Ruhm zu erlangen, denn alle Teilnehmer könnten nun das Erbe der Roten Revolution antreten, sich mäßigen und der revolutionären Sache genauso dienen, wie es die Rote Armee unter Maos Führung in der Region Yanan während des Krieges gegen die Japaner getan hatte. Wer sich unverzüglich freiwillig meldete, stelle damit seine Loyalität gegenüber dem Vorsitzenden Mao unter Beweis, während alle Zauderer künftig als politisch unzuverlässig zu gelten hätten. Mittelschulabgänger aus Changsha, so sagte man uns, würden zwischen drei verschiedenen Distrikten wählen können, doch falls sie lieber zu Verwandten in andere Gegenden des Landes gingen, wäre auch dies durchaus akzeptabel und lobenswert. Die Hauptsache war: mitmachen, die krisengeschüttelten Städte verlassen und ein neues Leben beginnen.

Die jungen Leute machten begeistert mit, und sie hatten viele Gründe dafür: Die Kulturrevolution hatte sie viel Kraft gekostet, daheim waren sie mit ihrem Leben nicht zufrieden, in der Schule gab es nichts zu tun, die unbekannte Ferne erfüllte sie mit romantischer Sehnsucht, und vor allem hatte ihnen der Vorsitzende Mao befohlen mitzumachen. Später, als die ersten Berichte durchsickerten, wie es wirklich auf dem Land war, meldete sich kaum noch jemand freiwillig, doch inzwischen konnte sich niemand mehr frei entscheiden: Teilnahme war Pflicht.

Im Januar 1968 meldete sich meine Schwester Liang Fang, um sich in den Landkreis Jing im Westen der Provinz Hunan schicken zu lassen, eine schroffe, gebirgige Gegend, für die sich viele der älteren Rotgardisten aus der Anfangszeit der Kulturrevolution entschieden hatten. Zumeist hatten sie Eltern, die wegen irgendeiner Verfehlung gemaßregelt worden waren. Deshalb wollten sie möglichst weit fort, um dem Zorn ihrer Umgebung zu entgehen.

Meine Schwester war längst an der Kulturrevolution verzweifelt. Sie kannte sich nicht mehr ein noch aus, denn es war ihr allzu häufig widerfahren, daß sie an einem Tag auf der richtigen Seite, am nächsten jedoch schon auf der falschen gestanden hatte. Außerdem bereute sie ihre Teilnahme an all den Gewalttätigkeiten und Ausschreitungen. Allzuspät sah sie ein, wie sinnlos eine solche Handlungsweise gewesen war. An gesellschaftlichen Belangen und Wandlungsprozessen hatte sie jedoch keineswegs das Interesse verloren. Indem sie sich nun in den ärmsten Teil Chinas schicken ließ, glaubte sie, das Land wirklich von Grund auf kennenzulernen, aber auch mehr über den Marxismus-Leninismus und die Revolution erfahren zu können. Sie war fest davon überzeugt, zur Schaffung einer neuartigen Lebensform auf dem Lande, einer mechanisierten kommunistischen Utopie, beitragen zu können.

Meine andere Schwester Liang Weiping entschied sich für den Bezirk Yuanjiang unweit des Dongting-Sees und der Provinz Hubei, denn sie war sich durchaus nicht sicher, ob sie das harte Leben im westlichen Hunan würde ertragen können. Übrigens meldete sie sich als eine der ersten ihrer Schule und überredete auch Peng Mings Schwester und einige ihrer besten Freundinnen, sich gleichzeitig mit ihr anzumelden. In ihrer Phantasie stellten sich die Mädchen ihren Bestimmungsort als ein hübsches Fleckchen Erde auf dem Land vor, eine verträumte Gegend, wo das Leben ein Spaß war. Wie und wovon sie tatsächlich leben würden, darüber machten sich meine Schwestern keine Sorgen, da sie ohnehin nicht viel zu verlieren hatten. Sie wollten sich aber unbedingt von Vater verabschieden.

Liang Fangs Gruppe sollte als erste abreisen. Einen Tag vorher verkündete sie, sie wolle mit der Fähre auf die andere Seite des Flusses fahren und unseren Vater besuchen. Als ich das vernahm, war ich aufgeregt und bange, denn auch ich sehnte mich sehr danach, ihn wiederzusehen. Allerdings hatte meines Wissens bisher noch niemand die Erlaubnis erhalten, Besuche zu empfangen. Ich bat Liang Fang, mitgehen zu dürfen, und sie war wohl sehr froh darüber, denn sie klammerte sich an den letzten

Rest von Zusammenhalt, der unserer Familie verblieben war. Liang Weiping mußte leider zu einer Versammlung ihrer Gruppe, bei der es um Fragen der Organisation ging. Traurig begleitete sie uns bis zur Bushaltestelle. Bevor wir einstiegen, drückte sie mir zwei von Vaters Hemden in die Hand, die sie ausgebessert hatte. Als wir an Bord der Fähre gingen, fühlte ich mich sehr seltsam. Wie oft hatten wir am Ufer auf das Schiff gewartet! Fast kam ich mir vor, als würde ich nun die Grenze zu einem verbotenen Land überschreiten. Im Rumpf des Fährschiffes knarrte und knisterte es, denn der Xiang-Fluß führte viel Wasser und strömte schnell dahin. Nach der sommerlichen Dürre hatten die Regenfälle des Herbstes sein Bett frisch gefüllt. Liang Fang und ich standen eng aneinandergelehnt und beobachteten, wie sich schmale Dschunken mit geflickten Segeln schaukelnd ihren Weg durch die lehmigen Wogen bahnten.

Seit ich zum letzten Mal in dem Städtchen Rongwan gewesen war, war dort wieder der Alltag eingekehrt. Auf dem Markt wimmelte es von Menschen, die eifrig ihren Geschäften nachgingen. Zwischen alten Holzhäusern wand sich eine enge Straße mit Kopfsteinpflaster. Außerhalb des Städtchens führte sie weit und gerade ins Land hinein. Wir hatten in Erfahrung gebracht, daß es von dort noch ungefähr vier *li* bis zu dem Lager waren, in dem sich unser Vater befand. Trotzdem fuhren wir nicht mit dem Bus, ja wir erkundigten uns aus verständlichen Gründen nicht einmal nach dem Weg.

Als wir nach einiger Zeit vor uns eine Ansammlung roter Ziegelbauten erblickten, die fein säuberlich und symmetrisch am Fuß des Yuelu-Berges lagen, wußten wir sofort, daß wir am Ziel waren. Auf die Wand des vordersten Gebäudes waren mit weißer Farbe die Worte gemalt worden: KÄMPFT GEGEN EUCH SELBST – KRITISIERT DEN REVISIONISMUS. Minutenlang konnten wir uns nicht dazu durchringen, uns dem bewaffneten Soldaten vor dem Wachhäuschen zu nähern, doch am Ende gab sich Liang Fang einen Ruck, ging mit festem Schritt auf ihn zu und sagte: »Wir sind gekommen, um unseren Vater zu besuchen.« Der angesprochene Soldat war sichtlich überrascht, aber dann führte er uns in das Wachhäuschen neben dem Tor. »Zu welcher Kompanie gehört euer Vater, und welche Nummer hat seine Abteilung?« fragte er uns. Glücklicherweise erinnerten wir uns daran. Der Soldat griff zum Telefon, erstattete Meldung und forderte uns auf, ein paar Minuten zu warten.

Wir saßen so, daß wir durch ein Fenster zusehen konnten, wie weiter hinten auf einem kleinen Sportplatz eine Männergruppe von einem

Soldaten gedrillt wurde. Es war ihnen von weitem anzusehen, daß sie Intellektuelle waren, denn viele von ihnen trugen Brillen; ich jedoch erkannte keinen wieder.

Nach einem Weilchen klingelte das Telefon. Man wies uns an, zum Bürogebäude zu gehen. Der Wachsoldat erklärte uns den Weg dorthin. Wir kamen an einem großen Speisesaal vorbei, in welchem wir mehrere hundert Tische mit Reisschalen und Stäbchen erblickten, alles peinlich genau an seinem Platz. Dann warfen wir einen Blick in einen Schlafsaal. Männer, die wohl Kadermitglieder sein mußten, saßen an langen Tischen zwischen den Bettenreihen, lesend und rauchend. Es herrschte absolute Stille.

Eine Zeitlang war mir nicht bewußt, warum mir alles so hübsch vorkam, doch dann ging mir auf, daß dies seit Jahren das erste Haus war, das nicht über und über mit großen Plakaten und Wandzeitungen behängt war. In jedem Schlafsaal gab es jedoch große Bilder des Vorsitzenden Mao, die den Räumen ein festliches Gepräge verliehen. Darunter waren hellrote, aus Papier ausgeschnittene Herzen zu einer senkrechten Reihe angeordnet. Wir traten ein wenig näher, um festzustellen, was es damit auf sich hatte, und wir lasen die Worte »Tafel der Loyalität«. Jedes der Herzen war mit einem Namen beschriftet. Seitlich waren kleine rote Sterne und Flaggen in einer Reihe angeordnet. Da begriffen wir, daß es sich um eine Art monatliches Leistungsverzeichnis jedes »Studenten« handelte, denn die Sterne und Flaggen befanden sich jeweils genau unter einer langen Aufzählung verschiedenartiger Begriffe, die oben quer über die ganze Wand verlief: Fünf-Uhr-Treueschwur; morgendliches Exerzieren; Körperhygiene; Erscheinungsbild; kollektives Studium von Zeitungen und Schriftstücken; Umdenken durch körperliche Arbeit; öffentliche Selbstkritik bei Veranstaltungen; Loyalitätsbezeigungen; Auswendiglernen der Zitate und Werke des Vorsitzenden Mao; Absingen revolutionärer Lieder beim Einmarsch in den Speisesaal; allabendlicher mündlicher Bericht an den Vorsitzenden Mao über die persönliche Führung – dies und vieles mehr lasen wir. Alle Zwischenräume waren entweder mit Fähnchen (gut) oder Sternen (ausgezeichnet) ausgefüllt. Offensichtlich strengten sich alle sehr an.

Schließlich fanden wir das Besucherzimmer der Kompanie, zu der die ehemaligen Mitarbeiter der Tageszeitung von Hunan gehörten. Ein arrogant blickender Uniformierter erwartete uns und teilte uns mit, unser Vater sei so in sein Studium vertieft, daß er nicht gestört werden dürfe. Am besten sei es, wir kehrten wieder um und gingen zurück nach Hause. Unser Vater würde uns besuchen kommen, sobald er weniger zu tun hätte.

Fast eine halbe Stunde lang diskutierten wir mit dem Mann, erklärten ihm, daß Liang Fang aufs Land mußte und vielleicht erst nach Jahren zurückkäme, daß es Monate her sei, seit wir unseren Vater zum letzten Mal gesehen hatten, und daß wir ihm ein paar Dinge mitgebracht hatten. Schließlich ließ sich der Uniformierte herab, ihn zu holen, aber er wies uns zuvor darauf hin, daß wir höchstens zehn Minuten mit unserem Vater reden durften.

Vater, abgemagert und müde aussehend, betrat den Raum. Als er uns erblickte, leuchtete sein Gesicht auf, und seine Augen blitzten hinter der Brille. Atemlos setzte ihm Liang Fang auseinander, daß sie und Liang Weiping aufs Land geschickt werden sollten. Plötzlich wirkte Vater niedergeschlagener und müder, als ich ihn je gesehen hatte.

»Unsere Familie wird in alle Winde verstreut werden«, sagte er mit einem Seufzer. »Aber heißt es nicht: Die Heimat eines Revolutionärs sind die vier Meere?« Sein Mund verzog sich zu einem bitteren Lächeln. »Ich habe an allem schuld, aber ich habe nicht einmal Geld, das ich euch geben könnte, wo ihr nun so weit von zu Hause fortmüßt und es niemanden gibt, der sich um euch kümmert. Liang Heng«, wandte er sich zu mir und ergriff meine Hand. »Was wird aus dir werden? Versprich mir, daheim zu bleiben und eifrig zu lernen!« Von einem Augenblick auf den anderen war Vaters Traurigkeit verflogen. »Ich glaube, daß ich ein paar Gutscheine für Reis zwischen den Seiten von *Das Kapital* versteckt habe. Vielleicht könnt ihr damit etwas anfangen.«

Die Zeit war so knapp, und wir wollten so viel wissen! »Warum bist du nie nach Hause gekommen?« fragte ich ihn. »Ist dein Fall so ernst?«

Nervös warf Vater einen schnellen Blick über die Schulter auf den Soldaten, der hinter seinem Schreibtisch saß und mit irgendwelchen Papieren beschäftigt war. »O nein«, beteuerte er. »Ich habe nur so viel zu tun. Es tut mir leid, daß ich nicht bei euch sein kann, aber ich brauche jede Minute für mein Studium. Vielleicht werde ich euch bald sonntags besuchen können. Später, wenn ich erst entlassen bin, bleibe ich die ganze Zeit bei euch.«

Am liebsten hätte ich geweint, denn es war nicht zu übersehen, daß Vater viel Leid erduldet hatte. Doch darüber wollte er mit uns nicht reden – oder er durfte es nicht. Liang Fang drückte ihm die beiden Hemden in die Hand, die Liang Weiping für ihn ausgebessert hatte. »Wir dachten uns, daß du vielleicht zuviel zu tun hättest, um deine Hemden jeden Tag zu waschen. Deshalb hat dir Liang Weiping diese hier hergerichtet«, sagte meine Schwester. »Leider konnten wir nicht ...« Verlegen brach sie ab,

denn sie wollte Vater nicht an die Armut seiner Familie erinnern. Anscheinend gab es nichts zu besprechen, das nicht schmerzte.
Die Zeit war abgelaufen. Der Soldat stand auf, um den Besuch abzubrechen, aber Vater beharrte drauf, uns ein Stück Weges begleiten zu dürfen. Schließlich ging der Uniformierte aus dem Zimmer, um seine Vorgesetzten zu fragen. Er kam mit dem Arbeiter wieder, der Vaters Abteilung befehligte. Es war der unfreundliche Mann, der uns jeden Monat 24 *yuan* aushändigte. Vater durfte ein Stück mit uns gehen, doch jener Mann sollte uns in geringem Abstand folgen.
Als wir uns schweigsam und bedrückt auf den Weg machten, kam es uns so vor, als würden die Bande, die unsere Familie ein Leben lang zusammengehalten hatten, mit jedem Schritt auf eine immer größere Zerreißprobe gestellt. In diesen letzten Augenblicken des Zusammenseins dachten wir über alles nach, was unsere Familie hätte sein können, jedoch nie geworden war. Unsere Träume von einer glücklichen Zukunft waren ein Trümmerhaufen und gehörten der Vergangenheit an. Vater lebte wie ein Gefangener, und seine Tochter Liang Fang war im Begriff, eine Bäuerin zu werden. Wie anders hatten wir uns unser Dasein ausgemalt! Wie sehr hatte sich Liang Fang gewünscht, die Oberschule zu besuchen, und wie hatte sich unser Vater danach gesehnt, der Partei beizutreten und sich in seinem Beruf bis an die Spitze hochzuarbeiten. Wie sehr vermißte ich selbst eine Familie! Die Bauernhäuser, an denen wir vorbeikamen, drängten sich eng unter hohen Bäumen zusammen und wirkten so geborgen und heimelig, als wollten sie uns höhnisch all die Dinge vor Augen halten, die uns verwehrt waren.
Vater wollte uns unbedingt bis zur Anlegestelle am Fluß begleiten, aber wir bedrängten ihn, vorher umzukehren, denn wir hatten Angst, er könnte im Beisein all der anderen Passagiere zu weinen anfangen. Mit aller Macht mußte er seine Tränen zurückdrängen, denn er wußte, daß er von seinem Aufseher beobachtet wurde. Ein Mangel an Selbstkontrolle konnte unvorhersehbare Folgen haben. So wartete er die Ankunft der Fähre nicht ab, sondern wandte sich um und ging durch die Menschenmenge davon. Da er größer war als die meisten anderen, sahen wir noch lange seinen Kopf mit den kurzgeschorenen Haaren. Dann entschwand er in der Ferne.
Liang Fang reiste schon am nächsten Tag ab. Ich ging mit Liang Weiping zur Mittelschule Nr. 1, um ihr Lebewohl zu sagen. Sie nahm fast nichts mit, nur ein halbes Moskitonetz und eine zerschlissene, alte Uniformjakke. Die Lastwagen waren mit Blumen und Fahnen geschmückt, auf denen zu lesen stand: »Je weiter von daheim, desto näher beim Vorsitzenden

Mao«. Oder: »Die armen und mittelständischen Bauern sind nähere Verwandte als Mutter und Vater.« Alle Schülerinnen und Schüler trugen große rote Papierblumen an der Brust, aber Liang Fangs Gesicht war kreidebleich, und viele ihrer Kameradinnen weinten. Als die Motoren angelassen wurden, wurde mit Schellenbäumen und Krachern ohrenbetäubender Lärm gemacht. Unter Anleitung eines Propagandatrupps riefen wir alle aus vollem Hals: »Lernt von der gebildeten Jugend!« und: »Gegrüßt sei die gebildete Jugend!« Dann rollten die Lastwagen los zu einer Abschiedsparade durch die ganze Stadt. Liang Fang verließ Changsha für immer.

Schon in der darauffolgenden Woche sollte auch Liang Weiping abreisen. Sie fuhr mit der Fähre über den Fluß, um Vater ebenfalls noch einmal zu sehen, wurde aber abgewiesen und kam weinend heim. Die letzten Tage verbrachte sie zu Hause damit, alles in Ordnung zu bringen und zu putzen. Fenster wurden mit Pappe zugeklebt, und all jene Stellen an meiner Kleidung, wo der Stoff schon sehr dünn war, erhielten vorsorglich einen Flicken. Meine Schwester schrubbte sogar die Wände ab und wischte gründlich den Fußboden, aber die Wohnung sah danach noch genauso trostlos aus wie zuvor. Schließlich nahm Liang Weiping unsere gerahmten Familienfotos von der Wand und putzte das Glas, bis es makellos sauber war. Als sie damit fertig war, öffnete sie den Rahmen auf der Rückseite und nahm ein kleines Bild heraus. Es zeigte uns drei Kinder mit unserer Nai Nai. Ich saß dick und mit gerunzelten Brauen auf einem Dreirad, Liang Fang trug eine Latzhose, lächelte breit mit blitzend weißen Zähnen und trug Schleifchen im Haar, Nai Nai starrte ganz in Schwarz gekleidet mit leicht gekrümmtem Rücken und weit aufgerissenen Augen in die Kamera, Liang Weiping selbst wirkte pummelig und hübsch, obwohl ihr Haar wegen irgendeiner Kopfhauterkrankung kurzgeschnitten war.

»Liang Heng«, sagte meine Schwester. »Hättest du etwas dagegen, wenn ich dieses Bild mitnehme? Ich möchte etwas haben, das mich an unsere Familie erinnert.«

Tags darauf war auch sie fort. Am Abend entdeckte ich, daß sie eine kurze Nachricht für Vater hinterlassen hatte. Sie lautete: »Vater, ich liebe dich, und du fehlst mir sehr.« Erst als ich im Bett lag und nicht einschlafen konnte, begriff ich, wie furchtbar allein ich war. Die letzten Worte meiner Schwester klangen mir noch in den Ohren, doch kamen sie mir ironisch vor: »Weißt du, vielleicht lassen sie mich draußen auf dem Land sogar der Kommunistischen Jugendliga beitreten!«

Kapitel 13

Auf der Straße

Zu Hause fühlte ich mich einsam und verlassen. Ich war dreizehn Jahre alt, und ich brachte es einfach nicht über mich, daheim herumzusitzen und die Werke des Vorsitzenden Mao zu lesen, mochte mir auch noch so sehr daran gelegen sein, meinem Vater eine Freude zu bereiten. Auch hatte sich etwas in mir verändert. All die Gewalttätigkeiten hatten mich abgestumpft, und es war mir gleichgültig geworden, ob ich jemals wieder an der Revolution teilnehmen würde. Meine Familie hatte so viel für sie geopfert, ohne daß es ihr irgendeinen Nutzen gebracht hätte. Wenn niemand für mich sorgte – warum sollte ich mich dann um mich selbst kümmern? Ich sehnte mich nach aufregenden Erlebnissen, und ich war sogar bereit, Gefahren auf mich zu nehmen. Es war mir gleichgültig, ob ich dabei das Leben verlor oder nicht.

Meine Abenteuer begannen in den kalten Frühlingstagen des Jahres 1968, wenige Monate nachdem meine Schwestern fortgegangen waren, an dem Tag, als mein schlauer Freund Klein Li zurückkam. Da seine Mutter seit kurzem an einem ideologischen Umerziehungsprogramm teilnehmen mußte und es in ihrer Einheit keinen Platz für ein Kind gab, kehrte er in die Wohnung zurück, in der er aufgewachsen war. Unsere Väter hatten etwa um die gleiche Zeit von daheim fortgehen müssen. So verfügten wir nun über zwei leere Wohnungen, in denen wir spielen konnten.

Wir beide gerieten in eine ungewöhnliche Gruppe, die sich aus Söhnen einiger der ranghöchsten Kadermitglieder der Provinz Hunan zusammensetzte. Normalerweise hätten wir so privilegierte Kinder nie kennengelernt, aber Klein Li war, nachdem er vier Jahre lang die der Zeitung angegliederte Grundschule besucht hatte, in die exklusive Schule aufgenommen worden, in welcher nur Kinder der Elite erzogen wurden. Eigentlich wäre er dazu nicht berechtigt gewesen, aber seine Mutter hatte Beziehungen zum Schulleiter, und so wurde er gewissermaßen durch die Hintertür zugelassen. Inzwischen hatte die Kulturrevolution jedoch die hochwohlgeborenen Sprößlinge der Machthaber auf dieselbe Stufe wie uns gestellt, denn auch sie hatten ihre Eltern verloren. Nach wie vor wohnten sie in den Häusern, die den Parteimitgliedern der Provinz Hunan vorbehalten waren, oder im Bereich des militärischen Sperrgebietes, aber sie kamen jeden Tag zu Klein Li. Wir bildeten eine Art Bande von Blutsbrüdern, die sich unter einem Bild des Vorsitzenden Mao Treue geschworen hatten. Was uns miteinander verband, war eher die Furcht vor Bedrohungen von außen als echte Kameradschaft. Solche Banden gab es viele in jener Zeit, denn von Recht und Ordnung konnte in der Stadt schon längst keine Rede mehr sein. Die berüchtigten Berufsverbrecher aus den Tagen vor der Befreiung waren wiederaufgetaucht, und Tausende von jungen Leuten trieben sich in den Straßen herum. Es gab keine Schulen mehr, in denen sie unterrichtet oder gar beaufsichtigt werden konnten. Viele mußten sich ohne ihre Eltern durchschlagen, weil jene an irgendwelchen Umerziehungsprogrammen teilnehmen mußten. So rotteten sie sich zusammen, um zu überleben. Unsere Gruppe war hierfür ein typisches Beispiel, aber eigentlich waren wir alle aus sehr unterschiedlichem Holz geschnitzt.

Allein wie unterschiedlich wir auf das Geschick unserer Eltern reagierten, zeigte, wie weit wir in Wirklichkeit voneinander entfernt waren. Ich dachte nur an Selbstverteidigung, während die Kinder der hohen Beamten Rache planten. Sie waren Macht gewohnt und genauso arrogant wie vor der Kulturrevolution. Unentwegt sprachen sie von den Möglichkeiten, jene zu bestrafen, die ihre Eltern auf großen Plakaten angeprangert oder in aller Öffentlichkeit verprügelt hatten. Sie notierten sich die entsprechenden Namen und warteten zuversichtlich auf den Tag, an dem sich die Machtverhältnisse wieder zu ihren Gunsten verändert hätten. Ihre stille Zuversicht war mir völlig fremd.

Die meiste Zeit verbrachten wir damit, uns gemeinsam im Kämpfen zu üben. Wir bildeten uns selbst aus, indem wir uns mit allen möglichen Kampftechniken befaßten. Tagelang versuchten wir, Ziegelsteine mit der Handkante zu durchschlagen, bis unsere Hände bluteten. Wir ertrugen den Schmerz und warteten ab, bis die Wunden zu Schwielen vernarbt waren. Ich wuchs inzwischen so rasch wie junger Bambus. Die Hosen reichten mir nur noch bis zu den Waden, mein Hemd spannte sich über der Brust. Es war ein gutes Gefühl, Gegenstände zu zerschlagen und meine Muskeln härter und größer werden zu sehen. Mein Körper sehnte sich nach einer Prüfung.

Die Söhne der hohen Kadermitglieder brachten bisweilen Alkohol mit zu

Klein Li. Dann tranken wir und kämpften gegeneinander, zu siebt oder zu acht in einem kleinen Zimmer. Wir waren zwar nicht wütend aufeinander, setzten aber trotzdem all unsere Kraft ein, denn wir genossen das Gefühl, wenn unsere Fäuste mit einem dumpfen Geräusch den Körper des Gegners trafen. Den Schmerz empfanden wir als etwas Tröstliches, und die blauen Flecken galten uns als Zeichen unserer Ausdauer und Härte. Wenn dann zuletzt die leeren Weinflaschen auf dem Zementfußboden zerschellten und uns der ganze Körper wehtat, schüttelten wir uns die Hände und zündeten uns gegenseitig Zigaretten an – teure Zigaretten, die nur in den exklusiven Hotels und Läden für die Führungsschicht zu kaufen waren. Es war ein schönes Leben.
Der Anführer unserer Gruppe war der sechzehnjährige Sohn des Stellvertretenden Kommandeurs der Militärregion von Hunan. Er hieß Cheng Guang. Ich mochte ihn sehr, vor allem wegen seines offenen und freimütigen Wesens, aber auch wegen seiner enormen Schmerzunempfindlichkeit. Meine Selbstdisziplin wurde allein schon dadurch größer, daß ich ihm zusah, wie er weiter an sich arbeitete, wenn uns schon der Atem ausging. Unermüdlich kämpfte er mit Händen und Füßen gegen einen unsichtbaren Gegner. Gut sah er aus, dunkelhaarig und hellhäutig wie die Leute aus dem Norden, mit der Andeutung eines Schnurrbarts. Er zog nie seine echte Soldatenuniform aus, auch wenn der Schweiß seine Jacke durchnäßt hatte. Ich erinnere mich, wie er die Roten Garden wegen ihrer der Armee nachempfundenen Uniformen auslachte. Stets zeigte er mir dann das schräg verlaufende Webmuster seiner grünen Jacke mit den Worten: »Das ist Qualität, wie man sie nur bei der Volksbefreiungsarmee findet.« Ich lernte von ihm, daß man einen Sohn eines hohen Kadermitgliedes immer an seiner Jacke, den weiten blauen Hosen, den weißen Handschuhen und den auffälligen schwarzen Cordschuhen Pekinger Machart erkennen konnte. Diese Art inoffizieller Uniform wird noch heute getragen.
Anfänglich war ich von Cheng Guang ein wenig schockiert, denn er hatte eine Freundin. Das war unvorstellbar, um nicht zu sagen gefährlich für jemanden in seinem Alter. Alle wußten, daß man mindestens achtzehn Jahre alt sein mußte, bevor man überhaupt an dergleichen denken durfte. Einer von Liang Fangs Klassenkameraden war von der Schule verwiesen worden, weil er dieses Verbot leichtfertig übertreten hatte. Doch Cheng Guang dachte nicht daran, seine Freundschaft mit dem Mädchen geheimzuhalten. Er trug ihr Foto in der Brusttasche mit sich herum, und wir sahen, daß sie mollig und hübsch war und den modisch kurzen Haarschnitt der Revolutionäre trug. Anfänglich fühlte

ich mich peinlich berührt, doch dann regte sich in mir ein anderes Gefühl: Neid.

Klein Li wollte mit Liebesgeschichten von Jugendlichen nichts zu tun haben, denn dazu war er zu wohlerzogen, ja sogar zu prüde. Als Cheng Guang uns eines Tages bat, einen von ihm verfaßten Liebesbrief zu korrigieren – Eliteschule oder nicht, wir, die Kinder von Intellektuellen, waren trotzdem die besseren Schüler –, wies er dieses Ansinnen fast grob von sich. Bei diesem Anlaß spürte ich genau, daß sich Cheng Guang von unserer Freundschaft unter anderem auch diese Art von Hilfeleistungen erhoffte. Mich selbst kümmerte es nicht, worauf ich mich eingelassen hatte und ob ich in Verruf geraten würde. Deshalb übersah ich Klein Lis Stirnrunzeln und lud Cheng Guang sogar ein, mich daheim zu besuchen.

Es machte mich beklommen, mit dem von mir so sehr bewunderten Freund allein zu sein, und gewiß schämte ich mich auch ein wenig wegen unserer kargen Wohnung. Seit die Fensterscheiben eingeschlagen worden waren, war alles mit einer dicken Staubschicht bedeckt. Ein wenig unbeholfen faltete ich Cheng Guangs Brief auseinander, doch fühlte ich mich sogleich in meinem Selbstvertrauen gestärkt, als ich sah, daß ich zumindest in der Schule mehr gelernt hatte als er. Mein Freund hatte nämlich viele Zeichen falsch geschrieben, und überhaupt ließ seine Handschrift sehr zu wünschen übrig. Errötend verbesserte ich das Wort »Kuß«, fügte das Zeichen für »Mund« hinzu und malte in Schönschrift das Zeichen für »Umarmung« auf das Papier. Dabei erinnerte ich mich an einige Geschichten aus dem Westen, die ich vor der Kulturrevolution gelesen hatte, und schlug Cheng Guang vor, er solle seinem Mädchen lieber schreiben, sie habe Augen wie Sterne statt Augen wie der Mond. Hocherfreut ging er darauf ein. Am Ende schrieb ich alles noch einmal säuberlich für ihn ab. Er war dafür so dankbar, daß sich unsere Freundschaft fortan noch vertiefte.

Zur gleichen Zeit machte mir Klein Li auf enttäuschende Weise klar, daß seiner Lust an aufregenden Erlebnissen Grenzen gesetzt waren. So rückten wir innerlich immer mehr voneinander ab. Wie viele andere Kinder, denen nichts anderes einfiel, begann er Revolutionslieder auf der Geige zu üben. Gewiß ist die Musikalität vieler junger Menschen heutzutage eine unmittelbare Folge jener Phase der Kulturrevolution.

Mehr als einen Monat lang waren Cheng Guang und ich unzertrennlich, wie ein Körper und sein Schatten. Oft schlief er bei mir zu Hause, oder er lud mich ein, bei ihm im Militärhauptquartier zu übernachten. Dann mußte ich über die Mauer klettern, weil nur Armeemitgliedern der

Zutritt gestattet war. Dennoch wurden wir nie erwischt. Ich war nicht mehr einsam, sondern ich fühlte mich zum ersten Mal in Sicherheit, seit vor mehr als zwei Jahren mein eigener Vater auf den Wandzeitungen angeprangert worden war. Mit einem Freund wie Cheng Guang würde es niemand wagen, sich an mir zu vergreifen.

An einem klaren Winternachmittag sollte sich unsere Bande bei mir zu Hause treffen. Wir hatten vor, gemeinsam in den Märtyrerpark zu gehen. Cheng Guang verspätete sich. Wir machten gerade unsere Scherze darüber, daß er sicherlich von seinem Mädchen aufgehalten worden war, als er plötzlich hereingestürmt kam. Seine sonst so helle Haut war rot vor Wut, seine glatte Stirn von Zornesfalten gefurcht. »Meine Brüder!« rief er. »Wenn ihr wirklich meine Brüder seid – und immerhin haben wir uns doch Blutsbrüderschaft geschworen –, dann ist jetzt der Augenblick gekommen, es zu beweisen. Meine Freundin und ich fuhren gerade mit dem Rad am Fluß entlang. Da tauchten plötzlich ein paar Strolche auf, stießen sie vom Rad herunter und beleidigten sie. Wäre ich doch nur nicht allein gewesen, verdammt noch mal! Aber ich habe geschworen, es ihnen heimzuzahlen. Wir werden uns an ihnen rächen!«

Es war für mich eine gänzlich neue Sache, für die Ehre eines Mädchens einzutreten, aber Cheng Guang schien die Angelegenheit so ernst zu nehmen, daß mich ein wohliger Schauer der Erregung überrieselte. Einige der anderen Mitglieder unserer Bande grinsten jedoch verstohlen und fragten: »Was haben sie denn gesagt? Daß sie hübsch ist?«

»Hübsch? Quatsch!« rief Cheng Guang. »Sie nannten sie ›*mantou* – Berg‹!« Dabei hob er seine großen, weiß behandschuhten Hände vor die Brust und tat so, als quetschte er zwei füllige Brüste zusammen.

Da lachte sogar ich, aber Cheng Guang schrie: »Was ist daran so komisch?« Sofort verstummten wir.

»Wir treffen sie heute abend um sieben im Park auf der anderen Seite am Tor«, fuhr er fort. »Bestimmt werden wir es nicht leicht mit ihnen haben. Es sind sehr viele, eine richtige ›Schwarze Gesellschaft‹. Am besten greifen wir sie überraschend an und hauen danach sofort ab, bevor sie richtig begriffen haben, wer wir sind.«

Alle Söhne ranghoher Kadermitglieder hatten sich in unserer Bande selbst einen Rang zugeteilt, der dem ihrer Väter entsprach. Cheng Guang war unser Oberbefehlshaber. Trotz aller Bravour bekamen sie es ein wenig mit der Angst zu tun, als sie hörten, daß sie gegen echte Raufbolde antreten sollten. Aber niemand erhob Einspruch dagegen. Ich selbst holte tief Luft. Das war schon etwas anderes als unsere üblichen Eskapaden, bei denen es bislang höchstens darum gegangen war, die Bons für ein paar Ölkuchen zu stehlen, wenn die Kassiererin gerade einmal wegschaute. Aber wozu hatten wir solange geübt? Nun war der große Augenblick gekommen. Ich ballte meine Faust und fühlte, wie die Kraft durch meinen ganzen Körper strömte.

Die Sonne warf schon lange Schatten an jenem Abend, und der gelbe Mond stand tief am Himmel, als ich an dem verabredeten Treffpunkt, einer dicht bewaldeten Stelle im Park, eintraf. Die meisten meiner Kameraden waren mit Knüppeln und schweren Werkzeugen bewaffnet. Mir gab jemand zwei Eisenstangen, die ich mit beiden Fäusten packte. Cheng Guang hatte ein Bündel für mich mitgebracht. Er drückte es mir in die Hand und flüsterte: »Zieh das an und stell keine Fragen!« In eine grüne Militärjacke hatte er ein Paar weiße Handschuhe und eine weiße Gesichtsmaske eingewickelt.

Die Rowdies standen im Schatten der Bäume hinter dem Tor. Im schwachen Schein der Straßenbeleuchtung sahen wir sie mit Zigaretten im Mundwinkel dastehen. Sie waren eine bunt zusammengewürfelte Gruppe in dunkler Arbeitskleidung. Die meisten von ihnen faßten in ihre Hosentaschen, als sie uns kommen sahen. Mein Herz schlug heftig. Vielleicht waren sie Mitglieder der schlimmsten aller Banden, der »Fünf Tiger der Liu-Familie«. Eine Stimme kam aus dem Nichts: »Stinkende Söhne von schwarzen Parteikadern! Köter! Verlaßt euch nicht zu sehr auf die Macht eurer Herren!«

»Keine Angst!« flüsterte Cheng Guang heiser. »Wir werden gewinnen, weil wir schneller sind. Rennt los, sobald ich euch ein Zeichen gebe.« Dann schrie er aus Leibeskräften: »Drei Generationen eurer Vorfahren sollen verdammt sein!« Er stürmte los, wir dicht auf seinen Fersen. Ich schlug nach allen Seiten um mich. Die schweren Eisenstangen verliehen meinen Fäusten Wucht und Kraft. Manche meiner Schläge trafen, andere gingen ins Leere, aber ich kümmerte mich nicht darum. Es war ein irrsinniges Gefühl.

Der Kampf hatte noch nicht einmal zwanzig Sekunden gedauert, als uns Cheng Guang auch schon zum Rückzug aufforderte. Bevor unsere Gegner mir auch nur einen einzigen kräftigen Schlag versetzen konnten, hatte ich mich schon abgesetzt. Sie nahmen die Verfolgung auf. Das Tor zum Militärhauptquartier war nicht einmal hundert Meter entfernt, und Cheng Guang hatte alles sorgfältig geplant. Die Wachtposten ließen uns verblüfft passieren, doch als sich auch der angeschlagene Schlägertrupp an ihnen vorbeizwängen wollte, stellten sie sich den Rowdies mit aufgepflanztem Bajonett entgegen. Da mußten unsere überlisteten Verfolger jäh haltmachen. Wir waren in Sicherheit.

Cheng Guangs Taktik – und seine militärische Herkunft – hatten uns diesmal gerettet, doch war der Konflikt damit noch lange nicht ausgestanden. Unsere Feinde waren uns zahlenmäßig überlegen. Tag für Tag lauerten sie Cheng Guang außerhalb des Hauptquartiers auf, so daß er sich kaum noch hinauswagte. Zuletzt schickte er einen Unterhändler zu ihnen, und es wurde ein Preis von fünfzehn Stangen bester Zigaretten gefordert. Wir handelten sie auf acht Stangen herunter, die uns immer noch mehr als sechzig *yuan* kosten würden. Um meinem Freund aus der Patsche zu helfen, gab ich meine letzten vierzehn *yuan* her.

Eigenartigerweise erledigten sich während dieser Verhandlungen alle feindseligen Gefühle von selbst. Später stellten wir fest, daß wir uns Frieden und Freundschaft erkauft hatten. Selbst heutzutage besteht noch ein verläßliches Zusammengehen von Söhnen ranghoher Kadermitglieder und der »Schwarzen Gesellschaft«, das aus den Tagen der Kulturrevolution mit ihren Bündnissen und Bandenkriegen herrührt. Es war seltsam, aber ich fühlte mich zu jenen Menschen hingezogen, die zwar rauhe Kerle waren, deren Gefühle aber natürlich und aufrichtig zu sein schienen. Cheng Guang hingegen würde mich vergessen, sobald sein Vater seine hohe Position von einst wiedereingenommen hätte, dessen war ich mir sicher. Eigentlich hatte ich vieles mit diesen »Strolchen« gemein. Je mehr ich sie und Hunderte andere aus ihrer Umgebung kennenlernte, desto weniger kamen sie mir als Strolche vor.

Unter den jüngeren gab es Waisen, Gesetzesbrecher, Bauernsöhne, die ohne Genehmigung in die Stadt gekommen waren, Kinder wie ich, deren Eltern zur Umschulung aufs Land geschickt worden waren, Jugendliche mit höherer Schulbildung, die sich um die Landarbeit drücken wollten: bunt zusammengewürfelte Außenseiter, die auf diese niedrige gesellschaftliche Stufe gesunken waren. Außerdem waren da noch Leute, die schon älter waren – Müllmänner, Karrenzieher, Straßenkehrer oder Verkäufer von gebratenen Süßkartoffeln und Pfannkuchen mit grünen Zwiebeln, die in siedendem Öl fritiert wurden. Des weiteren wären noch Schlüsselmacher, Straßenhändler, die Reiswein verkauften, Schuh- und Kesselflicker sowie Männer zu nennen, die mit Rattengift handelten. Kurz, sie verrichteten alle Arbeiten, die nicht in die Zuständigkeit der Behörden fielen.

Anfänglich betrachtete ich diese Leute nur mit Neugier, doch allmählich wurde ich einer von ihnen. Ich konnte Stunden damit zubringen, mir ihre Klagen und Geschichten anzuhören. Im Frühjahr und im Sommer 1968 – ich war inzwischen vierzehn Jahre alt – trieb ich mich mit ihnen in irgendwelchen Teehäusern herum. Es lag mir kaum noch daran, nach

Hause zu gehen. Meist schlief ich nachts auf dem Bahnhof oder wo immer ich mich gerade spätabends befand. Obwohl meine neuen Kameraden bettelarm waren und ein eintöniges Leben führten, waren sie wirklich frei. In gewisser Weise waren staatliche Regeln und Verpflichtungen für sie bedeutungslos. Gewiß, sie wurden gelegentlich wegen ihrer Schwarzmarktgeschäfte oder wegen Erregung öffentlichen Ärgernisses festgenommen, aber solange sie nicht gegen irgendein höheres Gesetz verstießen, konnten sie die Polizei beschimpfen, fluchen und unverblümt ihre Meinung sagen, ohne Repressalien befürchten zu müssen. Die politischen Verhältnisse wandelten sich, aber irgendwie kratzten sie immer wieder ein paar *fen* zusammen, um ihren Tee zu bezahlen. Sie kümmerten sich umeinander und begannen auch bald, sich meiner anzunehmen. Längst hatten sie erfahren, was meinen Eltern widerfahren war. Voller Mitgefühl sprachen sie die Dinge aus, die ich nicht einmal zu denken wagte. Ihrer Meinung nach war die Kulturrevolution ein Fehler gewesen. Sie behaupteten auch, daß mein Vater nichts getan hatte, das Strafe verdiente. Kinder wie ich sollten sich eigentlich nicht mit ihnen auf den Straßen herumtreiben, sondern zur Schule gehen. Ich war zutiefst gerührt. Das waren die ersten tröstenden Worte, die ich seit Beginn der Kulturrevolution vernommen hatte.

Dennoch war dieser Friede für mich nicht ohne Bitternis. Wieder verdingte ich mich als Karrenzieher, diesmal jedoch nicht mit dem Gefühl, gesellschaftlich auf eine tiefere Stufe zu sinken. Eines Tages traf ich den Sohn des ultrarechten Herausgebers des *Hunan-Tageblattes*. Wenn dieser Junge seit 1957 Karren geschoben hatte – warum sollte ich mich dann schämen? Bald wußte ich genau, was ich für eine Fuhre verlangen durfte, und hatte gelernt, mir etwas in die eigene Tasche zu stecken, wenn ich eine Fuhre Äpfel oder Bananen beförderte. Ich erfuhr, was es bedeutete, im Schweiße seines Angesichts das tägliche Brot zu verdienen.

Ja, es war schon sehr schwer, sich durchzuschlagen. Selbst wenn man sich bis zur Erschöpfung abrackerte, sprangen pro Tag nur ein oder zwei *yuan* heraus. Auch hatte ich mir einige kostspielige Gewohnheiten zugelegt: Mit Wein und Zigaretten erhielt ich mir die Freundschaft anderer und betäubte zugleich meinen eigenen Schmerz. So kam es, daß ich die Lederkoffer meiner Familie für acht *yuan* das Stück verkaufte. Manchmal kroch ich auch nachts durch ein Fenster in die Kantine der Zeitung und stahl *mantou*, Kartoffeln, Eier und Hühnerfleisch. Nachdem ich mir den Bauch vollgeschlagen hatte, fühlte ich mich jedesmal elend, denn ich wußte, wie traurig Vater sein würde, wenn er erfuhr, daß ich zum Dieb und Herumtreiber geworden war. Ich konnte mir nicht helfen, aber manchmal kam ich mir vor wie eine Feder, die der Wind ziellos vor sich hertrieb. Mein ganzes Dasein schien nur aus abenteuerlichen Geschichten, Wein, Zigaretten und Flüchen zu bestehen.

Ein alter Mann, den wir »Pockennarben-Liu« nannten, freundete sich mit mir an. Er war ein hagerer Kerl mit eingesunkenen, narbigen Wangen. Seine vom Rauchen vergilbten Zähne hatten die Farbe von Heuschreckensaft. Eine Narbe, die vom Nacken aus quer über einen Teil seines Schädels verlief, bildete eine gerade weiße Schneise im grauen Stoppelhaar. Ein schmutziges Unterhemd spannte sich über seinen knochigen Schultern, und seine Sandalen sahen immer so groß aus, daß ich mir kaum vorstellen konnte, wie er es schaffte, sie nicht ständig zu verlieren. Er litt an leichtem Asthma, so daß seine Stimme krächzte, wenn er irgendwelche groben Witze zum besten gab. Doch trotz seiner vulgären und zynischen Art gehörte er zu den nettesten von allen.
Er arbeitete als Karrenschieber, und als er erfuhr, daß ich ein Neuling war, überließ er mir einen seiner Aufträge. Bei meiner Rückkehr bedankte ich mich bei ihm. Da verriet er mir all die Orte, wo ich kostenlos schwarzen Tee erhalten konnte, jenen Tee, der zwar so bitter schmeckte, daß man beim Trinken eine Grimasse schnitt, der aber dennoch die Lebensgeister weckte. Später, als Pockennarben-Liu dazu übergegangen war, am Tor zum Märtyrerpark in Öl gebackene Pfannkuchen zu verkaufen, nötigte er mir immer welche auf, ohne daß ich dafür bezahlen mußte. Ich aber erlaubte mir nie, mehr als einen zu essen, denn ich wußte, daß er das Geld genauso bitter nötig hatte wie ich selbst. Ungefähr einen Monat lang hatte ich keinen Kontakt mit ihm, aber schließlich kreuzten sich unsere Wege wieder am Nordbahnhof, wo er gerade aus einem der Büros trat.
Er war sehr schmutzig, und schon von weitem konnte ich feststellen, daß von ihm ein durchdringender, sehr vertrauter und zugleich schwer zu bestimmender Geruch ausging. Er begrüßte mich voller Begeisterung, doch zugleich gab er mir ein Zeichen, ihm nicht zu nahe zu kommen. »Dieser Schweinegestank bleibt an dir hängen, wenn du nicht aufpaßt!« rief er mir zu.
»Was hast du mit Schweinen zu schaffen?« fragte ich ihn aus sicherer Entfernung.
»Auf der Fahrt nach Guangzhou passe ich auf sie auf«, erwiderte er. »Pro Fahrt bekomme ich zwanzig *yuan*. Sie müssen unbedingt lebend ankommen, sonst kauft sie niemand in Hongkong. Sag mal«, fuhr er fort

und grinste mich aus seinem gelblich braunen Gesicht an. »Vielleicht nehmen sie dich, wenn ich mich für dich einsetze. Na, wie wär's?«
Ich wäre wirklich ein Narr gewesen, wenn ich abgelehnt hätte. zwanzig *yuan* war mehr Geld, als ich jemals zu Gesicht bekommen hatte, seit Vater zur Umschulung geschickt worden war. Wir verabredeten uns für den Nachmittag, nachdem sich Pockennarben-Liu im öffentlichen Badehaus gereinigt hatte.
Meine Körpergröße erwies sich als sehr nützlich. Pockennarben-Liu machte den Bahnbeamten weis, ich sei achtzehn Jahre alt und hätte mit Vieh Erfahrung. Nachdem man mich davor gewarnt hatte, mich mit den Schweinen nach Hongkong abzusetzen, heuerten sie mich an. Am nächsten Morgen führte mich Pockennarben-Liu an Dutzenden von Waggons mit Ochsen, Hühnern, Enten, Gänsen, Kaninchen und Fisch vorbei bis zu den Güterwagen, die mit Schweinen beladen waren. Aus jedem Waggon drang ein ganz besonderer Gestank, und auch die Geräusche waren unverkennbar. Im Vorbeigehen sah ich viele Augenpaare, die durch die Zwischenräume des Bretterverschlages starrten. In unserem doppelstöckigen Waggon waren mindestens dreißig Schweine, riesige Ungeheuer, von denen jedes mehr als doppelt soviel wie ich wog. Als wir einstiegen, verfolgten uns ihre kleinen intelligenten Knopfaugen. Die Tiere gaben äußerst seltsame und sehr unterschiedliche Laute von sich. – Die engen Schlafkojen befanden sich am Ende des Waggons und waren von den Schweinen nur durch eine dünne Bretterwand mit einem Durchlaß getrennt. Die meiste Zeit verbrachten wir damit, die Tiere zu füttern, ihr Wasser zu erneuern, den Mist wegzuschaufeln und überhaupt darauf zu achten, daß sie nicht erkrankten und starben. Plötzlich war ich mir nicht mehr sicher, ob sich diese ganze Mühe überhaupt lohnte, sogar für zwanzig *yuan*, aber Pockennarben-Liu hatte mir schon wieder den Wasserschlauch in die Hand gedrückt, und ich mußte an die Arbeit.
Das schlimmste war die Fütterung. Wenn ich die Holzeimer mit dem Fraß absetzte, mußte ich mit gekrümmtem Rücken in die Hocke gehen. Quietschend und grunzend kamen die Schweine sogleich auf mich zu gestürmt. Jedes versuchte, vor den anderen an das Fressen zu gelangen. Der Zug ratterte und schwankte derartig hin und her, daß die Tiere sich kaum auf den Füßen halten konnten. Ich stand Todesängste aus, daß eines der Schweine auf mich fallen und mich zerquetschen könnte. Vielleicht zerstampften sie mich in ihrem eigenen Kot, bevor Pockennarben-Liu merken konnte, was vorging. Schon nach einer Stunde schmerzte mein Rücken, und ich stank, als hätte ich mich absichtlich im Dreck

gewälzt. Der Gedanke war haarsträubend, daß ich während der zweieinhalbtägigen Reise die Schweine noch viermal füttern und fünfmal tränken mußte. Die Hauptlast der Arbeit würde auf mir ruhen, denn Pockennarben-Liu war alt, und ich war es ihm schuldig, daß er ein wenig zur Ruhe kam.

Nachts fand ich keinen Schlaf. Der Gestank war derartig stechend, daß ich nach Luft rang. Der Lärm um mich herum veränderte sich zwar ständig, nahm aber nicht ab. Dreißig Schweine pissen nie gleichzeitig. Alle paar Minuten vernahm ich das durchdringende zischende Geräusch, begleitet vom Grunzen und Quietschen der anderen Schweine und dem Brüllen der Ochsen im nächsten Güterwagen. Nicht einmal das eintönige Rattern des Zuges machte mich schläfrig.

Es muß lange nach Mitternacht gewesen sein, als der Zug mit einem Ruck unplanmäßig anhielt. In der relativen Stille hörte ich, wie sich Pockennarben-Liu in der Koje unter mir herumwälzte, und ich begriff, daß auch er nicht schlafen konnte. »Alter Liu!« rief ich leise. »Hast du Hunger?« Dann reichte ich ihm in der Dunkelheit eine halbe *mantou* hinunter und spürte, wie er mit seiner knotigen Hand danach griff.

»Danke, Großer«, antwortete er. »Ich könnte einen Bissen vertragen, obwohl es einem ziemlich schwerfällt, bei diesem Gestank zu essen.«

Ich lehnte mich über den Rand meiner Koje und blickte hinunter. »Hast du dich noch immer nicht daran gewöhnt?«

»Das werde ich nie! Der Himmel weiß, was ich in diesem Leben schon alles gemacht habe, von der Imkerei bis zum Schullehrer, aber das hier ist das Schlimmste. Man wird nie wieder sauber.«

»Ich wußte nicht, daß du Lehrer warst«, sagte ich. Daraufhin erzählte mir Pockennarben-Liu seine Geschichte.

Früher war er Arbeiter in einer Handtuchfabrik gewesen, verdiente sich aber etwas dazu, indem er zwei Zimmer vermietete. Nach der Befreiung wurden die Räume beschlagnahmt. Er und seine Frau wurden aufs Land geschickt, weil sie zu der Klasse der Unterdrücker zählten. Da er einige Bücher gelesen und eine schöne Handschrift hatte, forderte man ihn auf, in der dortigen Grundschule zu unterrichten. Dann, 1958 während des »Großen Sprungs nach vorn«, als die Volkskommunen gegründet wurden, hatte er sich in der neuen Kantine des Kollektivs über das Essen beschwert und war dafür streng getadelt worden. Er verlor auch seinen Posten als Lehrer.

»Verdammtes Pack!« fluchte er. »Was für ein Narr ich doch war, mich zu beschweren. Weißt du, wenn die nur lange genug so weitermachen, dann haben wir bald kein Problem mehr mit der Übervölkerung.«

Ich mußte an Vaters Beschreibung der Bauern denken, die tot in ihren Feldern herumgelegen hatten, als es in den frühen sechziger Jahren nach Einführung der Kommunen zur Katastrophe gekommen war. Jetzt verstand ich Lius Empörung. »Wo ist deine Familie?« erkundigte ich mich.

»Die Welt ist jetzt meine Familie. Als meine Frau auf dem Land lebte, verfiel sie den abergläubischen Ansichten der Bauern, und eine davon hat sie umgebracht«, meinte er mit einem bitteren Lachen. »Eines Tages hörte sie eine Krähe oben auf dem Dachvorsprung krächzen. Eine alte Nachbarsfrau meinte dazu, dies bedeute, daß bald eine Armee vorbeiziehen würde. Diese Nachricht verbreitete meine Frau überall, so daß sie auch den Brigadeführern zu Ohren kam. Drei Wochen später hörten wir, daß Chiang Chieshih eine Invasion gestartet hatte. Deshalb beschlossen unsere Anführer, an meiner Frau ein Exempel zu statuieren, weil sie angeblich den Feind willkommen geheißen hatte. Sie sperrten sie in eine dunkle Kammer und schlugen sie.« Pockennarben-Liu hielt einen Augenblick inne, um dann mit heiserer Stimme fortzufahren: »Ein paar Tage später ließ man sie laufen, aber sie sprang in den Teich ... Viele Leute sind auf ähnliche Weise umgekommen, lauter gute Menschen.«

Ich wußte nicht, was ich sagen sollte, und stammelte: »Na ja, meine eigene Familie hat wohl ziemliches Glück gehabt.«

»Oh, da bin ich mir nicht so sicher«, erwiderte er. »Meine Frau ist jetzt von allem befreit, und obwohl ich selbst der Niedrigste aller Niedrigen bin, bin ich es auch. Ich muß niemandem Rede und Antwort stehen. Manchmal versuche ich zu begreifen, was um mich herum vor sich geht, aber das macht die Sache nur noch schlimmer. So viele Narren bedanken sich noch dafür, daß sie mit Kot beworfen werden! Laß dich nicht genauso an der Nase herumführen, Großer! Je mehr du glaubst, desto mehr hast du zu verlieren und riskierst, daß man dich für dumm verkauft.«

Seine Worte ließen mich an meinen Vater denken. Obwohl ich nichts sagte, dachte ich insgeheim bei mir, wie gut es war, daß er so starke Überzeugungen und so große Geduld hatte. Falls sich mein eigener Vater in seinen Ansichten als schwächer erwies, würde er sich vielleicht genauso wie die Frau von Pockennarben-Liu umbringen. Ich war jedoch nicht bereit, im Tod eine Art der Befreiung zu sehen, doch tröstete ich mich mit dem Gedanken, daß die meisten Menschen so ähnlich wie mein eigener Vater waren. Es gab sicherlich nur eine Handvoll Menschen wie den alten Mann dort unten in seiner Koje. »Warum hat der Zug wohl angehalten?« fragte ich, indem ich das Thema wechselte.

»Wahrscheinlich wegen der Ladung Fisch. Vielleicht ist das Wasser übergeschwappt, oder ein Tank hat ein Leck, so daß er wieder aufgefüllt werden muß. Letztes Mal standen wir über drei Stunden.«
Seine Worte schläferten mich ein, und auch die Schweine schienen endlich müde zu sein. »Laß uns jetzt schlafen, alter Liu, ja?« sagte ich.
»Träume schön, Großer.«
Doch in jener Nacht träumte ich von vielen tausend Schweinen, die mich aus Tausenden von Augen hungrig anstarrten ...

Endlich kamen wir in Guangzhou an. Ich hatte mich die ganze Zeit darauf gefreut, meine hübsche kleine Freundin Sha An zu besuchen, denn ich hatte durchaus nicht ihre Tränen vergessen, die sie vor Jahren auf dem Bahnhof vergossen hatte, als sie sich von mir und Liang Fang verabschiedete. Auch fragte ich mich, was aus ihrer Familie während der Kulturrevolution geworden war. Ihr Vater hatte nämlich genau wie meiner als Journalist seinen Lebensunterhalt verdient. Ich ging ins Badehaus und wusch mich, bis meine Finger vor lauter Wasser weich und runzlig waren, aber dann mußte ich mir doch eingestehen, daß ich unmöglich so zu ihr gehen konnte. Der Geruch von Schweine-Urin, Kot, Schweiß und Unrat haftete noch immer an mir, sogar die frische Kleidung, die ich während der Fahrt unter der verschlissenen Steppdecke aufbewahrt hatte, hatte sich mit ihm vollgesogen. Traurig bestieg ich mit Pockennarben-Liu den nächsten Zug nach Hause. Die beiden Zehn-*yuan*-Scheine brannten mir in der Tasche wie glühende Kohle.

»Von nun an kann ich jede Woche einmal nach Hause kommen. Warum warst du nicht da? Ich hoffe, die Wohnung ist am nächsten Sonntag sauberer. Es sieht aus, als hätten Hunde hier gehaust. Dein Vater.«
Diese Nachricht fand ich an einem Freitagnachmittag im Winter 1968 vor. Am Morgen hatte ich zusammen mit Freunden ein paar harte Schnäpse getrunken. Wir hatten das Zeug hinuntergeschluckt, als müßten wir uns damit aufwärmen, weil wir zu arm waren, um uns Brennmaterial zu leisten. Vaters elegante Schriftzeichen auf dem vergilbten Zeitungspapier wirkten auf groteske Weise graziös. Ihr Anblick machte mich augenblicklich nüchtern. Ich ließ mich auf die schmutzige, zerdrückte Steppdecke sinken und brach in Tränen aus.
Was muß er sich wohl gedacht haben, als er den muffigen Geruch in unserer Wohnung wahrgenommen und die dicke Staubschicht auf meiner Reisschale und den Stäbchen gesehen hatte? Hatte er bemerkt, daß die Lederkoffer und das Moskitonetz verschwunden waren? Und ob er

wohl gefröstelt hatte, als der Wind durch die unverriegelten Fenster fuhr? Mich schauderte bei dem Gedanken, daß er erraten hatte, was für ein Leben ich führte. Schlagartig wurde mir klar, daß ich nicht einmal zwei Tage hatte, um alles in Ordnung zu bringen und mir eine plausible Erklärung einfallen zu lassen, wo ich mich herumgetrieben hatte.

Nicht einmal Liang Weiping hätte so arbeiten können, wie ich es diesmal tat. Schon am nächsten Nachmittag war der Staub verschwunden. Fast alle unsere Bettlaken und Decken hingen am öffentlichen Waschplatz an der Wäscheleine und trockneten im spärlichen Licht der winterlichen Sonne. Meine Hände waren gerötet vom vielen Schrubben, und die Glieder schmerzten mir von den ungewohnten Anstrengungen, aber ich hatte keine Zeit, um mich auszuruhen. Als ich fertig war, setzte ich mich hin und trug nachträglich alles in mein Schulheft ein, was ich verpaßt hatte, darunter auch die Titel von Artikeln und Kapiteln aus den Werken des Vorsitzenden Mao, die zu lesen ich mir vorgenommen hatte. Ich konnte darauf rechnen, daß Klein Li mir den Rest eintrichtern würde. Endlich war alles bereit.

Vater kam früh am Sonntag morgen an. Sein Besuch verlief seltsam, wir waren beide neugierig, wie es dem anderen ergangen war, und hüteten zugleich argwöhnisch unsere Geheimnisse. Seine Laune war schlechter denn je. Manchmal ging er im Zimmer auf und ab wie ein Tiger in einem Käfig, ein andermal legte er sich aufs Bett, zog wütend an seiner Zigarette und seufzte tief. Ich erzählte ihm, daß ich in der Zwischenzeit bei Klein Li gewohnt hatte, worauf er mich scharf musterte und mir einen kurzen Vortrag über die Bedeutung des Lernens hielt. Er berichtete mir von der Tochter eines Kollegen, die eine Zeitlang auf der Straße gelebt hatte. Sie sei geschwängert, verhaftet und ins Arbeitslager gesteckt worden. Dann sagte er zu mir, er hoffe, daß ich ihm keine Schande und keinen Kummer bereiten würde. Dagegen protestierte ich heftig, aber er sah mich mit einem ernsten, tiefen und leidenden Augenausdruck an, als wüßte er schon alles.

Ich konnte mir selbst ausrechnen, daß er nur deshalb zu Hause sein durfte, weil sein »politisches Problem« geklärt war. In Wirklichkeit war dieses Problem nicht schlimmer als das der meisten anderen Menschen, doch hatte er an der Umschulung teilnehmen müssen ohne Anrecht auf gelegentliche Besuche daheim. Es herrschte nämlich noch immer einige Unklarheit darüber, warum er einst der Jugendliga der Guomindang beigetreten war. Außerdem mußte zuvor der Fall seines Bruders und seiner Schwester aufgeklärt werden, die mit der Guomindang nach Taiwan gegangen waren. Doch nun hatte Vater wieder eine reine Weste, und es war nur eine Frage der Zeit, bis er wieder gänzlich »befreit« und aufs Land geschickt würde. Er hatte so oft und so viel über sein »politisches Problem« schreiben müssen, daß er davon alt und müde geworden war. Jetzt, da seine Entlastung unmittelbar bevorstand, schien er innerlich so gebrochen zu sein, daß er sich nicht mehr darüber freuen konnte.

An den darauffolgenden Sonntagen erfuhr ich mehr über die Zeit der Umerziehung und begann zu verstehen, warum er immer so reizbar war, wenn er nach Hause kam. Er berichtete, daß dort jeder Mensch mit einem anderen ein »Rotes Paar« bildete und seinem Partner jederzeit alle Gedanken, ja sogar die Träume berichten mußte. Sofern seine Gedanken revolutionär und loyal waren, erhielt er Zuspruch, hatte er dagegen Heimweh oder vermißte Frau und Kinder, beschuldigte man ihn »privater Gedanken« und kritisierte ihn. Vaters Partner war ein ehemaliger Kollege namens Tang. Die beiden kannten ihre geheimsten Gedanken mittlerweile besser, als Liebende sich kennen, und sie behandelten sich gegenseitig mit eiserner Strenge. Jedesmal, wenn Vater mich daheim besuchte, ließ er seinen Sorgen und seiner Unzufriedenheit freien Lauf, weil er sie nicht mehr vor seinem Partner verbergen mußte. »Was wollen die bloß von mir?« hörte ich ihn immer wieder murren. »Ich habe ihnen doch alles schon hundertmal erzählt!«

Vaters Rückkehr beendete mein Herumstreunen. Ich besuchte Klein Li und stellte fest, daß er die ganze Zeit über daheim geblieben war und eifrig gelernt hatte. Übrigens war er inzwischen zu einem passablen Geiger geworden. Ich schloß mich ihm und seinen Freunden an. Wir lernten zusammen und lasen nicht nur die Werke des Vorsitzenden Mao, sondern auch die von Marx und Lenin. Genau wie mein Vater machte ich mir bei der Lektüre zahlreiche Notizen und war überhaupt sehr gründlich. Alle Bücher und Schriften verkündeten, wie glorreich der Sozialismus sei. Vielleicht gab es in unserer eigenen Gesellschaft gegenwärtig nur deshalb so viele Ungereimtheiten, weil die Leute die Anweisungen des Vorsitzenden Mao nicht richtig befolgt hatten. Obwohl wir so viel durchgemacht hatten, hatte niemand von uns den Glauben verloren. Wenn wir gerade einmal nicht hart arbeiteten, übten wir auf unseren Instrumenten, züchteten Tauben und warteten pflichtergeben auf die Heimkehr unserer Eltern.

Kapitel 14

Wir werden Bauern

Schließlich wurde Vater »befreit«, um Bauer zu werden. Wie der Vorsitzende Mao verkündete, hatten die Parteikader Irrtümer begangen, weil sie sich schon seit zu langer Zeit von ihren natürlichen Wurzeln entfernt hatten. Nun sollten sie sich zum Zwecke einer längeren Umerziehung auf dem Lande ansiedeln. Gleichzeitig würden sie dazu beitragen, »dem Kapitalismus den Schwanz abzuschlagen«, indem sie auch in die entferntesten Regionen von China revolutionäres Gedankengut brachten und dessen richtige Auslegung gewährleisteten.

Ich sollte natürlich auch mitkommen. Vater ging davon aus, daß er nun bis ans Ende seiner Tage Bauer sein würde, doch er schien sich darüber sogar zu freuen. Offenbar verspürte er nicht mehr die geringste Lust, seine frühere Laufbahn weiterzuverfolgen.

»Als Schreiber lebt man zu gefährlich«, meinte er scherzhaft. »Ich will mich lieber als Bauer abplagen. Du wirst dann der Sohn eines Bauern sein, und niemand wird dir mehr vorwerfen können, schlechten Einflüssen ausgesetzt zu werden.«

Ein weiterer Grund für seine frohe Stimmung lag in der Tatsache, daß er nach fünf Jahren Ehe, die bis dahin nur auf dem Papier bestanden hatte, endlich mit seiner Frau zusammenleben konnte. Deren Umsiedlung aus ihrem kleinen Heimatort in die Großstadt war die ganze Zeit ein unerfüllbarer Wunschtraum geblieben. Jetzt wurde beiden jedoch ohne Schwierigkeiten die Genehmigung erteilt, sich in derselben kargen Region auf dem Lande niederzulassen. Zhu Zhidao konnte also ihren bisherigen Umerziehungskursus verlassen und traf mit all ihren Habseligkeiten auf der Schulter bei uns in Changsha ein.

Das Frühlingsfest im Februar 1969 wurde vielerorts freudig gefeiert, obwohl keine der traditionellen Festlichkeiten und Familienzusammenkünfte erlaubt waren. In jedem Theater konnte man Mitglieder von Propagandatrupps auf der Bühne sehen, die die Kleidung der Parteikader und der »Gebildeten Jugendlichen« trugen. Sie marschierten mit Rucksäcken auf dem Rücken und mit ihren »Kleinen Roten Büchern« in den Händen und sangen dazu:

> Wo immer die Revolution uns am meisten braucht, ob an der Grenze, im Lande, ob in den ärmsten Regionen unseres Landes, wollen wir für sie streiten. Große Partei, Geliebter Vorsitzender, wir erwarten euren Befehl.

Sie wurden von rotwangigen Bauern mit Hühnern, Pappmaché-Schweinen und Reisbündeln auf den Schultern begrüßt, die dazu sangen: »Wie sehr seid ihr uns willkommen, wie lange schon haben wir uns nach den Gaben der Revolution gesehnt ...« Dann klatschten beide Gruppen enthusiastisch in die Hände und wandten sich zum Schluß an das Publikum, um einen Lobgesang auf unser großes Sozialistisches Vaterland anzustimmen. Unsere zuvor als Verbrecher beschimpften Väter waren zu Vorbildern geworden.

Vater, Zhu Zhidao und ich nahmen an Schulungsveranstaltungen im Zeitungsgebäude teil. Wir mußten aufrecht dasitzen und dabei unsere »Kleinen Roten Bücher« links vor die Brust halten. Der Reihe nach mußte jeder von uns ein paar Worte sprechen, denn man erwartete von uns, daß wir uns als disziplinierte Streiter für die Revolution erwiesen, die ihre Begeisterung über die Möglichkeit, Bauer zu werden, gebührend zum Ausdruck brachten. Manchmal mußte Vater mich mit dem Ellbogen anstoßen, wenn ich in Gedanken ganz bei den Erdnüssen und Zigaretten war, derentwegen ich eigentlich gekommen war. Dann pflegte ich pflichtschuldigst zu erklären, ich könne es kaum noch erwarten, die Fackel der Revolution zu empfangen und voranzutragen. Damals hatte ich bereits gelernt, wie und wann man die Parolen hersagen mußte, die in den Zeitungen abgedruckt wurden.

Der Gedanke, Bauer zu werden, gefiel mir tatsächlich, obwohl ich wußte, daß wir in eine besonders arme Gegend ziehen würden, nämlich in den Landkreis Changling im Hengyang-Distrikt. Diesmal liefen wir zumindest nicht vor etwas davon, sondern ließen uns woanders nieder, um unseren Lebensunterhalt zu verdienen. Ich malte mir aus, wie wir pflügen und säen würden, selbstangebaute Nahrung essen und einiges von unserer Würde zurückgewinnen könnten.

Das schlimmste Problem für die Parteikader war der Mangel an Möbeln. Die meisten Familien nannten noch nicht einmal ein Bett ihr eigen. Was sich in ihren Wohnungen befand, stand ihnen einschließlich Wasser und Strom für fünf *yuan* im Monat zur Verfügung. Holz war in Changsha furchtbar knapp, da sich die Provinz von der massiven Abholzung nie mehr erholt hatte, die der »Große Sprung nach vorn« mit sich gebracht hatte. Man konnte sich daher weder selbst etwas zusammenzimmern noch irgend etwas kaufen. Die Zeitung kam uns schließlich zu Hilfe: Sie war bereit, jeder Familie für siebzig *yuan*, was ein akzeptabler Preis war, ein Bett zu verkaufen. Mein Vater fühlte sich reich, da ihm nach sechzehn Monaten Umerziehung ein Teil seines gesperrten Gehalts ausgezahlt worden war. So erstand er bei der Zeitung auch einen Tisch für uns sowie all die anderen Dinge, die wir seiner Meinung nach brauchen würden: kegelförmige Bauernhüte zum Schutz gegen Sonne und Regen, Gemüsesamen, Kerosinlaternen, Bücher über Landwirtschaft, zusätzliche Tragstangen und Körbe. Er wußte, daß es dort, wo wir uns ansiedeln wollten, kaum Läden gab.

Etwas allerdings trübte meine Freude. Wie schon berichtet, hatte mein Vater das *Hunan-Tageblatt* offiziell verlassen, als seine persönliche Akte zum Umerziehungslehrgang überstellt wurde. Das Gehalt, das er nun erhielt, würde ihm auf dem Land in der Militärgarnison ausgezahlt, deren Zuständigkeit all jene Parteikader unterstanden, die in den Hengyang-Distrikt zogen. Seine Akte sollte zwar bei der Dienststelle in Changsha bleiben, doch unsere dortige Aufenthaltsgenehmigung sollte in der Kommune ausgestellt werden, der man uns zuteilte. Die Vorstellung, alle Verbindungen zu der Stadt aufgeben zu müssen, in der ich mein ganzes Leben verbracht hatte, hatte etwas Erschreckendes an sich.

Ich hatte viele Leute gekannt, die gern nach Changsha gezogen wären, so auch meine Amme und Tantchen Zhu, doch sie alle waren daran gescheitert, daß sie keine Aufenthaltsgenehmigung für Changsha besaßen. Ohne dieses Papier – und ohne ein entsprechendes amtliches Schreiben – würden auch wir in Zukunft nicht einmal besuchsweise nach Changsha fahren dürfen. Wir würden in kein Hotel gehen können, und der Aufenthalt bei Freunden wäre wegen einer eventuellen Kontrolle unserer Papiere ebenfalls zu riskant. Vor der Kulturrevolution waren solche Kontrollen nur an wichtigen Feiertagen durchgeführt worden. Inzwischen kamen die Kontrolleure jede Nacht nach zwölf Uhr, klopften an die Tür und überprüften rasch die Papiere der Familie. Sämtliche Gäste mußten dem Amt für Öffentliche Sicherheit gemeldet werden, und nur, wenn triftige Gründe für ihren Besuch vorlagen, erhielten sie eine zeitlich befristete Aufenthaltsgenehmigung. Ohne eine solche Genehmigung liefen sie Gefahr, verhaftet und eingesperrt zu werden. Das Amt für Öffentliche Sicherheit erklärte dazu, es bedürfe verstärkter Kontrollen, um »Gebildete Jugendliche«, die auf illegalem Weg vom Land in die

Stadt zurückkehren wollten, ausfindig zu machen, doch boten die häufigen Kontrollen zugleich die Möglichkeit, jeden festzunehmen.

Die Nacht, in der zwei Männer vom Amt für Öffentliche Sicherheit zu uns kamen, um unsere Aufenthaltsgenehmigungen einzuziehen, war ein düsterer Augenblick in unserem Leben. Die beiden wirkten hart und kalt, und das war schließlich kein Wunder, denn sie taten nichts anderes, als uns aus der Stadt zu vertreiben. Zunächst wandten sie sich an mich, um die Herausgabe der Papiere zu fordern, da sich Vater im hinteren Zimmer aufhielt. Aus einer Ahnung heraus, die ich nicht deuten konnte, sagte ich zu ihnen: »Wir haben sie verloren.«

Aber da kam Vater hinzu und nahm ohne Zögern das rote Plastikbüchlein aus der Schublade, in der wir unsere Essensmarken und die Gutscheine für Reis aufbewahrten. Er tat das Büchlein in einen großen weißen Handschuh hinein, und es verschwand für immer im blauen, wattierten Mantel des Polizeibeamten.

Mein Vater bezahlt bis zum heutigen Tag einen hohen Preis für seine Aufrichtigkeit und Geradlinigkeit.

Plötzlich wurde mir bewußt, in welcher Lage ich mich befand. Ich verspürte große innere Unruhe und hatte das dringende Bedürfnis, noch etwas sehr Wichtiges hinter mich zu bringen: Ich wollte meine Mutter besuchen.

Als ich den vertrauten Weg entlangging, erblickte ich als erstes Waipo. Sie kniete neben dem der Gemeinde gehörenden Wasserhahn und wusch Reis. Dabei drehte sie mir den Rücken zu. Ich blieb einen Moment hinter ihr stehen und betrachtete ihre schlanken, knochigen Hände, mit denen sie den Reis säuberte, bis das Wasser klar blieb. Sie wirkte wie ein emsiges Nagetier.

»Waipo«, sagte ich, doch sie konnte mich nicht hören, da das Plätschern des Wassers meine Stimme übertönte. »Waipo«, wiederholte ich lauter. »Ich bin es, Liang Heng.«

Sie wandte den Kopf, und ich sah wieder die schiefen Zähne in ihrem kleinen Gesicht, das mittlerweile von noch mehr Falten und Linien gefurcht war, als hätten hundert Vögel ihre Spuren in weichem, braunem Lehm zurückgelassen.

»Klein Dickerchen!« rief sie aus und erhob sich, um mich zu umarmen. »Du hartherziges Kind, warum hast du uns nie besucht? Weißt du nicht mehr, wer dich aufgezogen hat? Schämst du dich denn gar nicht?«

Sie brach in Tränen aus, lächelte jedoch dabei. Schließlich sagte sie:

»Deine arme Mutter vermißt dich so sehr! Sie träumt jede Nacht von dir. Nun, deine Schwestern sind jedenfalls nicht wie du. Sie haben uns oft hier besucht, bevor sie aufs Land gezogen sind.«

Das waren erstaunliche Neuigkeiten für mich. Deshalb also hatte damals Liang Weiping so seltsam reagiert, als ich sie fragte, wo sie den Nachmittag vor ihrer Abreise verbracht hatte! Meine Schwestern hatten mich mit all dem Gerede über die »wahre revolutionäre Gesinnung« getäuscht! Ich hätte mich keineswegs die ganze Zeit rar machen müssen, ebensowenig, wie sie es getan hatten.

»Du bist so gewachsen, daß deine Mutter dich kaum wiedererkennen wird«, meinte Waipo und legte ihre kalten, roten Hände auf mein Gesicht. »Und was ist mit deinen Kleidern! Sie sind dir ja viel zu klein! Dein armer Vater kann sich offenbar nicht richtig um dich kümmern.«

Ich fand meine Stimme wieder. »Wo ist Mama?«

Waipo führte mich die enge Gasse hinunter. Gleich darauf trat ich durch den dunklen, hölzernen Korridor in den raucherfüllten Küchenbereich. Mutter war über den Kohleofen gebeugt und nahm unten die verbrannten Lotusbriketts heraus, um oben neue nachlegen zu können. Trotz der Dunkelheit sah ich, daß ihr Haar grau geworden war.

»Zhide!« rief Waipo. »Sieh nur, wer hier ist.«

Mutter stand auf. Sie wirkte sehr massig in dem kleinen Raum. Als sie mich erkannte, blieb sie wie angewurzelt stehen. Tränen liefen über ihr Gesicht. Zehn Minuten später saß ich auf dem hölzernen Bett, das sich Mutter und Waipo nachts teilten. Die Worte sprudelten nur so aus den beiden Frauen heraus, während sie geschäftig hantierten und mich abwechselnd mit heißem Wasser und pikant gewürztem Gebäck versorgten, das sie mir aus einer Keksdose in die Hand schütteten. Innerhalb der Familie habe sich vieles verändert, erzählten sie mir. Die älteren Kusinen waren schon vor langer Zeit aufs Land gezogen. Man hatte ihnen nicht erlaubt, eine höhere Schule zu besuchen, weil Onkel Yan der Makel anhaftete, ein »Rechter« zu sein. Onkel Yan war seine »Kappe« inzwischen los und hatte bei seiner früheren Dienststelle, dem Hospital Nr. 1, eine Beschäftigung in der Aufnahmestation gefunden. »Es ist ein gewaltiger Abstieg für ihn«, seufzte Waipo. »Doch zumindest muß er dort mit niemandem reden und bekommt keinen Ärger.«

»Außerdem hat sich bei mir durch Onkel Lei vieles verändert«, berichtete Mutter weiter. »Von ihm habe ich viele Dinge gelernt.«

»Onkel Lei?« fragte ich erstaunt. Sie glaubte anscheinend, daß ich wußte, um wen es sich handelte. Plötzlich färbte sich Mutters Gesicht dunkelrot. »Weißt du nicht, wer das ist?« fragte sie zurück.

»Onkel Lei ist Mutters Ehemann«, erklärte Waipo. »Er ist gerade nicht hier, doch bis zum Abendessen wird er zurück sein.«
Die Trennung unserer Familie kam mir mit schmerzlicher Wucht zu Bewußtsein. Natürlich war es ganz normal, daß auch Mutter wieder geheiratet hatte, ebenso wie zuvor Vater. Dennoch überraschte es mich, nichts davon erfahren zu haben. Schließlich wurde überall gern geklatscht, und Mutter lebte nicht weit von der Zeitung entfernt. Falls Vater davon wußte, hatte er es offenbar nicht für notwendig gehalten, mir davon zu erzählen.
Ich hörte, daß Onkel Lei als Buchhalter in einer Teeverpackungsfabrik arbeitete und daß sie bald nach Vaters Eheschließung mit Zhu Zhidao geheiratet hatten. Durch Herkunft und Werdegang war er noch größeren Gefahren ausgesetzt als Vater, denn er war ein echter Intellektueller und besaß ein Diplom in Wirtschaftswissenschaften der Pekinger Universität. Sein älterer Bruder, der jetzt in Taiwan lebte, war für die Guomindang als Botschafter in Frankreich, Kuba und Kanada tätig gewesen. Darüber hinaus war ihm von der Pariser Universität der Doktortitel in Völkerrecht verliehen worden. Onkel Leis jüngere Schwester und deren Mann arbeiteten als Wissenschaftler am Institut für Botanik und Physiologie in Shanghai und hatten beide an der Universität von Pennsylvania in den Vereinigten Staaten einen Hochschulabschluß erworben. Mutter und Onkel Lei waren um sie in äußerster Sorge, seitdem man sie beschuldigt hatte, amerikanische Spione zu sein. (Aus welch anderem Grund, so wurde es offiziell dargestellt, hätten sie nach China zurückkommen sollen, als einen Spionageauftrag zu erfüllen?) Seit mehreren Monaten hatten Mutter und Onkel Lei nichts mehr von ihnen gehört. Ein weiterer Bruder, ein Ingenieur, war im Jahr zuvor durch eine verirrte Kugel in der Provinz Guangxi getötet worden. In dieser Provinz hatte die Kulturrevolution noch blutiger getobt als in Hunan.
»Wir haben bis jetzt sehr viel Glück gehabt«, meinte Mutter und fuhr fort: »Onkel Lei ist sehr vorsichtig. Er legt sich mit niemandem an, geht möglichst wenig aus und sagt nur zu Hause, was er wirklich denkt. Ich habe von ihm gelernt, meine Gedanken für mich zu behalten, so daß auch ich wenig Ärger bekommen habe. Es ist, als ob wir unter einem Schirm leben, der uns Schutz und Sicherheit gibt.«
Während Mutter mir das alles erzählte, stellte ich fest, wie sehr sie sich verändert hatte. Von der energischen Entschlossenheit, die einst so charakteristisch für sie gewesen war, spürte man nichts mehr. Statt dessen empfand ich sie als schüchtern und in sich gekehrt. Sie wirkte irgendwie kleiner als früher, trotz ihrer körperlichen Üppigkeit.

Später sprachen wir über mich und darüber, wie es mir in der letzten Zeit ergangen war. Als ich mit meiner Schilderung fertig war, sagte Mutter: »Du hast mir sehr gefehlt, aber ich habe dir niemals einen Vorwurf daraus gemacht, daß du mich nicht besucht hast. Vielleicht ist es so besser gewesen. Doch nun bist du gekommen. Ich sehe, was für ein großer und kräftiger Junge du geworden bist, aber nun erzählst du mir, daß du von hier fortgehst, um auf dem Land zu leben. Das ist fast mehr, als ich ertragen kann.« Sie stand auf und kramte in einer Schublade, wobei sie versuchte, ihre Tränen vor mir zu verbergen. Dann drehte sie sich wieder zu mir um und schob mir fünf *yuan* in die Hand. »Du wirst es gut gebrauchen können. Ich bin schon eine alte Frau und habe kaum noch Bedürfnisse.«

Ich wollte das Geld nicht, denn ich wußte nicht, wie ich hinterher erklären sollte, woher es stammte, doch Mutter zuliebe nahm ich es an. Irgendwie fühlte ich mich immer elender, je länger ich dort saß. Inzwischen erkannte ich, daß die Trennung für sie noch viel schlimmer gewesen war als für mich. In all den Jahren war ich nie zu ihr gegangen, und ich bereute zutiefst, so grausam und hart zu ihr gewesen zu sein. Daher war es für mich eine Erleichterung, als Onkel Lei erschien. Ich konnte mich nun ganz darauf konzentrieren, meinen neuen Verwandten kennenzulernen.

Onkel Lei war ein hagerer, sehr zurückhaltender Mann mit sanfter Stimme. Er trug eine Brille, und sein Haar hatte sich schon ziemlich gelichtet. Wie mir schien, freute er sich sehr über meinen Besuch. Ich merkte gleich, daß er sich nichts aus leeren Worten machte, aber die Art, wie er mir freundschaftlich auf die Schulter klopfte und mich immer wieder aufmerksam ansah, sagte mehr als alle Worte. Ich bedauerte nun noch mehr, nicht schon früher gekommen zu sein. Zumindest hätte ich dort eine Art Zuhause finden können.

Waipo bereitete mir eine scharf gewürzte Pfeffersuppe und mein Lieblingsgericht, das aus gebratenem Reis mit Eiern bestand. Dann aßen wir alle zusammen, aber ich wurde immer unruhiger, denn Vater machte sich über mein langes Fortbleiben sicher schon Sorgen. Schließlich konnte ich meinen Besuch nicht länger ausdehnen. Mutter und Waipo bestanden darauf, mich bis zum rückwärtigen Tor des Zeitungsgebäudes zu bringen. Als ich hineinging, sah ich sie beide regungslos am Anfang der kleinen Gasse stehen. Aus der Entfernung wirkten ihre Gestalten wie Buddhafiguren: die eine knochig und von erhabener Weisheit, die andere üppig und von ruhiger Gelassenheit.

Während der Zwei-Tage-Fahrt war die Stimmung der Kadermitglieder und ihrer Familien gut. Es waren Leute vom Provinzkomitee der Kommunistischen Jugendliga und vom Komitee der Nationalen Minderheiten dabei sowie Angehörige der Zeitung, insgesamt wohl an die dreihundertfünfzig Menschen. Während der Fahrt in den offenen Lastwagen wurden wir gegeneinandergeschüttelt, was einerseits unvermeidbar, uns jedoch auch sehr willkommen war, denn die vielen Körper hielten sich dadurch gegenseitig warm. Wir wurden so dicht zusammengedrängt, daß bald so etwas wie Vertrautheit entstand, und da wir alle guter Stimmung waren, schlossen wir schnell Freundschaft miteinander. Wir blieben eine Nacht in Hengyang, wo wir jeweils zu zehnt in einem Raum schliefen, und fuhren am Tag darauf weiter durchs Gebirge. Bei Anbruch der Dämmerung kamen wir bei der Präfektur von Guanling im Landkreis Changling an.

Doch wie wenig entsprach die Art unseres Empfangs den Schilderungen der Propagandasprecher! Zwar standen die Bauern tatsächlich am Anfang der mit Kopfstein gepflasterten Straße und hielten Gongs und Kracher in den Händen, doch ihr Willkommensgesang klang eher lustlos. Und als unsere Lastwagen weiter in die Stadt hineinfuhren, sah ich zu meinem Entsetzen in jedem Hauseingang eine Leiche hängen! Es wirkte wie ein unheimlicher Massenselbstmord.

Schon wenige Augenblicke später entdeckte ich, daß es sich um Strohpuppen von Liu Shaoqi handelte, die im Zwielicht wie leblose Körper aussahen. Doch der Schock hatte meine frohe Stimmung zerstört, und als wir endlich haltmachten, kletterte ich mit einem wachsenden Gefühl des Unbehagens aus dem Wagen. Eine kleine Gruppe Bauern, die nur Haut und Knochen zu sein schienen, hatte sich auf dem Dreschplatz versammelt, um uns zu begrüßen. Bestürzt nahmen wir die kärgliche Umgebung in Augenschein. Die Leute hatten noch nicht einmal Tee oder heißes Wasser für uns vorbereitet.

Unsere Gastgeber waren offenbar nicht sehr daran interessiert, uns beim Entladen der Gepäckwagen zu helfen. Statt dessen bewunderten sie lieber die hübschen, bemalten Möbel. Die vielen kleinen Kinder, die uns seit der Ankunft in der Stadt gefolgt waren, liefen zwischen unseren Beinen herum, starrten uns an und schnitten in den von uns mitgebrachten Spiegeln Gesichter. Nichts war organisiert, und in dem allgemeinen Durcheinander fiel alles kreuz und quer: Lotusbriketts wurden zu Boden geschleudert und brachen entzwei, Thermosflaschen fielen vom Wagen herunter und wurden von aufgeregten Großmüttern eingesammelt. Zum Glück hatte Vater seine fünf Sinne vollkommen beisammen. Er stand

oben auf dem Wagen und reichte uns von der Seite unsere Habseligkeiten direkt an. Inzwischen hatten einige der alten Frauen begonnen, mit den zerbrochenen Briketts Feuer zu machen und auf dem Zementboden des Dreschplatzes Reis zu kochen.
Während die Leute ihre Sachen zusammensuchten, kroch kalte Angst in mir hoch. Ich fror und war hungrig. Da ich wußte, daß wir noch viele Meilen von unserem eigentlichen Bestimmungsort entfernt waren, fragte ich mich, wie wir unseren Besitz in der Dunkelheit weitertransportieren sollten. Unser Kompanieführer, der alte Dai, ein ehemaliger Mitarbeiter der Zeitung mit untadeliger politischer Vergangenheit, stand bei einem einflußreich wirkenden Mann, von dem jemand sagte, er sei der Parteisekretär der »Gänsehofkommune«, die unser aller Zielort war. Die beiden Männer schienen Listen zu vergleichen. Schließlich riefen sie laut nach Ordnung. Dann wurden wir in Gruppen eingeteilt.
Zuerst rief der alte Dai den Namen eines Kadermitglieds auf, dann nannte der Parteisekretär den Namen einer Produktionsabteilung (siehe Erläuterungen, Seite 7/8). Jeder Produktionsabteilung wurde nur eine Familie zugewiesen, so daß wir uns von unseren neugewonnenen Freunden wieder trennen mußten, um allein bei den Bauern zu leben. Nachdem sich die jeweilige Familie per Handheben gemeldet hatte, kam ein Vertreter der Bauern zu ihnen herüber und besprach alles Nötige mit ihnen. Ein paar Familien, die kaum Möbel besaßen, packten sogleich ihre Sachen und verschwanden in der Dunkelheit, doch die meisten von uns standen in Gruppen beieinander und besprachen aufgeregt, was mit dem vielen Gepäck geschehen sollte.
Wir gehörten zu denen, die zuletzt aufgerufen wurden. Als der alte Dai »Liang Shan!« rief, sprang Vater auf die Füße und meldete sich mit einem lauten »Hier, hier!« Der Parteisekretär las vor: »Brigade Goldener Markt, Produktionsabteilung Nummer neun!«
Ein untersetzter Mann löste sich aus der Menge und rollte sich dabei lässig eine Zigarette. Eine Tragstange baumelte lose über seine Schulter.
»Ich bin Rechnungsführer Wang«, sagte er und ging auf Vater zu. »Bist du allein?«
Vater deutete auf Zhu Zhidao und mich, und wir sahen, wie der Mann die Stirn runzelte. »So viele haben wir nicht erwartet. Wir haben während der Bewegung für Sozialistische Erziehung immer nur ein Kadermitglied aufgenommen, aber noch nie eine ganze Familie. Das alles können wir unmöglich bewältigen.«
Vater schob eine von seinen guten Zigaretten in die Hand von Rech-

nungsführer Wang. Während er ihm mit seiner eigenen Zigarette Feuer gab, fragte er: »Was sollen wir also tun?«

»Laß uns zum Brigadeführer gehen, zu Parteisekretär Li.«

Anscheinend war der Brigadeführer jener Mann, der mitten in einer Gruppe von Bauern stand und den man schon aus einiger Ferne laut schreien und fluchen hören konnte.

»Ihr Schweine!« schrie er. »Wenn ihr das Zeug nicht allein schleppen könnt, dann geht doch zurück und holt euch Hilfe! Eure Mütter sind Huren, wenn ihr nicht alleine zurechtkommt!«

Seine Arroganz erstaunte mich, aber wenigstens war uns eine direkte Konfrontation mit ihm erspart geblieben.

Rechnungsführer Wang zuckte die Schultern und meinte: »Dann will ich mal losgehen. Es ist nicht weit.«

Ich wußte, wie weit die Ortschaften auf dem Land voneinander entfernt lagen, und der Gedanke daran verbesserte meine Stimmung keineswegs, doch im Moment konnten wir nichts weiter tun. Mittlerweile waren alle Leute aus dem Dorf zum Abendessen nach Hause gegangen, und auch die Amtspersonen schienen der Meinung zu sein, daß ihre Arbeit erledigt war, nachdem sie uns eingeteilt hatten. So blieb uns nichts übrig, als gemeinsam mit den anderen Familien, die wie wir vor ihren Möbeln hockten, in der feuchten Nachtluft unserer neuen Heimat zu warten.

Die Bauern kamen anderthalb Stunden später zurück. Es waren kräftige junge Männer mit Körben und Tragstangen dabei. Sie hießen alle Wang oder Guo, denn die etwa hundert Angehörigen der Produktionsabteilung stammten sämtlich von diesen beiden Familien ab. Bemerkenswert flink luden sie unsere Sachen auf, bis wir schließlich nur noch das Mittelteil des Doppelbetts zu tragen hatten, das aus einem Holzrahmen mit geflochtenem Stroh bestand. Natürlich kamen die Bauern viel schneller vorwärts als wir, aber sie hatten einen kleinen Jungen von etwa neun Jahren bei uns zurückgelassen, der uns den Weg mit einer Fackel leuchtete.

Das Kind war sehr umsichtig und rauchte unterwegs Zigaretten. Das Bett war schwer, so daß wir alle hundert Meter eine kurze Pause einlegen mußten. Klein Guo, wie wir ihn nennen sollten, wartete jedesmal mit seiner Fackel bei uns und setzte sich erst dann wieder pflichtbewußt in Bewegung, wenn wir unsere Last erneut aufnahmen. Nach einer Weile begann der Knabe, ein kleines Volkslied vor sich hinzusingen. Vater bat ihn, anzuhalten und das Lied zu wiederholen. Im flackernden Licht der Fackel hielt er diese Perle der Volkskunst auf dem Papier fest. Während er die Verse niederschrieb, belebten sich seine Züge derart, wie ich es

schon seit Jahren nicht mehr an ihm gesehen hatte. Ein andermal wollte der kleine Guo von uns wissen, ob wir Angst vor Tigern hätten. Ich erwiderte, natürlich hätten wir keine Angst, und im nächsten Moment reichte der Kleine mir die Fackel, um, wie er sagte, ein Stück vorauszulaufen und seine Notdurft zu verrichten. Als Vater und ich zu einem großen Felsblock kamen, ertönte auf einmal ein furchterregendes Knurren und Grollen, das uns in der Dunkelheit einen mächtigen Schrecken einjagte. Dann trat der Junge hinter dem Felsen hervor und verkündete triumphierend: »Ich wußte, daß ihr doch Angst vor Tigern habt!«
Es muß schon beinahe Mitternacht gewesen sein, als wir ankamen. Klein Guo brachte uns direkt zum Haus jenes Mannes, der die Produktionsabteilung leitete. Eine ganze Schar von Männern mit glattrasierten Köpfen saß um das Feuer und erwartete uns.
Der Leiter der Produktionsabteilung kam sofort zur Sache. »Da der Vorsitzende Mao euch zu uns geschickt hat, wollen wir euch willkommen heißen. Doch unsere Abteilung hat bereits zahlreiche Mitglieder und nur sehr wenig Land. Wenn wir eine gute Ernte einbringen, bekommt jeder von uns nur dreihundert bis vierhundert *jin* im Jahr, und dabei ist das, was die Süßkartoffeln einbringen, schon mitgerechnet.«
Nachdem Vater so viele Jahre lang als Landwirtschaftsreporter tätig gewesen war, kannte er sich aus. Was er soeben erfahren hatte, erstaunte ihn. »Wovon lebt ihr dann in der übrigen Zeit?« fragte er.
»Manchmal hilft uns die Regierung, aber wir haben es immer sehr schwer. Liang ...« – der Leiter der Produktionsabteilung seufzte tief – »vielleicht ist es das beste, wenn du mit den Leitern der Kommune sprichst und sie fragst, ob ihr nicht woandershin gehen könnt. Bei uns ist einfach kein Platz mehr für euch.«
Die anderen stimmten ihm bei: »Es sind schon zu viele von euch da.« Oder: »Ihr habt keine Erfahrung.« Und eine ärgerliche Stimme sagte: »Die verdammten Brigadeführer teilen ihren eigenen Produktionsabteilungen nie jemand zu!«
Mit sanfter Stimme wandte sich Vater an die Versammlung: »Ihr Bauern, hört mich an. Begreift bitte, daß wir nicht aus eigenem Antrieb zu euch gekommen sind. Die anderen haben uns zu euch geschickt. Wir können sie nicht auffordern, uns woandershin zu schicken. Bitte verzeiht uns. Wir werden euch bei der Arbeit helfen, so gut wir nur können.«
»Bei der Arbeit helfen? Wir müssen euch zu essen geben, und ihr braucht auch ein Dach über dem Kopf. Was für eine Art Hilfe soll das denn sein?« kam die Antwort im Chor zurück.
Vater schwieg einen Moment und meinte dann: »Wir können nicht

zurück. Wir haben für die Stadt keine Aufenthaltsgenehmigung mehr. Doch wenn ihr wollt, gehe ich morgen zu den Leitern der Kommune und berichte ihnen von euren Schwierigkeiten.«

Die Bauern wurden sanfter, als sie merkten, daß Vater ein rechtschaffener Mann war und sein Möglichstes für sie tun würde.

»Es hat keinen Sinn, heute abend noch länger darüber zu diskutieren«, erklärte der Führer der Produktionsabteilung. »Jetzt laßt unsere Gäste essen!«

Sie komplimentierten uns in einen Nebenraum, wo große Schüsseln mit Speisen in der traditionell gastfreundlichen Art der Landbewohner für uns zubereitet worden waren. Ich bekam große Augen, als ich die dicken Stücke Schweinefleisch erblickte, und ließ es mir sogleich schmecken, kaum daß ich mich hingesetzt hatte.

Indes, ich fühlte, daß ich das Mißfallen der Bauern erregt hatte, als ich von dem Schweinefleisch kostete. Eine der Frauen, die seitlich stand und den Männern und Knaben beim Essen zusah, beugte sich vor und bedeckte das Fleisch mit Kohl, während eine andere versuchte, meine Aufmerksamkeit davon abzulenken, indem sie mich drängte, etwas Suppe zu nehmen.

Als wir später zu unserem Quartier geführt wurden, flüsterte Vater mir zu: »Dieses Fleisch war für das Frühlingsfest bestimmt. Sie opfern es ihren Göttern. Es stand nur deshalb auf dem Tisch, weil sie damit ihre Gastfreundschaft zeigen wollten. Wenn wir mit den Bauern hier in Frieden leben wollen, müssen wir ihre Sitten und Gebräuche respektieren.«

Vater und Zhu Zhidao wurden zu einem der Häuser geleitet, während ich in einem anderen untergebracht wurde, wo ich das Bett mit einem Bauernjungen teilte.

Am nächsten Tag mußte sich Vater gar nicht erst die Mühe machen, die Leiter der Kommune aufzusuchen, denn sie kamen von selbst zu unserer Produktionsabteilung: der Parteisekretär der Kommune, der fluchende Brigadeführer Li und unser Kompanieführer. Der alte Dai schien als einziger von ihnen nicht betrunken zu sein. Mit dem roten Stern an seiner Militärmütze wirkte er sehr amtlich.

Zu unserer Überraschung war bei den Bauern inzwischen nicht mehr die geringste Spur von Ablehnung zu spüren. Im Gegensatz zum Vorabend wirkten sie auf einmal seltsam stoisch. Produktionsabteilungsleiter Guo schaffte Reiswein herbei und füllte große Teetassen damit. Während er den Gästen zu trinken anbot, kamen allmählich immer mehr Leute in den Versammlungsraum, die an den Wänden stehenblieben. Dann be-

gann Vater, die Probleme der Bauern vorzutragen, doch er hatte kaum die ersten Sätze gesprochen, als der Parteisekretär der Kommune auch schon explodierte.
»Was soll das bedeuten?« fragte er und schlug mit seiner kräftigen Faust auf den Tisch, wobei er sich an die versammelten Bauern wandte. »Ist das etwa eure Antwort auf den Ruf unseres Vorsitzenden Mao? Ist das eure Art, seine Anordnungen zu befolgen? Er lehrt uns: ›Fürchtet weder Mühsal noch Tod!‹ – Was macht es euch also aus, ein paar Mäuler mehr zu füttern? Der Vorsitzende Mao hat sie hierher geschickt. Wenn ihr sie nicht willkommen heißt, widersetzt ihr euch unserem Großen Vorsitzenden.«
Brigadeführer Li war noch brutaler: »Ihr verdammten Hurensöhne! Wenn alle anderen es schaffen, warum seid ihr dann nicht dazu fähig? Die Kadermitglieder werden euch zugeteilt, ganz egal, ob ihr genug Reis zu essen habt oder nicht. So ist es eben, und dabei bleibt es.«
Wir verspürten ein tiefes Unbehagen darüber, daß man uns den Bauern auf diese Weise aufzwingen wollte. Niemand protestierte jedoch mit einem einzigen Wort gegen diese Grobheiten. Es schien sie nicht besonders zu berühren. Sie waren wie Maultiere, denen man die Peitsche gibt, und sie wußten, daß sie am Ende doch gehorchen mußten. Jetzt wunderte ich mich nicht länger über all das, was ich zuvor über den selbstherrlichen »Arbeitsstil« der Anführer auf dem Lande gehört hatte! Gewappnet mit Zitaten des Vorsitzenden Mao, herrschten sie wie Despoten in ihren kleinen Königreichen.
Nachdem sich die drei Männer zu einer anderen Produktionsabteilung aufgemacht hatten, brachte uns der Abteilungsführer Guo in einem Raum im Hause seines jüngeren Bruders unter. »Guo ›Glücklicher Wohlstand‹ und seine Frau haben keine Kinder«, sagte er zu Vater. »Deshalb könnt ihr diesen Raum hier benutzen. In der Küche könnt ihr ein kleines Bett für den Jungen aufstellen.«
Die Aussicht, ausgerechnet im rauchigsten Raum des Hauses zu schlafen, war nicht gerade erfreulich, doch ich hatte keine andere Wahl. Zumindest schien das Bauernpaar, bei dem wir wohnen sollten, dem ersten Eindruck nach recht freundlich zu sein.
»Nun zeige ich euch das Stück Land, auf dem ihr Gemüse anbauen könnt«, erklärte Produktionsabteilungsleiter Guo, der sichtlich erfreut war über Vaters Zufriedenheit angesichts unserer Unterbringung. Er führte uns in die Felder hinaus, und ich stellte fest, daß es sich um eine liebliche, vertrauenerweckende Gegend handelte. Es war die typische Landschaft von Hunan, mit eisenhaltiger, roter Erde und Lehmhäusern

in derselben Farbe und mit gelben Reisfeldern und blauen Bergen in der Ferne. Natürlich war es im Februar in Hunan bitter kalt. Südlich des Jangtse gibt es nirgendwo Zentralheizung, nicht einmal in den Städten, doch ich war daran gewöhnt, im Winter immer ein wenig zu frieren.
Als wir zu unserer Parzelle kamen, beugte ich mich hinunter und brach aus der kalten, trockenen Erde ein Stück heraus. Ich konnte kaum glauben, daß uns diese Erde Kohl und Süßkartoffeln, Bohnen und weiße Rüben geben sollte. Dann fiel mein Blick auf Vaters frisch geputzte, glänzende Lederschuhe. Ich betrachtete seine adrette städtische Kleidung, die die natürliche Eleganz seiner Statur betonte, und sein Intellektuellengesicht hinter den dicken Brillengläsern, das jetzt einen verwirrten Ausdruck hatte. An diesem Ort, wo alles die rötliche Färbung des Landes hatte, wirkte er sehr seltsam. Plötzlich fragte ich mich, wie wir jemals hier zurechtkommen würden.
Obwohl Vater nun offiziell auch als Bauer galt, unterschied sich seine Situation doch beträchtlich von der der angestammten Bauern. Ähnlich wie die Vorgesetzten, die wir kennengelernt hatten, bezog er ein Gehalt von der Regierung. Die Abrechnung erfolgte über die Parteischule, doch ausgezahlt wurde es in der Kommune. Außerdem bekam er Bezugsscheine für sechsundzwanzig *jin* Reis im Monat, was zwar nicht viel war, ihm jedoch genügte. Diese Bezugsscheine ermöglichten ihm, die ihm zustehende Menge in der städtischen Sammelstelle für landwirtschaftliche Erzeugnisse zu kaufen. Dort lieferten die Bauern den für die Regierung bestimmten Teil ihrer Ernte ab. Die Nahrungsmittel wurden per Schiff in die Städte befördert. Vaters Arbeit auf den Feldern war natürlich Teil seiner Umerziehung. Sie wurde ihm jedoch in keiner Weise vergütet. Insofern bürdete Vater den Bauern keine zusätzliche finanzielle Belastung auf, abgesehen von der kleinen Gemüseparzelle, die vom Land einer anderen Familie abgezweigt wurde.
Das Problem bestand vielmehr in uns anderen Familienmitgliedern. Unsere Reisgutscheine für einundzwanzig *jin* reichten nicht aus, und ebenso wie die Bauern bekamen wir keinen Lohn. Die Bestimmungen der Regierung sahen vor, daß wir uns genau wie die Bauern Punkte verdienen konnten, wenn wir mit ihnen auf den Feldern arbeiteten. Das System funktionierte folgendermaßen: Die Arbeit eines jeden Tages erbrachte eine bestimmte Anzahl von Punkten, nämlich zehn für einen Mann, sieben für eine Frau und drei oder vier für Kinder und alte Leute. Am Jahresende wurden die Punkte, die sich jemand erworben hatte, zusammengezählt. In unserer Produktionsabteilung entsprachen zehn Punkte nur einem Gegenwert von vierzehn *fen*, wovon man die extreme Armut

der Gegend ablesen konnte. Von dieser hypothetischen Summe wurde der Geldwert abgezogen, welcher der Menge Reis und Süßkartoffeln entsprach, die die betreffende Person erhalten hatte. So ergab sich entweder ein geringes Guthaben, das ausgezahlt wurde, sofern die Produktionsabteilung über Bargeld verfügte, oder aber eine Schuld gegenüber der Produktionsabteilung. Sie konnte in den darauffolgenden Jahren abgearbeitet werden. Unsere Eingliederung in dieses System war deshalb so wenig erwünscht, weil bereits die größtmögliche Produktionsrate erreicht war, so daß zusätzliche Arbeitskräfte weder mehr Reis noch mehr Süßkartoffeln bedeuteten. Selbst wenn es so gewesen wäre, hätte es nichts genutzt, denn wir waren viel zu unerfahren. Die Gesamteinnahmen der Produktionsabteilung standen also fest, sowohl was die Menge der geernteten Lebensmittel betraf als auch in Hinblick auf das dafür zu erwartende Bargeld. Durch unser Hinzukommen würde die Armut der Bauern noch ein wenig verschlimmert. Kein Wunder, daß die Leute gehofft hatten, man würde uns woandershin schicken.

Schließlich erkauften wir uns die Aufnahme in ihre Produktionsabteilung. Die Bauern waren in solch hohem Maße unzufrieden geworden, daß eine neue Verordnung erlassen wurde, der zufolge sämtliche Kadermitglieder fortan verpflichtet waren, einen Teil ihrer Ersparnisse entsprechend ihrer jeweiligen finanziellen Lage in die Produktionsabteilung zu »investieren«. In unserem Fall wurde eine Summe von zweihundert *yuan* festgesetzt, was zwar ein gepfeffert hoher Preis war, sich jedoch als lohnend erwies. Die Mitglieder unserer Produktionsabteilung waren hocherfreut darüber, denn sie brauchten dringend Düngemittel, für die ihr eigenes Geld nicht ausreichte. Mit Vaters Beitrag konnten sie nun Chemikalien für ein ganzes Jahr kaufen. Zugleich wurde den Bauern klar, daß wir gekommen waren, um tatsächlich bei ihnen zu leben. Da Vater ein gebildeter Mann war, bestand seine Mission darin, »den Frühlingswind des Gedankengutes unseres Vorsitzenden Mao über das ganze Land wehen zu lassen«, und dieser Aufgabe widmete er sich voller Engagement und Energie. Durch seine Leistung wurden wir zu echten Mitgliedern der Gemeinschaft.

In jener bitterkalten Zeit, die zwischen Winterende und Frühlingsanfang liegt, pflegten die Bauern ihre Türen so fest wie möglich gegen den Wind zu verriegeln. Die Familien saßen dicht gedrängt um das Reisigfeuer in der Küche, alle hatten die Hände bis zu den Ellbogen in die Ärmel gesteckt und die Köpfe in den schäbigen Jacken verborgen wie ängstliche Schildkröten. Auf diese Weise verbrachten sie die kurzen Tage, um sich abends wieder unter ihrem warmen Bettzeug zu verkriechen.

Vaters Ankunft hatte diesen Winterschlaf jäh unterbrochen. Jetzt standen die Türen offen im pfeifenden Wind, und emsige rote Hände beklebten sie innen und außen mit jenen »Versen«, die Vater auf rotes Papier gemalt hatte. Die Bauern empfanden die papierenen Parolen anscheinend als hübschen Schmuck für ihre Häuser, und Rechnungsführer Wang, der als einziger Erwachsener lesen konnte, gefiel sich sehr in seiner neuen Rolle als Vorleser. Dann trommelte Vater eines Tages ein paar kräftige Männer zusammen, die den großen, düsteren Raum saubermachen sollten, in dem die Familien Wang und Guo ihren Ahnen huldigten. Dreschflegel und Reisigholz wurden beiseite geräumt, damit all der Staub und Schmutz, der sich in vielen Jahren dort angesammelt hatte, weggefegt werden konnte. Vater brachte neue Plakate an, die den Vorsitzenden Mao und Lin Biao in ihren Soldatenuniformen zeigten. Geduldig erklärte er den Leuten, daß der Große Revolutionsmarschall Lin einer der Anführer der Kulturrevolution gewesen war und vom Vorsitzenden Mao persönlich zu dessen Nachfolger bestimmt worden sei. Die Bauern waren voller Bewunderung angesichts dieses leuchtenden Doppelgestirns, obwohl sie keine Ahnung hatten, worauf Vater mit all dem hinauswollte.

Später rieb Vater sich den trockenen Klebstoff von den Händen und zog ein Päckchen Karten aus seiner Büchertasche. Die Karten enthielten Zitate des Vorsitzenden Mao und sollten als Ersatz für das »Kleine Rote Buch« dienen, das die Bauern nicht besaßen.

»Landleute!« verkündete Vater seiner faszinierten Zuhörerschaft. »Von nun an machen wir es wie die Leute in der Stadt. Morgens werden wir um Kraft bitten, und abends erstatten wir unseren Tagesbericht.«

Darauf erhob sich ein allgemeines Gemurmel. Die Bauern waren zunächst verwirrt. Selbstsicher knöpfte sich Vater unterdessen die Jacke zu und berührte einmal kurz die an seiner Brust befestigte Ansteckplakette mit dem Bild des Vorsitzenden Mao, wie um sich zu vergewissern, ob der Knopf noch an derselben Stelle saß. Dann hielt er sich die Karten mit den Zitaten vor die Brust, wandte sich dem Großen Steuermann und dem Marschall der Revolution zu. Dreimal verbeugte er sich feierlich tief vor ihnen.

Die Bauern reagierten mit nervösem Kichern. Vater strahlte so viel Würde aus, aber die Bauern hatten noch nie erlebt, daß sich jemand vor etwas anderem verbeugte als vor den Bildern seiner Ahnen. Doch sie waren eifrig bemüht zu lernen, denn sie liebten den Vorsitzenden Mao. Endlich hatten sie einen richtigen Lehrer gefunden, der ihnen zeigte, wie sie ihrer Liebe Ausdruck verleihen konnten.

Jeden Morgen, bevor die Sonne aufging und die Hähne im fahlen Licht des anbrechenden Tages zu krähen begannen, ging Vater auf den Dreschplatz und ließ ein langgezogenes, lautes Pfeifen ertönen. Der Ton drang bis zu den entfernten Bergen und schallte von dort zurück. Eilig kamen die Bauern aus ihren Häusern heraus, manche banden sich die Hosen mit Stricken fest, manche trugen ihre Säuglinge um die Brust gebunden. Wir strömten alle in den für die Ahnenverehrung bestimmten Raum und stellten uns vor die beiden strahlenden Bilder, die im Schein der Kerosinlampe wie lebendige Schatten wirkten.

Ich hakte es, denn ich war daran gewöhnt gewesen, zu Hause weiterzuschlafen, wenn morgens um halb sechs der Lautsprecher die Zeitungsleute zur Arbeit rief. Außerdem hatte ich bereits so viel politische Erziehung über mich ergehen lassen, daß ich es als unfair empfand, an diesen primitiven Ritualen teilnehmen zu müssen. Bei diesen morgendlichen Übungen war mir der Kopf schwer wie ein Stein, doch als meines Vaters Sohn mußte ich mit gutem Beispiel vorangehen. Nur deshalb stand ich dort, während ich noch halb schlief und tief in meinem Innern nichts als Überdruß und Langeweile empfand.

Als erstes pflegten wir eine Strophe aus dem bedeutungsschweren Lied »Der Osten ist rot« zu singen. Vater dirigierte mit einem Stengel der Zuckerhirse. Die ungeübten Stimmen hörten sich an, als sängen die Leute mit Einmachgläsern vor dem Mund. Ich mußte mich zwingen, bei dieser Katzenmusik mitzumachen.

Danach forderte Vater uns auf, eine der berühmten Abhandlungen mit den Titeln »Der törichte Greis, der den Berg versetzte«, »Zum Gedenken von Norman Bethune« und »Dem Volke dienen« nachzusagen. Es wurde von jedermann im Lande erwartet, daß er diese drei Texte auswendig kannte, und auch ich hatte sie schon vor langer Zeit lernen müssen. Der mühsame Vorgang, den Bauern ohne eine Textvorlage etwas beizubringen, schien kein Ende zu nehmen. Wenn es soweit war, verbeugte ich mich natürlich mit den anderen vor dem Vorsitzenden und seiner rechten Hand und leierte die angelernten Worte herunter, ohne mir viel dabei zu denken. Zum Schluß fragte Vater die Versammlung: »Was wünschen wir dem Vorsitzenden Mao?« Dann kam im Chor die Antwort: »Ein langes Leben, ein langes Leben, ein langes Leben!« – »Und was wünschen wir Marschall Lin?« – »Gute Gesundheit, gute Gesundheit, gute Gesundheit!«

Damit endeten die Zusammenkünfte, und ich konnte nach Hause gehen, um mich wieder schlafen zu legen.

Kapitel 15

Die Gedanken des Vorsitzenden Mao – ein Frühlingswind

Es kam die Zeit, in der die Bauern uns unterrichteten. Mein armer Vater war überhaupt nicht an körperliche Arbeit gewöhnt und machte sich deshalb immer wieder zum Gespött der anderen. In dieser frühen Jahreszeit bestand die Hauptarbeit darin, die Felder zu düngen, entweder mit Jauche oder mit dem chemischen Dünger, der von Vaters »Investition« gekauft worden war. Auch der sumpfige Grund des Teiches war sehr ergiebig, denn er war von einer dicken schwarzen Morastschicht aus vermoderten Pflanzen und toten Fischen bedeckt. Wir mußten mit unseren Tragstangen die glitschigen Treppenstufen hinabgehen, die die Bauern in die Uferböschung des Tümpels gehauen hatten. Knietief im klebrigen Schlamm stehend, füllten wir immer wieder unsere beiden Körbe, hängten sie an die Tragstange und schleppten das Zeug nach oben. Dann rannten wir in jener geschwinden, leicht schlurfenden Gangart los, die sich am besten zur Beförderung einer schweren Last eignet, und verteilten den schwarzen Schlamm auf den Feldern. Ich war stark und lernte sehr schnell, ganz im Gegensatz zu meinem Vater. Ich erinnere mich noch genau, wie er am ersten Tag ernst und beflissen ankam, die Hosen bis über die Knie hochgerollt, mit Füßen, die vor Kälte gerötet waren, erpicht darauf, von den Bauern zu lernen. Bevor er jedoch unten an der schlüpfrigen Treppe ankam, rutschte er auf den runden, abgetretenen Stufen aus und landete mit dem Hinterteil voraus auf unrühmliche Weise in dem schwärzlichen Schlick. Natürlich mußten wir alle darüber lachen, aber Guo mit dem Beinamen »Glücklicher Wohlstand« tadelte uns: »Wie würdet ihr euch denn anstellen, wenn ihr anstelle des alten Liang eine Rede halten müßtet! Bestimmt könnten wir euch den Hintern mit einem Knüppel versohlen, ohne daß ein einziger Furz herauskäme«, sagte er. Vater lächelte gutmütig bei diesen Worten. »Wartet nur ab«, sagte er. »Wenn ich nur hart genug arbeite, habe ich bestimmt auch bald den Bogen heraus.«

Nach diesem ersten Ausrutscher ging er den ganzen weiten Weg bis nach Hause zurück, um andere Hosen anzuziehen. Das wiederholte sich auch nach dem zweiten Malheur, aber nachdem er zum dritten Mal in den Morast gefallen war, hatte er nichts mehr zum Umziehen. So blieb er denn, wie er war. Von Kopf bis Fuß mit Schlamm bespritzt, belud er unten, wo ihm nichts passieren konnte, seine Körbe.

Trotz dieser Blamagen schien mein Vater mit sich und der Welt mehr denn je zufrieden zu sein. Er wurde wieder so gesprächig wie früher, lächelte oft und summte manchmal sogar ein Liedchen vor sich hin. Die körperliche Arbeit tat ihm offensichtlich wohl, denn er sah bald wieder so jugendlich aus wie vor der Kulturrevolution. Allerdings machte ihn das armselige Dasein der Bauern traurig. Mit dem Elend dieser Menschen war er in seiner Eigenschaft als Berichterstatter der Zeitung nur flüchtig in Berührung gekommen. Bei seiner Arbeit war er stets von anderen Kadermitgliedern von Ort zu Ort begleitet und als Ehrengast gegen die krude Realität abgeschirmt worden. Das grausam harte Dasein, das er nun kennenlernte, war ganz anders als alles, was er sich in der Bequemlichkeit seines Büros bei der Lektüre von Zeitungen und sonstigen Berichten ausgemalt hatte. Wo war die Befreiung von allem Leid, mit der sich die Führung der Revolution so sehr gebrüstet hatte?

Auch für mich war das Leben in der Produktionsabteilung Nr. 9 ein Schock, denn hier waren die Leute sogar noch ärmer als in den Abteilungen meines Onkels Hou oder meines Vetters Han. Die Geschichte der »Gänsehofkommune« bestand nur aus Elend und Entbehrungen. Durch jahrelange Intensivkultur und falsche Düngung war der Boden ausgelaugt. Kaum wuchs dort genügend Reis für die Mitglieder der Produktionsabteilung, doch sogar diese kärgliche Ernte mußten die Bauern größtenteils an die Regierung abgeben. Unter ihnen kursierte ein Satz, der ihre Lage trefflich beschrieb: »Im ersten Halbjahr bauen wir Reis für die Regierung an. Und im zweiten Halbjahr warten wir auf Notzuteilungen.« Manches wurde mir nun klar. Ich begriff beispielsweise, warum die Bauern soviel Nachwuchs hatten wie die Kaninchen. Mit jedem neuen Familienmitglied wurde nämlich ihre Ration an Grundnahrungsmitteln erhöht. Auf diese Weise konnten sie ihre Reiszuteilung untereinander so verteilen, daß die Männer im arbeitsfähigen Alter am meisten bekamen. Frauen und Kinder opferten einen Teil ihrer Portionen, damit die Feldarbeiter bei Kräften blieben. Sie begnügten sich mit Süßkartoffeln und den Blättern der Süßkartoffelstaude.

Die einzig nennenswerte Einnahme der Bauern waren die kümmerlichen zwanzig *yuan*, die sie für jedes an die Regierung verkaufte Schwein erhielten. Wenn sie diesen Betrag zehn oder mehr Jahre lang beiseite legten, kam irgendwann genug für eine Braut zusammen. In jenen Tagen waren dazu mindestens dreihundert bis vierhundert *yuan* vonnöten. Für wenigstens acht Männer im besten Alter kam in unserer Produktionsabteilung eine Heirat überhaupt nicht in Frage, weil ihnen das Geld fehlte. Seit Jahren war kein einziges neues Haus gebaut worden, nicht einmal eines mit einem Strohdach, das nur rund achthundert *yuan* kostete. Geld war im übrigen nur noch mit Hühner- und Enteneiern zu verdienen. Sie wurden für fünf *fen* das Stück an die Leitung der Kommune verkauft. Der Erlös reichte höchstens für ein wenig Salz oder Öl. Kein Wunder, daß mein Vetter Han beim Kochen so sparsam mit dem Öl umgegangen war.

Wir brauchten uns nur bei Guo und dessen Frau oder bei den Nachbarn umzusehen, um ständig an das Elend und die Verzweiflung ihres Daseins erinnert zu werden. Die Tatsache, daß Guo »Glücklicher Wohlstand« hieß, war der reinste Hohn. Die von uns mitgebrachten Möbel waren in der Stadt nichts Besonderes gewesen, aber hier wirkten sie auf einmal geradezu peinlich luxuriös. Guo und seine Frau hatten nur einen alten Kleiderständer, einen wackeligen Tisch und ein Bett, das so aussah, als könnte es jeden Augenblick zusammenkrachen. Die beiden schliefen unter einer Steppdecke aus Baumwolle, die sie von Guos Vater übernommen hatten. Die Decke war vor Alter schwarz und speckig. Ihre Füllung war größtenteils herausgefallen. Das Ehepaar hatte nur eine einzige heile Hose, die für den Markttag reserviert war und abwechselnd von den beiden getragen wurde. Und was die Ernährung anbetraf, so begnügten sie sich oftmals mit der Reiskleie, die von der Regierung als Schweinefutter ausgegeben wurde, und warfen den Schweinen die Stauden der Süßkartoffel vor. Deshalb war es nicht verwunderlich, daß die Magerkeit des Borstenviehs so oft amtlich beanstandet wurde. Jedesmal, wenn der alte Guo ein Schwein auf den Markt trieb, fütterte er es mit einem wäßrigen Fraß, nachdem er zuvor den After des Tieres mit einem Pfropf aus einem Fetzen Stoff verschlossen hatte, damit es möglichst viele Pfunde auf die Waage brachte. Doch trotz dieses Tricks wurden Guos Schweine meist von dem zuständigen Funktionär zurückgewiesen.

Eine solche Armut war im übrigen keineswegs ungewöhnlich. In dem Haus auf der anderen Seite der lehmigen Dorfstraße hatte sich kürzlich die Lage derartig zugespitzt, daß ein betagter Großvater den anderen nicht länger zur Last fallen wollte. Im vergangenen Sommer, als die anderen draußen auf den Feldern beim Pflanzen waren, hatte er sich am Querbalken des Lagerraums erhängt.

Die Hoffnung der Bauern war gering, die Welt jemals von einer besseren Seite kennenzulernen, ja überhaupt etwas von der Welt zu sehen. Nicht einmal ein Drittel der Leute war schon einmal in der Stadt gewesen, obwohl es bis dahin nur elf *li* waren. Höchstens einer von zehn hatte eine weitere Reise unternommen, beispielsweise bis zur Kreishauptstadt. Die einzige Möglichkeit, dem hiesigen Dasein zu entkommen, bestand darin, Soldat zu werden. Doch diese heißbegehrte, ehrenvolle Chance erhielten nur wenige starke junge Männer. Durch den Militärdienst gelangten sie nach Peking, Shanghai, in die Grenzregionen, doch wenn die Zeit um war, wurden sie grausam in ihr altes Elend zurückgestoßen. Nach ihrer Heimkehr wurden sie zwar in allen Angelegenheiten als Autoritäten anerkannt, doch insgeheim waren sie mit ihrem Los nicht zufrieden. Neidisch schielten sie nach den anderen jungen Männern, die ihren Militärdienst noch vor sich hatten. Im stillen verwünschten sie all jene Kameraden, die gerade ihren Wehrdienst ableisteten, und bezeichneten sie als Knierutscher oder Speichellecker ihrer militärischen Vorgesetzten.

Vater war darauf vorbereitet gewesen, daß seine Arbeitsleistung während der ersten Woche von offizieller Seite kritisiert würde, doch als er dann den Tadel des alten Dai vernahm, war er schockiert und sogar ein wenig gekränkt.

»Andere Kadermitglieder leisten viel mehr als du«, behauptete unser Kompanieführer. »Hat man dir nicht gesagt, daß die Bauern bei euch jeden Abend Bericht erstatten und morgens um Kraft für das Tagewerk bitten sollen? Und habt ihr vergessen, daß ihr einen Schulungsraum einrichten solltet?«

Vater rutschte unglücklich auf seinem Stuhl hin und her. Er nahm einen kräftigen Schluck von dem heißen Tee und sagte: »Aber die Bauern kommen ja bis neun Uhr abends nicht einmal zum Essen. Am Ende des Tages sind sie immer völlig erschöpft.«

Der alte Dai musterte Vater von Kopf bis Fuß. Sein kleines Gesicht wurde von einem roten Stern überstrahlt, den er an seiner Kappe trug. »Der Vorsitzende Mao hat uns gelehrt, alle Entbehrungen zu erdulden«, erwiderte er trocken.

So geschah es, daß Vater am nächsten Morgen nach der feierlichen »Bitte um Kraft« die Bauern veranlaßte, alle Säcke mit Süßkartoffeln im Lagerschuppen die Treppe hinaufzutragen, um im Erdgeschoß Platz zu schaffen. Mit Zhu Zhidaos Hilfe schnitt er für jedes Mitglied der Produktionsabteilung »Loyalitätsherzen« aus Papier zurecht und klebte sie an die Wand. Neben jedem Herz ließ er einen Zwischenraum. Dort sollten Pünktlichkeit und Einsatzfreudigkeit jedes einzelnen vermerkt werden. Vater hängte auch neue Plakate von Mao und Lin auf. Auf jede Wand malte er eine politische Parole. Dann verkündete er, daß künftig getreu den von der Kommunenleitung erteilten Anweisungen jeder Bauer an Schulungsabenden teilzunehmen hatte. Andernfalls würden ihnen bei der Bewertung ihrer Arbeitsleistung mehrere Punkte abgezogen.

Zu Vaters Verblüffung kamen die Bauern trotz der späten Stunde freudig zu solchen Veranstaltungen. Der Vorratsschuppen wurde für die gesamte Abteilung zum gesellschaftlichen Mittelpunkt und zu einem Forum, wo Streitigkeiten geschlichtet oder Pläne ausgearbeitet werden konnten. Vater las allabendlich aus den Zeitungen vor und beantwortete Fragen, die man ihm nach der Lektüre stellte. Für Menschen, die in ihrem bisherigen Leben noch nicht einmal die Bergkette überquert hatten, welche sich ein paar Steinwürfe entfernt vor ihnen erhob, waren diese Zusammenkünfte eine seltene Gelegenheit, etwas über die Welt zu erfahren, die jenseits der Berge lag.

Ich freute mich darüber, daß meinem Vater die Lehrerrolle zugefallen war. Gelegentlich konnte auch ich mit meinem Wissen protzen. Unzählige Male erzählte ich die Geschichte von meinem flüchtigen Zusammentreffen mit dem Vorsitzenden Mao. Ich erfand neue Einzelheiten hinzu und weidete mich an dem atemlosen Staunen meiner Zuhörer. Natürlich kam es auch vor, daß die Bauern Fragen stellten, die weder Vater noch ich beantworten konnten, beispielsweise warum dem Vorsitzenden Mao so sehr daran lag, Liu Shaoqi zu attackieren. Liu zählte hier auf dem Land seit eh und je zu den Lieblingen der Leute, denn er hatte seine politischen Ziele mit den Worten umschrieben: »Mehr eigenes Land, mehr freie Märkte, mehr Unternehmen, die selbst für Gewinn und Verlust verantwortlich sind, und mehr Zuteilungen pro Haushalt«. Diese Politik hatte die Wirtschaft angekurbelt und die Not der Bauern nach den Naturkatastrophen im Gefolge des »Großen Sprungs nach vorn« gelindert. Aber wie konnten wir uns für ihn einsetzen, wo doch das ganze Land gegen ihn mobilisiert wurde? Dieses Thema wurde eifrig diskutiert, manchmal bis Mitternacht und später. Am Schluß erstattete jeder seinen »Tagesbericht« und verbeugte sich dreimal vor den Bildnissen von Mao und Lin. Kleinkinder, die während der Versammlung auf den Schultern ihrer größeren Schwestern geschlafen hatten, erwachten dann und gaben leise gurgelnde Geräusche von sich, als machten sie gerade einen Ritt auf einem Wasserbüffel.

Einige Wochen später wurde meinem Vater mitgeteilt, daß es immer noch nicht genug war. Warum nutzte er tagsüber nicht jeden freien Augenblick, um die Bauern die Gedanken des Vorsitzenden Mao zu lehren, wollte der alte Dai wissen. In den anderen Abteilungen würde von den Kadermitgliedern sogar auf den Feldern politische Arbeit geleistet ...

An jenem Abend stellte sich Vater unter den aufmerksamen Blicken aus über fünfzig Augenpaaren vor das große Bild des Vorsitzenden Mao und sagte: »Ich bedaure, daß ich dir gegenüber gefehlt habe, Großer Steuermann. Ich habe mich nicht genug eingesetzt, damit der Frühlingswind deiner Gedanken auch bei uns in der Produktionsabteilung Nr. 9 weht.«

Bevor er weiterreden konnte, wurde er von einem Chor vieler Stimmen unterbrochen: »Nein, Vorsitzender Mao, es ist nicht wahr! Der alte Liang ist ein guter Mensch.«

»Seit er in unserer Abteilung ist, ist alles viel schöner geworden. Überall hat er Zitate aus deinen Schriften aufgehängt.«

»Er hat uns viel Wissen vermittelt und nie von uns verlangt, daß wir ihn durchfüttern oder mit Wein bewirten, wie die anderen Kader.«

»Er hat auf alle Annehmlichkeiten des Lebens verzichtet, um uns arme Leute zu unterrichten ...«

Erst jetzt begriff ich, wie sehr die Bauern meinen Vater in ihr Herz geschlossen hatten.

Um diese Jahreszeit erglänzten die sorgsam gepflegten Beete im gelblichen Grün der jungen Reisschößlinge. Die seidene Überdecke auf dem Bett eines Kaisers hätte nicht schöner sein können. Nun wurden die Pflänzchen mit Stroh zu kleinen Bündeln zusammengebunden, in Körben fortgeschafft und über die Felder verteilt, um dort erneut eingepflanzt zu werden. Die Bauern nahmen jeweils eines der Bündel in eine Hand, zupften mit der anderen einen Schößling heraus und pflanzten ihn sechs Zoll tief unter der Oberfläche des überschwemmten Feldes ein, indem sie mit Zeige- und Ringfinger ein kleines Loch in den morastigen Grund bohrten. Stundenlang mußten sie bei dieser Arbeit vornübergebeugt stehen. Im Durchschnitt setzten sie pro Sekunde zwei Reispflänzchen. Vater, Zhu Zhidao und ich konnten nicht einmal mit einem fünf- oder sechsjährigen Bauernkind mithalten.

Nachdem Vater zum zweiten Mal von dem alten Dai getadelt worden war, brauchte er bei der Feldarbeit nicht mehr den Rücken zu krümmen, sondern er watete von einem Bauern zum anderen und las so laut er konnte aus den Werken des Vorsitzenden Mao vor. Bisweilen rezitierte er irgendwelche Sprüche und Parolen in einem rhythmischen Singsang, als wolle er den Leuten bei der Feldarbeit den Takt angeben:

xia ding juexin
bu pa xisheng!
pai chu wannan,
zheng qu shengli!

(Fällt eure Entscheidung, fürchtet euch nicht vor Opfern, verscheucht zehntausend Sorgen und erringt so den Sieg!)

Mittags, wenn die Bauern eine Ruhepause einlegten, scharte Vater sie alle um sich und verlas die jüngsten Anordnungen und Erlasse. Im Lauf der Zeit wurde er zu einem wirklichen Fachmann, wenn es darum ging, für jede Situation ein passendes Zitat des Vorsitzenden Mao zu finden. Galt es beispielsweise, eine Meinungsverschiedenheit zu schlichten, dann paßte: »Seid einig, um gemeinsam einen noch größeren Sieg zu erringen!« Und wenn die Leute am Ende eines Tages müde waren, hieß es: »Wenn die Kameraden in Bedrängnis sind, sollten sie des Vollbrachten gedenken und dem Licht folgen, das vor ihnen leuchtet, damit sie wieder Mut schöpfen.«

Nicht einmal bei schlechtem Wetter gönnte sich Vater ein wenig Ruhe. »Politische Arbeit ist die Richtschnur für wirtschaftliche Arbeit«, deklamierte er dann beispielsweise und hielt sein »Kleines Rotes Buch« nahe vor seine Brille, damit es unter dem kegelförmigen Bauernhut vor dem Regen geschützt war. Oder er proklamierte mittags, wenn die Sonne am höchsten stand: »Unter keinen Umständen darf jemand den Klassenkampf, die Diktatur des Proletariats, das Vertrauen auf die armen und mittelständischen Bauern, die Politik der Partei und die Arbeit der Partei vergessen.« Sein Gesicht war von der Hitze gerötet und sein weißes Hemd derartig von Schweiß getränkt, daß es halb durchsichtig an seiner Haut klebte.

Wir lebten schon mehrere Monate auf dem Land, ich war in der Zwischenzeit fünfzehn Jahre alt geworden, als die Partei meinen Vater wiederum vor eine harte Bewährungsprobe stellte. Diesmal ging es ums Ganze.

Vater war hin- und hergerissen zwischen seiner Loyalität gegenüber der Partei und seinem Mitgefühl für die Bauern. Bei der Kampagne »Schlagt dem Kapitalismus auf dem Land den Schwanz ab!« war es zuerst darum gegangen, die Bauern in revolutionärer Denkweise zu unterrichten. Der zweite Schritt bestand darin, mit Hilfe dieser Denkweise bestimmten politischen Zielsetzungen Nachdruck zu verleihen. Im Frühsommer wurde Vater in die Stadt beordert, in das moosbedeckte Haus eines alten Großgrundbesitzers. Vier Tage lang hörte er zu, wie die Mitglieder des Revolutionskomitees des Landkreises Changling die angeblich günstige Situation auf dem Land erläuterten und die künftig zu leistende Arbeit umrissen. Als Vater zurückkehrte, sah er nicht sonderlich glücklich aus. Schon nach wenigen abendlichen Versammlungen begriff ich, was ihn bedrückte.

Genau wie in der Stadt galt auch hier der Grundsatz: Kampf, Kritik, Umgestaltung. Aber bei uns auf dem Land hatte sich der Schwerpunkt etwas verlagert. »Kampf« bedeutete vor allem, gegen die kapitalistische Denkweise zu kämpfen – also gegen Liu Shaoqis Eintreten für mehr privaten Landbesitz und wirtschaftliche Unabhängigkeit. »Kritik« hieß, kapitalistische Tendenzen zu kritisieren, wie beispielsweise den Wunsch, Geld durch die Aufzucht von Schweinen, Hühnern und Enten oder durch den Verkauf von landwirtschaftlichen Erzeugnissen auf Märkten zu verdienen. »Umgestaltung« beinhaltete Dinge wie die eifrige Nachahmung landwirtschaftlicher Musterkommunen wie Dazhei im Norden des Landes. Dort hing die in Punkten bemessene Arbeitsleistung von der politischen Verläßlichkeit ab, und »Klassenkampf« war zum Hauptthema des gesamten Daseins geworden.

Abends nach den politischen Versammlungen kamen immer irgendwelche Leute zu uns nach Hause und sagten: »Wir verstehen das alles nicht, Liang. Warum soll man ein verkommener Kapitalist sein, nur weil man ein paar Hühner und Enten aufzieht? Wie können wir Öl und Salz kaufen, wenn wir keine Eier verkaufen dürfen?« Und ein unverheirateter Mann von fünfunddreißig Jahren beschwerte sich: »Ich habe jetzt fast zweihundert *yuan* zusammen, aber wenn ich nur ein Schwein im Jahr verkaufen darf, werde ich mindestens sechzig sein, bevor ich mich nach einer Braut umsehen kann. Verlangt man von mir etwa, daß ich mein ganzes Leben lang von einer Frau träume?«

Vater nahm einen Zug aus seiner Zigarette und atmete den Rauch tief ein. Ich sah ihm an, daß er mit sich selbst kämpfte. Seine Stirn war von Sorgenfalten gefurcht. Aber er wußte keine Antwort.

Plötzlich rief Guo »Glücklicher Wohlstand« aus: »Ich hab's, Liang! Du bist ein gebildeter Mensch. Du könntest einen Brief an den Vorsitzenden Mao schreiben. Erklär ihm alles! Vielleicht weiß er nicht, was hier vorgeht.«

Vater lächelte betrübt. »Liebe Landleute, ich habe selbst jahrelang große Not gelitten, und es gab niemanden, der mir helfen wollte.« Er tat einen tiefen Seufzer und verstummte. Der hoffnungsvolle Ausdruck auf den Gesichtern der Bauern verschwand. Mit ein paar gemurmelten Worten wandten sie sich um und gingen. Ich jedoch starrte meinen Vater verblüfft an. Zum ersten Mal hatte er sich nicht nachdrücklich auf die Seite der Partei gestellt.

Von einem Tag auf den anderen begann bei uns in den rund zwanzig Häusern aus Lehmziegeln ein großes Gemetzel, denn mit Windeseile hatte sich die Nachricht verbreitet, daß die Kommune eine »Mannschaft zur Bekämpfung der üblen Winde des Kapitalismus« zusammengestellt hatte, die die neuen politischen Richtlinien durchsetzen sollte. Ein Schwein nach dem anderen wurde geschlachtet. Die Todesschreie der Tiere wurden von den nahen Bergen als Echo zurückgeworfen. Zahllosen Glucken wurde der Hals umgedreht, denn die Bauern sagten sich, daß es besser war, eine Bruthenne zu essen, als sie an die Regierung auszuliefern. Aber natürlich verzehrten unsere Leute all das gute Fleisch nicht auf einmal. Sie räucherten und pökelten es, um es in irdenen Töpfen aufzubewahren und ebenso argwöhnisch darüber zu wachen wie eine alte Frau über ihre Ohrringe, ein Hochzeitsgeschenk aus der Zeit vor der Revolution, die sie in ihr Kopfkissen aus Reisstroh eingenäht hat.

Eine knappe Woche danach kam Parteisekretär Li, unser Brigadeführer, um persönlich die allabendliche Versammlung zu leiten. Vorher ließ er sich erst von Vater in unserem Zimmer Bericht erstatten. Gemeinsam begaben sie sich dann zu Fuß zum Versammlungsraum und machten dabei einen großen Umweg, damit der Parteisekretär die Felder mit den erst kürzlich verpflanzten Reissetzlingen inspizieren konnte. Ich folgte den beiden in einiger Entfernung. Plötzlich blieb der alte Li entsetzt stehen. Sechs hübsche kleine Enten paddelten fröhlich auf einem überschwemmten Reisfeld herum und futterten sich an den frischen grünen Pflänzchen satt.

»Welch unglaubliche Schlamperei!« rief der Brigadeführer. »Merk dir, Liang, der Klassenkampf findet überall statt! Wir können dies nicht durchgehen lassen, sondern werden heute abend ein Exempel statuieren.« Während die beiden Männer weitergingen, haute der alte Li meinen Vater immer wieder aufgeregt auf die Schulter, wobei er ihm auseinandersetzte, wie er die schlimme Verfehlung zu ahnden gedachte.

Die Enten – wie konnte es auch anders sein – gehörten einem Mann namens Guo Laoda. Unsere Leute waren von ihm Kummer gewöhnt. Er war ein achtunddreißigjähriger Junggeselle und hatte schon als kleines

Kind seine Eltern verloren. Seit Anfang der sechziger Jahre hatte er immer wieder Scherereien gemacht. Damals war er nach den verheerenden Überschwemmungen in die Kreisstadt gegangen und hatte sich als Bettler durchgeschlagen. Die Polizei hatte ihn jedoch aufgegriffen, weil er keine Aufenthaltsgenehmigung hatte. Er wurde eine Weile eingesperrt und dann aufs Land zurückgeschickt. Dieser schwarze Fleck in seiner Lebensgeschichte war nie wieder ausgelöscht worden. Bei jeder neuen politischen Kampagne mußte er für ein Exempel herhalten, denn die Großgrundbesitzer von einst waren in unserer Gegend längst ausgestorben.

So kam es, daß Guo Laoda auch an diesem Abend wieder den Sündenbock spielen mußte. Ich hatte eine Aufwallung von Mitgefühl, denn in der letzten Zeit war er oft zu uns nach Hause gekommen, und ich mochte seine etwas verschrobene Art. Meinem Vater schuldete er viele *jiao*, denn er verstand sich gut darauf, andere Leute anzupumpen. Nie bat er um mehr als zwei *jiao*. Aber die Bescheidenheit seiner Bitte wurde durch deren Häufigkeit ausgeglichen. Stets umklammerten seine Finger die beiden Geldscheine, als wolle er sie auspressen wie eine ölhaltige Pflanze. Seine Gläubiger pflegte er mit Worten zu vertrösten wie »Wart nur ab, bis meine Entlein groß sind. Dann gibt es ein Festmahl, das eines Kaisers würdig wäre!« Vater, der dieses Ritual offenbar genoß, antwortete ihm dann stets mit einem Lächeln: »Du solltest sie nicht schlachten, sondern abwarten, bis sie Eier legen. Dann kannst du mir das Geld in bar zurückzahlen.«

In Gedanken verloren war ich ziemlich weit hinter Vater und dem Parteisekretär zurückgeblieben. Einem plötzlichen Impuls folgend drehte ich mich um und rannte zu Guo Laodas Haus. Er war gerade damit beschäftigt, mit Hilfe eines Blasebalgs ein Feuer im Herd zu entfachen.

»Guo Laoda!« rief ich. »Jag deine Enten aus dem Reisfeld! Der Brigadeführer hat sie gesehen und will dich dafür heute abend öffentlich tadeln!«

Gemächlich legte Guo den Blasebalg beiseite. Im Schein des Feuers glänzte sein glattrasierter Schädel. »Dieser Sohn einer ...!« fluchte er kaum hörbar, doch schien er nicht sonderlich beeindruckt zu sein. »Meinst du etwa, ich hätte Angst vor dem Parteisekretär? Wenn meine Enten gern auf dem Feld sind, dann sollen sie dort bleiben! Sie tun niemand etwas zuleide.«

»Du solltest trotzdem hingehen und sie wegjagen«, beharrte ich. »Die Sache ist ernst.«

»Sechs kleine Enten naschen ein bißchen an Reispflanzen, die allen gehören, aber wer weiß, wieviel der alte Stinker anderen Leuten weggefressen hat. Am liebsten macht er seine Besuche, wenn Essenszeit ist. Wir armen Bauern können zwar nicht schreiben, aber wir machen unsere Buchhaltung mit dem Bauch!«

Ich wollte mich nicht länger als nötig aufhalten. »Mein Vater würde dir bestimmt auch raten, etwas zu unternehmen«, sagte ich und schlüpfte aus dem Haus.

An jenem Abend schien der alte Li noch zufriedener mit sich zu sein als sonst. »Als es darum ging, dem Kapitalismus den Schwanz abzuschlagen, konnten wir hier bei uns große Erfolge verbuchen«, hub er an, »aber es gibt nach wie vor zahlreiche Probleme. Besonders in der Produktionsabteilung Nr. 9 ist die Lage sehr ernst.« Er machte eine Pause, um seinen Worten mehr Nachdruck zu verleihen, und blickte sich um. Dann legte er los: »Guo Laodas Enten sind ein Beispiel dafür, wie verderblich der Kapitalismus ist!« Wieder eine kurze Pause. »Guo Laoda, steh auf und bitte den Vorsitzenden Mao um Verzeihung!«

Guo Laoda saß in der ersten Reihe. Ohne Hast erhob er sich. Hoch aufgerichtet und ein wenig linkisch stand er da, doch als er zu reden begann, verlieh ihm seine Wut eine seltsame Anmut. »Ja, glaubst du vielleicht, du hättest einen größeren Pimmel als alle anderen?« schrie er im schwerfälligen Dialekt dieser Gegend. »Wenn ich unbedingt einen Kotau machen soll, dann werde ich es tun, aber vor dem Vorsitzenden Mao, nicht vor dir!« Bevor ich Zeit hatte, den vollen Umfang seiner Worte zu begreifen, hatte er sich schon blitzschnell zu Boden geworfen. Vor den großen Plakaten auf allen vieren hockend berührte er dreimal mit der Stirn den festgestampften Lehmboden. Dies tat er so heftig, daß der dumpfe Aufprall im ganzen Raum zu hören war.

Wir mußten alle lachen. Dieser Mann hatte den Mut besessen, sich dem Brigadeführer zu widersetzen, doch unten auf dem Fußboden wirkte er wie ein dummer Tölpel. Der alte Li schäumte vor Wut. »Guo Laoda!« rief er. »Glaub ja nicht, daß alles vorbei ist, bloß weil du einen Kotau gemacht hast! Wenn du deine Enten nicht noch heute abend schlachtest, werden wir deinen Fall vor die Versammlung der ganzen Kommune bringen!«

Nie hätte ich es mir träumen lassen, daß dieser ungebildete Bauer einem Parteisekretär die Sprache verschlagen könnte. Doch genau dies geschah. »Weißt du überhaupt, wem diese Enten gehören?« erwiderte Guo und schüttelte seine Faust. »Diese Enten gehören dem Vorsitzenden Mao! Eine ist für den alten Liang, weil ich ihm Geld schulde, aber die anderen fünf schicke ich nach Peking, damit der Vorsitzende Mao sie ißt.

Jeder, der verrückt genug ist, meine Enten umbringen zu wollen, stellt sich gegen den Vorsitzenden Mao!«
Wieder ernteten Guos Worte brüllendes Gelächter. Dies war besser als die Vorstellung eines Komikers! Der Brigadeführer war völlig hilflos. Schließlich sagte er: »Der Fall kann heute nicht erledigt werden, aber wir werden bald darauf zurückkommen!« Die Bauern standen auf und verließen nacheinander den Raum. Ich hörte, wie der alte Li mit unterdrückter Stimme zu meinem Vater sagte: »Hör zu, Liang, ich übertrage dir die Verantwortung für den Fall.« Es war das Eingeständnis seiner Niederlage.
Vater und Tantchen Zhu wollten gerade zu Bett gehen, als uns Guo Laoda aufsuchte. Er wirkte gänzlich verwandelt. All sein Schneid hatte ihn verlassen. »Was soll ich nun tun, Liang?« fragte er meinen Vater zutiefst besorgt. »Wie soll ich ohne meine Enten leben? Verlangt man etwa von uns, daß wir im Kampf gegen den Kapitalismus verhungern?«
»Pst!« Mein Vater flüsterte: »Anderen Leuten hat man schon für weniger die Seele aus dem Leib geprügelt.« Danach sprachen die beiden Männer eine Weile leise miteinander, bis das Feuer ganz niedergebrannt war und nur noch glimmte. Ich schlief längst in der Küche, als Guo Laoda wegging, um seine Enten zu töten.
Es war Vater gelungen, diesen Zwischenfall auf recht friedliche Weise zu regeln, aber schon der nächste verlief nicht so glimpflich. Es geschah in der Zeit des Hungerns, als »Grün und Gelb weit auseinanderlagen«, wie die Bauern sagten. Damit meinten sie, daß eine Ernte eingeholt war und die nächste noch lange auf sich warten ließ. Selbst wir aßen nur Kürbis, da wir ungern die einzigen gewesen wären, deren Reisschalen gefüllt waren. Alles was wir hatten, teilten wir mit den anderen und schnallten unseren Gürtel genauso eng wie sie.
Die meisten »kapitalistischen« Schweine waren längst zu Räucher- oder Pökelfleisch verarbeitet worden, und die zwanzig *yuan*, die jedes einzelne Tier eingebracht hätte, gehörten als unerfüllter Wunschtraum der Vergangenheit an. Nur die Leute, bei denen wir wohnten, hatten noch zwei grunzende Borstentiere in dem kleinen Stall neben dem Haus. Sie waren dick, quicklebendig und wurden gepäppelt wie kleine Kinder. Die Frau des alten Guo zerkleinerte stundenlang beidhändig mit zwei Hackmessern wildwachsendes Unkraut und besondere Gemüsesorten, die sie und ihr Mann auf einem Großteil ihres kleinen Ackers anbauten. Sorgsam bereitete sie daraus auf dem Herd ein nahrhaftes Schweinefutter. Mag sein, daß Vater angesichts dieser Regelwidrigkeit

ein Auge zudrückte, weil das Ehepaar Guo sich uns gegenüber so großzügig verhalten hatte.
Eines Nachts – wir schliefen schon alle – ereignete sich eine so heftige Explosion, daß das ganze Haus wackelte.
Küchenutensilien fielen von der Wand neben meinem Bett, und zerbrökkelte Lehmziegel rieselten auf mich herab. Fast glaubte ich, mein Bett würde zusammenbrechen. Ich sprang auf und rannte nur mit Unterhosen bekleidet ins Freie.
Lautes Wehklagen ertönte aus der Gegend des Schweinestalls. »Mörder! Gemeine Hunde! Räuberpack! Was habt ihr mit meinen schönen Schweinen getan?«
Vater war schon mit einer Laterne zur Stelle. Der halbe Stall war verschwunden. Die Schweine lagen blutüberströmt in den Trümmern. Guos Frau warf sich über die toten Tiere und schluchzte, als hätte sie, die nie eigene Kinder gehabt hatte, ihre Söhne verloren.
Nachbarn kamen angerannt. Die runden Brüste der Frauen leuchteten matt im dämmrigen Licht, und auf den mageren Oberkörpern der Männer zeichneten sich schattig die Furchen zwischen den Rippen ab.
Guo selbst stand da, als hätte er einen Schlag vor den Kopf erhalten. Er klammerte sich an die zerborstene Mauer des Stalls, und ohne auf die empörten Kommentare der neugierigen Menge zu achten, schimpfte er: »Scheiß-›Attackiert die üblen Winde des Kapitalismus!‹ Verdammt sollen sie alle sein mit ihrer Kampagne! Jetzt fangen sie sogar an, richtige Granaten einzusetzen!«
In diesem Augenblick trat Zhu Zhidao aus dem Haus. Sie hatte sich die Zeit genommen, sich schnell anzuziehen. Überraschenderweise bewahrte sie viel mehr Haltung als alle anderen. »Komm, Schwester Guo«, sagte sie und beugte sich zu der weinenden Frau hinab. »Auf diese Weise machst du sie auch nicht wieder lebendig.«
Als sich Guos Frau verständnislos umblickte, fiel ihr Blick zuerst auf die Laterne, die mein Vater in die Höhe hielt, und dann auf Vater selbst. »Liang!« rief sie und umklammerte mit blutigen Händen sein Handgelenk. »Du sollst für mich sprechen! Urteile selbst: Wovon sollen wir jetzt leben?«
Vater war wohl so sehr im Bann des schrecklichen Vorfalls, daß er sich von seinem Mitgefühl für die armen Leute blenden ließ. Jedenfalls legte er sich keine Rechenschaft darüber ab, daß bei dieser Angelegenheit die Parteipolitik im Spiel war. Vielleicht hatte er auch nur tief geschlafen und noch nicht sein übliches Urteilsvermögen zurückerlangt. Urplötzlich verschaffte sich etwas, das er zwölf lange Jahre unterdrückt hatte, in ihm

gewaltsam Luft. »Ich gehe sofort los!« schrie er. »Ich werde den Parteisekretär schon zu finden wissen!«
Zu viert machten wir uns auf den Weg: Guo, dessen älterer Bruder, unser Vorarbeiter, der ebenfalls Guo hieß, Vater und ich als Laternenträger. Während des nächtlichen Fußmarsches stolperte Vater mehrmals und fiel der Länge nach hin. Die Wut hatte ihn noch kurzsichtiger gemacht. Als wir zu den Behausungen der benachbarten Produktionsabteilung Nr. 10 kamen, hielt er an und verkündete: »Wir wollen den Kompanieführer Dai auffordern, mit uns zu gehen. Dann muß man uns anhören!«
Der alte Dai war nicht allzu glücklich darüber, um diese Stunde aus dem Schlaf gerissen zu werden, aber auch er gab seinem Mitgefühl Ausdruck, als er vernahm, was sich zugetragen hatte. Er berichtete, daß vor uns schon vier andere Kadermitglieder bei ihm erschienen waren, um sich darüber zu beschweren, daß die Mitglieder der Kampagne »Attackiert die üblen Winde des Kapitalismus« dazu übergegangen waren, das Vieh anderer Leute mit Waffen umzubringen. »Überzeugende Worte wären besser«, sagte er. »Terror und Gewalt können wir nicht gebrauchen.«
Es versetzte mir einen Schock, daß Vater nicht einmal mit einem solchen Kompromiß einverstanden war. »Guo und seine Frau haben nicht ein einziges Reiskorn zum Essen!« ereiferte er sich. »Die Frau war lange Zeit krank und hatte nicht einmal das Geld, um einen Arzt aufzusuchen. Ihre Schweine waren schon fast fett genug, um verkauft zu werden. Noch eine Woche, und sie hätte vierzig *yuan* dafür bekommen, mehr als genug, um ihre Schulden zu bezahlen. Warum will man ihr verbieten, ein paar Schweine zu mästen? Du glaubst doch wohl nicht, Dai, daß der Vorsitzende Mao den Bauern mit seiner Politik schaden will, oder? Komm, laß uns gemeinsam den Parteisekretär der Kommune aufsuchen.«
Der alte Dai blickte ihn an, als habe er den Verstand verloren. Dann sagte er mit dem sachlichen Tonfall einer Amtsperson: »Ich muß dich daran erinnern, daß wir als Kadermitglieder zur Umerziehung aufs Land geschickt worden sind. Wir haben kein Recht, uns in die örtlichen Angelegenheiten einzumischen. Nimm dich zusammen, Liang! Beruhige dich! Hier, rauch eine Zigarette. Vielleicht siehst du die Dinge danach in einem anderen Licht.«
Vater drehte sich zu den Männern um, die all ihre Hoffnung in ihn gesetzt hatten. Sie waren in respektvollem Abstand stehengeblieben. Im spärlichen Licht sah man Enttäuschung und Niedergeschlagenheit auf ihren Gesichtern. Vater zog ein Taschentuch heraus und trocknete sich die schweißnasse Stirn.
»Die Angelegenheit wird vorschriftsgemäß geregelt«, verkündete der

alte Dai kurz und bündig. »Bei der Versammlung nächste Woche wird der Fall zur Sprache gebracht. Es ist sinnlos, deswegen die ganze Nacht herumzulaufen. Geht zurück nach Hause und legt euch schlafen.«
Dies war der Befehl eines Vorgesetzten. Vater hatte sein Bestes gegeben, aber er mußte sich fügen.

Natürlich geschah nichts, um Guos Frau für den Verlust der Schweine zu entschädigen. Die politischen Richtlinien des Vorsitzenden Mao waren ausgeführt worden – das war alles, was zählte. Am Ende nahm Vater vierzig *yuan* aus der eigenen Tasche und überredete Guos Frau, das Geld anzunehmen. »Es ist für die Miete und andere Gefälligkeiten«, sagte er zu ihr.

Es dauerte nicht lange, bis die politische Führungsschicht auf dem Lande merkte, daß sie sich nicht unbedingt auf die Linientreue der städtischen Kader verlassen konnte. Genau wie Vater brachten sie den Bauern ihrer nächsten Umgebung zuviel Sympathie entgegen. Aber wenn man ihnen bei der Ausführung von Parteirichtlinien nicht trauen konnte, dann konnte man sie immer noch zu eigenen Gruppen und Mannschaften zusammenstellen, damit ihre persönlichen Kontakte zu den Bauern unterbunden wurden. Fortan würden sie sich in ihren eigenen Reihen gegenseitig beaufsichtigen und wären auf diese Weise ein nützliches Instrument, um »dem Kapitalismus den Schwanz abzuschlagen«. Im Spätsommer – wir waren nun schon seit mehr als einem halben Jahr auf dem Land – wurden die Kadermitglieder – unter ihnen auch Vater – in »Kampf-, Kritik-, Umgestaltungs- und Propagandamannschaften« eingegliedert.

Vaters glückliche Zeiten waren nun vorbei. Die wirtschaftliche Situation verschlechterte sich immer mehr. Dennoch war er einer jener Männer, deren Aufgabe darin bestand, die ruinöse Politik durchzusetzen. Monatelang arbeitete er bei anderen Produktionsabteilungen, deren leitende Kader man zu uns schickte. Das System funktionierte. Aus Angst, schlecht beurteilt zu werden, verbrachten die Kadermitglieder ihre Zeit damit, die private Haltung von Vieh zu unterbinden. Sie achteten darauf, daß die Bauern ihre Abgaben an die Regierung in vollem Umfang entrichteten, und führten Listen über den politischen Eifer jedes einzelnen Landbewohners. Zu ihren Aufgaben gehörte es außerdem, darauf zu achten, daß auf den Reisfeldern die von der Regierung vorgeschriebenen Abstände zwischen den einzelnen Reispflanzen und den Reihen eingehalten wurden. Und vor allem mußten sie natürlich dafür sorgen, daß alle Aktivitäten, die der Verehrung des Vorsitzenden Mao dienten, nicht nur fortgeführt, sondern sogar noch verstärkt wurden. Den Kadermitgliedern oblag es auch, jene zu bestrafen, die irgendwelche Dinge unter der Hand verkauften oder heimlich in die Berge zogen, um auf regierungseigenem Land Feuerholz zu schlagen. Öffentliche Kritikveranstaltungen oder Strafpunkte bei der Arbeit waren längst zur Tagesordnung geworden. Die Kader mußten immer häufiger über Menschen zu Gericht sitzen, die zu Dieben geworden waren, weil sie so arm waren, daß sie nicht wußten, wovon sie sich ernähren sollten. Dieses Phänomen, verkündeten die Propagandisten mit hocherhobenem Zeigefinger, sei dem Klassenkampf zuzuschreiben, der sein häßliches Haupt recke und sich damit selbst bloßstelle.

Kapitel 16

»Hier sieht es bald schlimm aus.«

Als wir vernahmen, daß Vorkehrungen getroffen wurden, damit die Kinder der Kadermitglieder die Mittelschule Nr. 4 in Guanling besuchen konnten, waren Vater und ich außer uns vor Freude. Es war schon fast drei Jahre her, seit ich die »Drei-Meilen-Grundschule« abgeschlossen hatte. Jetzt, im Alter von fünfzehn Jahren, war ich begierig, mein Schulwissen aufzufrischen. Gewiß, ich würde jetzt eine »revolutionäre« Erziehung im Einklang mit der Reform des Schulwesens erhalten, wie sie während der Kulturrevolution durchgeführt worden war, aber wenigstens müßte ich mich dann nicht die ganze Zeit auf den Reisfeldern abplagen. Die Leute erzählten mir, daß die Kreisstadt eine Art ländliches Shanghai sei, mit Läden, einer Post, einer Bushaltestelle, einem Krankenhaus und sogar mit gelegentlichen Kino- und Theatervorführungen. Für mich war die Vorstellung, dort zu leben, wie eine Gnade des Schicksals.

Wohlgemut wickelte ich meine spärliche Habe in ein Laken und machte mich zu Fuß auf den Weg. Es waren ungefähr acht *li* bis zur Schule, die aus einer Ansammlung schlichter, ziemlich schmutziger Gebäude bestand, die von einer Mauer umgeben waren. Über dem Eingangstor prangte der obligatorische Rote Stern. Auf einem Platz spielte eine Gruppe von Jungen nach dem Unterricht Korbball. Ich war vor Glück ganz überwältigt bei dem Gedanken, daß ich nun wieder an all den Unternehmungen würde teilnehmen können, die mir immer soviel Spaß gemacht hatten. Voller Eifer ging ich auf die kleine Gruppe zu, um mich zu erkundigen, wo sich das Büro der Schulleitung befand. Zu meiner Überraschung wichen die Jungen jedoch mit abweisender Miene vor mir zurück. Keiner von ihnen wollte meine Frage beantworten. Erst als ich zum dritten Mal fragte, zeigte einer der jüngeren wortlos auf das vorderste Gebäude. Kaum war ich ein paar Meter gegangen, als ich hinter mir jene altbekannten Worte vernahm, die ich mehr als alles andere fürchtete. Ich hatte gehofft, sie nie wieder zu hören. »Das ist einer von diesen stinkigen Intellektuellensöhnen!« Gleich darauf vernahm ich, wie die sechs Knaben den Schleim hörbar aus der Kehle hochholten und mit einem feuchten Klatschen vor sich auf den lehmigen Boden spuckten.

Ein Lehrer brachte mich zu meiner engen, hölzernen Schlafkoje. Es gab mehr als fünfzig davon in dem einzigen Raum, der als Schlafsaal für die Schüler diente. Auf dem unteren Teil des Etagenbetts saß ein Knabe, der Wu hieß. Er war der Sohn des Vizesekretärs der Kommunistischen Jugendliga dieser Provinz. Er hatte einen großen runden Kopf und sonnengebräunte Haut und begrüßte mich hoch erfreut, denn wir kannten uns ziemlich gut seit der Zeit, als seine Familie zur benachbarten Produktionsabteilung Nr. 8 beordert worden war.

Wu schilderte mir die Lage. Die Schüler an dieser Schule hatten eine politische Prüfung nach der anderen bestehen müssen. Damit sie bleiben durften, brauchten sie die Zustimmung ihrer Brigaden, der betreffenden Kommunen und der Stadtverwaltung. Sie waren samt und sonders Kinder von armen oder mittelständischen Kleinbauern. Deshalb war es nicht verwunderlich, daß sie uns mit Mißtrauen begegneten. Und als ob ihre tadellosen familiären Verhältnisse Kindern wie mir die Dinge nicht schon schwierig genug machten, erfuhren sie nun zu allem Überfluß auch noch vom Revolutionskomitee der Schule, daß wir, die Neuen, Söhne und Töchter von Kadern aus der Stadt seien, die sich ernsthafter Verfehlungen schuldig gemacht hätten. Wir seien zur Umerziehung an diese Schule gekommen, hieß es. Deshalb sollten sie uns beaufsichtigen und kritisieren, zugleich jedoch unbedingt vermeiden, sich mit uns anzufreunden, damit wir sie nicht mit unseren »schlechten Gedanken« ansteckten. Sogar im Schlafsaal wurden wir von den anderen Schülern getrennt. Unserer kleinen zwölfköpfigen Gruppe wurden etwas abseits sechs Etagenbetten zugeteilt.

»Es wird hier bald sehr schlimm aussehen, vielleicht sogar schlimmer als in Changsha«, meinte Klein Wu mit einem Seufzer. Dies konnte ich kaum glauben, denn ich kam ja gerade von einer Produktionsabteilung, wo unser Verhältnis zu den Bauern sehr gut gewesen war. Aber es stimmte: Die Bauernsöhne rempelten uns an, wenn wir Schlange standen, um heißes Wasser zum Waschen zu holen. Sie verspotteten uns als »Stadtköter«, sobald sie unsere noch ungeflickten Trainingshosen aus Baumwolle erblickten, in denen wir schliefen. Meine Enttäuschung war so groß, daß ich abends kaum einschlafen konnte. Es kam mir in der Dunkelheit vor, als lauerten im Schlafsaal überall Feinde auf mich.

Mit der Zeit spitzte sich die Lage immer mehr zu. Auch die Tatsache, daß wir als Kinder umgesiedelter Kadermitglieder drei Reismahlzeiten am Tag erhielten, änderte daran nichts. Jeden Sonntagabend kamen die Söhne der Kleinbauern mit ihren wöchentlichen Rationen an Süßkartoffeln und in Salzwasser eingelegten Paprikaschoten vom Land zurück. Vor jeder Mahlzeit legten sie drei oder vier Süßkartoffeln in ihre Blechschüsseln und brachten sie zu den Köchen, um sie dämpfen zu lassen. Wenn dann die große Holzkiste geöffnet wurde und ein durchdringend süßlicher Geruch die Luft erfüllte, schnappten sich die Bauernkinder ihre Schüsseln und verzogen sich in irgendeinen Winkel, um dort ihr Essen zu verschlingen, als ob sie kurz vor dem Verhungern gewesen wären. Wir anderen Schüler stellten uns inzwischen in der Nähe des Fensters, wo die Lehrer saßen, in einer Reihe auf und gaben unsere Essensmarken ab, um dafür eine Portion lockeren weißen Reis zu erhalten. Pro Mahlzeit gab es eine Schüssel voll, was ungefähr drei *liang* entsprach. Diese Menge reichte nicht aus, um unseren Bärenhunger zu stillen.

Die Bauernkinder haßten uns nicht nur, weil wir aus einer anderen Welt kamen und eine Sonderstellung einnahmen, sondern weil in der Schule auch unsere Noten besser waren als ihre. Da wir in der Stadt eine gründliche schulische Ausbildung genossen hatten, behielten wir die einfachen politischen Texte schnell im Gedächtnis und langweilten uns auch im Mathematik- und Physikunterricht. Sogar im Sport und in den Unterrichtsstunden, die der politischen Erziehung vorbehalten waren, erbrachten wir bessere Leistungen als unsere Mitschüler vom Land. Hausaufgaben brauchten wir nie zu machen, und es gab auch keine Bücher zu lesen. Wenn wir um zwei Uhr aus der Schule kamen, war es uns überlassen, was wir mit der freien Zeit anfingen.

All dies trug dazu bei, daß wir bald zu einer Horde wilder Gesellen wurden. Die meisten Kinder von Kadermitgliedern hatten schon einschlägige Erfahrungen mit den Gesetzen der Straße gemacht. Nun trieben uns die Belästigungen unserer Klassenkameraden, aber auch das Knurren unserer hungrigen Bäuche dazu, diese Erfahrungen zu nutzen. Die Mädchen neigten eher dazu, alle Entbehrungen still zu erdulden, wir Jungen dagegen hatten uns sehr bald zu einer Bande zusammengeschlossen.

Unsere ersten Abenteuer erlebten wir auf den Märkten. Sie wurden inzwischen streng von der Regierung überwacht, und es durften dort nur jene Erzeugnisse zum Verkauf angeboten werden, die aus der Ernte des Kollektivs stammten. Dennoch hatten sie regen Zulauf. Die Vertreter einzelner Produktionsabteilungen kamen von weither, um alle möglichen Dinge zu verkaufen, vom Rapsöl über Hundefleisch bis zu Schlangen. Amtspersonen stolzierten mit wichtigtuerischer Miene zwischen den Bauern herum, überprüften deren Papiere oder kassierten Gebühren. Höhepunkte dieser Tage waren Aufführungen der »Musteropern« von Jiang Qing. Wir waren mit ganzem Herzen dabei, aber wir ergriffen auch die Gelegenheit, um unsere schmale Kost aufzubessern. Dabei wandten wir eine Methode an, die wir bald bis zur Vollendung beherrschten: Einige von uns machten sich an irgendeinen armen Verkäufer heran und verwickelten ihn in einen Streit über die Preise, bis der Mann blind vor Wut war und seine gewohnte Wachsamkeit verlor. Dann trat der Rest von uns in Aktion. Eingelegte Eier verschwanden flink in unseren Taschen, gierig schlossen sich unsere Finger um eine Handvoll Erdnüsse. Nie wurden wir erwischt, dafür waren wir viel zu geschickt. Für uns war Stehlen keine Frage der Moral, sondern des Überlebens. Es war so einfach, und wir waren so hungrig! Schließlich unternahmen wir sogar nächtliche Streifzüge. Sobald es im Schlafsaal ruhig geworden war, schlichen wir uns auf Zehenspitzen zwischen all den kreuz und quer aufgestellten Betten hindurch, auf denen vierzig halbnackte Klassenkameraden lagen und schnarchten. Lautlos lief unsere zwölfköpfige Bande in die Nacht hinaus. Das Mondlicht lag auf den stillen Wasserspiegeln der überfluteten Reisfelder und beleuchtete unseren Weg. Unser Ziel waren die Süßkartoffelfelder. Bei jedem unserer Raubzüge stießen wir in entferntere Gebiete vor, denn dort fühlten wir uns sicherer. Die Kartoffelfelder erkannten wir schon von weitem am glitzernden Tau auf dem dichten Blattgewirr.

Wenn ich heutzutage an das Leben zurückdenke, das wir damals führten, würde ich am liebsten weinen. Auf dem Bauch robbte ich eine Furche zwischen zwei Reihen Kartoffelstauden entlang. Ich war über und über mit Erde bedeckt und kam mir fast vor wie ein Maulwurf. Hastig grub ich mit den Fingern, bis ich eine harte Knolle verspürte. Angst und Hundegebell machten mich hemmungslos vor Gier. Ich wischte so gut es eben ging die Erde von der rohen Kartoffel ab und verschlang sie auf dem Bauch liegend an Ort und Stelle. Sandkörner knirschten zwischen meinen Zähnen, und mein Magen sträubte sich gegen das harte, saftige, bittersüße Fruchtfleisch. Erst wenn wir uns den Bauch derartig vollgeschlagen hatten, daß uns fast übel wurde, füllten wir in lange Hosen, die wir mitgebracht hatten, die begehrten Kartoffeln wie in einen Sack. Dabei ermahnten wir uns immer wieder gegenseitig: »Jetzt reicht's! Genug!«, denn wir hatten furchtbare Angst, erwischt zu werden. Sobald die Hose prall mit Kartoffeln gefüllt war, hievten wir sie einem Kamera-

den auf den Rücken, so daß die Beine um seine Taille baumelten und er mit beiden Händen den ausgebeulten Hosenboden umklammern konnte. In jenem gleichmäßig trippelnden Laufschritt, den wir den Bauern abgeschaut hatten, traten wir sodann den Rückzug an.
Unser Diebesgut mußten wir so lange in der hintersten Ecke des verlassenen Lagerraums verbergen, bis wir am nächsten Markttag so tun konnten, als hätten wir die Kartoffeln gekauft. Wenn wir uns nach vollbrachter Tat in dem kleinen Teich wuschen, weckte das Geplätscher alle Hunde in der Umgebung. Manchmal graute schon der Morgen, wenn wir uns mit prallen, gegen die seltsame Nahrung rebellierenden Mägen zurück in unsere Betten schlichen. Immer wieder erfüllte es mich mit Dankbarkeit, daß mein kostbares Moskitonetz meine nächtliche Abwesenheit verschleiert hatte.
Nach einiger Zeit erfuhren wir von den Bauernkindern, daß es in diesem Jahr auf dem Land eine besonders schlimme Wildschweinplage gab. Damit hatten sie in gewisser Hinsicht nicht einmal so unrecht, dachte ich mir und war traurig.

Damals litt ich besonders darunter, daß ich keine Familie hatte. Mein Vater war weit fort, und meine Stiefmutter verhielt sich mir gegenüber gleichgültig. Ich wußte nicht genau zu sagen, ob sie nichts mit mir anzufangen wußte oder ob sie es gar nicht erst versuchen wollte. Wenn ich sonntags auf dem Feld arbeitete und später nach Hause kam, hatte sie mir nicht einmal ein wenig Reis übriggelassen. Deshalb blieb ich oft allein in der Schule zurück und lag den ganzen Tag auf meinem Strohbett. Ich ließ mir nichts anmerken, sondern machte eine grimmige Miene, aber nachts, wenn ich allein war, vergrub ich mein Gesicht im Kissen und weinte.
Es entging den Bauern der Produktionsabteilung auf die Dauer nicht, wie Zhu Zhidao mich behandelte. In ihrer gutmütigen Art zogen sie bei der Feldarbeit über sie her. Als ich Ferien hatte, waren Guo »Glücklicher Wohlstand« und seine Frau besonders lieb zu mir. Oft teilten sie mit mir ihre wenigen Süßkartoffeln. Schließlich gab ich ihnen einfach meine Reismarken und die zwölf *yuan*, die ich von meinem Vater monatlich als Taschengeld bekam. Dadurch wurde gewissermaßen offiziell bekräftigt, daß ich mich fortan in der Obhut des Ehepaares befand. Ich schaffte mein Bett aus der Küche in den von Guo und seiner Frau bewohnten Teil des Hauses. Fortan sorgten die beiden für mich wie für einen eigenen Sohn.
Die Hände von Guos Frau kamen von morgens bis abends nicht zur

Ruhe. Durch das Leben in ihrem Haus lernte ich, Mitgefühl für das Los der Bäuerinnen zu empfinden. Guos Frau mußte nicht nur mit den Männern auf dem Feld arbeiten und erhielt dafür weniger Punkte gutgeschrieben, sondern hatte darüber hinaus zahllose Pflichten in ihrem Haushalt. Wasser mußte vom Brunnen geholt werden. Gemüse für das Schweinefutter, aber auch für die Mahlzeiten der Menschen war zu waschen, und das Feuer im Herd mußte entfacht und geschürt werden. Die arme Frau kochte, wusch und schrubbte Kleider, reparierte das undichte Strohdach, spann Baumwollgarn zum Flicken und hielt die Küche derartig sauber, daß eine Fliege dort verhungert wäre. Trotz ihres geringen Alters waren ihre Hände schon rauh und rissig wie ein altes Stück Holz. Ihre nackten Füße waren viel größer als die meines Vaters. Das Haar trug sie in zwei glänzenden schwarzen Zöpfen, und aus ihrem derben runden Gesicht sprach humorvolle Gelassenheit, die sie all das Elend ertragen ließ. Das Leben war für sie eine Bürde, die sie voller Geduld auf sich genommen hatte. Zwar sprach sie gern über ihre Sorgen, doch begleitete sie ihre traurigen Worte stets mit einem Lächeln.

Die große Tragödie ihres Lebens war, daß sie keine eigenen Kinder hatte. Kein Sohn half dem Ehepaar Guo bei der Arbeit, verdiente ein paar Punkte hinzu und konnte für seine Eltern sorgen, wenn sie alt waren. Davon redete Guos Frau unablässig, und bald kannte ich ihre Geschichte auswendig. Kurze Zeit nach ihrer Hochzeit war den Frauen der Brigade ein Film gezeigt worden, der vom Leben einer heldenhaften jungen Kommunistin handelte. Nach der Vorstellung hatte Li, der Leiter der Brigade, alle Frauen ermahnt, dem Vorbild jener Frau nachzueifern, die schon über dreißig war und noch immer keine Kinder hatte. In den darauffolgenden Wochen erschienen barfüßige Ärzte in allen Haushalten, um den Frauen Pessare einzusetzen. Der Film hatte Guos Frau so beeindruckt, daß sie ihre Zustimmung zu dem kleinen Eingriff gab. Doch von jenem Tag an hatte sie so starke Schmerzen, daß sie kaum auf dem Feld arbeiten konnte. Vielleicht lag es daran, daß der Arzt so unerfahren gewesen war, meinte sie. Eine halbjährige Ausbildung reichte eben nicht aus. Es war das Pech der Frauen, daß die Männer keinerlei Maßnahmen zur Geburtenkontrolle unterzogen wurden, weil sie die wichtigste Arbeitskraft auf dem Land darstellten.

In der Klinik der Kommune weigerte man sich, das Pessar zu entfernen, denn es wurde gerade eine Kampagne zur Familienplanung durchgeführt. So sah sich Guos Frau gezwungen, die Hilfe einer Frau in Anspruch zu nehmen, die solche Dienstleistungen verbotenerweise für den Preis von ein paar Eiern erbrachte. Die Operation wurde von ihr mit

Hilfe eines Drahtes durchgeführt, dessen eines Ende sie zu einem Haken gebogen hatte. Leider hatten dabei der Uterus und die Blase von Guos Frau bleibenden Schaden genommen, so daß sie nun ständig Binden aus Baumwolle tragen mußte, die den unablässigen Urinfluß aufsaugten. Wenn sich eine solche Binde vollgesogen hatte, legte Guos Frau sie einfach in die Sonne zum Trocknen und ersetzte sie inzwischen durch eine andere. »Aiya!« sagte sie häufig und lächelte über ihre eigene Torheit. »Ich hätte mir nie diesen Film anschauen sollen, auch wenn es nichts kostete!«

Mehrmals machte ich den Vorschlag, wir sollten gemeinsam das Geld zusammensparen, damit sie einen Arzt aufsuchen konnte, aber sie erwiderte stets, das sei unmöglich, denn sie sei sowieso schon mit ihren Arztkosten im Rückstand. »Mir könnte nur noch ein Wunderdoktor helfen«, sagte sie. »Aber die kommen nicht mehr, aus Angst vor den Leuten der Propagandaabteilung.«

Doch eines regnerischen Tages, als wir alle zu Hause waren, kam ein kleines Kind gelaufen und berichtete aufgeregt, ein Wunderdoktor sei gekommen. Es war eine Frau. Wir sahen sie unter einem löchrigen Regenschirm die Dorfstraße hinaufkommen, ein altes Weib mit grauen Haaren. Die Lider ihrer erblindeten Augen hatte sie zu einem kleinen Dreieck zusammengekniffen, und an den Schläfen war mit schwarzem Papier irgendein Mittel gegen Kopfschmerz befestigt. Gefolgt von einer rundlichen Helferin betrat sie den Raum, in dem wir alle saßen. »Dieses Dorf ist voller Geister!« murmelte sie. »Hier sind Geister und Dämonen in einem jeden Haus!«

Guos Frau sprang auf, lief zu einem großen irdenen Topf und entnahm ihm fünf Eier, der übliche Preis für die Dienste einer Wunderheilerin. Fast verhaspelte sie sich vor Eifer, als sie der Alten ihre Beschwerden schilderte. Ich selbst hatte gerade drei *jiao* in der Tasche und faßte den schnellen Entschluß, mir dafür wahrsagen zu lassen. Allzuoft hatte ich auf unsanfte Weise die Macht des Schicksals zu spüren bekommen, um nicht daran zu glauben.

Als erstes nahm die blinde Wunderheilerin einen Räucherstab aus ihrem Beutel und steckte ihn mit großer Zielsicherheit in einen Riß an der Wand. Dann forderte sie Guos Frau auf, sich ins Bett zu legen, und machte sich daran, ein wenig Papiergeld auf dem feuchten Lehmfußboden zu verbrennen. Dies war wohl ein erster Versuch, die Kranke von den Geistern freizukaufen. Unterdessen ging die rundliche Gehilfin fort, um einen Zweig von einem Pfirsichbaum zu holen, jenes angeblich so starke Mittel gegen Geister, von dem es hieß, es könne einem Menschen auch gefährlich werden, wenn er sich im Frühjahr zu lange darunter aufhielt. Bald kehrte die Helferin der Blinden mit einem »gesundheitsspendenden« Zweiglein zurück. Viele Bauern hatten sich unterdessen vor der Tür zusammengeschart und starrten neugierig mit weitaufgerissenen Augen in den Raum.

Nie zuvor hatte ich etwas derartig Eindrucksvolles gesehen. Das blinde Weib tanzte im Zimmer herum, intonierte einen Singsang und machte drohende Gebärden. Mit dem Pfirsichzweig fuchtelte es herum, als bedrohte es einen unsichtbaren Geist mit einem Schwert. Jener leistete offenbar tapfere Gegenwehr, und zum Ergötzen der Zuschauer ahmte die Helferin der alten Medizinfrau das Stöhnen und Ächzen des Geistes sehr anschaulich nach. Die beiden Frauen sangen eine Art Litanei von Angriff und Rückzug: »Wo bist du?« – »Hier bin ich!« – »Mach jetzt, daß du fortkommst!« (Ein Schlag mit dem Pfirsichzweig).

»Aber ich habe doch noch nichts gegessen!« (Der Geist stöhnte laut.)

So ging es ungefähr eine Viertelstunde weiter. Guos Frau lag währenddessen in Schweiß gebadet und schreckensstarr auf ihrem Bett. Sie ließ klaglos alle Hiebe mit dem Pfirsichzweig über sich ergehen, selbst wenn sie ins Gesicht trafen, als fühlte sie keinen Schmerz.

Schließlich rief die Hexenmeisterin verzweifelt: »Der Geist will nicht verschwinden!« Bei diesen Worten kicherte die Gehilfin triumphierend. Guos Frau brach in Tränen aus.

»Er will mehr zu essen haben, vielleicht noch vier Eier«, fuhr das blinde Weib fort. »Noch nie habe ich einen so hartnäckigen Geist gesehen!«

Guos Frau drehte sich zu ihrem Mann um. In ihren Augen lag eine stumme Bitte. Da ging er zu dem irdenen Topf, aber es waren nur noch zwei Eier darin.

»Ich habe Geld!« rief ich. »Ich kann dir zwei *jiao* geben!«

Die alte Frau grinste zufrieden. »Geld hilft noch besser als Eier«, sagte sie und lief in die Küche. Mit erstaunlicher Zielstrebigkeit ergriff sie zwei Hackmesser, lief zum Bett der Leidenden zurück und fuchtelte in der Luft herum, als würde sie von allen Seiten angegriffen. Schließlich hielt sie inne. Offensichtlich war sie als Siegerin aus dem Kampf hervorgegangen, denn der »Geist« wimmerte: »Ich gehe, ich gehe, bitte schlage mich nicht mehr!«

Zuletzt kramte die Quacksalberin in ihrem Beutel herum und zog ein Fläschchen mit einer klaren Flüssigkeit hervor. »Dies ist Wasser der Unsterblichen«, verkündete sie. Sie besprenkelte das ganze Zimmer und auch Guos Frau, die anscheinend ohnmächtig geworden war. »Der Dämon wird es nicht wagen zurückzukommen«, sagte die Alte zu Guo.

»Aber du mußt deiner Frau sagen, daß sie drei Tage lang keinen Tropfen trinken darf, sonst bricht sie den Zauberspruch und macht alles zunichte.« Mit einem Seufzer wandte sie sich ab und griff mit den Händen mehrmals tastend in die Luft, als suchte sie nach neuen Geistern. »Wer ist der Nächste?« fragte sie.

Unsere neugierigen Nachbarn hatten sich in das Zimmer gedrängt, um ein Tröpfchen vom Wasser der Unsterblichen zu erhaschen. Die alte Hexe machte an jenem Tag ein gutes Geschäft. Zwar brauchte sie keine Geister mehr auszutreiben, aber genau wie ich wollten sich viele Bauern weissagen lassen. Es dauerte über eine Stunde, bis ich an der Reihe war. Ich mußte mich vor der Alten auf einen Stuhl setzen. Als sie ihre eiskalten Hände auf mein Gesicht legte, erschauerte ich am ganzen Körper, denn ich hatte natürlich nicht vergessen, daß diese Hände richtige Geister berührt hatten. Doch bewahrte ich soweit meine Fassung, um dem blinden Weib auf ihre Frage zu antworten, daß ich im Jahr des Pferdes früh am Morgen geboren war.

»Du bist ungefähr fünfzehn Jahre alt, und deine Familie ist in alle Himmelsrichtungen verstreut. Ihr seid gegenwärtig im Meer der Bitternis, deine beiden älteren Schwestern, deine Eltern und du selbst. Jetzt macht ihr gerade die schwersten Zeiten durch. Viele Leute haben dir Leid zugefügt, und so wird es auch in Zukunft sein, aber wenn du erst zwanzig Jahre alt bist, wartet großes Glück auf dich. Es wird Menschen geben, die dir dieses Glück nicht gönnen, aber sie werden dir nicht viel anhaben können. Was jedoch deinen Vater anbetrifft«, sagte sie mit gerunzelter Stirn, während sich ihre Hände enger um mein Gesicht schlossen, »so wird es viele, viele Jahre dauern, bis das Meer der Bitterkeit ihn freiläßt.«

Mir kam dies alles erstaunlich zutreffend vor, und ich sagte mir, daß diese Weissagung durchaus einen *jiao* wert war. Jahrelang wartete ich darauf, daß sich die Prophezeiungen bewahrheiteten. Die Vorfreude auf mein künftiges Glück war mir ein immerwährender Trost. Für Guos Frau jedoch verlief die Sache nicht so glimpflich. Gewiß, der unaufhörliche Urinfluß versiegte während der drei Tage, an denen sie nichts trank. Doch danach war alles wieder genauso wie zuvor. »Ich war so durstig, aber ich hätte länger mit dem Trinken warten sollen«, sagte sie weinend mit einem Blick auf ihre nassen Hosen.

Das Frühlingsfest im Februar 1970 zu Beginn des neuen Mondjahres stand vor der Tür. Meine Klassenkameraden waren nach Hause gefahren. Ich schlief allein in dem dumpfigen Schlafsaal und wartete auf den

Tag, an dem ich meine Schwester Liang Weiping an der Bushaltestelle abholen und mit ihr aufs Land zu unserer Produktionsabteilung gehen könnte. Ihre Vorgesetzten im Landkreis Yuanjiang hatten ihr eine Woche Urlaub zugestanden.

Ich hatte sie seit über einem Jahr nicht gesehen und erkannte die junge Frau, die drall wie eine Süßkartoffel aus dem Bus stieg, kaum wieder. Meine Schwester hatte ihre Zöpfe abgeschnitten, trug nun das Haar kurz wie eine Bäuerin. Vielleicht hatte sie keine Zeit mehr, ihr Haar auszubürsten und zu kämmen, aber möglicherweise hatte sie genau wie ich schnell begriffen, daß man sich auf dem Land die Haare höchstens zufällig wusch, beispielsweise im Sommer beim Schwimmen. Liang Weiping trug noch immer dieselbe ausgebeulte Kleidung aus blauem Tuch wie damals vor mehr als einem Jahr, als sie fortging. Die Sachen schienen ihr mittlerweile zu eng geworden zu sein und waren an mehreren Stellen geflickt. Insgesamt wirkte sie viel älter als siebzehn Jahre.

Ich war überglücklich, sie wiederzusehen, zumal ich in den Körben ihrer Tragstange zwei lange, feste Laibe Reisbrot entdeckte. Jahre später erinnerte mich meine Schwester einmal daran, wie ich dort auf der Straße darum gebettelt hatte, ein Stück davon abbrechen zu dürfen. Ich hatte mich an den Rand der Straße gesetzt, das Stück Brot gierig verschlungen und mit der Hand ein wenig Wasser aus dem Straßengraben geschöpft, um es hinunterzuspülen. Als sie mich dort in meiner zerlumpten Kleidung und mit aufgeblähtem Bauch an der Straße sitzen sah, habe sie vor Kummer weinen müssen, berichtete meine Schwester. Doch muß ich wohl ihre Tränen im feinen Nieselregen jenes Frühjahrstages übersehen haben, denn ich konnte mich nicht mehr daran erinnern.

Als wir mehrere Stunden später ankamen, war Zhu Zhidao gerade in der Küche und hantierte am Herd. Wegen des Wetters war der Fußmarsch auf dem glitschigen Feldweg ziemlich beschwerlich gewesen. Unsere Füße schmerzten in den zerschlissenen Armeesandalen, weil wir, um darin ein wenig Halt zu finden, die ganze Zeit die Zehen zusammenkrampfen mußten.

Unsere Stiefmutter beachtete uns erst, als sie Liang Weipings lange *babas* aus Reis entdeckte. Dann erst ließ sie sich zu einem Lächeln herbei. Ohne Hast holte sie die Thermosflaschen mit heißem Wasser und eine Schüssel, damit wir unsere Füße ein wenig aufwärmen konnten.

Guo »Glücklicher Wohlstand« und seine Frau erwiesen sich als gastfreundlicher. Liang Weipings Ankunft sprach sich schnell herum. Die Bauern unterhielten sich darüber, wie hübsch sie sei. Viele drängten meine Schwester, sie daheim zu besuchen. Am meisten interessierten sie sich für die Lebensumstände in der Produktionsabteilung meiner Schwester. Sie wollten wissen, wie hoch dort ein Punkt bei der Arbeit bewertet wurde (sieben- bis achtmal so hoch wie bei uns!) und wie groß der Ertrag von einem *mu* Land (s. Erläuterungen, Seite 7/8) war. Wenn wir uns mit ihr über Fragen der Düngung oder der Zubereitung von Schweinefutter unterhielten, redete sie ganz wie eine erfahrene Bäuerin. Liang Weiping war immer freigebig gewesen. Ohne auf Zhu Zhidaos gerunzelte Brauen zu achten, verteilte sie eine der langen *babas* unter ihren zahlreichen Gastgebern. Nun galt sie bei den Bauern vollends als eine der ihren.

Bald erfuhr meine Schwester auch von unseren Nachbarn, wie Zhu Zhidao mich behandelte. Verärgert berichtete sie mir, daß auch sie nicht mit unserer Stiefmutter zurechtkam. Sie hatte um fünf *yuan* im Monat gebeten, um sich ein wenig Öl und Salz zu kaufen, aber ihre Bitte war abgelehnt worden. Tante Zhu war zwar lieb und nett zu unserem Vater, aber uns hatte sie nie als ihre Kinder angenommen. Einmal hörte ich zufällig, wie Liang Weiping sie um Toilettenpapier bat, weil sie ihre Regel hatte. Doch Zhu Zhidao fertigte sie mit den Worten ab, sie solle lieber altes Zeitungspapier nehmen.

Die Lage besserte sich ein wenig, als Vater wieder daheim war, denn Zhu Zhidao war nun ein wenig fröhlicher. Vater wirkte gealtert und hatte schon einen leicht schlurfenden Gang. Zuerst dachte ich, er sei bloß von der Last seiner Kleider gebeugt, denn er trug alles am Leibe, was er besaß. Pausenlos hockte er dicht am Feuer und hörte dennoch nicht auf zu zittern. Wir erfuhren, daß er ständig auf dem Fußboden schlief, nur durch ein wenig Reisstroh vom feuchten Lehm getrennt. Seit Monaten schon litt er an Rheuma.

Das Frühlingsfest war in diesem Jahr enttäuschend. Trotz des amtlichen Verbotes wurden um Mitternacht an der Schwelle zum neuen Mondjahr ein paar Böller losgelassen, eine fruchtlose Geste der Gastfreundschaft gegenüber einem tauben Buddha des Wohlstandes. Genau wie Vater waren die anderen Kader des Propagandatrupps nach Hause gefahren und kümmerten sich nicht darum, was sich bei den Bauern tat. Nirgends wurde gefeiert. Liang Weiping und ich erhielten diesmal nicht die üblichen Geschenke von unseren Eltern, wie es der alte Brauch wollte. Zhu Zhidao reichte uns lediglich mit ziemlich ungnädiger Miene eine Handvoll Puffreis.

Dennoch fand ich dieses Frühlingsfest wunderbar, denn immerhin konnte ich mich mit meiner Schwester unterhalten und Erfahrungen austauschen. Als echte Kinder unseres Vaters hatten wir von ihm den Hang zum Geschichtenerzählen geerbt. So saßen wir denn bis spät in die Nacht beisammen in der Küche an der wärmenden Glut des Herdfeuers, wo wir niemanden störten, und berichteten uns alles, was sich in der Zwischenzeit zugetragen hatte.

Indem sie sich mit einer Gruppe von Klassenkameradinnen, darunter auch eine von Peng Mings Schwestern, für den Landkreis Yuanjiang beworben hatte, schien Liang Weiping mehr Glück gehabt zu haben als unsere ältere Schwester Liang Fang. Den Mädchen war weisgemacht worden, es gäbe dort so viele Fische im See, daß man sie mit der Hand fangen konnte, doch nach ihrer Ankunft im kalten Monat Dezember erlebten sie eine böse Überraschung, da sie sich in einer Gegend wiederfanden, die aussah wie das Ende der Welt. Da sie die einzigen Mädchen in der ersten Gruppe waren, wurden sie von der »Grasschweif-Kommune« einer Produktionsabteilung in der Nähe der Stadt zugeteilt. Die für die städtischen Jugendlichen zuständige Behörde der Kreisverwaltung hatte den Leitern der Gruppe pro Mitglied zweihundertvierzig *yuan* ausgezahlt. Von diesem Geld sollte ein Haus gebaut werden. Dazu kamen hundert *yuan* für die allernötigsten Anschaffungen. Jeden Monat sollten die jungen Leute außerdem dreißig *liang* Reis erhalten, solange sie noch nicht genügend Punkte durch eigene Arbeit zusammenbekamen. Anfänglich war die Lage also recht hoffnungsvoll. Ein glorreiches Abenteuer schien vor den jungen Menschen zu liegen, und erstmals standen sie vor der Aufgabe, sich selbst ein Haus zu bauen.

Womit sie nicht gerechnet hatten, waren die harten Lebensbedingungen, die fremden Sitten und das Heimweh. Am meisten mußte sich meine Schwester Liang Weiping über die Knauserigkeit der Bauern wundern. Angeblich würde jeder Bauer sie wie die eigene Tochter behandeln, hatte es geheißen, doch nun wollten sie nicht einmal ein Ei herausrücken. Dabei waren sie ehrliche, hart arbeitende und im Grunde ihres Herzens sogar gutmütige Menschen. Das fand meine Schwester heraus, als sie irrtümlich wertvolles Getreide in der Annahme ausrupfte, es handele sich um Gras. Die Bauern lachten bloß und verlangten nicht, daß sie den Schaden bezahlte.

Liang Weiping erzählte mir eine Menge Geschichten, beispielsweise von einem Mädchen aus der Stadt, das am Ende einen Bauernburschen heiraten mußte. Nach ihrer Ankunft auf dem Land war jede Schülerin einer Bauernfamilie zugeteilt worden. Das betreffende Mädchen mußte mit dem Sohn der Familie in einem Raum schlafen. Schon vor Ablauf der ersten Woche wurde sie von ihm vergewaltigt. Aus Scham meldete sie den Vorfall nicht, sondern beugte sich ihrem

Schicksal. Auf diese Weise kam der Bauernsohn kostenlos zu einer Braut. Normalerweise hätte er dafür in jener Gegend an die tausend *yuan* bezahlen müssen.
Meine Schwester berichtete mir auch, daß sie sich einmal heimlich auf ein Boot nach Changsha geschlichen habe, doch sei sie von Polizeibeamten ertappt und zurückgeschickt worden. Mehrmals seien sie und ihre Kameradinnen bestohlen worden. Am Ende habe sich herausgestellt, daß der Dieb einer der ihren war.
Auch vom Aberglauben der Bauern erzählte mir meine Schwester: Sie bestreuten ihre Betten und die Strohdächer ihrer Häuser mit ungekochtem Reis, damit die bösen Geister fernblieben und der Sturm nicht das Dach forttrug. Aus zerriebenen Insekten bereiteten sie ein Gift, mit dem sie sich aneinander rächten. Am meisten beeindruckte mich jedoch, was mir meine Schwester über die Konflikte zwischen den Bauern und den Jugendlichen aus der Stadt zu erzählen hatte, denn es kam meinen eigenen Erfahrungen am nächsten:
Eines Abends, als die Beziehungen zwischen den Bauern und den Jugendlichen einen Tiefpunkt erreicht hatten, machten sich fünf oder sechs Jungen auf, um bei der benachbarten Produktionsabteilung Hühner zu stehlen. Sie drangen in eine dunkle Küche ein und machten dabei ein solches Getöse, daß die Hühner im Stall mit ihrem lauten Gegacker die schlafenden Bauern aufweckten. Jene erhoben ein lautes Geschrei, so daß die Nachbarn gelaufen kamen. Die Missetäter wurden mit Fäusten, Knüppeln und anderen Schlagwerkzeugen windelweich geprügelt. Als man sie schließlich laufenließ, bluteten alle aus mehreren Wunden.
Ihre Hitzköpfigkeit verleitete sie – fünfzehn Burschen in meinem Alter – dazu, sich noch in selbiger Nacht zu rächen. Als Mitternacht vorbei war und überall Ruhe herrschte, pirschten sie sich an die Häuser ihrer Widersacher heran und fielen über einen der alten Bauern her, der im Bett lag und schlief. Wer weiß, ob sie vorgehabt hatten, derartig gewalttätig zu werden – jedenfalls schlugen sie den armen Mann auf den Kopf und malträtierten ihn so lange, bis er mit einem gebrochenen Bein dalag. Zu guter Letzt stürzten sie die Möbel um, zerbrachen Schüsseln und Teller und demolierten überhaupt alles, was nicht niet- und nagelfest war. Dann rannten sie davon und ließen den alten Mann stöhnend in den Trümmern seines Hauses zurück.
Liang Weiping und ihre Klassenkameradinnen schliefen in einem Haus, das nicht weit vom Quartier der Jungen entfernt war. Sie wurden vom Stimmengewirr einer rachelüsternen Menge geweckt. In der Dunkelheit erblickten sie ungefähr dreißig Bauern, die mit Pickeln und Hacken

bewaffnet waren. Um die Schultern trugen sie zusammengerollte Seile. Ihre Frauen und Kinder bildeten die Nachhut. »Gebt uns die Mörder, sonst fließt hier das Blut in Strömen!« schrien sie.
Die Mädchen waren um so mehr erschrocken, als sie nicht wußten, was sich zugetragen hatte. Einige der Männer traten mit den Füßen gegen die Tür des Hauses, in dem die Jungen wohnten, als wollten sie sie mit Gewalt aufbrechen. Liang Weiping war überzeugt, daß ihre Freunde allesamt umgebracht würden, denn sie waren schon allein zahlenmäßig weit unterlegen. Sogar die Vorarbeiter der Produktionsabteilung hatten sich der wütenden Menschenmenge angeschlossen. Da faßten die Mädchen einen verzweifelten Plan. Mit Scheren zerschnitten sie ihre Matratzen aus Reisstroh und befestigten die Stücke an Bambusstangen. Dann zündeten sie diese seltsamen Fackeln an, stürmten damit ins Freie und riefen den Bauern zu, daß sie die Strohdächer ihrer Häuser in Brand stecken würden, wenn sich jene nicht sofort zurückzögen.
Durch den Vorstoß der Mädchen ermutigt, wagten sich nun auch die Jungen vor. Sie stellten sich trotzig vor den Bauern auf und überschütteten sie mit den unflätigsten Flüchen, die sie in der Stadt gelernt hatten. Es gelang ihnen sogar, gemeinsam mit den fackelschwingenden Mädchen, einige Bauern zu umzingeln. Daraufhin zog sich die Menge zurück. Vielleicht war es dieser kleinen Gruppe von Mittelschülern mit dem Mut der Verzweiflung gelungen, die Übermacht einzuschüchtern, aber möglicherweise fürchteten die Bauern auch nur, die Götter durch noch mehr Blutvergießen zu beleidigen. Jedenfalls war die Gefahr eines erbitterten Handgemenges abgewendet. Im Licht des nächsten Tages wurden angemessene Strafen ausgesprochen: Die ganze Gruppe wurde zur Teilnahme an einem Umerziehungslehrgang verpflichtet, und die fünf jungen Schläger mußten die Arztkosten des von ihnen so übel zugerichteten Bauern übernehmen. Es kam natürlich weiterhin zu Diebstählen, nur ließ man dabei mehr Vorsicht walten und achtete darauf, daß der Tatort möglichst weit von daheim entfernt war.
Was mich am meisten an dieser Geschichte erstaunte, war nicht die brenzlige Situation, wie sie Liang Weiping beschrieben hatte, denn auch ich hatte so manche gewalttätige Auseinandersetzung mit den Bauernkindern durchstehen müssen. Nein, es war vielmehr die Tatsache, daß meine scheue, eher konservative Schwester bei dergleichen mitgemacht hatte, und zwar mit beträchtlichem Mut. Obendrein fand sie ihr eigenes Verhalten offenbar ganz selbstverständlich. Natürlich hatte sie Gewissensbisse, so wie ich stets von Reue geplagt wurde, wenn ich Süßkartoffeln gestohlen hatte. Sie bat mich, niemals Vater oder Liang Fang etwas

zu erzählen, denn gerade unsere ältere Schwester hatte in einem Brief davon berichtet, wie ausgezeichnet sich ihre den Jahren nach ältere Gruppe mit den Bauern verstand. »Wie konnte der Vorsitzende Mao nur behaupten, auf dem Land würden uns junge Leute aus der Stadt nur Erfolg und Ruhm erwarten?« wunderte sich Liang Weiping. »Ich habe große Angst, nach meiner Rückkehr wieder in diesen schrecklichen Strudel zu geraten!«

Kapitel 17

Verhör

Kurze Zeit nach Liang Weipings Abreise nahm Vater wieder die Arbeit in seiner Propagandaabteilung auf. Ich selbst mußte in die Schule zurück, denn die zweite Hälfte des Schuljahres begann. Die Berichte meiner Schwester hatten Eindruck auf mich gemacht. Ich nahm mir vor, mich mit den Bauernkindern besserzustellen. Das war ziemlich leicht zu bewerkstelligen, denn ich wußte genau, was in ihnen vorging. Vor nichts fürchteten sie sich mehr als vor Geistern. Deshalb verschaffte ich mir bei ihnen Respekt, indem ich ohne das geringste Anzeichen von Angst all jene Plätze aufsuchte, wo es ihrer Meinung nach spukte. Meine Klassenkameraden nahmen sich vor mir ohnehin in acht, weil ich so groß und stark war. Doch nun begannen sie, zu mir aufzublicken, als wäre ich so etwas wie ein Held.

Sicher wäre ich immer wieder in Streitereien verwickelt worden, hätte ich nicht eines Tages das mit Brettern vernagelte Lagerhaus entdeckt. Das Gebäude hatte ein flaches Dach und lag in der Nähe des Sportplatzes. Als ich einmal daran vorbeischlenderte, folgte ich einer Eingebung und spähte durch eine Ritze in der Tür ins Innere. Es stellte sich heraus, daß der ganze Raum randvoll mit Büchern gefüllt war. Wahrscheinlich war dies der einstige Bestand der Schulbibliothek aus den Tagen vor der Kulturrevolution. Seit die Rotgardisten vor über vier Jahren unsere Wohnung durchsucht hatten, hatte ich kein Buch mehr gelesen. Mein Herz klopfte mir zum Zerspringen. Rasch trommelte ich eine Handvoll meiner besten Freunde zusammen, zu denen inzwischen auch zwei Bauernjungen gehörten, und ließ sie schwören, das Geheimnis für sich zu behalten. Spät in der Nacht lockerten wir an der Tür ein paar Bretter und zwängten uns durch den engen Einstieg. Staub und Schimmelgeruch erzeugten in unseren Kehlen einen Hustenreiz. Überall hingen Spinnweben. Die

Bücher waren zu unordentlichen Haufen aufgetürmt. Ihre Einbände waren verblichen, und sie fühlten sich feucht und modrig an. Ich fühlte mich aber, als hätten wir das Paradies betreten!
Einer meiner Kameraden hatte eine Taschenlampe. Wir ließen den zitternden Lichtkegel über die vielen Buchrücken wandern und suchten uns jeder ein paar Titel aus. Aus Furcht, daß uns jemand auf die Schliche kam, mäßigten wir uns freiwillig, ähnlich wie beim Stehlen von Süßkartoffeln. Ich entschied mich für eine Geschichte Europas und Übersetzungen von Hegels *Dialektik* sowie Flauberts *Madame Bovary*. Nachdem wir wieder ins Freie gekrochen waren, befestigten wir sorgsam die Bretter an ihrem alten Platz und machten uns davon.
Von nun an schienen unsere geheimen Freuden kein Ende mehr zu finden. Mein ganzes Leben war wie verwandelt. Mit einer Hingabe, wie ich sie noch nie empfunden hatte, las ich ein Buch nach dem anderen und führte genau Tagebuch über meine Lektüre. Die Welt der Phantasie erschloß sich mir, neue Zielvorstellungen und Träume ergriffen von meiner Seele Besitz. Wir Bücherdiebe diskutierten über Literatur und begannen sogar Gedichte zu schreiben. Bei unseren Zusammenkünften unten am Fluß entwickelten wir einen solchen Eifer, daß wir nicht auf den kalten Wind achteten. Wir waren ein kleiner literarischer Zirkel von fünfzehnjährigen Jünglingen.
Eines Tages geschah es, daß einer meiner Klassenkameraden (ich fand nie heraus, wer es war) mir ein Gedicht von meinem Schreibpult entwendete und damit zu einem Politkader lief. Es war ein pessimistisches Gedicht und handelte von meinem ziel- und sinnlosen Dasein auf der Straße. Ich wurde dafür öffentlich kritisiert und bekam in meiner Akte den Eintrag »mit der Wirklichkeit unzufrieden«. Doch nicht einmal dieser Vorfall konnte meinen literarischen Eifer zügeln. Ich verlegte meine schriftstellerischen Aktivitäten einfach nach außen, indem ich Briefe an ferne Freunde oder Familien schrieb, beispielsweise an Klein Li, der noch immer in Changsha wohnte, weil seine Eltern noch nicht von der Umerziehung freigestellt worden waren. So führte ich also einen ziemlich regen Briefwechsel, denn ich erhielt von überallher Antwort, nur nicht von Peng Ming. Wahrscheinlich widmete er sich so eifrig der Revolution, sagte ich mir, daß er keine Zeit hatte, mir zu schreiben.
Dann kam der Samstag, an dem vormittags der Unterricht ausfiel, weil alle Schüler an einer besonderen Veranstaltung teilnehmen sollten. In dem großen Klassenzimmer wurden neue Parolen aufgehängt, die ohne Ausnahme vom Klassenkampf handelten. Wir ahnten, daß etwas Wichtiges in der Luft lag.

Innerhalb des Revolutionskomitees unserer Schule war die sogenannte politische Arbeitsgruppe am mächtigsten. Sie wurde von Liu Guorong, einem Absolventen der politischen Abteilung des Lehrerkollegs von Hunan, geleitet. Auch auf dieser Veranstaltung war er der Wortführer. Als er zum Rednerpult ging, war ihm anzumerken, daß er sich innerlich auf einen großen Auftritt vorbereitet hatte.

Seine Rede war kurz, aber sie sorgte für viel Aufregung. In Lius markant geschnittenem Mund glänzten Goldzähne, und als er mit viel Nachdruck seine Ansprache hielt, regnete ein feiner Sprühnebel aus Speichel auf die Zuhörer in der ersten Reihe herab. Eine neue politische Bewegung sei ins Leben gerufen worden, teilte er uns unter anderem mit. Sie habe zum Ziel, die konterrevolutionären »Verschwörer vom 16. Mai« dingfest zu machen.

»Diese über das ganze Land verstreute Geheimorganisation hat versucht, unseren geliebten Premierminister Zhou Enlai anzugreifen, indem die diplomatischen Beziehungen zu gewissen Ländern sabotiert wurden!« ereiferte sich Liu Guorong. »Diese Leute haben ein eigenes politisches Programm und gehen planvoll vor. Ihre Umtriebe sind tükkisch und verderblich. Um ihre hinterhältige Verschwörung auszuweiten, stützen sie sich sogar auf die Dienstleistungen unserer Post.« Liu machte eine Pause, und alle Zuhörer hielten den Atem an. Schließlich zischte er: »Hier in diesem Raum befindet sich ein Verschwörer vom 16. Mai!«

Nach dieser Rede war der Teufel los. Aufgeregt redeten wir durcheinander und reckten die Hälse in der Hoffnung, den Schuldigen ausfindig zu machen. Im Geiste ging ich die ganze Liste unserer harmlosen Landschullehrer durch, aber es wollte mir nicht in den Kopf, daß einer von ihnen in eine so gräßliche und gefährliche Sache verwickelt sein könnte.

Nach einer Weile setzte Liu seine Ansprache fort: »Am Ende dieser Veranstaltung soll sich der Konterrevolutionär bei mir im Büro melden und sich ergeben. Außerdem werde ich überall in der Schule fünf abschließbare Kästen mit einem Schlitz aufstellen lassen, damit ihr einen Zettel hineinwerfen könnt, falls ihr von anderen konterrevolutionären Umtrieben wißt. Und damit ihr euch keine unnötigen Sorgen macht: Nur ich habe die Schlüssel. Niemand außer mir und euch selbst wird jemals etwas von euren Verdächtigungen erfahren.« Liu lächelte, daß seine Goldzähne blitzten. »Die Versammlung ist aufgelöst!«

Im Klassenzimmer beriet ich mich flüsternd mit den anderen Mitgliedern unseres literarischen Zirkels. Wir beschlossen, unsere Gruppe aufzulösen und die entwendeten Bücher noch am selben Abend zurück ins

Lagerhaus zu bringen. Die anderen Klassenkameraden durchsuchten unterdessen sorgfältig ihre Schreibpulte, um sicherzugehen, daß ihnen nichts Belastendes untergeschoben worden war. Plötzlich spürte ich eine Hand auf meiner Schulter. Ich drehte mich um und sah Lehrer Deng vor mir, ein Mitglied des Revolutionskomitees unserer Schule. »Liang Heng«, sagte er zu mir, »Liu Guorong wünscht dich zu sprechen.«

Unter den neugierigen Blicken meiner Kameraden eilte ich mit schamrotem Gesicht hinter ihm her. Der Gedanke, Liu Guorong von Angesicht zu Angesicht gegenübertreten zu müssen, erschreckte mich so sehr, daß ich kaum daran zu denken wagte. Im übrigen konnte ich mir nicht vorstellen, warum er ausgerechnet mich zu sehen wünschte.

Das »Büro für politische Arbeit« enthielt nichts außer verschlossenen Aktenschränken, die vom Fußboden bis zur Decke reichten, politischen Parolen an den Wänden, einigen Stühlen aus Holz und einen großen Schreibtisch. Hinter letzterem saß Liu. Er rauchte und hatte vor sich einen dicken Aktenordner liegen. Mit dem Kopf gab er mir ein Zeichen, mich auf einen der Stühle zu setzen. Zitternd tat ich, wie mir geheißen.

Mit der Andeutung eines Lächelns sagte Liu zu mir: »Hast du heute morgen deine Ohren zu Hause vergessen? Oder wolltest du vielleicht eine persönliche Einladung?«

Vor Ratlosigkeit und Verwirrung wurde ich puterrot.

»Nun, du hast immer noch Zeit, dich zu deinen Vergehen als einer der Verschwörer vom 16. Mai zu bekennen«, fuhr Liu fort und fuchtelte mir mit einem Stoß weißer, unbeschrifteter Bögen vor der Nase herum. Auf dem obersten Blatt Papier las ich in dicken schwarzen Zeichen das Wort Geständnis.

Es nützte nichts, daß ich protestierte. Liu drohte mir nur mit den dicken Aktenordnern und behauptete, er wisse alles. Fieberhaft überlegte ich, was die Akte wohl enthalten könnte. Schließlich erhob sich Liu und verkündete: »Du wirst hier bleiben, bis du ein Geständnis abgelegt hast. Am besten fängst du gleich damit an. Später wird dir jemand etwas zu essen bringen.«

Gleich darauf vernahm ich, wie er die Tür hinter sich zuzog und den Schlüssel umdrehte.

Die Stimmen meiner Klassenkameraden hallten in den Korridoren der Schule wider und drangen bis zu mir. Ich preßte mein Gesicht an die Gitterstäbe des Fensters und hoffte, daß zufällig einer meiner Freunde zu mir aufblickte. Immer wieder ging ich alle Möglichkeiten durch, aber ich kam nicht auf des Rätsels Lösung. Waren es vielleicht die

Bücher, die ich Klein Li nach Changsha geschickt hatte? Oder unser literarischer Zirkel? Oder die gestohlenen Süßkartoffeln?
Gegen Mittag brachte mir Lehrer Deng etwas zu essen. Gutmütig flüsterte er mir zu: »Du solltest lieber gestehen, denn wer weiß, was sie sonst mit dir machen. Das Schreiben kam vom Amt für Öffentliche Sicherheit aus Peking.«
Das war es also! Wahrscheinlich war Peng Ming in irgendeine Sache verwickelt. Aber wenn ich selbst den Behörden in Peking aufgefallen war, dann stand es in der Tat schlecht um mich. Als ich jedoch den Inhalt meiner Briefe überdachte, fühlte ich mich ein bißchen besser. Ich hatte darin immer nur von unserer alten Freundschaft gesprochen und Peng Ming gebeten, mir irgendwelche Materialien über Kunst zu schicken. Schließlich war er doch ein Komponist!
Nachmittags kam Liu zurück, um mich zu verhören. Der Ausdruck seines Gesichtes veränderte sich dabei immer wieder. Manchmal war er streng, ein andermal lächelte er freundlich. Am Ende herrschte in meinem Kopf ein solches Durcheinander, daß ich nicht mehr zu sagen wußte, was recht und was unrecht war. Auf der einen Seite drohte Liu mir mit dem Gefängnis, doch andererseits versprach er, daß ich der Kommunistischen Jugendliga beitreten dürfte, wenn ich nur mein Verbrechen eingestand. »Dein eigener Vater war kein unbeschriebenes Blatt, als er aufs Land geschickt wurde, und bevor er wieder ganz lupenrein ist, stellt sich heraus, daß sein eigener Sohn ein Konterrevolutionär ist!« hielt mir Liu vor. »Denk daran, wie glorreich es für eure Familie ist, wenn du der Partei alles berichtest. Und denk auch daran, wie stolz dein Vater auf dich sein wird!«
Irgendwann erwähnte ich Peng Mings Namen. Liu strahlte vor Begeisterung. »Aha, du hast also den Namen deines konterrevolutionären Kontaktmannes preisgegeben! Das ist wirklich großartig!« Er nahm ein Blatt Papier und notierte sich nach einem Blick auf seine Uhr den genauen Zeitpunkt meines »Geständnisses«. Dann blickte er mich erwartungsvoll an. »Weiter!«
Ich weiß nicht mehr, wie oft ich ihm meine Freundschaft mit Peng Ming zu erklären versuchte. Ich berichtete, daß wir Nachbarn gewesen waren, daß mich Peng Ming auf den »neuen Langen Marsch« mitgenommen hatte, ich erzählte auch, daß er mir in Peking geholfen hatte und daß meine und seine Schwester Klassenkameradinnen waren. Immer wieder beteuerte ich, daß ich nichts von der Verschwörung vom 16. Mai wußte und daß auch Peng Ming nichts mit irgendwelchen konterrevolutionären Umtrieben zu tun hatte. Ich weiß nicht, was damals mit mir vorging,

aber ich wäre lieber gestorben, als eine Falschaussage zu machen, die man gegen meinen Freund verwenden konnte.

Es war schon spät am Nachmittag, als Liu endlich den Aktenordner öffnete und jene Briefe hervorzog, die ich nach Peking geschrieben hatte. Mir brach der Schweiß aus. Nie hätte ich es mir träumen lassen, daß das Amt für Öffentliche Sicherheit so gründlich vorging.

»Diese Briefe stammen doch von deiner eigenen Hand, nicht wahr?« fragte Liu.

»Ja, natürlich«, erwiderte ich. Wieder beschrieb ich meinem Gegenüber das Wesen meiner Freundschaft zu Peng Ming und die Gründe, warum ich ihm diese Briefe geschrieben hatte.

Liu war über meine Worte alles andere als glücklich. »Du bist erst fünfzehn Jahre alt, doch du wagst es, mich wie ein dreijähriges Kind zu behandeln«, sagte er, indem er sich erhob und drohend auf mich zuging. Er packte mich im Nacken und drückte mit aller Kraft zu. »Gestehe endlich deine konterrevolutionären Pläne!« befahl er.

Es tat so weh, daß mir die Tränen in die Augen schossen. »Ich habe noch nie von einer Verschwörung vom 16. Mai gehört«, schluchzte ich. »Und ich habe alles ausgesagt, was ich weiß.«

So drehte sich das Verhör endlos im Kreise. Abends mußte ich mich auf dem großen Schreibtisch zum Schlafen legen, und das wiederholte sich am nächsten und auch am übernächsten Abend. Jeden Nachmittag kam Liu, um mich zu verhören. Manchmal schlug er mich, bisweilen versuchte er jedoch auch, sich bei mir einzuschmeicheln und mich mit der Aussicht auf politische Vorteile zu ködern. Lehrer Deng brachte mir meine Mahlzeiten. Auch steckte er mir ein paar Zigaretten zu und hielt mich auf dem laufenden.

Ich glaube, daß mich damals am meisten das Verhalten meiner verräterischen Freunde kränkte. Jedesmal brachte Liu neues »Beweismaterial« aus den verschließbaren Kästen mit, irgendwelche Zettel, auf denen mich ausgerechnet jene Menschen anschwärzten, denen ich am meisten vertraut hatte. Freunde, die ich bei Schlägereien verteidigt hatte, lieferten mich ans Messer. Kameraden, mit denen ich gemeinsam Diebeszüge unternommen hatte, gaben mich preis. Die Mitglieder unseres kleinen literarischen Zirkels verrieten, daß wir Bücher entwendet und uns heimlich unsere Gedichte vorgelesen hatten. Mein Klassenlehrer prangerte meine »schlechte Denkungsart« an, und als ich durch das offene Fenster nach meinem kleinen rundköpfigen Freund Wu rief, erschrak er und rannte eilig davon. Jeden Tag brachte ich erneut die Geschichte meiner Bekanntschaft mit Peng Ming zu Papier. Und jedesmal, wenn Liu

meine Worte gelesen hatte, murmelte er erbost: »Noch ein Verbrechen!«
Eigentlich war es Lehrer Deng, der mir die Kraft verlieh, mich nicht zu einem falschen Geständnis zwingen zu lassen. Er erklärte mir, daß in dem Schreiben des Amtes für Öffentliche Sicherheit von Peking lediglich gestanden habe, daß mein Fall untersucht werden sollte. Es sei jedoch keineswegs die Rede davon gewesen, mich verhaften zu lassen. Aber ich wußte genau, daß Liu alles daransetzen würde, um mich hinter Gitter zu bringen. Denn ihm würde großer Ruhm als getreuer Gefolgsmann der Revolution zuteil, wenn er in seiner eigenen kleinen Landschule einen schlimmen Konterrevolutionär dingfest hätte machen können.
Nachts lag ich wach und weinte. Ich war hin- und hergerissen zwischen dem Wunsch, Peng Ming Kummer zu ersparen und meinen eigenen Vater davor zu bewahren, erneut in Ungnade zu fallen.
Am fünften Tag kam Liu erst spät am Nachmittag zu mir. In seiner Begleitung befand sich ein Offizier des Amtes für Öffentliche Sicherheit in Zivil. »Dies ist deine letzte Chance«, verkündete er voller Genugtuung. »Wenn du heute nicht gestehst, kommst du morgen ins Gefängnis.« Nach diesen Worten trat er vor einen Schrank, schloß ein Fach auf, entnahm ihm meine Akte und reichte sie dem Offizier.
In jener Nacht konnte ich nicht schlafen. Ich lag auf dem Schreibtisch und weinte so lange, bis meine Augen trocken blieben. Ich war erst fünfzehn Jahre alt, aber ich fühlte mich so elend, daß ich am liebsten gestorben wäre. Seit meinem dritten Lebensjahr war ich das Opfer politischer Umwälzungen gewesen. Zuerst war ich durch meine Mutter, dann durch meinen Vater in Bedrängnis geraten, und nun befand ich mich aufgrund einer absurden Falschauslegung meines eigenen Handelns in großer Not. Kein Zweifel, die ganze Welt hatte es auf mich abgesehen. Die menschliche Gesellschaft hatte mich wie einen Außenseiter und Dieb verstoßen. Meine Stiefmutter konnte mich nicht leiden, und mein Vater war ein gebrochener Mann. Sogar gegen ihn empfand ich Haß wegen all der Dinge, die unsere Familie seinetwillen hatte erdulden müssen.
Im Geiste stellte ich mir vor, wie ich am nächsten Tag, einem gemeinen Verbrecher gleich, ins Gefängnis käme. Auf dem Weg dorthin würde man mich in den Straßen öffentlich zur Schau stellen. »Nieder mit dem Konterrevolutionär!« würden die Bauern rufen, meine Freunde neben ihnen, Steine nach mir werfend und über meine Schande lachend. Alle wären froh, daß unser Land nun nach der Festnahme des gefährlichen Verbrechers um einiges sicherer wäre. Vielleicht würde ich zuerst auf

einer öffentlichen Veranstaltung angeprangert, verprügelt, gedemütigt ...

Im Dämmerlicht sah ich dicht über meinem Gesicht eine staubige, nackte Glühbirne von der Decke herabbaumeln. Plötzlich wußte ich, wie ich meinem Leben ein Ende bereiten konnte. Ich brauchte nur die Glühbirne aus der Fassung zu schrauben und meine Finger hineinzustecken. Bestimmt würde mich der elektrische Schlag töten. Nie wieder mußte ich mich dann mit Erinnerungen an Mutters demütiges, schicksalergebenes Gesicht plagen, als Vater sie verflucht hatte, weil sie angeblich das von der Partei in sie gesetzte Vertrauen mißbraucht hatte. Für immer wäre das Bild meines Vaters aus meinem Gedächtnis getilgt, wie er damals vor seinen brennenden Büchern knien und zugleich die Partei preisen mußte. Auch würde ich nicht mehr an jenen Tag denken müssen, an dem Liang Fang mit kotbesudelten Schuhen nach Hause gekommen war, um ihre »Gedankenprotokolle« niederzuschreiben. Nie mehr würde ich die Worte »stinkender Intellektuellensohn« vernehmen oder bäuchlings in der Furche eines Kartoffelackers liegen müssen. Vergessen wäre auch der Schmerz an jener Stelle meines Halses, wo Liu so erbarmungslos zugedrückt hatte. Alles war plötzlich verblüffend einfach.

Ebenso schnell, wie ich den Gedanken gefaßt hatte, führte ich ihn aus. Ich stellte mich auf den Schreibtisch, erreichte mühelos mit den Händen die Glühbirne und schraubte sie aus der Fassung, bis sie glatt und kühl in meiner Hand lag. Niemand würde mich bei meiner einsamen Tat sehen. Diese Tatsache erfüllte mich plötzlich mit Wut. Irgend jemand hätte dabeisein müssen, um mir zu helfen oder aber um mich von meinem Vorhaben abzubringen. Voll Bitterkeit dachte ich daran, daß der aufgebrachte Mob nach meinem Tod sicherlich meine Leiche steinigen würde, als wäre ich noch am Leben. Der Unterschied war nur, daß die Leute dann behaupten könnten, ich hätte mich selbst getötet, weil ich mein Verbrechen eingesehen hatte. Nie würde ich in der Lage sein, meinem Vater gegenüber zu beteuern, daß ich unschuldig war. Im Geiste sah ich sein gealtertes, trauriges Antlitz vor mir. Tränen rannen aus seinen Augen, während er sich immer wieder selbst ermahnte, geduldig und voller Zutrauen abzuwarten, bis er rehabilitiert wäre. Und noch eine andere Vorstellung traf mich mit ähnlicher Wucht: Wenn ich starb, dann konnten meine Widersacher irgendein Geständnis erfinden und gegen meinen Freund Peng Ming einsetzen, als hätte ich es mit eigener Hand geschrieben.

Der Wunsch zu leben war stärker als meine Sehnsucht nach dem Tod. Ich erinnerte mich an meinen Vater, als er freudig erregt das Volkslied eines

Bauernjungen im Feuerschein einer Fackel aufgeschrieben hatte, immer noch ein Mann des Geistes inmitten der größten Not. Auch an Mutter und Waipo dachte ich, die auf mich in Changsha warteten. Meine Schwester Liang Weiping kam mir in den Sinn, wie sie ihre Reis-*baba* mit den Bauern teilte. Die »Strolche« hatten sich auf der Straße meiner so gut angenommen, und Lehrer Luo hatte mir großherzig die Karikaturen verziehen, die ich von ihm gezeichnet hatte! Es gab viel Gutes in dieser verrückten Welt, aber es gab auch so vieles, das ich nicht zu begreifen vermochte.

Warum sollten zwei gute Menschen wie meine Eltern dazu gezwungen sein, auseinanderzugehen und sich scheiden zu lassen? Warum mußte Liang Fang eine Maschinenpistole auf gleichaltrige Menschen richten? Warum fürchteten die Bauern so sehr die Kadermitglieder, wo jene doch Vertreter unserer großen kommunistischen Partei waren? Warum setzten manche Menschen alles daran, Leute wie Peng Ming und mich als Konterrevolutionäre hinzustellen, wo es doch unser größter Wunsch war, einen Beitrag zum Wohle unseres Landes zu leisten? Warum hatte die Revolution uns so wenig gegeben, wo wir doch alles für sie geopfert hatten?

In jener Nacht faßte ich den Entschluß, all diesen Fragen auf den Grund zu gehen und eine Antwort darauf zu finden. Wenn ich weiterleben sollte, dann gewiß nicht ziellos und dumpf. Ich wollte künftig mehr Mut zeigen. Auf keinen Fall wünschte ich so zu werden wie Vater, der die Augen vor den Tatsachen verschloß und sich selbst zum Narren hielt. Aber auch Pockennarben-Liu sollte mir kein Vorbild sein, desillusioniert und zynisch wie er war. Meinetwegen sollten sie mich ins Gefängnis stecken, aber ich würde mich nicht damit abfinden, sondern dahinterkommen, warum es in unserem Land zu solchen Tragödien kam.

Am nächsten Morgen kam Liu, aber er war allein. »Du kannst gehen«, eröffnete er mir mißmutig.

Kein Wunder, daß ich an die Macht des Schicksals glaubte! Mein bisheriges Leben war ja auch der reinste Irrsinn gewesen. Ich kam mir vor, als träumte ich, aber ich wagte nicht, an meinem Glück zu zweifeln. Halb benommen stolperte ich ins Freie und blinzelte im grellen Tageslicht.

Später erfuhr ich, daß das Zentralkomitee in Peking ein Dokument veröffentlicht hatte, in dem zu lesen stand, daß zu viele Menschen der Teilnahme an der Verschwörung vom 16. Mai angeklagt und deswegen verhaftet worden waren. Die Zahl der Verschwörer sei in Wirklichkeit viel kleiner, hieß es. So blieb Liu nichts weiter übrig, als mich laufenzulassen. Doch damit war die Angelegenheit noch längst nicht vergessen. Meine Klassenkameraden gingen mir aus dem Weg, und natürlich fand Liu Mittel und Wege, um sich an mir zu rächen. In meiner persönlichen Akte vermerkte er: »Hat mit einer Person korrespondiert, die ein ernsthaftes politisches Problem darstellt.« Und als wir am Ende jenes Frühjahres die Unterstufe der Mittelschule abschlossen, war ich von allen Schülern der einzige, der nicht in die Mittelstufe versetzt wurde. Begründung: »Undurchsichtige Denkungsart«.

Kapitel 18

Basketball

Ich war schon seit mehreren Monaten zurück auf dem Land und verrichtete in unserer Produktionsabteilung Feldarbeit, als meine Stiefmutter Zhu Zhidao offiziell rehabilitiert wurde. Abgesehen von der Tatsache, daß sie aus einer Familie von Grundbesitzern stammte, war sie beschuldigt worden, sich aktiv in der Jugendliga der Guomindang betätigt zu haben. Eine zweijährige Untersuchung, die sich bis in die Provinz Heilongjiang im äußersten Norden des Landes erstreckt hatte, erbrachte schließlich den Nachweis, daß die Guomindang-Sympathisantin zwar ebenfalls Zhu Zhidao geheißen, daß es sich aber um eine andere Frau gehandelt hatte, die schon vor zehn Jahren gestorben war. Meine Stiefmutter durfte nun wieder in Shuangfeng als Lehrerin tätig werden, diesmal sogar in der Kreisstadt selbst.

Die Nachricht löste zwischen Vater und Zhu Zhidao einen Streit aus. Vaters Gesundheitszustand war seit einiger Zeit so schlecht, daß sich seine Kollegen in der Propagandatruppe für ihn eingesetzt und seine Beurlaubung wegen Krankheit erwirkt hatten. Eigentlich hatte er gehofft, daß Zhu Zhidao bei ihm bleiben und ihn pflegen würde. Sie sagte jedoch, sie könne all die Entbehrungen nicht länger ertragen. Es sei dumm von ihr gewesen, ihm überhaupt hierher zu folgen, wo doch die Landbevölkerung in der Gegend von Shuangfeng nicht annähernd so arm sei wie hier. Vater hatte kaum die Kraft, den Argumenten seiner Frau etwas entgegenzusetzen, und einen Tag nach Erhalt des offiziellen Entlastungsschreibens reiste sie ab.

Nun fiel mir die Aufgabe zu, Vater zu pflegen. Seit Jahren hatten wir nicht so viel Zeit miteinander verbracht. Ich massierte seine steifen Beine und verabreichte ihm Arzneien. Ja ich lernte sogar zu kochen und mühte mich auf mannigfache Weise, seinen Appetit zu wecken. Aber auch er nahm sich meiner an und tröstete mich in meinem Unglück. »In unserem Land solltest du nie leichtfertig einen Brief schreiben«, ermahnte er mich. »Aber ich bin stolz auf dich. Du hast dich vor Peng Ming gestellt und bist anständig geblieben.« Mehr schien mein Vater von mir und auch von sich selbst nicht mehr zu verlangen. Die Zeiten waren vorbei, in denen Mitglieder der Familie Liang davon geträumt hatten, eines Tages der Partei beitreten zu dürfen. Vater wollte nur noch in Frieden gelassen werden. Seiner Meinung nach hatte er nichts Unrechtes getan.

Wochenlang beantragte er müde und niedergeschlagen immer wieder bei der Dienststelle für ideologische Umerziehung, vom Land zurück in die Stadt ziehen zu dürfen. »Viele Jahre lang habe ich für die Revolution gearbeitet«, schrieb er. »Sicherlich habe ich viele Irrtümer begangen, aber nie habe ich den Glauben an die Partei und den Sozialismus verloren. Doch nun kann ich keinen Beitrag mehr leisten, denn meine Gesundheit ist zerrüttet. In aller Demut ersuche ich die Partei, mir ihre Hilfe zu gewähren ...« Nach einem halben Jahr kam endlich ein Untersuchungsausschuß aus Changsha und erklärte meinen Vater in aller Form zum Invaliden. Er durfte gehen. So wurde er das erste Kadermitglied in der Provinz Hunan, das vom Land zurück in die Stadt ziehen durfte.

Abgesehen von uns Kindern und Zhu Zhidao hatte Vater keine näheren Verwandten, denn sein Bruder und seine Schwester waren mit der Guomindang nach Taiwan gegangen. Von der zuständigen Behörde erhielt er den Bescheid, daß wir zusammen mit Zhu Zhidao in den Landkreis Shuangfeng umgesiedelt würden. Vater sollte in der dortigen Propagandaabteilung arbeiten und mithelfen, die Gedanken des Vorsitzenden Mao zu verbreiten. Da er ohnehin nicht zu hoffen gewagt hatte, jemals wieder seine alte Stellung bei der Zeitung einnehmen zu können, war er überglücklich, überhaupt eine Arbeit zu haben.

Was mich anbetraf, so sah es aus, als würden sich die Voraussagen der Wunderheilerin tatsächlich bewahrheiten. Endlich schien das »Meer der Bitternis« hinter mir zu liegen. Ich würde wieder zur Schule gehen dürfen, und es schien sogar, als würde der gute Ruf unserer Familie nach Vaters »zweiter Freilassung« wiederhergestellt. Kummer bereitete mir nur die Tatsache, daß ich nun die Bauern unserer Produktionsabteilung würde verlassen müssen, insbesondere Guo »Glücklicher Wohlstand« und dessen warmherzige Frau. Sie verwandte drei Tage darauf, um Vater ein Paar Stoffschuhe zu nähen. Bei unserem Abschied ließen wir unsere wenigen Möbel und die meisten Habseligkeiten bei ihnen zurück. Als ich sie zehn Jahre später einmal besuchte, benutzten sie noch immer unsere Tassen und Teller.

Im Februar 1971 kamen wir in Shuangfeng an, genau zwei Jahre, nachdem wir Changsha verlassen hatten. Wieder einmal lag ein neuer Lebensabschnitt vor uns.

Zwei jeweils am entgegengesetzten Ende eines Korridors gelegene Räume in der zweiten Etage der örtlichen Propagandabehörde dienten meinem Vater als Büro und ihm, seiner Frau Zhu Zhidao, mir und meinem altvertrauten Vetter Bing als Wohnung. So lebten wir zwar ziemlich beengt, aber dennoch recht bequem. Im Haus gab es elektrischen Strom, und bis zum Wasserhahn unten in der Vorhalle war es auch nicht weit. Wir brauchten also das Wasser nicht mehr wie bisher über größere Entfernungen zu schleppen. Die öffentlichen Toiletten waren zwar ziemlich weit weg, aber dafür gab es nicht nur eine Abteilung für Männer und Frauen, sondern vor allem eine ganze Reihe von Abtritten, so daß viele Menschen gleichzeitig ihr Geschäft verrichten konnten. Mir fiel auf, wie sehr das Leben auf dem Land meine Ansichten über manche Dinge verändert hatte. Beispielsweise ertappte ich mich einmal dabei, daß ich geistesabwesend in die Latrine hinabstarrte und darüber nachsann, wie wertvoll die Fäkalien den Bauern unserer Produktionsabteilung als Dünger wären.
Vater schuftete wie ein Wahnsinniger. Seine Mitarbeiter freuten sich darüber, daß es ihn gab, denn »er hatte mehr Tinte als sie getrunken«, wie sie es selbst ausdrückten. Als Parteimitglieder von bäuerlicher Herkunft oder ehemalige Schauspieler waren sie auf sein überlegenes Können angewiesen. Er schrieb Reden für den Parteisekretär des Revolutionskomitees unseres Landkreises und politische Lehrstücke für den örtlichen Propagandatrupp, aber er verfaßte auch die Texte der Lautsprecherdurchsagen, gab eine Zeitschrift mit dem Titel *Kunst für die Massen* heraus und kümmerte sich um die Verwaltung der städtischen Bibliothek. Vater war so glücklich, wieder arbeiten zu dürfen, daß er seinen Vorgesetzten am liebsten verheimlicht hätte, wie krank er in Wirklichkeit war.
Was mich betraf, so entdeckte ich meinen eigenen Weg zum Ruhm. Das Schlüsselwort lautete Basketball. Seit den Anfängen der Kulturrevolution war immer größeres Gewicht auf das Ziel *Kultur für die Massen* gelegt worden. Sport, Musik und Tanz hatten im gesamten Land eine nie dagewesene Bedeutung erlangt. Nahezu jede Produktions- und Wohneinheit besaß inzwischen eigene Theatergruppen, Basketball- oder Tischtennismannschaften, die im regen Wettstreit mit den Mannschaften anderer »Einheiten« desselben Verwaltungsbereichs lagen. Wer sich in einer dieser Disziplinen hervortat, erntete oft mehr Anerkennung als getreuer Gefolgsmann der Revolution, als wenn er in der Schule oder an seinem Arbeitsplatz durch besondere Leistungen geglänzt hätte.

Knapp eine Woche, nachdem ich in die Oberstufe der Mittelschule eingeschult worden war, trat ein Trainer namens Xie an mich heran. Ich maß inzwischen 1.80 m und war damit fast der größte in meiner Schule. Es sei jammerschade, meinte der Trainer zu mir, wenn ich nicht bald damit anfinge, irgendeinen Ballsport zu betreiben. Eigentlich hatte ich mir vorgenommen, mich ganz dem Lernen zu widmen, aber nachdem der Trainer uns daheim besucht und mit Vater gesprochen hatte, begann ich, mir Gedanken über die Vorteile einer sportlichen Laufbahn zu machen.
Trainer Xie hatte Sinn für Humor. »Ist dein Vater Mitglied der Partei?« erkundigte er sich.
»Nein.«
»Ist irgend jemand von eurer Familie bei der Armee?«
»Nein.«
»Hat sich einer von euch besonders um die Revolution verdient gemacht? Nein? Nun, dann laß dir etwas von mir sagen, mein Junge. In den letzten Jahren haben alle meine Sportler irgendeine Arbeit gefunden. Ich habe ein paar Leute in der Düngemittelfabrik, im Bauunternehmen der Kreisverwaltung und in den Kohlebergwerken. Aber was ist mit deiner Familie? Deine beiden Schwestern, zum Beispiel – sie haben doch keine Arbeit, oder?«
Er hatte recht, das war mir klar. In jedem ihrer Briefe ließen sich Liang Fang und Liang Weiping verzweifelt darüber aus, wie schwer es für Jugendliche aus der Stadt sei, eine Arbeit zu finden, so daß sie dem harten Landleben entrinnen und zu ihren Familien zurückkehren konnten. Die wenigen freien Stellen würden ihnen fast immer von Leuten weggeschnappt, die durch ein »Hintertürchen« kämen. Damit war gemeint, daß Leute in der Stadt die maßgeblichen Personen in den Fabriken mit Wein, Zigaretten, Gutscheinen für Lebensmittel und schwererhältlichen Erzeugnissen aus anderen Provinzen bestachen. Wenn die Leiter von Kommunen oder Brigaden dann jene Jugendlichen freigaben, die ihnen von den Abwerbern der Fabriken genannt wurden, dann konnten sie als Gegenleistung ihren Lieblingen, den Petzern, Schmeichlern, Liebedienern und Günstlingen, einen Arbeitsplatz zuschanzen. Für einen ehrlichen Menschen ohne Beziehungen oder Geld war die Stellungssuche ein aussichtsloses Unterfangen. Deshalb wollte sich auch meine Schwester Liang Weiping möglichst bald in die Nähe von Shuangfeng versetzen lassen, weil sie hoffte, daß sich ihr dort mit Hilfe unseres Vaters und Zhu Zhidaos vielleicht irgendwann ein solches »Hintertürchen« öffnen würde.
»Ich will dir noch etwas anderes sagen«, hörte ich Trainer Xie sagen. Er

richtete sich hoch auf, straffte die Muskeln seines athletischen Körpers und legte mir die Hand auf die Schulter. »Ich habe in meiner Laufbahn schon vieles gesehen, aber du hast in körperlicher Hinsicht bei weitem die besten Voraussetzungen. Deine Ambitionen müßten sich nicht unbedingt auf unseren Landkreis beschränken. Wenn du hart genug an dir arbeitest, dann kann ich dich bald nach Changsha schicken, das schwöre ich.«
Innerhalb eines Jahres arbeitete ich mich vom Ersatzmann bis zum Mannschaftskapitän hoch. Immer spielte ich in der Mitte, denn ich war einen Kopf größer als die anderen Spieler. Morgens um vier begann ich mit dem Training. Mein Stoffwechsel wurde derartig angekurbelt, daß ich einmal über einen Monat lang nicht aufs Klo mußte. Ich wollte die Grenzen, die meinem Körper gesetzt waren, überwinden. Nichts anderes zählte. Dafür hörte ich sogar auf zu rauchen und zu trinken. Allmählich begann ich, die Früchte meiner Mühen zu ernten: Unsere Mittelschule gewann die Meisterschaft des Landkreises. Damit stiegen wir auf die nächsthöhere Stufe und spielten fortan auf Distriktsebene gegen die anderen Landkreise. Nie zuvor in meinem Leben hatte ich so reichlich zu essen. Für fünfzehn *fen* am Tag gab es Fleisch, Fisch, Milch aus Sojabohnen, Haferbrei, Pilze ... Einmal aß ich fünfzehn *mantou* zum Frühstück. Bei der Distriktsmeisterschaft wurde unsere Mannschaft nur Fünfte, aber ich wurde dennoch in die Distriktsmannschaft aufgenommen, wohl mehr wegen meiner Körpergröße als wegen meines Könnens. Im darauffolgenden Jahr wurde ich während der Ferien in die Sportschule der Stadt Shaoyang geschickt, wo junge Amateure trainiert wurden. Außer Basketball und Essen schien es für mich nichts anderes auf der Welt zu geben. Zum ersten Mal war ich dem Druck der sich ständig wandelnden politischen Verhältnisse entzogen. Inzwischen war ich 1.86 m groß, für Südchina etwas Außergewöhnliches. Manchmal kam ich mir vor, als sei ich durch mein schnelles Wachstum dem Himmel ein Stück näher gekommen.
Es kam der Tag, an dem unsere Mannschaft zum Turnier aller Distrikte unserer Provinz fuhr. Das war im Herbst 1972, und ich war achtzehn Jahre alt. Meine Mannschaftskameraden und ich wußten, daß wir keine Chance auf einen Sieg hatten, ja daß wir wahrscheinlich nicht einmal eine gute Plazierung erringen würden, aber unsere Anhänger feuerten uns derartig an, daß wir alles aus uns herausholten. Sport war der einzige Lebensbereich, in den die Politik kaum hineinwirkte. Trotz mäßigender Parolen wie »Erst Freundschaft, dann Wettkampf« hatten die Spiele enormen Zulauf. Am letzten Tag des Turniers kam unser Trainer zu mir und sagte, jemand vom Sportausschuß der Provinz wolle mich sprechen.

Mein Herz pochte aufgeregt, als mir der Mann wenig später eine Tasse Tee reichte und ohne weitere Umschweife sagte: »Junger Mann, du hast ausgezeichnete körperliche Voraussetzungen und kannst es bestimmt weit bringen. Die Provinz Hunan wird von nun an deine Betreuung als Basketballspieler übernehmen.«
Meine Hand zitterte, als ich einen ganzen Stapel Formulare ausfüllte. Vielleicht bekam ich nun einen Arbeitsplatz und würde mein eigenes Geld verdienen. Gewiß wäre Vater sehr stolz auf mich. Und nach Changsha durfte ich möglicherweise auch zurück.
Als alle Formalitäten erledigt waren, schüttelte mir der Vertreter des Sportausschusses der Provinz die Hand. Er tat dies mit der lässigen Vertrautheit eines Profisportlers, der sich von seinesgleichen verabschiedete. »Nun geh nach Hause und mache weiter wie bisher«, sagte er. »Es gibt bei uns noch einiges zu besprechen, aber sobald alles in die Wege geleitet ist, wirst du von uns hören. Wahrscheinlich wird es nicht lange dauern.«
Mein Trainer war so stolz auf mich, daß er mich auf der Heimreise für ein paar Tage in Changsha Station machen ließ, damit ich Mutter und Waipo besuchen konnte. Glücklich und zufrieden bog ich in die kleine schmutzige Gasse ein. Aus mir war ein starker, hochgewachsener junger Mann geworden, mit Speck auf den Rippen und neuer Kleidung am Leib, die mir unsere Regierung spendiert hatte. Die beiden Frauen würden sich über meine ausgezeichnete Verfassung freuen, dessen war ich mir sicher.
Während der paar Tage daheim unterhielt ich mich einmal auch mit einem Sohn meines Stiefvaters aus dessen erster Ehe. Der junge Mann arbeitete in der Teer- und Bitumenfabrik von Changsha. Er berichtete mir, daß seine Vorgesetzten sich leidenschaftlich für Basketball interessierten. Die Fabrikarbeit sei viel weniger anstrengend als ganztägiges Training, meinte er. Ob es nicht besser für mich wäre, bei dem demnächst stattfindenden Turnier der chemischen Betriebe in der Mannschaft seiner Fabrik zu spielen, wo doch die Sache mit dem Sportausschuß der Provinz ohnehin noch nicht spruchreif sei? Zumindest könnte die Fabrikleitung mich dann einmal selbst in Augenschein nehmen.
Natürlich ergriff ich diese Gelegenheit. Je mehr Chancen sich mir boten, desto besser.
Das Match sollte im Palast der Werktätigen stattfinden. An jenem Abend im Spätherbst war der Himmel von Sternen übersät. Tausende von Zuschauern waren zu dem sportlichen Ereignis gekommen. Ich hatte ungewöhnlich großes Lampenfieber, als ich kurz vor Beginn des Spiels meine Übungen zum Aufwärmen machte. Heute stand für mich viel auf

dem Spiel, das wußte ich. Doch bevor ich Gelegenheit hatte, mein Können zu zeigen, wurde ich vom Schiedsgericht disqualifiziert, weil ich nicht zur Belegschaft der Fabrik gehörte. Die Werksleitung war deswegen sehr verärgert, aber mich behandelte man mit um so größerer Zuvorkommenheit. Man hatte genug von mir gesehen. »Geh nach Hause«, sagten die leitenden Herren der Fabrik zu mir. »Schon übermorgen werden unsere Leute in Shuangfeng vorstellig werden.«
Die Dinge waren so schnell ins Rollen gekommen, daß mir alles irgendwie unwirklich vorkam. Bald mußte ich jedoch entdecken, daß es mehr Hindernisse zu überwinden galt, als ich vermutet hatte. Erst einmal mußte ich Vaters Erlaubnis einholen, um Fabrikarbeiter werden zu können. Zu meiner Überraschung war Vater dagegen. Ihm lag daran, daß ich eine Oberschule besuchte, so daß ich später eine literarische Laufbahn einschlagen und die Arbeit fortsetzen konnte, die er nicht hatte vollenden können. Er wußte, welch großes Interesse ich an Literatur hatte und wie schnell ich lernte. Sobald ich nach meinem Abgang von der Mittelschule wieder aufs Land versetzt würde, könnten mich die Bauern vielleicht nach einiger Zeit aus ihren Reihen als Kandidaten für einen Platz an einer Oberschule vorschlagen, wie es in der Ära der Kulturrevolution nicht nur auf dem Land, sondern auch in den Fabriken und bei den Streitkräften möglich war.
Liang Weiping, die seit kurzem in einer nahegelegenen Kommune als Köchin arbeitete, machte keinen Hehl aus ihrer Meinung. »Vater, du bist verrückt«, sagte sie. »Weißt du nicht mehr, wieviel du von deinem Gehalt abzweigen mußtest, um Geschenke für irgendwelche Funktionäre zu kaufen, nur damit ich hierher versetzt wurde? Verstehst du denn nicht, wieviel es kostet, wichtige Beziehungen anzuknüpfen? Wenn Liang Heng zurück aufs Land geht, verliert er seine Aufenthaltsgenehmigung in der Stadt. Wer weiß, ob er dann jemals wieder zurückdarf, und wäre es auch nur als Latrinenputzer! Glaubst du im Ernst, die Leute auf dem Land würden ihn auf eine Oberschule schicken? Wach auf, Vater, die Zeiten haben sich geändert. Der einzige Zugang zur Oberschule ist durch die Hintertür.«
Auch Zhu Zhidao hatte etwas zu der Angelegenheit zu sagen: »Es kostet unnötig viel Geld, wenn unsere Familie so weit auseinander lebt«, meinte sie. »Wenn wir unter einem Dach wohnen, kommen wir mit zwei Mahlzeiten aus Kohl und fettem Schweinefleisch zu Rande, aber wenn Liang Heng zurück aufs Land geht, können wir es uns kaum leisten, ihm jeden Monat ein bißchen Geld zu schicken.« Wir sannen über die vertrackte Lage nach. Obwohl ich erst vor kurzem zwei Jahre auf dem

Land absolviert hatte, sollte ich gleich nach meinem Schulabgang dorthin zurückkehren, sofern es mir nicht gelang, mich aufgrund einer ärztlichen Bescheinigung zurückstellen zu lassen. Wahrscheinlich vermochte nur die Leitung irgendeiner Fabrik, die starkes Interesse an mir als Sportler hatte, die strengen Vorschriften zu unterlaufen.

Die Nachricht, daß sich der Sportausschuß der Provinz Hunan an mich gewandt hatte, verbreitete sich schnell. Schon einen Tag nach meiner Rückkehr besuchten mich Vertreter von nicht weniger als vier Fabriken aus dem Landkreis Shuangfeng. Alle boten mir einen Arbeitsplatz in ihrem Werk an. Auch die Abgesandten der Teer- und Bitumenfabrik von Changsha stellten sich ein. All die Herren wollten nicht so recht mit der Sprache herausrücken, sondern sagten irgendwelche Belanglosigkeiten, ohne den wahren Zweck ihres Kommens zu verraten. Am Ende blieben nur noch die Repräsentanten der Bitumenfabrik übrig. Sie unterhielten sich bis spät in die Nacht hinein mit meinem Vater und versuchten ihn zu überreden, mich Fabrikarbeiter werden zu lassen. In der Fabrik würde ich als »Schwerarbeiter« eingestuft werden, deuteten sie an, damit ich großzügig bemessene Reiszuteilungen erhielte. Außerdem wurde mir ein besonders langes Bett in Aussicht gestellt, damit ich es bequem hätte. Sie verbürgten sich, daß ich nach einer dreijährigen Lehrzeit als regulärer Arbeiter in die Belegschaft des Werkes aufgenommen würde. Vielleicht gab die Überlegung, daß ich mich in jener Stadt würde niederlassen können, in der er über zwanzig Jahre lang tätig gewesen war, bei meinem Vater den Ausschlag. Jedenfalls erteilte er an jenem Abend sein Einverständnis.

Die Prozedur meiner Versetzung war alles andere als einfach, obwohl die Werksleitung kräftig nachhalf. Erst einmal mußte ich krankgeschrieben werden, damit ich einen Grund hatte, in der Stadt zu bleiben. Meine Stiefmutter Zhu Zhidao entwickelte inzwischen große Geschicklichkeit, durch »Hintertürchen« zu schlüpfen. Einem Arzt der Städtischen Klinik, mit dem sie bekannt war, stattete sie einen Besuch ab und ließ bei ihm diskret eine Stange Zigaretten der besseren Sorte auf einem Tischchen liegen. So kam es, daß ich plötzlich »hohen Blutdruck und Herzbeschwerden« hatte. Trainer Xie versicherte gegenüber der Schulleitung, daß er diese Diagnose aus eigener Anschauung bestätigen könne. Daraufhin erhielt ich die Genehmigung, von der Mittelschule abzugehen.

Das schlimmste Problem stand mir jedoch noch bevor: Ich brauchte die Genehmigung des Amtes für Öffentliche Sicherheit, damit mir die Aufenthaltsgenehmigung in der Stadt erteilt wurde. Selbst unter normalen Umständen war dies fast aussichtslos, aber in meinem Fall wurde alles

noch durch die Eifersüchteleien jener Fabriken erschwert, die sich vergeblich um mich bemüht hatten. Sie hatten sogar damit gedroht, sich beim Sportausschuß des Landkreises darüber zu beschweren, daß ein vielversprechendes Nachwuchstalent »durch die Hintertür« zu entwischen drohte. Falls dann der Sportausschuß des Landkreises dem Amt für Kultur und Erziehung mitteilte, daß meine ärztliche Bescheinigung ein Schwindel war, brauchte die Angelegenheit nur noch bis zum Amt für Öffentliche Sicherheit durchzusickern, damit mir der Weg nach Changsha für immer versperrt bliebe. Deshalb eilten zwei Vertreter der Teer- und Bitumenfabrik von einer Dienststelle zur anderen wie Ameisen auf einer heißen Herdplatte. Sie legten Berichte vor und stellten Anträge, aber immer wieder erhielten sie abschlägigen Bescheid. Am Ende fragten sie bei uns an, ob wir nicht jemanden im Revolutionskomitee des Landkreises kannten. Ein einziger Anruf von einer wirklich einflußreichen Amtsperson wäre die Lösung des Problems, bedeutete man uns.
Vater hatte sich sehr abwartend und distanziert verhalten, seit ich ihm von meinem Plan erzählt hatte. Auch jetzt sprach er über eine Sache nicht, über die wir alle genau Bescheid wußten: Er schrieb gerade an einer Rede für den Parteisekretär des Landkreises.
Nachdem die beiden Vertreter der Fabrik gegangen waren, bedrängte ihn meine Stiefmutter, den Parteisekretär aufzusuchen. Danach versuchten auch Liang Weiping und ich, ihn zu überreden, aber er weigerte sich standhaft. »Ich will mit solchen Methoden nichts zu tun haben«, sagte er. »Wenn ich schon den Text von Reden verfassen muß, die mit der Realität so gut wie nichts zu tun haben, dann will ich doch zumindest keine Amtsperson um einen Gefallen bitten müssen.«
Es war hoffnungslos. Schließlich erhob sich Zhu Zhidao und verkündete: »Nun gut, dann gehe ich eben selbst. Dagegen hast du doch bestimmt nichts einzuwenden.«
Sie ging zum Kleiderschrank, griff mit der Hand hinein und zog aus dem hintersten Winkel zwei staubige Weinflaschen hervor. Mit einem Tuch wischte sie sie ab, verstaute sie in einem unauffälligen schwarzen Beutel und machte sich auf den Weg.
Schon nach einer Stunde war sie zurück. Der schwarze Beutel war leer. »Es ist alles geregelt«, verkündete sie. »Die Sache war kinderleicht. Ich sagte dem Parteisekretär einfach, daß ich deine Frau bin. Daraufhin behandelte er mich sehr freundlich. Dann erzählte ich ihm von Liang Hengs Chance, einen Arbeitsplatz zu bekommen. Natürlich erwähnte ich nicht, daß er Sportler ist. Netterweise rief der Parteisekretär an Ort und Stelle das Amt für Öffentliche Sicherheit an.«

An jenem Abend veranstalteten die beiden Abgesandten der Fabrik für unsere Familie im Gästehaus des Werkes ein kleines Festbankett. Ich mußte daran denken, wieviel Glück ich hatte. Andere Leute geben Geld aus, um die Leitung irgendeiner Fabrik zu bestechen, doch bei mir war es umgekehrt gewesen. Die Fabrik hatte es sich etwas kosten lassen, um mich zu bekommen, und man behandelte mich wie ein wertvolles Stück, das man noch in letzter Minute zu verlieren fürchtete.

An jenem Abend verabschiedete sich mein Vater auf besondere Weise von mir. Lange lag er schweigend auf seinem Bett, dann stand er auf und entnahm einer Holzschachtel ein vergilbtes Buch. Es war eine Auswahl seiner Gedichte und Geschichten. Mir war völlig entgangen, daß er dieses Buch am Abend der Hausdurchsuchung hatte retten können. Nun reichte er es mir mit den Worten: »In unserer Gesellschaft kannst du dir deinen Beruf nicht selbst aussuchen. Als dein Vater weiß ich, daß du eine Begabung für Literatur hast. Obwohl der Beruf eines Schriftstellers nicht ungefährlich ist, hätte ich trotzdem gern, daß du diesen Weg einschlägst.« Er hielt inne und schluckte. »Sicherlich wird dir die Arbeit in der Fabrik viel praktisches Anschauungsmaterial bieten.«

Mochten diese Worte auch als Ermutigung gedacht sein, so machten sie mich dennoch traurig. Ich begriff, daß mein Vater sich selbst aufgegeben hatte. Ein letztes Mal betrachtete ich sein geliebtes Gesicht, die hohe, von Sorgenfalten gefurchte Stirn und die einst so blitzenden Augen, die nun trüb durch dicke Brillengläser auf mich blickten. »Wo immer ich auch hingehen werde, und was auch immer aus mir werden mag – nie werde ich einen besseren Lehrer finden als dich, Vater«, sagte ich. »Ich werde dich nicht enttäuschen.«

Kurz vor Morgengrauen des nächsten Tages rüttelten mich die beiden Abgesandten der Fabrik aus dem Schlaf, damit wir nicht den Bus nach Changsha verpaßten. Wochen später erfuhr ich, daß der Parteisekretär des Landkreises auf Ersuchen des Sportausschusses seine Zustimmung für meine Versetzung widerrufen hatte, aber es war schon zu spät gewesen. Ich hatte wieder eine Aufenthaltsgenehmigung für die Stadt Changsha! Sie war das Wertvollste, was ich auf der Welt besaß.

Kapitel 19

Ein Stück vom sozialistischen Kuchen

Ich hatte kaum meine Sachen ausgepackt, als mich meine neuen Arbeitgeber auch schon in ein Basketballturnier gegen die Mannschaften einer anderen Fabrik schickten. Eine Woche lang spielte ich in allen möglichen Produktionsstätten im gesamten Stadtbereich von Changsha. Von unserem eigenen Werksgelände mit den tristen grauen Gebäuden, der schlechten Luft und dem klebrigen Gemisch aus Schmutz und Öl bekam ich kaum etwas zu sehen. Getreu dem Versprechen, das mir meine Anwerber gegeben hatten, wurde ich gut behandelt: Ich mußte mir ein Zimmer, in dem normalerweise bis zu fünf Personen geschlafen hätten, nur mit einem einzigen Kameraden teilen.

Als ich die erste Runde meiner Verpflichtungen als Basketballspieler absolviert hatte und mich zum ersten Mal auf meinem extra langen Bett ausruhte, hörte ich, wie von unten aus dem Erdgeschoß laut nach mir gerufen wurde. Ich wurde am Telefon verlangt. Der Anruf kam von Trainer Xie. Er sagte, er habe die ganze weite Reise von Shuangfeng nach Changsha nur gemacht, um mir eine wichtige Nachricht zu überbringen.

Minuten später zwängte ich mich bereits in den vollen Bus, der mich von der Fabrik in der nördlichen Vorstadt zu der kleinen Pension bringen sollte, wo Trainer Xie abgestiegen war.

Als ich kam, ging er aufgeregt im Zimmer auf und ab. »Ich wußte es!« rief er und wedelte mit einem Blatt Papier vor meiner Nase herum. »Der Sportausschuß der Provinz will dich haben!« Er berichtete mir, mein Vater habe ihm zwar sofort das Schreiben gezeigt, doch die Meinung vertreten, daß wir die Sache auf sich beruhen lassen sollten, da ich ja schon meine neue Stellung in der Fabrik angetreten habe.

»Aber wie könnte ich mir die Sache entgehen lassen!« rief mein Trainer freudestrahlend. »Du wirst mein erster Berufssportler sein!«

Ich zögerte. Zwar wußte ich, daß Berufssportler leicht in irgendeiner Fabrik unterkamen, sobald sie den Höhepunkt ihrer Laufbahn überschritten hatten. Aber es war ja ohnehin nur eine Frage der Zeit, bis ich als regulärer Arbeiter in die Belegschaft meines Werkes aufgenommen würde. Und Basketball spielte ich bei der gegenwärtigen Regelung fürwahr genug! Andererseits wollte ich meinen alten Trainer nicht enttäuschen. Wenn die zuständige Behörde unserer Provinz mich als Sportler für derart entwicklungsfähig hielt, dann war es vielleicht besser, auf das Angebot einzugehen.

Die Möglichkeiten, die sich mir beim Sportausschuß der Provinz eröffneten, waren in der Tat beeindruckend. Es wimmelte dort von Sportlern, darunter hochgewachsene junge Frauen mit langen schlanken Beinen und untersetzte Männer mit den glatten runden Muskelpaketen von Schwimmern. Ich konnte den Schweiß riechen und die Kameradschaft und verspürte plötzlich das heftige Verlangen dazuzugehören.

Ich wurde so vielen Trainern und Spielern vorgestellt, daß mir fast schwindelte. Alle hießen mich mit der natürlichen Vertraulichkeit von Sportskameraden willkommen. Sie beobachteten mich bei meinen Übungen in der Turnhalle, und ich spürte, daß sie mich sehr mochten. Auch mein Trainer Xie saß dort im Kreise von Profis. Er wirkte so glücklich und stolz, wie ich ihn zuvor erlebt hatte.

Ich mußte nur noch eine Sache hinter mich bringen, eine reine Formalität, hieß es. Aus der Art und Weise, wie mir dies mitgeteilt wurde, entnahm ich instinktiv, daß es sich nur um eine politische Überprüfung handeln konnte. Doch seit sich die Leitung meiner Fabrik so enthusiastisch für mich eingesetzt hatte, machten mir derartige Dinge keine Sorgen mehr. Ich war voller Selbstvertrauen und fühlte mich wie jemand, dem nichts etwas anhaben konnte, als ich mich am darauffolgenden Tag zur angegebenen Stunde meldete.

Der für die politische Linientreue und Disziplin der Basketballmannschaft zuständige Funktionär erwies sich als ein hartgesottener Mann, der durch die Schule der Armee gegangen war. In seiner dicken grünen Uniformjakke wirkte er so klein und schmächtig, daß ich mir kaum vorzustellen vermochte, warum ausgerechnet er auf das Leben von so vielen muskelbepackten Giganten einen derart nachhaltigen Einfluß ausüben sollte. Übrigens hatte er meine eifrigen Trainer und Betreuer aufgefordert, draußen vor der Tür zu warten, damit er mit mir unter vier Augen reden konnte.

»Liang Heng«, sagte er, nachdem er mich eine Weile schweigend angeblickt hatte. »Du bist in bester körperlicher Verfassung, und die Trainer halten viel von dir. Wie du weißt, haben Sportler, die auf Provinzebene eingesetzt werden, oft Gelegenheit, unser großes Vaterland bei internationalen Begegnungen zu vertreten. Aus der Akte deines Vaters habe ich jedoch ersehen, daß du einen Onkel und eine Tante in Taiwan hast. Uns liegt viel daran, irgendwelche Peinlichkeiten zu vermeiden. Was wäre beispielsweise, wenn du insgeheim vorhast, bei der erstbesten Gelegenheit zu deinen Verwandten zu fliehen? Und was die Sache mit deiner Mutter anbelangt ...« Bei diesen Worten lächelte der Mann und schüttelte den Kopf.

Da waren sie also wieder, dieselben alten Phrasen! Sie explodierten in meinem Hirn wie eine Granate. Allzuoft hatte ich solche Worte vernommen. Wo immer ich auch hinging, stets verfolgten mich die schrecklichen Schatten der Vergangenheit. Urplötzlich machte sich all der unterdrückte Zorn in mir Luft. Ich sprang auf die Füße, spuckte vor dem riesigen Schreibtisch des Funktionärs auf den Zementfußboden und schlug gleich darauf die Tür so heftig hinter mir zu, daß der laute Knall in den Büros all der hochnäsigen Politkader und Armeeoffiziere zu hören war, die hinter ihren Akten saßen und über das Geschick so vieler armer, wehrloser Kreaturen entschieden. Grob drängte ich mich zwischen den Trainern hindurch, die im Korridor die Tür umlagerten und auf den Ausgang des Gespräches warteten. Durch das große Haupttor lief ich in den Märtyrerpark bis zu dessen nördlichem Teil, der besonders verwildert war. Dort warf ich mich im dichten Unterholz zu Boden, dem neugierigen Blick der Welt entzogen.

Am liebsten hätte ich den Kerl von der Armee umgebracht, und mit ihm gleich die ganze Bande von »Revolutionären«, die mir wieder einmal einen Traum zertrümmert hatten. Ich empfand jedoch auch Haß gegen mich selbst, weil ich dummerweise daran geglaubt hatte, ich könnte eine politische Überprüfung ungeschoren überstehen. Allzuschnell hatte ich vergessen, daß ich seit langer Zeit das Brandzeichen des Außenseiters an der Stirn trug.

Es war schon dunkel, als ich endlich mein Versteck im Park verließ. Ich wußte, daß Trainer Xie ein paar klärende Worte von mir erwartete. So betrat ich denn einen Laden, der über ein Münztelefon verfügte. Nachdem ich mich eine Weile mit einer Telefonistin wegen der schlechten Verbindung herumgezankt hatte, hörte ich endlich Xies Stimme am anderen Ende. Da ich es nicht über mich brachte, ihm die ganze Wahrheit zu sagen, teilte ich ihm lediglich mit, ich hätte es mir doch anders überlegt und mich dafür entschieden, Fabrikarbeiter zu werden.

Die herbstliche Spielzeit ging allzu rasch zu Ende. Danach wurde ich der Reparaturwerkstatt unserer Fabrik zugeteilt. Sie hatte eine hundertköpfige Belegschaft. Ich sollte als Lehrling in der Nieterei angelernt werden. Als ich an meinem ersten Arbeitstag morgens den steifen, neuen Arbeitskittel aus Drillich anzog, nachdem ich eilig gefrühstückt hatte, begab ich mich um fünf Minuten vor acht zu meinem Arbeitsplatz. Ich war voller Eifer, ein Handwerk zu erlernen und mich nützlich zu machen. Die Werkstatt bestand aus einer großen, hohen Halle. Überall lagen ölige Werkzeuge, zerbrochene Gerätschaften oder Maschinenteile herum, die teilweise oder ganz in ihre Bestandteile zerlegt worden waren. Inmitten dieses Durcheinanders standen einige schwere Stühle aus Eisen. Abgestempelte Reparaturscheine waren mit Heftzwecken an einem Mitteilungsbrett befestigt. Daneben hing das schmutzigste Bild des Vorsitzenden Mao, das ich jemals erblickt hatte. Die Minuten verstrichen, aber es ließ sich noch immer niemand von der Belegschaft sehen.

Später erschienen nach und nach rund zwanzig Männer, die wie ich in der Nieterei arbeiteten. Sie waren für mich Unbekannte, aber sie selbst wußten sehr genau, daß ich der neue Basketballspieler war. Begeistert verwickelten sie mich in ein Gespräch über die Begegnungen der letzten Spielzeit. Dabei lehnten sie sich bequem an eine Wand und rauchten, während einige Arbeiterinnen mit verschränkten Armen auf den Stühlen saßen und zuhörten. Eifrig erkundigte man sich bei mir, ob die neuen Schuhe gut paßten oder ob mein Arbeitskittel nicht zu eng war. Keiner der Arbeiter machte Anstalten, seine eigene Jacke anzuziehen, die ölverschmiert neben all den anderen an einem Garderobenhaken hing.

Gegen neun Uhr hielt ich es nicht länger aus. »Gut, dann laßt uns anfangen«, sagte ich. »Ich muß eine Menge lernen und möchte nicht den normalen Arbeitsablauf durcheinanderbringen.«

Brüllendes Gelächter folgte auf meine Worte. »Allerdings mußt du eine Menge lernen!« riefen meine Kollegen. »Aber warum hast du es so eilig damit?«

Der Vorarbeiter, ein drahtiger Mann mittleren Alters, kam mir zu Hilfe. »Mach dir nichts draus«, sagte er. »Du wirst schnell genug herausfinden, wie die Dinge bei uns laufen.«

Das stimmte. Es dauerte nicht lange, bis ich mir die tägliche Routine angeeignet hatte. Jeden Tag meldeten wir uns pünktlich zur Stelle, aber danach waren wir uns selbst überlassen. Das erste Kapitel unseres Arbeitstages bestand aus dem Austausch von »sozialistischen Neuigkeiten«, wie es die Arbeiter nannten. Kollegen, die nicht in der Fabrik wohnten, erzählten uns die neuesten Klatschgeschichten aus ihrer Nachbarschaft. Solche Geschichten über Taschendiebe und kleine Skandale nahmen gewöhnlich eine Stunde in Anspruch. Danach zogen wir uns um,

was eine weitere halbe Stunde dauerte. Wenn wir endlich in unserer Arbeitskleidung steckten, leerte sich die Reparaturwerkstatt schlagartig. Einige Arbeiter begaben sich zum Betriebsarzt wegen irgendwelcher Wehwehchen, andere hockten längere Zeit auf dem Klo, und wieder andere saßen vor dem Lohnbüro herum, um sich irgendwelche Unkosten erstatten zu lassen. Eine Anzahl meiner Kollegen befaßte sich auch damit, die eigenen Fahrräder zu reparieren oder defekte Gegenstände für Freunde oder Verwandte instandzusetzen, beispielsweise Schlösser, Heizkessel, die mit Kohle betrieben wurden, oder eiserne Stühle. Immer gab es auch ein kleines Grüppchen, das hinter den großen Reservewassertanks ein Spielchen um ein paar Zigaretten machte.
Die Faulenzerei war lückenlos organisiert. Falls jemand von der Fabrikleitung erschien, um die Werkstatt zu inspizieren oder nach einem bestimmten Arbeiter zu sehen, wurde er unfehlbar von einem Wachtposten mit den Worten abgefangen: »Oh, die Leute sind gerade hier vorbeigekommen. Vielleicht sind sie ins Ersatzteillager gegangen, um irgend etwas zu holen.« Und wenn jemand kam, der sich nach dem Stand eines Reparaturauftrages erkundigen wollte, dann hieß es: »Tut uns leid, aber wir sind zur Zeit unterbesetzt.« Oder: »Tut uns leid, aber wir warten noch auf die Ersatzteile.« Manchmal kam es vor, daß irgendwelche Reparaturaufträge wochenlang am Mitteilungsbrett hingen.
Gegen elf Uhr vormittags stellte sich dann die gesamte Belegschaft wie auf ein Zauberwort wieder ein. Nach einem Schwätzchen bis halb zwölf teilte uns der Vorarbeiter in Gruppen für die Mittagszeit und das zweistündige Nachmittagsschläfchen ein. Danach ging es weiter wie am Vormittag. Alles zusammengerechnet ergab sich ein achtstündiger »Arbeitstag«.
Es verblüffte mich, wie gleichgültig meine Kollegen gegenüber ihrer Arbeit und den Versuchen ihrer Vorgesetzten waren, sie auf Trab zu bringen. Dienstags und freitags mußten wir an der politischen Schulung teilnehmen. Außerdem wurde jede Woche mindestens ein Vormittag darauf verwandt, uns die allgemeine politische Lage darzulegen. In der Schule hatten die aufsässigeren meiner Kameraden bisweilen miteinander geflüstert, aber hier kümmerten sich die Arbeiter nicht im geringsten darum, was auf dem Rednerpodium vor sich ging. Sie standen in kleinen Gruppen beieinander und besprachen ihre eigenen Angelegenheiten, während die Frauen lange Unterhosen oder Pullover strickten. Manche der Männer rauchten sogar oder spuckten achtlos die Schalen von Sonnenblumenkernen vor sich auf den Boden.
Anfänglich hörte ich aufmerksam zu, doch bald ging mir auf, daß diese Veranstaltungen unendlich langweilig waren. Wir wurden pausenlos

ermahnt, uns das Ölfeld Daqing, das als Musteranlage zur Erdölförderung galt, zum Vorbild zu nehmen. Jeder Arbeiter, so hieß es, sollte einen »eisernen Kampfgeist« entwickeln, damit sogar armselig ausgerüstete Fabriken aufgrund der Opferbereitschaft ihrer Arbeiter immer bessere Resultate erbringen könnten. Leider jedoch hatten die meisten Menschen in jenen chaotischen Jahren gegen Ende der Kulturrevolution eine gegenteilige Einstellung. Gewiß, der Personenkult von Mao war drastisch eingeschränkt worden, nachdem Lin Biao, der designierte Nachfolger des Großen Vorsitzenden und Urheber des Personenkults, im Jahr 1971 entlarvt und fallengelassen worden war, doch noch immer gab es so zahlreiche politische Kampagnen, daß meine Arbeitskollegen mich beispielsweise mit dem Wortspiel neckten: »Du glaubst wohl, du seiest der einzige *yundongyuan* (Athlet) in unserer Gruppe, aber in Wirklichkeit sind wir alle *yundongyuan* (Männer der Bewegung)«.* Die Leute hatten die politischen Kampagnen so gründlich satt, daß sie sich für nichts mehr begeisterten. Sogar Arbeiter, die öffentlich getadelt wurden, schienen sich nichts daraus zu machen. Ob sie beim Faulenzen oder bei irgendwelchen Schiebungen zugunsten ihrer Freunde erwischt wurden – nie verloren sie deswegen ihre Stellung. Mochten sie hart arbeiten oder überhaupt nichts tun, ihren kümmerlichen Lohn erhielten sie trotzdem wie alle anderen. Jeder wußte, daß die leitenden Herren der Fabrik den Bonzen auf dem Land Kohle und Stahl lastwagenweise zuschanzten, damit sie selbst im Sommer Wassermelonen und im Herbst Apfelsinen essen konnten. Die Kinder der Führungsschicht kamen als erste von ihrem Zwangsurlaub auf dem Land zurück und fanden allesamt eine gute Stellung. Niemand erhob dagegen seine Stimme. Warum also sollten einfache Arbeiter nicht auch ein Stück vom sozialistischen Kuchen abbekommen, sagten sich meine Kameraden. Verglichen mit der reichgedeckten Tafel unserer Vorgesetzten sei unser Anteil ohnehin nur ein Appetithäppchen.

Schließlich entschloß ich mich, mir auch eine Scheibe vom großen sozialistischen Kuchen abzuschneiden. Zuerst einmal wollte ich meinen Beruf von der Pike auf erlernen. Ich besorgte mir Abhandlungen über Schweißen, technisches Zeichnen und angrenzende Sachgebiete, doch bald merkte ich, daß es ganz egal war, was ich da las und lernte. Niemand kümmerte sich darum. So wandte ich mich schließlich wieder den Dingen zu, die ich wirklich liebte: Literatur und Geschichte. Mein Hang zum Schmökern kam auch den anderen zugute, denn ich hatte nie etwas dagegen, Schmiere zu stehen, wenn sie sich zu einem Spielchen zurückzo-

* Der Begriff hat im Chinesischen eine mehrfache Bedeutung (Anm. d. Übers.).

gen. Die Frauen spielten zwar nicht Karten, aber sie nützten gern jede Gelegenheit aus, um sich unauffällig nach Hause zu schleichen, weil sie dort die Mahlzeiten zubereiten und sich um ihre Haushaltspflichten kümmern konnten.

Es kam vor, daß ich nicht mehr rechtzeitig meine Bücher verstecken konnte, wenn irgendwelche Vorgesetzten unangemeldet erschienen. Schließlich wurde ich deshalb sogar bei einer der politischen Veranstaltungen getadelt. Man bezichtigte mich, den »weißen Weg« eingeschlagen zu haben, also den Weg des Intellekts. Und das sogar während der Arbeitszeit! Alle mußten wegen dieser Zurechtweisung lachen, nur mir ging die Sache ziemlich an die Nerven, denn mir lag nichts daran, auch hier in den Ruf eines Querulanten zu kommen.

Schon bald bot sich mir Gelegenheit, die Scharte auszuwetzen, denn unserer Fabrik wurde eine große Ehre zuteil. Bislang hatten wir nur Abfallprodukte der Erdölgewinnung erhalten, um daraus nützliche Erzeugnisse wie Teer, Bitumen, Schmierfett für Kugellager und Schmieröle herzustellen. Doch nun sollte uns direkt aus den neuerschlossenen Ölfeldern in der Provinz Shandong eine kleine Menge Rohöl zur Weiterverarbeitung zugeteilt werden. Damit sollte der Nachweis erbracht werden, wie ernst in unserer Fabrik die »Lernt von Daqing«-Kampagne genommen wurde. Die Werksleitung rief uns auf, uns freiwillig für die Errichtung der neuen Fabrikhalle zu melden. Ich beschloß mitzumachen. Die älteren Arbeiter ließen sich von großen Worten kaum beeindrucken. Sie zweifelten daran, ob das Projekt überhaupt Aussicht auf Erfolg hatte, trotz all der politischen Veranstaltungen, die uns motivieren und unsere Gedanken auf das gemeinsame Ziel richten sollten. Trotzdem lief alles am Ende darauf hinaus, daß die meisten von uns mitmachen mußten. Eine riesige neue Maschinenhalle mußte errichtet werden, und unsere Arbeit begann.

Allmählich begriff ich, daß das Hauptproblem bei uns nicht in der Arbeitsscheu der Leute stand. Die Werksleitung und das ganze Produktionssystem zwangen uns vielmehr zum Nichtstun. Über lange Zeiträume mußten wir die Hände in den Schoß legen, selbst wenn wir gern gearbeitet hätten. Tagelang warteten wir auf eine bestimmte Schraubengröße oder eine Rolle elektrischen Kabels. Einmal benötigte unsere Gruppe beispielsweise für den Einbau von Temperaturreglern etwa zweitausendfünfhundert Meter Kupferdraht. Unser Vorarbeiter forderte mich auf, ihm bei der Bestellung behilflich zu sein. Zuerst schrieben wir einen kurzen formlosen Antrag, der auch tatsächlich von den zuständigen Vorgesetzten abgestempelt wurde. Doch da sie argwöhnten, daß wir für eigenen Gebrauch absichtlich zuviel Kupferdraht geordert hatten, bewilligten sie uns nur zweitausend Meter. Daraufhin gingen wir mit der Genehmigung zur obersten Werksleitung. Dort wurden wir aufgefordert, nachmittags wiederzukommen, denn unser Anliegen müsse zuvor eingehend erörtert werden. Später stellten wir fest, daß die bewilligte Menge Kupferdraht noch einmal um einige hundert Meter geschrumpft war. Wir begaben uns nun zum Materiallager, wo sich prompt herausstellte, daß der von uns benötigte Draht erst nachbestellt werden mußte. Wir müßten so lange warten, hieß es, bis der Bedarf an Kupferdraht dieses Typs im Rahmen des Produktionsplans errechnet und der Werksleitung vorgelegt worden sei. Falls man den Antrag auf Nachlieferung genehmigte, würde er an das Büro für Materialbeschaffung weitergereicht.

So machten wir uns also auf den Rückweg zu unserer Werkstatt. Mein Vorarbeiter meinte, es würde bestimmt zwei Wochen dauern, bevor wir unseren Draht hätten. Mit Sicherheit würden die Leute vom Beschaffungsbüro feststellen, daß Kupferdraht zur Zeit nicht aufzutreiben war. Deshalb wären sie gezwungen, sich mit der Leitung anderer Fabriken ins Einvernehmen zu setzen und die benötigte Drahtmenge gegen irgendwelche Materialien einzutauschen, die in unserer Fabrik zufällig in ausreichender Menge vorhanden waren. Allerdings wußte niemand zu sagen, ob die zuständigen Herren von der Materialbeschaffung sich überhaupt die Mühe machen würden. Auf jeden Fall mußten wir Arbeiter in der Zwischenzeit untätig herumsitzen und uns über die Segnungen des Sozialismus freuen.

Diese Art von Gefälligkeiten erwiesen sich die einzelnen Fabriken untereinander auch in größerem Maßstab. Wenn wir gewisse Maschinen benötigten, mußten wir wochenlang warten, bis beispielsweise mit dem Chemiewerk von Yueyang ein Tauschhandel gegen eine Lieferung Zement zustandekam. Danach dauerte es immer noch eine Weile, bis alle bürokratischen Hindernisse überwunden waren und unsere Lastwagen losfahren konnten, um die Maschinen zu holen. Nichts schien systematisch vonstatten zu gehen, und das war eigentlich auch nicht überraschend, denn die leitenden Herren waren meist ausgediente Militärs, die nicht allzuviel von der Führung eines Industrieunternehmens verstanden.

Fast ein Jahr lang wirtschafteten wir so vor uns hin, eine Belegschaft von über hundert Mann. Manchmal wurde bei uns drei Tage lang wie von Sinnen gehämmert und geschweißt. Die Nadeln der Meßinstrumente zuckten, Dampfventile zischten, doch dann kehrte wieder Stille ein in die neue Fabrikhalle, und wir mußten auf die Rückkehr irgendeines Vorge-

setzten aus Peking warten, damit er unseren Antrag auf Materialnachschub abstempelte. Manchmal konnten wir auch nicht weitermachen, weil der Strom ausfiel.
Trotz dieses Schneckentempos gelang es uns, unseren Auftrag auszuführen. Im Werk fand eine Feier statt mit vielen roten Wimpeln und Böllerschüssen. Die Fertigstellung der Fabrikhalle wurde voller Genugtuung der Aufsichtsbehörde für die chemische Industrie unserer Provinz gemeldet, und man bereitete sich auf eine abschließende Inspizierung durch Beauftragte des zuständigen Ministeriums aus Peking vor. Die gesamte Fabrik wurde mobilisiert, um einen möglichst guten Eindruck zu machen. Daqing war als Musterunternehmen unter anderem auch für seine »saubere Umgebung« berühmt. Wenn wir diesem Ideal nicht nacheiferten, dann wäre dies Grund genug gewesen, um uns den Status eines Unternehmens vom Typ Daqing zu verweigern.
Nichts haßten wir mehr als diese »Hygienekampagnen«. Sie verliefen immer nach demselben Schema: Zwei oder drei Tage lang liefen wir mit Besen bewaffnet herum, bestreuten den glitschigen Boden mit gebranntem Kalk und bugsierten die Schrotteile ausgedienter Maschinen auf die Müllhalde. Doch nach ein paar Wochen wurde unfehlbar eine Weiterverwertungskampagne gestartet, so daß wir alles wieder an seinen alten Platz befördern mußten, vom tonnenschweren Maschinenwrack bis zur winzigsten Schraube. So ging das mehrmals im Jahr hin und her, bis wir alle Handgriffe so gut eingeübt hatten wie die Schrittfolge beim »Loyalitätstanz«.
Als schließlich die Beamten vom Chemieministerium in einem schmukken, in Shanghai hergestellten Wagen eintrafen, war bei uns alles auf den hohen Besuch vorbereitet. Doch die Herren zogen sich augenblicklich zu einer Besprechung mit den Leitern unserer Fabrik zurück. Insgesamt blieben sie eine halbe Stunde, dann fuhren sie wieder fort, ohne auch nur einen einzigen Blick auf die neue Halle geworfen zu haben. Übrigens brauchten die Ölfelder von Shandong nicht einen Tropfen Erdöl an uns zu liefern, da niemand daran gedacht hatte, daß es überhaupt keine Transportmöglichkeit vom Bahnhof zu unserem Werk gab.

Auf solch lockere, wenngleich sinnlose Weise verbrachte ich als Werktätiger einen Monat nach dem anderen. Zwar hatte ich reichlich Zeit, um mich in meine Bücher zu vertiefen, aber ich fühlte mich dennoch unzufrieden. Irgend etwas fehlte. Wenn ich abends in mein Bett kroch, schien das weiche, schmiegsame Nesseltuch meine glatte Haut und meine starken Muskeln zu elektrisieren. Mehrmals ertappte ich mich dabei, wie ich an die Mädchen in der Sportschule zurückdachte. Ich erinnerte mich daran, wie sie mir heimlich dicke Fleischbrocken in meinen Eßnapf geschmuggelt hatten. Wenn sie glaubten, daß ich gerade nicht hinschaute, hatten sie mir mit ihren Eßstäbchen flink die besten Bissen zugeschoben. Jedesmal wenn sie sich von mir ertappt fühlten, hatte ein zartes Rot ihre Wangen gefärbt. Oft schmeckte das Wasser, das sie mir schüchtern nach dem Training reichten, überraschend süß, als hätten sie ihm heimlich ein paar Löffel Zucker hinzugefügt. Seltsame Träume, an die ich mich nach dem Aufwachen kaum erinnern konnte, bemächtigten sich meiner während des Schlafes. Manchmal mußte ich feststellen, daß ich mit beiden Armen mein Kissen umklammert oder die weiche Steppdecke zwischen den Beinen eingeklemmt hielt. Kaum wagte ich es, mir selbst über meine ungestillten Sehnsüchte Rechenschaft abzulegen.

Lehrlingen unserer Fabrik war es nicht gestattet, sich auf Freiersfüße zu begeben, selbst wenn sie schon das übliche Mindestalter von achtzehn Jahren überschritten hatten. Sicherlich hätte dies Verbot allein nicht ausgereicht, um mein Begehren zu zügeln. Das wirkliche Problem bestand darin, daß nur sehr wenige Frauen in der Fabrik arbeiteten. Im übrigen hatte ich kaum Gelegenheit, woanders ein Mädchen kennenzulernen. Da fiel mir plötzlich Sha An ein, das kleine Mädchen aus Guangzhou, das mich und meine Schwester Liang Fang bei unserem Besuch zu Beginn der Kulturrevolution so lieb empfangen hatte. Ich erinnerte mich an das süße, tränenüberströmte Gesicht, als die Kleine mir versprochen hatte, mich nie zu vergessen. So kam es, daß ich eines Abends, als draußen ein Gewitter tobte und der Strom mal wieder ausfiel, im Schein einer Kerze einen Brief an Sha An verfaßte.

Ich ließ ein paar Tage verstreichen und wartete von da an jeden Morgen bei der Verteilung der Post auf Antwort. Sie kam schneller, als ich erwartet hatte. In klaren, gefälligen Schriftzügen schrieb mir Sha An, sie habe sich stets voller Wärme an unsere kindliche Freundschaft erinnert. Auch sie sei inzwischen Fabrikarbeiterin geworden, aber darüber hinaus habe sie es zur Sekretärin der örtlichen Kommunistischen Jugendliga gebracht.

Diese Nachricht machte mir ein wenig zu schaffen, denn ehrlich gesagt stand ich nicht mit allzu vielen Leuten auf gutem Fuß, die in politischer Hinsicht so lupenrein waren. Doch die Herzlichkeit von Sha Ans Brief war stärker als meine inneren Vorbehalte.

Nun begann eine lebhafte Korrespondenz zwischen uns beiden. Ich hatte endlich jemanden, dem ich meine Geschichten und Gedichte schicken konnte. Sha An reagierte auf sie mit langen Briefen, in denen viele ermutigende, aber auch kritische Worte standen. Nach mehreren Monaten legte sie einem ihrer Schreiben ein Foto von sich bei. Ich erblickte ein hübsches Mädchen mit langen, dicken Zöpfen, in das Bänder geflochten waren. Die Aufnahme war auf dem Platz des Himmlischen Friedens in Peking gemacht worden. Sha An sah auf dem Bild genauso hübsch und lieb aus wie sechs Jahre zuvor. Sie lud mich ein, sie daheim in Guangzhou zu besuchen. Ihre Mutter sei häufig fort, schrieb sie, so daß Platz für alle vorhanden wäre.

In jener Nacht wälzte ich mich auf meinem Lager hin und her und dachte nur an sie. Am nächsten Morgen ging ich zu dem Arbeiter, der unsere inoffizielle »Sparkasse« verwaltete. Zu zwölft zahlten wir in sie jeden Monat fünf *yuan* ein. Per Los wurde entschieden, in welcher Reihenfolge und in welchem Monat wir jeweils die Einlage von sechzig *yuan* erhielten. Ich war im November an der Reihe, aber bis dahin waren es noch ganze zwei Monate. Es gelang mir jedoch, den Kollegen, der das Septemberlos gezogen hatte, zu einem Tausch zu bewegen. Als nächstes beantragte ich in der Fabrik meinen zwölftägigen »Verwandtenbesuchsurlaub«. Ich hatte das sichere Gefühl, daß etwas Wichtiges auf mich zukam, und stellte überrascht fest, daß ich die Tage bis zu meiner Abreise schon an den Fingern beider Hände abzählen konnte.

Die warme Luft in Guangzhou war erfüllt vom Duft der Blumen und reifender Bananen. Unterwegs kaufte ich einen kleinen Zweig vom Litschibaum. Ich brach die weichen roten Schalen auf und nahm die kleinen, glitschigen Früchte heraus. Sie waren perlweiß und überwältigend süß.

An Sha Ans Haus erinnerte ich mich noch gut. Es war ein Wohnblock aus Beton, der hinter einer Toreinfahrt in der Nähe der *Guangzhou-Abendzeitung* lag. Die Familie bewohnte eine Zweizimmerwohnung, die mir gerade hier in Guangzhou besonders luxuriös vorkam, denn in dieser übervölkerten Stadt sehnten sich viele der kleinwüchsigen und zartgliedrigen Bewohner nach mehr Wohnraum.

Sha Ans Vater war bei meiner Ankunft allein zu Hause. Mein Anblick überraschte ihn zwar, aber er empfing mich sehr herzlich. Er war ein robuster Mann aus der Provinz Hunan. Einst hatte er zusammen mit meinem Vater im selben Büro beim *Hunan-Tageblatt* gearbeitet. Hier hatte er bei der *Guangzhou-Abendzeitung* Nachtdienst. Ich berichtete ihm, wie es meiner Familie ergangen war, und hörte mir dann seine Geschichte an. Ich hatte dabei ein seltsames Gefühl, denn ich erfuhr, daß seiner Familie kein Leid widerfahren war. Menschen, die die Wirren der vergangenen Jahre so ungeschoren überstanden hatten, waren bestimmt

aalglatt, sagte ich mir. Mein Unbehagen wurde noch größer, als der alte Sha von mir den Nachweis verlangte, daß ich meine Reise hierher mit dem Einverständnis meines Arbeitgebers gemacht hatte.
Ungeschickt versuchte ich mich herauszureden, denn ich wollte nicht zugeben, daß die Werksleitung mir niemals diesen Urlaub gewährt hätte, damit ich mich auf Freiersfüße begeben konnte. Ich hatte mir eingeredet, daß dies alles nicht so wichtig war, da ich ja eine private Unterkunft hatte. So konnte ich also lediglich meine Kennkarte vorweisen, die mich als Arbeiter meiner Fabrik auswies.
Stirnrunzelnd meinte der alte Sha dazu: »Du bringst mich in eine peinliche Lage, wenn ich für dich eine zeitlich begrenzte Aufenthaltsgenehmigung beantragen soll. Unsere Familie erfreut sich des Wohlwollens der Partei, und ich möchte dieses Vertrauen nicht durch einen Gast aufs Spiel setzen, dessen Papiere nicht in Ordnung sind.«
Glücklicherweise kam die kleine Sha An gerade in diesem Augenblick nach Hause, wodurch das unangenehme Gespräch zumindest für eine Weile unterbrochen wurde. Ich fand meine kleine Freundin von einst wunderbar. Sie war inzwischen zu einer jungen Frau geworden, deren Figur sich gerundet hatte. Ihr heller Teint wirkte in dieser Gegend des Landes, wo die meisten Menschen ziemlich dunkelhäutig waren, noch blasser. Als sie mich erblickte, errötete sie leicht und rief: »Oh! Seht nur, wie groß er ist!« Dann flüchtete sie sich sogleich mit scheu gesenktem Blick in ihre hausfraulichen Pflichten.
Nach dem Abendessen ging ihr Vater zur Arbeit. Wir waren allein. Ich berichtete Sha An, was sich seither in meinem Leben zugetragen hatte, und sprach auch zu ihr von meinem Kummer und meinen Sorgen. Insgeheim hoffte ich, daß sie mich verstehen und mir all die Liebe und den Trost geben würde, derer ich so sehr bedurfte, doch sie schien nur daran interessiert zu sein, über unsere kindlichen Spiele von einst und ihre Tätigkeit als Sekretärin der Jugendliga zu sprechen. Nach einer Weile wußten wir kaum noch, worüber wir uns unterhalten sollten. Tief enttäuscht mußte ich mir widerstrebend eingestehen, daß sie nicht das Mädchen war, das ich mir vorgestellt hatte. Nachdem sie am nächsten Morgen zur Arbeit gegangen war, setzten ihr Vater und ich unser unterbrochenes Gespräch fort. Er machte aus seinem Argwohn hinsichtlich der Gründe meines Besuchs keinen Hehl und fing an, mich ins Kreuzverhör zu nehmen. So wollte er beispielsweise von mir wissen, ob ich oft die Zeitungen las, ob ich der Jugendliga meine geheimsten Gedanken mitteilte oder ob ich mich schon darum beworben hatte, Mitglied der Partei zu werden. Als er erfuhr, daß ich nicht einmal der Kommunistischen

Jugendliga angehörte, war er sichtlich schockiert. Und als er vernahm, daß ich gern alte Romane las, kniff er die Augen zusammen und hielt mir vor: »Die in diesen Romanen vertretenen Ansichten sind wie Gift. Du solltest dich nicht von ihnen beeinflussen lassen. In deinem Alter solltest du deine Arbeit der Revolution widmen und nicht deine Zeit mit Liebeleien vergeuden!«

Das nahm ich nicht unwidersprochen hin, sondern erwiderte, daß es heutzutage nur wenige neue Bücher gäbe, und auch die Filme seien immer nach dem ewig gleichen Muster gedreht. Alles sei öde und langweilig.

»Und was ist mit den revolutionären Opern der Kameradin Jiang Qing?« konterte Sha Ans Vater.

»Sie sind gräßlich, und außerdem haben wir sie schon hundertmal gesehen!« rief ich. »Bei uns in der Fabrik mag sie niemand. Selbst wenn der Eintritt frei wäre, würden wir nicht hingehen.«

»Was für eine Einstellung ist das!« empörte sich der alte Sha. »Deine Denkweise ist gefährlich! Weißt du, warum deine Eltern Probleme hatten? Weil sie ihren Mund nicht halten konnten! Und warum ist *mir* nichts passiert? Weil ich mit der Zeit gegangen bin und mich nach den Leitartikeln in der *Roten Fahne* gerichtet habe. Ich habe immer genau das getan, was man von mir verlangte. Du aber hast nichts aus dem Unglück deiner Eltern gelernt. Paß nur auf, sonst giltst du eines Tages als Konterrevolutionär.«

»Die Zerstörung meiner Familie heißt noch lange nicht, daß ich das Denken verlernt habe«, protestierte ich.

Das brachte das Faß zum Überlaufen. »Nun hör mal gut zu, junger Mann!« rief mein Gegenüber. »Laß gefälligst die Finger von meiner Tochter! Ich will nicht, daß du sie mit deiner üblen Denkweise ansteckst, und ich werde nicht zulassen, daß sie sich wegen einer längst überholten Freundschaft mit einem Menschen wie dir alle Chancen verdirbt, Mitglied der Partei zu werden.«

Noch am selben Nachmittag ging Sha Ans Vater zum Bahnhof, um die Abfahrtszeit der Züge nach Changsha zu erfragen. Als seine Tochter gegen Abend heimkam, befahl er mir, im anderen Zimmer zu warten.

Zu meiner äußersten Verblüffung stellte sich Sha An ohne zu zögern auf meine Seite. Durch die geschlossenen Türen hindurch vernahm ich ihre hohe, schrille Stimme: »Er ist mein Gast, ich habe ihn hierher eingeladen! Die ganze Sache geht dich nichts an, Vater!« Gleich darauf kam sie den Tränen nahe zu mir gelaufen und umklammerte meinen Arm. Nebenan wurde die Wohnungstür zugeschlagen, und wir hörten, wie Sha Ans Vater die Treppe hinunterging.

Als er auch um sechs Uhr nachmittags noch nicht zurück war, wußten wir, daß er vor der Arbeit nicht mehr nach Hause kommen würde. Wir setzten uns in Sha Ans Zimmer so weit wie möglich voneinander entfernt hin, sie auf ihrem Bett und ich auf einem Stuhl in der Nähe der Tür. Trotz der Distanz zwischen uns waren wir aufgeregt und nervös. Aber ich empfand auch Dankbarkeit und so etwas wie Liebe für Sha An, die dort drüben mit hochrotem Gesicht auf dem Bettrand saß.
»Was hat dir dein Vater über mich erzählt?« fragte ich sie.
Sie wich meinem Blick aus und schwieg lange, bevor sie erwiderte: »Er ist verrückt.«
»Mach dir nichts draus. Ich weiß, daß er mich nicht leiden kann.«
»Er sagt, du seist ein gefährliches Element, und ich sollte mich vor dir in acht nehmen«, sagte sie mit leiser Stimme. Flüsternd fügte sie hinzu: »Er meint, du seist hinter mir her.«
Ich war wütend auf ihren Vater, doch zugleich freute ich mich, daß er seiner Tochter etwas mitgeteilt hatte, was zu sagen ich mich selbst nicht traute. Unsere Blicke kreuzten sich, aber sie wandte sofort wieder erschrocken den Kopf ab.
»Glaubst du, was dir dein Vater gesagt hat?« fragte ich nach längerer Pause.
»Ja, ich glaube es«, antwortete sie. »Aber ich traue mich nicht, an solche Dinge zu denken.«
»Was für Dinge?« wollte ich wissen.
»Das weißt du ganz genau!« gab sie zurück.
»Hör mal!« entfuhr es mir. »Ich habe dich sehr gern! Wenn du wüßtest, wie oft ich jeden einzelnen deiner Briefe gelesen habe!«
Sha An sah einfach hinreißend aus, wie sie sich die Finger in die Ohren steckte und so tat, als habe sie meine Worte nicht gehört. Alles drängte mich, sie zu umarmen. Deshalb setzte ich mich neben sie auf das Bett, aber sie rückte entsetzt von mir ab, so weit es ging. »Bleib, wo du bist!« rief sie.
»Ich will aber nicht!« erwiderte ich und rückte näher an sie heran.
Da sprang sie mit einem kleinen spitzen Schrei auf und lief zu dem Stuhl hinüber, auf dem ich bis vor kurzem gesessen hatte. »Bleib jetzt dort auf dem Bett sitzen!« befahl sie mir. Es war ihr anzumerken, daß sie sich nicht nur von meinem Liebeswerben bedrängt fühlte. Schließlich rückte sie mit der Sprache heraus. »Warum trittst du nicht der Kommunistischen Jugendliga bei?« erkundigte sie sich.
Bisweilen ist die Leidenschaft stärker als die Vernunft. »Ich werde ihr beitreten«, sagte ich. »Aber nur, wenn du meine Freundin wirst.«

Ein Hoffnungsschimmer huschte über ihr Gesicht, um sogleich wieder zu verlöschen. »Du bist nicht wirklich daran interessiert, der Liga beizutreten«, sagte sie vorwurfsvoll.

Diese Worte waren eine kalte Dusche für die Glut meiner Gefühle. Liebe kleine Sha An, wenn du nur wüßtest! Meine Schwestern haben alles geopfert, um in die Jugendliga aufgenommen zu werden, doch vergeblich. Mein Vater und meine Lehrer haben mich immer wieder ermahnt, alles zu tun, um Mitglied zu werden. Glaubst du im Ernst, ich hätte es nicht versucht? Meinst du, meine Bewerbung hätte angesichts meiner familiären Herkunft und meiner geringen politischen Einsatzbereitschaft jemals eine Chance gehabt? Nur einmal hätte es fast geklappt, das war, als man mich als angeblichen »Verschwörer vom 16. Mai« einsperrte. Die Mitgliedschaft in der Jugendliga sollte meine Belohnung dafür sein, daß ich einen Freund verriet. Wenn du bei uns in der Fabrik Sekretärin der Jugendliga wärst, dann würde die Sache vielleicht anders aussehen, denn du würdest mir helfen.

Ich schüttelte langsam den Kopf und sagte laut zu Sha An: »Nein, du hast recht. Ich habe kein Interesse daran, der Jugendliga beizutreten.«

Traurig und in Gedanken verloren spielte sie mit dem Ende eines ihrer langen Zöpfe. »Mein Vater hat mich gelehrt, fortschrittlich zu denken«, sagte sie schließlich. »Ich verstehe dich nicht. Warum willst du dir deine eigene Zukunft verbauen?«

So endete unsere kurze Romanze auf dem Schlachtfeld der Politik, genau wie die Ehe meiner Eltern. Als Sha Ans Vater am nächsten Morgen von der Arbeit heimkehrte, überreichte er mir eine Fahrkarte zurück nach Changsha. Auf dem Weg zum Bahnhof ging er zwischen mir und seiner Tochter. Uns verblieb kaum Zeit für ein Abschiedswort.

Schon eine Stunde nach meiner Ankunft in Changsha fuhr ich weiter nach Shuangfeng. Auf meinem Bett hatte ich ein drei Tage altes Telegramm gefunden: »Vater ist krank«. Ich verfluchte meine romantische Gefühlsduselei, die mich nur aufgehalten hatte, und rannte los, um noch den Fünf-Uhr-Bus zu erwischen. Drei Stufen auf einmal nehmend, lief ich in Shuangfeng die vertraute Treppe im Haus der Propagandaabteilung hinauf. Ich riß die Tür auf und stand in Vaters Zimmer. Er saß auf einem Stuhl. Sein Kopf hing schlaff zur Seite, seine Augen starrten blicklos ins Nichts. Speichel tropfte von seinen schlaffen Lippen, und sein linkes Bein zitterte heftig. Sobald er mich erblickte, versuchte er aufzustehen, doch als ihm dies nicht gelang, begann er zu weinen.

»Nicht weinen, Vater!« flehte ich ihn an, aber mir wurden selbst die

Augen feucht. »Alles wird wieder gut, glaub mir!« Ich ergriff seine leblose Hand und streichelte sie wie von Sinnen.
Zhu Zhidao kam mit Thermosflaschen voll heißem Wasser und berichtete mir, was sich zugetragen hatte. Vor einer Woche war Vater gerade damit beschäftigt gewesen, ein von ihm verfaßtes Stück nach den Richtlinien der Propagandaabteilung des Revolutionskomitees unseres Landkreises zu bearbeiten, als er plötzlich ohnmächtig wurde und seine Teetasse fallen ließ.
Zhu Zhidao rief einen Kollegen, und gemeinsam brachten sie Vater ins Krankenhaus. Die Diagnose der Ärzte lautete: teilweise Lähmung infolge eines Schlaganfalls. Die Ursache: lang anhaltende psychische Überbelastung und Hypertension.
Ich dankte dem Schicksal, daß der größte Teil meines »Verwandtenbesuchsurlaubs« noch vor mir lag. So konnte ich mich um Vater kümmern, während meine Stiefmutter tagsüber ihrer Arbeit nachging. Ich massierte seine steife linke Körperhälfte, als ob ich dadurch den Schaden beheben könnte, und ich wandte auch gemäß den Anweisungen des Arztes Akupunktur an. Stundenlang saß ich neben Vater, hielt seine Hand und hörte zu, wie er sich immer wieder mit Flüsterstimme Selbstvorwürfe machte: »Ich hätte nicht krank werden dürfen! Wenn ich nicht arbeiten kann, bin ich ein nutzloses Wrack.«
Ohne ihn meine eigene Bitterkeit merken zu lassen, tröstete ich ihn: »Vater, du hast dein ganzes Leben in den Dienst der Partei gestellt. Dein Beitrag war wirklich groß genug.« Ich war mir jedoch nicht sicher, ob er meine Worte überhaupt noch in ihrem vollen Umfang verstand. Manchmal wirkte er geistesabwesend und grübelte über Vergangenes nach. Ereignisse von einst schienen ihm so gegenwärtig zu sein, als hätten sie sich erst gestern zugetragen. Er durchlebte noch einmal die Zeit vor der Befreiung, als er sich mit anderen Kommunisten im Untergrund befunden hatte, und auch die jahrelange Arbeit als Reporter bei der Zeitung wurde ihm wieder präsent. Wenn er zu müde war, um sich mit mir zu unterhalten, schweifte sein Blick über die mit vergilbtem Zeitungspapier tapezierten Wände des Zimmers zum Fenster und blieb starr auf den Himmel gerichtet. Bisweilen stimmte er auch unvermittelt ein Lied an, immer die gleiche, melancholische Melodie, zu der er in seiner Jugend selbst den Text verfaßt hatte:

Warum lehnst du am Tempeltor?
Warum bist du so schweigsam?
Welcher Kummer verschließt das Tor deines Herzens?

An einem schönen Tag betrachte ich die weißen Wolken
am blauen Himmel,
an einem trüben Tag lausche ich dem Wind, der im Dachgebälk pfeift.
Ich warte und warte auf die Dämmerung im Osten,
ich warte und warte auf das Licht über dem großen Land.

Der Kuckuck ruft, der Kuckuck ruft,
die Schwalbe kehrt zurück,
sie sucht nach dem Garten, ihrer alten Heimat.
Er ist öde und verdorrt,
der Traum schon lange zerronnen.

Am verzagtesten war mein Vater, wenn er mit zitternden Gliedern zum Fenster humpelte und auf die Straße hinunterblickte, wo die arbeitende Bevölkerung zielstrebig ihren Geschäften nachging. Dann weinte er, und ich mußte ihn mit sanftem Drängen zu seinem Stuhl zurückführen. »Nur Mut, Vater, nur Mut!« tröstete ich ihn, doch wenn er später in seinem Bett lag und schlief, blutete mir das Herz, und ich spürte, wie blinde Wut in mir aufstieg. Nicht einmal die Nachricht, daß meine Schwester Liang Weiping von den Bauern ihrer Produktionsabteilung für den Besuch eines kleinen Lehrerkollegs in Shaoyang vorgeschlagen worden war, vermochte meinen Schmerz zu lindern.

Zhu Zhidao war der Ansicht, daß unser Vater sich einfach in den Ruhestand versetzen lassen sollte. Obwohl er erst neunundvierzig Jahre alt war, würde er nie wieder arbeiten können, hatte der Arzt gesagt. Im Ruhestand würde er immerhin achtzig Prozent seines bisherigen Gehaltes beziehen. Außerdem würde meine älteste Schwester Liang Fang, die im Alter von vierundzwanzig Jahren immer noch ihr Leben draußen auf dem Land ohne die geringste Hoffnung auf einen Arbeitsplatz in der Stadt fristen mußte, entsprechend neuer amtlicher Vorschriften eine Stellung erhalten. Wir wußten, wie schnell sich die politische Lage ändern konnte. Wenn Vater seine älteste Tochter retten wollte, dann mußte er schnell handeln. Doch er weigerte sich hartnäckig, klammerte er sich doch, wider jegliche Vernunft, an die Hoffnung, bald wieder arbeiten zu können. Bis zum Ende meines Urlaubs bemühte ich mich, meine Stiefmutter davon abzuhalten, ihm mit Brachialgewalt klarzumachen, daß er bis zum Ende seiner Tage ein arbeitsunfähiger Krüppel bleiben würde.

Irgendwann gab er klein bei, einige Wochen nach meinem Weggang. Die unmittelbaren Konsequenzen waren verheerend. Denn sobald er in den Ruhestand versetzt worden war, verlangte die Propagandaabteilung die beiden Zimmer zurück. Vater und Zhu Zhidao wurden aufgefordert,

einen winzigen Raum in der Grundschule zu beziehen, an der Zhu Zhidao als Lehrerin tätig war. Die Flure des Gebäudes hallten wider vom Lärm der Schulkinder. »Nie erhält dein Vater Besuch von seinen ehemaligen Kollegen«, schrieb mir meine Stiefmutter. »Wenn sie an unserer Tür vorbeikommen, schauen sie nie herein, um ihn zu begrüßen. Es ist, als hätten sie ihn vollständig vergessen. Er benimmt sich jetzt wie ein kleines Kind. Ständig steht er am Tor zum Schulhof und blickt hinaus auf die geschäftige Straße. Dann weint er und singt irgendein seltsames Liedchen.«
Die Briefe, die ich von meinem Vater erhielt, waren alle in einer zittrigen Schönschrift verfaßt, die mir fremd war. »Nie habe ich mir träumen lassen, daß das Leben so leer sein kann«, schrieb er einmal. »Wenn man mich doch bloß beim Sortieren der Post helfen ließe, dann wäre alles besser. Aber anscheinend kann ich nichts mehr für die Partei tun. Die menschliche Gesellschaft hat mich abgeschrieben ...«

Meiner Schwester Liang Fang wurde endlich erlaubt, vom Land in die Stadt zurückzukehren und in Zhu Zhidaos Grundschule als Sprachlehrerin zu arbeiten. Sie hatte Glück gehabt, großes Glück, aber das begriffen wir erst ein paar Monate später. Eine unserer Kusinen, mit der sie in die gleiche Klasse gegangen war, hatte seit ihrem Schulabgang von der Unterstufe der Mittelschule im Jahr 1965 insgesamt fast neun Jahre auf dem Land zugebracht. Inzwischen war sie fünfundzwanzig Jahre alt, und da sie einer Familie entstammte, die keinerlei Zugang zu irgendeinem »Hintertürchen« hatte, mußte sie sich ihrem Schicksal beugen und einen jungen Bauern heiraten, den sie kaum kannte und der des Lesens und Schreibens so gut wie unkundig war. Sie hatte keine andere Wahl, denn in ihrem Alter war dies die einzige Möglichkeit, ihre »persönliche Frage« zu lösen. Immerhin blieb sie auf diese Weise vom Zorn ihrer städtischen Verwandten verschont, da sie jene wahrscheinlich nie wiedersehen wird.

Kapitel 20

Auf der Suche nach Peng Ming

Für mich begann wieder das eintönige Dasein in der Fabrik. Das schwere Schicksal meines Vaters erfüllte mich mit Bitterkeit. Ich las ausgewählte Werke von Marx und Engels, um Genaueres über den Sozialismus herauszufinden, dem er seine Gesundheit geopfert hatte. Je mehr ich las, desto mehr verglich ich die darin beschriebenen Gesellschaftsformen mit dem Zustand unseres Landes, aber das machte mich nur noch verwirrter. Sicherlich ging es vielen anderen Menschen ebenso, denn was mich bedrückte, war wohl ziemlich alltäglich. Jeder, der Augen im Kopf hatte, konnte die Kluft zwischen den großsprecherischen Worten der Zeitungen und unserer schmerzlichen Wirklichkeit erkennen. Abend für Abend ging ich in den Park oder in irgendein Teehaus, um dieses Thema mit einer kleinen Gruppe alter Freunde zu erörtern.

Eines Tages traf ich zufällig Peng Mings Mutter in der Nähe von Waipos Haus. Sie sah alt und abgemagert aus. Ihre Haut war gelblich, als litte sie an irgendeiner Krankheit. Sobald sie mich sah, begann sie zu weinen und fragte mich, ob ich etwas von ihrem Sohn gehört hätte. Wahrscheinlich tat sie das immer, wenn sie einen Menschen traf, der ihn gekannt hatte. »Keiner unserer Briefe an das Zentralinstitut für Musik ist beantwortet worden. Seine jüngeren Brüder waren selbst in Peking, um nach ihm zu suchen – sogar im Amt für Öffentliche Sicherheit waren sie –, aber man hat sie fortgejagt, ohne daß sie etwas herausgefunden hätten. Ich fürchte, daß er tot ist.«

Aufgrund meiner eigenen, sehr unglücklichen Erfahrung wußte ich, daß Peng Ming als konterrevolutionärer »Verschwörer vom 16. Mai« gebrandmarkt worden war, aber das wollte ich der armen Frau nicht sagen. Auch verschwieg ich, was ich hatte erdulden müssen, nur weil ich sein Freund war. Ich tröstete sie, so gut ich konnte, und ging, in Gedanken bei meinem Freund, zur Fabrik zurück.

Bald darauf erfuhr ich von einem Arbeitskollegen, dessen Familie in

Peking wohnte, daß er demnächst seinen jährlichen Familienurlaub antreten würde. Ich beschloß, meine Kollegen darum zu bitten, daß sie mir noch einmal vorzeitig die Einlage aus unserer »Sparkasse« auszahlten. Glücklicherweise waren es nur noch zwei Wochen bis zum Neujahrsfest 1974. So kam rasch der Tag, an dem ich mit meinem Kollegen den Zug nach Peking bestieg. Vielleicht konnte ich dort mehr in Erfahrung bringen als Peng Mings Brüder. Schließlich waren seine ehemaligen Kameraden auch einmal die meinigen gewesen.
Nachdem ich im Arbeiterheim meines Reisegefährten untergekommen war, machte ich mich sofort auf, um die Mitglieder der damaligen rotgardistischen Kampfgruppe »Rotes Kliff« ausfindig zu machen. Zu meiner Überraschung wollte jedoch keiner von ihnen über ihren ehemaligen Anführer sprechen. Das gleiche wiederholte sich bei allen anderen Gruppen. Jedesmal, wenn ich mich nach Peng Ming erkundigte, wichen die Leute meinen Fragen aus. Wenn es um andere Personen ging, redeten sie frei heraus: »O ja, er ist noch auf dem Land«, aber wenn Peng Mings Name fiel, dann klang es so, als sei er schon seit Jahren nicht genannt worden. Die meisten Leute, mit denen ich sprach, hatten die Umerziehung bereits hinter sich. Inzwischen hatte man ihnen unterschiedliche Tätigkeiten zugewiesen: Sie begleiteten Revolutionsopern oder -ballette, spielten in Symphonieorchestern oder schrieben revolutionäre Lieder. Ich hatte den Eindruck, daß sie alle mit ihren eigenen Angelegenheiten beschäftigt waren und kein Interesse daran hatten, ihre »Rehabilitierung« zu gefährden, indem sie sich über die Vergangenheit ausließen. In der Tat schien die Kulturrevolution für alle Menschen in Peking ein Trauma zu sein, denn niemand wagte es, allen Ernstes öffentlich darüber zu reden, außer im engsten Kreis der Familie. Sogar mein Reisegefährte enttäuschte mich. Anscheinend wollte er immer nur zu Hause bleiben. So verbrachte ich denn meine Zeit in Peking damit, durch die Stadt zu wandern, mir die Sehenswürdigkeiten anzuschauen und nach Peng Ming zu forschen.
Schließlich ging ich nach fast einer Woche zum Zentralinstitut für Musik zurück. Diesmal trugen meine Nachforschungen Früchte. Jemand riet mir, einen alten Arbeiter namens Chao Shui aufzusuchen, der früher in der Reparaturwerkstatt des Instituts tätig gewesen war. Ich begab mich zu seiner armseligen, niedrigen Hütte, und als ich an den Rahmen der Tür geklopft hatte, die mit einem Stück Tuch verhängt war, trat ein alter Mann mit einem dünnen Bärtchen heraus.

»Ich bin ein Freund von Peng Ming«, sagte ich zu ihm. »1967 habe ich hier in Peking mit ihm zusammengearbeitet. Ich versuche herauszufinden, was aus ihm geworden ist.«
Zögernd betrachtete mich Chao Shui von Kopf bis Fuß. Da sagte ich schnell: »Wir waren in Changsha Nachbarn. Seine Mutter hat mich gebeten, nach ihm zu suchen.«
Schließlich ließ mich der alte Arbeiter eintreten. Er bot mir einen Stuhl und etwas zu essen an. Als ich sagte, daß ich seit meiner Abreise aus Peking nichts von Peng Ming gehört hatte, berichtete er mir unaufgefordert alles, was er wußte. Sicherlich kannten alle am Institut die Geschichte, aber nur dieser alte, einsiedlerische Arbeiter hatte das Herz, sie mir zu erzählen.
»Er wurde zum Anführer der ganzen Rebellengruppe, die von den Kunststudenten gebildet worden war«, begann mein Gastgeber. »Nach einiger Zeit wechselte er vom Zentralinstitut für Musik zum Kulturministerium über. Ich glaube, daß er es dort schon ziemlich weit gebracht hatte, denn als Qi Benyu, Wang Li und die anderen Mitglieder entmachtet wurden, stürzte Peng Ming mit ihnen. Man beschuldigte sie nicht nur, gegen Liu Shaoqi opponiert zu haben, sondern auch gegen Premierminister Zhou. Das war die sogenannte Verschwörung vom 16. Mai. Peng Ming wurde als einer der Anführer von einer aufgebrachten Meute festgenommen.«
Zum ersten Mal begann ich zu verstehen, warum mein harmloser Brief soviel Aufsehen erregt hatte. Ich hatte keine Ahnung gehabt, daß Peng Ming in der Zwischenzeit so hoch aufgestiegen war, noch daß man ihn für eine so gefährliche Person hielt. Kein Wunder, daß die Leute nichts sagen wollten!
»Ein Jahr lang hatte ich nichts von ihm gehört«, fuhr Chao Shui fort. »Dann fand im Stadion der Arbeit in Peking eine Massenveranstaltung statt, bei der die Verschwörer vom 16. Mai öffentlich angeprangert werden sollten. Da die meisten Verschwörer irgend etwas mit Kunst zu tun hatten, mußten alle Mitglieder von Theaterensembles und Studierende der Institute teilnehmen. Das Zentrale Symphonieorchester war dort, das Nationalballett, das Zentralinstitut für Musik, das Nationale Institut für Musik, die Zentrale Gesangs- und Tanzgruppe, das Pekinger Opernensemble ... Bestimmt waren es mehrere tausend Menschen. Alle Verschwörer hatten ein Geständnis abgelegt, außer Peng Ming, aber er wurde trotzdem (wie ein Verbrecher) öffentlich zur Schau gestellt. Sein Haar war lang, und er war sehr abgemagert. Man hatte ihn in eine schwarze Sträflingsuniform gesteckt. Die Menge beschimpfte ihn und

warf mit Apfelresten und Steinen nach ihm. Da er sich weigerte, seine Verbrechen zuzugeben, ließen sie ihn nicht sprechen. Er mußte einfach nur mit gesenktem Kopf dastehen und seine Hände auf den Rücken legen, während er angeklagt wurde.«

Plötzlich wurde mir klar, daß Peng Mings jüngere Brüder dieselbe Geschichte gehört haben mußten, als sie sich in Peking aufhielten. Sie hatten es wohl nicht über sich gebracht, ihrer Mutter davon zu berichten, sondern ihr statt dessen weisgemacht, sie hätten nichts erfahren. Ich wußte, daß ich mich der Frau gegenüber nicht anders verhalten würde.

Chao Shui geriet beim Erzählen richtig in Fahrt: »Bei den Vorwürfen gegen ihn ging es meist darum, daß er mit einer Gruppe Rotgardisten in die sowjetische Botschaft eingedrungen war und Parolen über den sowjetischen Revisionismus ausgerufen habe. Es hieß auch, er habe mit voller Absicht versucht, Verwirrung in der Außenpolitik zu stiften, um unser Land im Ausland in Mißkredit zu bringen. Es wurde sogar angedeutet, er habe Premierminister Zhou ermorden wollen. Wenn man den Leuten Glauben schenken konnte, war Peng Ming von Grund auf verdorben und auch durch eine Umerziehung nicht zu retten. Er tat mir ein wenig leid, denn all seine ehemaligen Freunde und Kameraden hatten schon ein Geständnis abgelegt. Sie hatten die Schuld auf ihn geschoben, um mit heiler Haut davonzukommen. Wenn er nicht so eigensinnig gewesen wäre, sondern alles zugegeben hätte, wäre die Sache für ihn möglicherweise besser ausgegangen.« Der alte Arbeiter seufzte. »Das ist wirklich alles, was ich darüber weiß. Die Leute reden nicht gern über ihn. Für sie gehört diese Geschichte der Vergangenheit an, und sie versuchen, sich selbst in Sicherheit zu bringen. Ich aber bin ein alter Mann und habe keine Familie, für die ich sorgen muß. Manchmal denke ich daran, mit welcher Hingabe Peng Ming gearbeitet hat und wie andere Leute zu ihm aufschauten. Dann frage ich mich, ob man ihn nicht schon längst umgebracht hat.«*

Nun wußte ich genug. Vielleicht war es nicht ungefährlich weiterzuforschen. Es schien, als ob ganz Peking von einer geheimnisvollen Krankheit befallen war, die die Menschen schwächte und nach und nach von innen heraus verfaulen ließ. Ich verspürte den unwiderstehlichen Drang, mich auf und davon zu machen. So lehnte ich die wiederholten und sicherlich ehrlich gemeinten Einladungen des alten Arbeiters ab. Auf dem Rück-

* Viel später erfuhr ich, wie es Peng Ming ergangen war. Er war ins Gefängnis geworfen worden und hatte fünf Jahre Einzelhaft verbüßt. Nach seiner Freilassung wurde er direkt aufs Land zur Umerziehung geschickt. Jetzt komponiert er Musik für einen örtlichen Fernsehsender.

weg kam ich an abweisenden, grauen Wohnheimen und heruntergekommenen Gebäuden aus der Kaiserzeit vorbei, bis ich schließlich durch das schwere eiserne Tor wieder auf die Straße trat.
Ich ging die Changan-Straße hinunter, eine der belebtesten Alleen von Peking. Als ich im Gedränge mehrmals angerempelt wurde, ging mir auf, wie einsam ich fast die ganze Zeit in Peking gewesen war. Sogar die Familie meines Arbeitskollegen aus Changsha hieß Fremdlinge nicht sonderlich willkommen, vor allem wenn es sich um einen Außenseiter mit meinem familiären Hintergrund handelte. Sogar die alltäglichsten Beziehungen zwischen den Menschen stimmten nicht mehr. Von menschlicher Wärme konnte nicht mehr die Rede sein, und auch Treue zählte nichts mehr. Peng Ming war von seiner Umgebung fallengelassen und vergessen worden. Wie konnte ich erwarten, daß mich meine eigenen Freunde besser behandelten? Es schien, als ob die Gesellschaft keinen Platz mehr für Menschen mit Prinzipien hatte. Mit solch finsteren Gedanken im Kopf fuhr ich mit dem Bus zum Bahnhof und kaufte mir eine Fahrkarte nach Changsha.
Peking war eine Enttäuschung gewesen, aber die Rückreise nach Changsha entschädigte mich für alles. Ich fuhr im billigsten Dritte-Klasse-Abteil mit harten Holzsitzen, denn ich hatte nicht einmal zehn *yuan* für eine harte Pritsche im Liegewagen übrig. Der Zug war randvoll mit lärmenden Menschen und außerdem mit allen möglichen Waren aus der Hauptstadt beladen, die in der Provinz nicht erhältlich waren. Die Gepäcknetze waren prall mit Äpfeln gefüllt, und mir gegenüber saßen zwei Männer, die vier Kisten Entenfleisch erstanden hatten. Wahrscheinlich konnten sie dafür in Guangzhou den doppelten Preis erzielen. Ich war einer der wenigen Fahrgäste, die nichts eingekauft hatten.
Gegen sieben Uhr abends kamen wir in der Provinz Henan an. Mehrere Leute stiegen zu, darunter drei Männer und eine junge Frau. Letztere wirkte mit ihren roten Wangen frisch und gesund. Sie war sehr schön. Da der Platz neben mir nicht belegt war, rückte ich unmerklich ein wenig mehr zum Fenster, denn ich hoffte, daß sie sich neben mich setzen würde. Als sie fragte, ob der Sitz frei sei, sagte ich hoch erfreut ja. Nach einer Weile begannen wir ein ganz normales Gespräch, wie es zwischen Reisenden üblich ist. Ihr Name war Bai Ying, und sie hatte eine Mittelschule in Peking besucht. 1969 war sie mit anderen Jugendlichen aus der Stadt aufs Land in die Nähe von Yanan geschickt worden. Die Männer in ihrer Begleitung waren Arbeitskollegen aus der dortigen Ersatzteilfabrik für medizinische Geräte. Nun fuhren sie nach Guang-

zhou, um in der Maschinenfabrik »Der Osten ist rot« zu lernen, mit bestimmten neuen Maschinen umzugehen.
Während sie mit mir redete, nahm meine Reisegefährtin ihr hellgrünes Strickzeug heraus. Sie schien sich nur auf ihre Handarbeit zu konzentrieren, doch als sie von mir erfuhr, daß ich während der Ferien lieber verreiste, weil ich kein richtiges Zuhause hatte, hielt sie kurz inne und blickte mich mit einem Seufzer an. Diese spontane Reaktion berührte mich so sehr, daß ich mich eingehender nach ihrer eigenen Geschichte erkundigte. Auf ihrem Gesicht glaubte ich einen Anflug von Traurigkeit entdeckt zu haben.
Ich fragte, was sie denn stricke. »Nichts«, erwiderte sie. »Ich stricke, damit ich etwas zu tun habe. Vor einiger Zeit habe ich versucht, mir ein Paar Handschuhe zu machen, aber jedesmal, wenn ich einen fertig hatte, war ich damit nicht so recht zufrieden. So räufelte ich ihn wieder auf und fing von vorne an«, sagte sie lächelnd. »Außerdem gibt es niemanden, für den ich etwas stricken könnte.«
Draußen wurde es Abend, und wir unterhielten uns noch immer. Ich hatte nicht häufig Gelegenheit, mit einem Mädchen zu sprechen, zudem schien es mir, daß sie aus irgendeinem Grund ihre Geschichte loswerden wollte. Sie war zwanzig Jahre alt wie ich selbst, und ihr bisheriges Schicksal war dem meinigen sehr ähnlich. Ihre Kindheit war sehr glücklich gewesen, doch als sie elf Jahre alt war, starb ihre Mutter an einer Herzkrankheit. Während der Kulturrevolution wurde ihr Vater wegen seiner ehemaligen Beziehungen zur Guomindang angeklagt. 1967 verlor er seine Arbeit als Cutter beim Film und wurde nach Guangzhou versetzt. Dort bekam er eine Stellung als einfacher Arbeiter in einer Fabrik, die Schlösser herstellte. Ihr jüngerer Bruder lebte auch dort. Da sein Sohn noch sehr jung war, hatte ihr Vater wieder geheiratet, doch die Stiefmutter war eine herrschsüchtige Person. Sie hatte selbst einen Sohn aus erster Ehe, der ein brutaler Rüpel war. Dauernd kam es zu Streitereien. Manchmal hatte der Stiefbruder sogar den Vater und den Bruder des Mädchens mit einem Knüppel geschlagen.
Meine Mitreisende machte sich große Sorgen um ihre Familie, aber sie wohnte zu weit entfernt, um helfen zu können. In Yanan fühlte sie sich einsam und unglücklich. Wegen ihres Vaters sahen die Bauern auf sie herab, und von allen Jugendlichen aus der Stadt war sie die einzige, die zu weit weg von ihrer Familie wohnte, als daß sie in den Ferien hätte nach Hause fahren können. »Ich weine deswegen jeden Tag«, sagte sie zu mir und zitierte eine alte Redewendung: *»Ich schaue durch den Nebel, aber ich kann mein Zuhause nicht sehen*. Jetzt stehe ich vor einem schreckli-

chen Problem. Mein Stiefbruder hat die Mittelschule abgeschlossen und soll aufs Land, doch meine Stiefmutter und er wollen statt dessen meinen Bruder hinschicken. Er ist erst vierzehn und geht noch zur Schule. Mein Stiefbruder hat ein Messer und bedroht meinen Vater damit. In der Fabrik gab man mir die Chance, auf dem Land ein Praktikum zu machen, so daß ich mich dort gleichzeitig um meine Familienprobleme kümmern könnte. Aber ich weiß einfach nicht, was ich nach meiner Ankunft tun soll.«

Bai Ying vergoß ein paar Tränen, und ich war voller Mitgefühl für sie. Als sie zu mir aufblickte und sah, daß auch mir die Augen feucht geworden waren, fragte sie gerührt: »Warum?«

»*Tongshi tianya lunluo ren*«, erwiderte ich, indem ich ebenfalls eine alte Redewendung zitierte, die soviel bedeutet wie »Wir haben beide die Höhen und Tiefen erlebt, so daß uns nur wenig unterscheidet.« Dann schilderte ich ihr die Situation meiner eigenen Familie, jedoch nicht allzu ausführlich, denn es sollten nicht noch mehr Tränen vergossen werden. Die Männer uns gegenüber hatten ihren Kopf auf den Tisch gelegt und versuchten ein wenig zu dösen. Ich genoß das Gefühl des Alleinseins mit diesem schönen Mädchen im Dunkel der Nacht. Wir schwiegen und lauschten dem eintönigen Rattern des Zuges. »Ja, das Leben hat Höhen und Tiefen«, versuchte ich sie zu trösten. »Wenn du unglücklich bist, solltest du nie vergessen, daß es immer noch Hoffnung gibt. Du sagst, du hättest keine Freunde, aber wenn du einverstanden bist, will ich dein Freund sein.«

Während die Nacht verstrich, fühlte ich mich immer stärker zu ihr hingezogen. Bisweilen lehnte sie den Kopf zurück an den Sitz, um ein wenig zu schlafen. Dann rückte ich möglichst weit von ihr ab, denn so konnte ich sie besser betrachten. Nie zuvor hatte ich mich so lange mit einem Mädchen unterhalten. Ich fühlte mich innerlich bereit, alles in der Welt für sie zu tun. Sie brauchte es nur von mir zu verlangen. Nach meinen Erfahrungen in Peking hatte ich den Entschluß gefaßt, meinen Mitmenschen zu zeigen, daß ich ihnen freundlich gesonnen war und Verständnis für ihre Sorgen hatte. Vielleicht konnte ich die innere Leere überwinden, die ich in mir selbst spürte, wenn es mir gelang, diesem Mädchen zu helfen.

Um acht Uhr morgens traf der Zug in Changsha ein. Als Bai Ying mich anschaute, lagen Schmerz und Trauer in ihren Augen. Schließlich fragte ich sie, ob sie einen Stift hätte. Dann tauschten wir unsere Adressen aus. Zum Abschied stand sie nicht von ihrem Sitz auf, sondern sie wandte den Kopf ab. Vermutlich wollte sie nicht, daß ich ihre Tränen sah. Als ich wenig später in der Fabrik den Zettel mit ihrer Adresse genauer anschaute, bemerkte ich, daß sie die Worte *Tongshi tianya lunluo ren* daraufgeschrieben hatte.

Es war noch nicht einmal eine Woche vergangen, da erhielt ich schon einen Brief von ihr. Die Schrift war tränenverschmiert. Sie schrieb: »Als ich zu Hause eintraf, wünschte ich mir, ich wäre nie gekommen. Alles ist noch schlimmer als zuvor. Meine Stiefmutter und mein Stiefbruder bestehen darauf, daß mein Bruder aufs Land geht. Mein Stiefbruder beschimpft meinen Vater und schlägt ihn mit dem Knauf eines Hackmessers. Ich habe meinem Vater geraten, sich scheiden zu lassen, aber offenbar braucht er ein Zuhause. Über Familienangelegenheiten redet er nur ungern mit mir. Was ich nicht mit eigenen Augen gesehen habe, hat mir mein Bruder erzählt. Mein einziger Trost sind die Worte, die du zu mir im Zug gesagt hast. Alles liegt schon so weit zurück und erscheint mir so unwirklich! Aber *solange ich Mönch bin, schlage ich auf den Gong«,* zitierte Bai Ying ein weiteres Sprichwort. »Ich tue, was von mir verlangt wird, und lebe von einem Tag auf den anderen.«

Ihre Worte brannten mir wie Feuer auf der Seele. Ich beschloß, sie sofort aufzusuchen. Um in einem Hotel ein Bett zu bekommen, holte ich mir von der Werksleitung ein Empfehlungsschreiben für die Besichtigung einer anderen Fabrik in Changsha. Dann ersetzte ich das Wort Changsha durch Guangzhou, bestieg einen Bus nach Shuangfeng und lieh mir dort achtzig *yuan* von meiner Schwester Liang Fang. Drei Tage später war ich in Guangzhou.

Sobald ich in einem Wohnheim untergekommen war und gebadet hatte, rief ich Bai Ying in ihrer Fabrik an. Über meinen Besuch schien sie sehr überrascht, aber auch sehr glücklich zu sein. Wir verabredeten uns für fünf Uhr dreißig an der Brücke unten am Zhou-Fluß.

Als ich dort eintraf, kam sie mir geradezu entgegengeflogen. »Nie hätte ich es mir träumen lassen, daß du kommen würdest«, sagte sie.

»Ich bin hier, weil ich dir helfen will«, erwiderte ich.

»Aber was kannst du für mich tun?«

»Mach dir keine Sorgen, ich habe einen Plan. Sag deinem Vater einfach, ich hätte in der hiesigen Basketballmannschaft Freunde, und du hättest mir von euren Problemen erzählt. Heute abend besuche ich dich zu Hause. Aber sei nicht überrascht, wenn ich ein wenig anders als sonst aussehe.«

An jenem Abend verkleidete ich mich so, daß ich aussah wie der Sohn eines hochgestellten Kadermitgliedes. Ich zog schwarze Kordschuhe an, blaue Hosen und einen übergroßen Mantel, den mir meine Mutter im

Armeestil geschneidert hatte. Ich rundete meine Erscheinung ab, indem ich mir das Gesicht weiß schminkte und ein Paar Handschuhe anzog. Ich war bereit.

Bai Ying lebte in einem zweigeschossigen Holzhaus, in einer Gasse mit Kopfsteinpflaster. Hinter dem Bambuszaun wuchsen Winterblumen in einem kleinen Garten. Kaum hatte ich ans Tor geklopft, als sie auch schon aus dem Haus trat. Sie begriff sofort, was ich in meinem seltsamen Aufzug vorhatte. Als wir eintraten, erhob sich ihr Vater. Er war ein kleiner Mann mit einem schmalen Gesicht und weißem Haar. Als wir uns die Hand reichten, lachte er nervös.

»Ich würde gern mit Ihrem Stiefsohn ein paar Worte wechseln«, sagte ich zu ihm.

Gerade in diesem Augenblick kam der Genannte die Treppe hinunter. Die meisten Menschen aus der Gegend von Kanton sind ziemlich klein. Dieser Bursche sah mit seiner engen, zu kurzen Hose und dem langen Haar aus wie die Miniaturausgabe eines Gauners. In meinen riesigen Mantel gehüllt trat ich auf ihn zu. Ich war fast zwei Köpfe größer als er. »Ich weiß genau Bescheid, was hier vorgeht«, sagte ich zu ihm. »Man hat mich geschickt, um mit dir darüber zu reden.« Ich kniff die Augen zusammen und warnte ihn eindringlich: »Nur Feiglinge vergreifen sich an alten Männern! Und nur Drückeberger wälzen die eigenen Pflichten auf andere ab!«

Herausfordernd baute sich das Bürschchen vor mir auf. »Wer bist du schon?« fragte er und räusperte sich, als wollte er ausspucken. Doch bevor er dazu kam, schlug ich ihn mit solcher Kraft ins Gesicht, daß er rückwärts gegen die ausgetretenen Treppenstufen taumelte. Ich beugte mich zu ihm herunter, packte ihn mit einer Hand am Kragen und zog ihn so nah an mich heran, daß ich seinen keuchenden Atem im Gesicht spürte.

»Du suchst also Streit, oder?« sagte ich. »Wir können ja jeder unsere Freunde rufen und die Sache auf der Straße austragen. Weißt du eigentlich, wer ich bin? Mein Vater ist Vizesekretär des Amtes für Öffentliche Sicherheit in der Provinz Guangdong!« Ich wußte, daß ich ihm einen gehörigen Schrecken eingejagt hatte. Jedesmal nämlich, wenn es auf der Straße zu einer Schlägerei kam, wurden Leute mit guten Beziehungen freigelassen, während man ihre Gegner einsperrte. Deshalb machten meine Worte viel mehr Eindruck als ein harmloser Faustschlag.

Die Mutter des Burschen, eine spindeldürre Frau, kam die Treppe hinabgeeilt. Sie beschimpfte mich, weil ich ihren Sohn geschlagen hatte. Der hatte jedoch Angst vor mir und sagte mit weinerlicher Stimme: »Er hat mich nicht geschlagen, Mama. Ich bin nur hingefallen.«

Ich war mit meinen Warnungen noch nicht am Ende: »Wenn du nicht freiwillig aufs Land gehst, werden meine Freunde und ich dafür sorgen, daß du auf allen vieren hinkriechst. Und wenn du deinen Vater schlecht behandelst, werden wir nicht gerade zimperlich mit dir umgehen.« Nach dieser Drohung setzte ich eine etwas versöhnlichere Miene auf, zog ein Päckchen teure Zigaretten aus der Tasche und warf es ihm achtlos zu. »Wir wollen doch Freunde sein, nicht wahr?«

Bai Ying begleitete mich noch ein Stück. Als wir um eine Hausecke bogen, packte sie meinen Arm und sagte begeistert: »Das war großartig!«

»Es sollte eigentlich reichen«, erwiderte ich. »Der Kerl ist als Rowdy noch ein ziemlicher Anfänger und stellt sich reichlich ungeschickt an.«

Am nächsten Abend trafen wir uns nach Bai Yings Praktikum bei der Fabrik und spazierten das Flußufer entlang. Die Positionslichter der Dschunken schimmerten auf dem Wasser wie die Schuppen eines Fisches. Eine ganze Weile sagten wir nichts. Schließlich brach Bai Ying das Schweigen: »Du bist ein wahrer Zauberkünstler. Wenn ich mit einem Menschen wir dir leben könnte, wäre ich wirklich glücklich.«

Ihre Worte erschreckten und erfreuten mich zugleich. Mir war klar, daß sie nicht den ganzen weiten Weg aus dem Nordwesten unseres Landes bis Guangzhou gereist war, um hier eine Liebesaffäre mit einem Menschen wie mir anzufangen, aber sie sah so schön aus, wie sie dort am Wasser stand! Das Gesicht hielt sie halb abgewendet, und auf ihrem Haar tanzten kleine Lichter. Widerstrebend nahm ich ihre Hand von meinem Arm und sagte leise: »Du solltest dir hier einen Ehemann suchen, damit du eine Chance hast, zu deiner Familie versetzt zu werden.«

Sie hörte mir regungslos zu und dachte angestrengt nach. Obwohl meine Absage sie hart getroffen haben mußte, hatte sie sicherlich begriffen, daß ich recht hatte.

Sie tat mir sehr leid, denn obwohl ich selbst ein Pechvogel zu sein schien, konnte ich mich dennoch besser wehren als sie. »Wenn du es schaffen willst, hierher versetzt zu werden, dann wird dies nicht leicht sein«, sagte ich und zog die fünfzig *yuan* von meiner Schwester aus der Tasche. »Du wirst eine Menge Geschenke für die Leute kaufen müssen, die die Aufenthaltsgenehmigung ausstellen und die Arbeitsplätze zuteilen. Dazu brauchst du eine Menge Geld. Bitte nimm dies hier«, sagte ich und streckte ihr die knisternden Banknoten hin.

»Das kann ich unmöglich annehmen!« erwiderte Bai Ying und schob meine Hand weg. »Nach allem, was du für mich getan hast!«
Ich sah nur eine Möglichkeit, sie umzustimmen. »Ich werfe das Geld in den Fluß, wenn du es nicht nimmst, wirklich! Ich will es nicht, und wenn du es auch nicht haben willst, sollen es die Fische fressen!« Damit kletterte ich die Uferböschung hinab, als ob ich tatsächlich vorhatte, die Geldscheine ins Wasser zu werfen. Dunkel und schnell schoß die Strömung dahin. Im Nu hätte sie das Papiergeld mit sich fortgerissen.
»Tu es nicht!« hörte ich hinter mir eine von Panik erfüllte Stimme. Bai Ying traute es mir also wirklich zu! Mit ein paar Schritten war ich wieder bei ihr und legte das Geld in ihre zitternden Hände. Sie faltete es umständlich und steckte es tief in die Innentasche ihrer Jacke.
Ich brachte sie nach Hause, doch dann bestand sie darauf, mich bis zur Bushaltestelle zu begleiten. Von dort aus brachte ich sie nochmals nach Hause, aber wieder ging sie mit mir ein Stück die Straße entlang. Wir wußten wohl beide, daß wir uns nie wiedersehen würden.
Als ich am Ende wieder in meinem Hotel war, legte ich mich aufs Bett. Nachdem ich mein Zimmer bezahlt hätte, würde mir nicht einmal ein *fen* übrigbleiben, um mir eine Fahrkarte nach Hause zu kaufen. Vor lauter Sorgen machte ich in jener Nacht kein Auge zu. Bevor der Morgen graute – die anderen Reisenden lagen noch unter ihren Moskitonetzen und schnarchten – kletterte ich aus dem Fenster und ließ mich aus dem zweiten Stock an einem Abflußrohr hinab. Dann machte ich mich davon. Glücklicherweise hatte ich mein Empfehlungsschreiben gefälscht, so daß man nicht nach mir fahnden konnte. Erst als ich mehrere Straßenblocks gelaufen war, atmete ich auf. Ich nahm das kleine Schild heraus, das ich von meinem Metallbett abgeschraubt hatte, und befestigte es an meiner Schlüsselkette als Andenken.
Mein Zug sollte erst gegen Abend abfahren. So wanderte ich denn durch die Straßen, bis ich starken Hunger verspürte. Die warmen, mit Schweinefleisch belegten Semmeln und die Bananen in den Imbißbuden ließen mir das Wasser im Mund zusammenlaufen. Schließlich hielt ich es nicht länger aus. Ich betrat einen dieser kleinen Läden, in dem sich besonders viele Menschen drängten.
In Guangzhou ißt man zuerst und zahlt anschließend. Ich füllte mir zwei Schüsseln Reisbrei mit dicken Fischbrocken auf, nahm zwei Eierkuchen, goß mir ein Glas Milch ein und gönnte mir eine Portion Eis als Nachtisch. Ich hatte meinen ärgsten Hunger gestillt und spürte in mir die Angst aufsteigen, ertappt zu werden, als mir auffiel, daß die Kellnerin den Verzehr der Kunden ausrechnete, indem sie die leeren Teller zählte.

Einige Kunden, die schon gezahlt hatten, blieben noch ein Weilchen an ihrem abgeräumten Tisch sitzen. Als die Bedienung gerade einmal nicht hinsah, rutschte ich schnell an einen dieser leeren Tische, verweilte dort ein paar Sekunden und steuerte dann auf die Tür zu. Ich hatte ein Frühstück, das mindestens zwei *yuan* gekostet hätte, gratis genossen.

Doch gegen Mittag knurrte mein Magen schon wieder. Ich schlug den Weg in Richtung von Sha Ans Haus ein und dachte schon daran, mir von ihr Geld zu borgen, doch als ich vor der Haustür stand, erinnerte ich mich an das grimmige Gesicht ihres Vaters und ging vorbei, ohne einzutreten. In einer Gaststätte wollte ich nicht noch einmal denselben Trick versuchen. Mein Körper schmerzte, als hätte ich Fieber, und ich fürchtete, daß mich diesmal mein klarer Kopf im Stich lassen könnte. Während ich vor dem Fahrkartenschalter anstand, konnte ich mich gerade noch auf den Beinen halten, ohne ohnmächtig zu werden.

Nach meiner Rückkehr mußte ich eine Woche lang in meinem Zimmer in der Fabrik das Bett hüten. Niemand kam, um nach mir zu sehen. Lange grübelte ich darüber nach, wie hilf- und machtlos ich war. Wieder fragte ich mich, was für eine Gesellschaftsordnung das sein mußte, die solche unglücklichen Geschöpfe wie Peng Ming, Bai Ying und mich selbst hervorgebracht hatte.

Kapitel 21

Die kleine Gao

Im Verlauf des Jahres 1975 kam ein wenig mehr Ordnung in die Arbeits- und Produktionsverhältnisse unseres Landes, nachdem der vielgeschmähte Deng Xiaoping wieder als Stellvertretender Premierminister eingesetzt worden war. Alle meine Bekannten begrüßten die Tatsache, daß Deng mit Nachdruck für einen Sozialismus eintrat, der vor allem den Lebensstandard des Volkes verbessern sollte. Wir hatten es satt, uns erzählen zu lassen, daß nur die allergrößte Opferbereitschaft für ein erfülltes Leben und einen vollen Bauch sorgen könnte, während wir in Wirklichkeit nur ein halbes Pfund Fleisch pro Monat zugeteilt erhielten und sogar die Zahnpasta rationiert war. In der Fabrik wurden wir nun strenger beaufsichtigt als zuvor, aber ich hatte nichts dagegen. Es wurde auch der alte Plan zur Weiterverarbeitung von Erdöl wieder aus der Schublade geholt, und unsere Fabrik erhielt eine Zuteilung von Eisenbahnschienen, damit eine Nebenlinie zu uns gebaut werden konnte. Das Erdöl würde tatsächlich bis in unsere Fabrik transportiert werden, und unsere Arbeit war nicht vergeblich gewesen. Am meisten freuten wir uns jedoch darüber, daß wir, die Belegschaft der neuen Fabrikhalle, Gelegenheit erhalten sollten, nach Shanghai zu fahren und die dortigen Raffinerien zu besichtigen.
Shanghai! Dieses Wahrzeichen von Qualität und Überfluß, technischer Raffinesse und moderner Industrie! Fahrräder aus Shanghai, Bälle, Schuhe, Seide, Handcreme – all dies war für uns Leute aus Changsha gleichbedeutend mit Ansehen und Prestige, aber auch mit Bestechung und Wartelisten. Meine Kollegen zankten sich darum, wer mit der ersten Gruppe fahren durfte. Sie fürchteten, die Reise könnte zu einem späteren Zeitpunkt wegen eines plötzlichen politischen Umschwungs gestrichen werden, bevor sie in Shanghai die Einkaufsmöglichkeiten genutzt hätten. Als Gepäck nahmen sie in der üblichen Reisetasche aus Segeltuch lediglich eine Zahnbürste, ein Handtuch und einen Blechnapf mit, aber

sie hatten ganze Listen von Gegenständen, die sie für Familienangehörige und Freunde kaufen sollten. Manche nahmen auch Geschenke mit, für den Fall, daß irgendein »Hintertürchen« geöffnet werden mußte.
Schubweise kamen meine Kollegen von der langen Reise zurück. Sie hatten ihre Kostbarkeiten zu Bündeln geschnürt und waren voll aufregender Geschichten. Sogar das braune Packpapier, in das ihre Einkäufe gewickelt waren, schien feiner und weicher zu sein als in Changsha. Nur ein einziger Arbeiter war alles andere als zufrieden. Der Unglückliche hatte drei Paar schwarze Stoffschuhe für seine Familie erstanden, doch gleich nach seiner Rückkehr mußte er auf den Plastiksohlen zu seinem Verdruß die Aufschrift entdecken: *Marke Yuelu-Berg, Changsha.* Mit einem Taschenmesser kratzte er das lästige Markenzeichen ab. Wir sahen ihm dabei zu und hänselten ihn. Wie würde seine Frau schelten, wenn sie herausfand, daß die Plastiksohlen und das Tuch nicht vernäht, sondern nur geklebt waren!
Endlich war auch ich, im Oktober 1975, an der Reihe. Obwohl ich kaum über Ersparnisse verfügte, war ich ebenso aufgeregt wie die anderen. Schon immer hatte ich mein Geld am liebsten für Reisen ausgegeben, doch jetzt wartete ein Abenteuer auf mich, das mich nichts kostete! Die Fahrkarten und das Hotelbett wurden von der Fabrik bezahlt, ja ich erhielt pro Tag anderthalb *yuan* für Spesen. Sogar auf eine Liege im Zug hatte ich Anspruch, allerdings in einem »harten« Abteil. Nur Kadermitglieder ab Rangstufe 13 erhielten ein weiches Bett in einem Schlafwagen, allerdings für den doppelten Preis. Auch mußten sie in einem der Abteile mit spitzenbesetzten Vorhängen nur zu viert schlafen und erhielten besseres Essen. Dennoch kamen mir die dreifachen Etagenbetten in den lärmerfüllten Holzabteilen einladend und luxuriös vor, wenn ich an meine strapaziösen Erfahrungen mit den ungepolsterten Sitzen in irgendwelchen rumpelnden und verwahrlosten Eisenbahnwaggons dachte. Sofort hängte ich mein Handtuch an einen Haken unterhalb des Gepäcknetzes, damit jeder wußte, daß dieser Fensterplatz reserviert war. Ich setzte mich hin und sah zu, wie draußen die Landschaft an mir vorbeiflog. Meine Reisegefährten saßen schon längst wieder beim Kartenspiel. Während der dreiundzwanzigstündigen Reise nach Shanghai konnte ich kaum auf sie als Gesprächspartner rechnen, das wußte ich.
Nach einiger Zeit mußte ich auf die Toilette und mühte mich vergeblich, den Riegel vor die Tür zu schieben. Eine junge Schaffnerin blickte von ihrer Arbeit auf und sah mir belustigt zu. Schließlich meinte sie sarkastisch: »Solch ein großer Mann schafft es nicht, eine kleine Tür zu schließen!«

Ihre Worte kränkten mich. »Was ist los mit eurem Zug?« platzte ich heraus. »Hier funktioniert rein gar nichts!«
Die junge Frau betrachtete mich von Kopf bis Fuß und erwiderte mit dem gleichen ironischen Tonfall wie zuvor: »Und du? Womit verdienst du deinen Lebensunterhalt? Du siehst nicht eben wie ein großes Tier aus!«
Als ich ihr sagte, ich sei Fabrikarbeiter, lächelte sie hoch erfreut. »Das ist ja großartig! Dann kannst du ja gleich diese Tür reparieren!« Sie trat vor und ließ mit einem geschickten Griff den Riegel der Tür einschnappen. Vielleicht lag es an ihrer humorvollen Art, daß ich wie angewurzelt stehenblieb. Sie wirkte älter als ich und war auch nicht sonderlich hübsch mit ihrer grobporigen Haut und den gestutzten Zöpfen. Die zerknautschte Uniform war für ihren mageren Körper viel zu weit, und unter dem roten Abzeichen, das sie als Schaffnerin auswies, war die Rundung ihrer Brust kaum zu erkennen. Doch sie hatte ein schönes Gebiß, das beim Lachen blitzte, und in ihren Augen lag ein seltsames Leuchten. Da ich es satt hatte, englische Vokabeln zu pauken, während meine Kameraden in ihr endloses Kartenspiel vertieft waren, verwickelte ich die junge Schaffnerin in eine kleine Plauderei. Schon bald mäßigte sie ihre scharfe Zunge und bot mir sogar in dem winzigen Dienstabteil gegenüber der Toilette heißes Wasser aus einer Thermosflasche an. Auf einem Metalltischchen lag ein Stapel beschriebenen Papiers. Als ich mich erkundigte, was es damit auf sich hatte, antwortete sie beiläufig: »Es ist der Bericht eines Menschen, der ohne eigenes Verschulden in Not geraten ist. Wenn du willst, kannst du ihn lesen.«
Der fünfzehnseitige Bericht wirkte ein wenig planlos und unzusammenhängend, aber er bewegte mich zutiefst. Die Verfasserin war eine Chemielehrerin aus Hunan, die zu Verwandten auf Besuch nach Shanghai gefahren war. Eine Nachbarin, mit der sich ihre und mehrere andere Familien die Küche teilten, hatte per Post von einem in der Provinz Xinjiang arbeitenden Sohn dreißig *yuan* erhalten, doch sie war gerade nicht zu Hause, als der Postbote kam. Daraufhin hatte eine andere Nachbarin, eine alte Frau, das Siegel der Empfängerin aus einer Küchenschublade genommen, den Überweisungsschein damit gestempelt, das Geld auf der Post abgeholt und es ausgegeben, als gehörte es ihr. Als der Sohn der rechtmäßigen Empfängerin Wochen später in einem Brief nachfragte, hatte sich jene nach dem Verbleib des Geldes erkundigt. Erschrocken hatte die alte Diebin die gerade zu Besuch weilende Chemielehrerin des Diebstahls bezichtigt und behauptet, sie habe mit eigenen Augen gesehen, wie jene das Siegel der Küchenschublade entnahm. Doch die Lehrerin hatte sich zur Wehr gesetzt und war zur Post gegangen, um

mit dem Boten zu sprechen. Jener erinnerte sich noch deutlich daran, daß die alte Frau die Überweisung abgestempelt hatte. Er war auch bereit, dies gegebenenfalls zu bezeugen.
Angesichts eines solchen Entlastungszeugen hätte das Problem für die Chemielehrerin eigentlich beseitigt sein müssen, doch leider war ein Sohn der alten Diebin ein hoher Parteiführer im Revolutionskomitee des Distriktes Shanghai. Als Zeuge vor einen Untersuchungsausschuß zitiert, konnte sich der Postbote plötzlich an nichts mehr erinnern. Ob der Parteibonze ihn nun eingeschüchtert oder bestochen hatte, war nicht klar, aber für mich lag hier ein offenkundiger Fall von eigennützigem Machtmißbrauch vor. Ich war außer mir vor Wut.
Ermutigt durch meine Reaktion erzählte mir die Schaffnerin, auf welche Weise sie selbst in diesen Fall verwickelt worden war. Auf der Fahrt nach Changsha hatte sie im Zug eine Frau zu trösten versucht, die in ihrem Abteil saß und hemmungslos weinte. Sie hatte sich deren Geschichte angehört und versprochen, ihr nach Möglichkeit zu helfen. Zuvor jedoch müßte die Frau die ganze Angelegenheit zu Papier bringen. Erst vor wenigen Stunden war ihr, der Schaffnerin, dieser schriftliche Bericht im Bahnhof von Changsha ausgehändigt worden.
Ich war tief beeindruckt von der Hilfsbereitschaft der jungen Frau, aber noch mehr verblüffte mich, daß sie offensichtlich davon überzeugt war, etwas erreichen zu können. Ein ehemaliger Waffengefährte ihres Vaters aus der Zeit des Befreiungskrieges sei inzwischen Leiter des städtischen Revolutionskomitees von Shanghai, berichtete sie. Sie habe vor, diesen Mann um Hilfe zu bitten. Ich legte ihr nahe, eine Abschrift des Berichtes an eine Zeitung in Shanghai zu schicken. Sie fand diese Idee großartig. Doch zuvor mußte der Bericht in eine ordentliche Form gebracht werden. Ich erbot mich, diese Aufgabe zu übernehmen.
Die junge Schaffnerin ließ mich allein, um all jene Dinge zu erledigen, die zu ihren Pflichten gehörten: warmes Wasser ausschenken, Essensmarken und Päckchen mit Teeblättern verkaufen, Fußböden kehren, Türen öffnen und schließen und dergleichen mehr. Als sie ging, schloß sie mich in ihrem Dienstabteil ein. Es war sehr friedlich dort. Die Lautsprecherdurchsagen waren nur noch ein dumpfes, kaum verständliches Gemurmel. Den ganzen Nachmittag verbrachte ich mit Kürzen und Korrigieren. Irgendwann vernahm ich, wie ein Schlüssel ins Schloß gesteckt wurde. Die Schaffnerin erschien mit einer großen Schüssel voll dampfender Nudeln, goldgelber Eier, grünem Lauch und magerem Schweinefleisch.
Der Gedanke, sie könnte sich für mich derartig in Unkosten gestürzt

haben, schockierte mich. Das Essen sah viel besser aus als alles, was man uns jemals in der Fabrik vorgesetzt hatte! Doch dann erfuhr ich, daß das Zugpersonal kostenlos eine solche Mahlzeit erhielt. Wir unterhielten uns über die Arbeit, und ich fand unter anderem heraus, daß die Schaffnerin zweiundvierzig *yuan* verdiente, während ich nur fünfunddreißig erhielt, obwohl wir beide zur Lohnstufe 2 gehörten. Deshalb war ein Posten bei der Eisenbahn so begehrt! Meist wurden die freien Stellen an Kinder von Offizieren vergeben. Ich vermied es, meiner Gesprächspartnerin allzu persönliche Fragen zu stellen, doch als sie mir sagte, sie heiße Gao Weijun (Gao »Schützt die Armee«), hatte ich plötzlich das Gefühl, daß ihre Familie über gute Beziehungen verfügte.

Kurz vor unserer Ankunft in Shanghai gegen Mittag des darauffolgenden Tages rief sie mich zu sich in ihr kleines Dienstabteil. Auf dem Tischchen lagen zwei kleine, säuberlich übereinandergeschichtete Stapel Papier. Es war Gaos geröteten Augen anzusehen, daß sie die ganze Nacht damit verbracht hatte, den Bericht neu zu schreiben. Ihre Selbstlosigkeit machte größten Eindruck auf mich. Dennoch kam mir nicht der Gedanke, unsere Bekanntschaft zu vertiefen, aber zu meinem Erstaunen blickte sie mich ernst an und sagte: »Ich habe bemerkt, daß du Englisch lernst. Ich würde auch gern damit anfangen. Bitte gib mir die Adresse von deinem Wohnheim in der Fabrik. Vielleicht kannst du mir behilflich sein, sobald du wieder in Changsha bist.« Fast hätte ich gelacht, denn ich hatte ja selbst erst vor kurzem mit Englisch angefangen. Aber da ich sie nicht vor den Kopf stoßen wollte, kritzelte ich ihr schnell meine Adresse auf ein Stück Papier. Wenig später lief der Zug im Bahnhof von Shanghai ein, und ich vergaß die kleine Gao.

In Shanghai brachten wir unser »Studium« der dortigen Fabriken schnell hinter uns. Viel kam dabei nicht heraus, höchstens die Erkenntnis, daß die Arbeitsbedingungen hier wie dort so ziemlich die gleichen waren, nur daß die Kollegen in Shanghai anscheinend während der Arbeitszeit weniger zum Kartenspielen kamen.

Während der restlichen Zeit waren wir uns selbst überlassen, so daß wir endlich tun konnten, weswegen wir hauptsächlich hergekommen waren. Wir schlenderten die berühmte Nanjing-Straße hinauf und hinunter, ließen kein einziges Geschäft aus und staunten über die Vielfalt der angebotenen Waren. Alles wurde gesondert in speziellen Läden verkauft, vom Musikinstrument bis zum Fächer aus Papier! Allerdings konnte man nicht einfach hineingehen und sein Geld auf den Tisch

legen, sondern man mußte sich zuvor die heißbegehrten und nicht eben billigen Anrechtsscheine besorgen.
Wir gingen auch hinunter ans Wasser, um die Schiffe und die großen, im westlichen Stil erbauten Häuser zu begaffen. Den ganzen nächsten Tag verbrachten wir im Zoo, aber ich konnte mich nicht so recht über all die interessanten Dinge freuen, bevor ich nicht das getan hatte, was mir mein Onkel Lei aufgetragen hatte: Ich sollte die Angehörigen seiner Schwester besuchen, die Wissenschaftlerin gewesen war.
Ich wußte bereits, daß sie Selbstmord begangen hatte. Onkel Song, ihr Mann, hatte 1970 in einem Brief an Onkel Lei davon berichtet. Nähere Einzelheiten hatte er allerdings verschwiegen, und mein vorsichtiger Stiefvater traute sich später nie, danach zu fragen, denn er fürchtete, seine Briefe könnten von der Zensur geöffnet werden. Onkel Song und seine Frau waren prominente Persönlichkeiten gewesen, sie als berühmte Botanikerin am Wissenschaftlichen Institut von Shanghai, und er, ein Genetiker, als ehemaliger Leiter der Abteilung für Biologie des Medizinischen Institutes. Berühmt zu sein war jedoch in unserem Land eine riskante Sache. Nun konnte ich persönlich hingehen und herausfinden, was sich damals zugetragen hatte.
Auf dem Gelände des Wissenschaftlichen Institutes wurden gerade Luftschutzbunker gebaut, und überall erblickte man Zementsäcke, Erdhaufen und allerlei Gerümpel. Die eingeschossigen Baracken wirkten kalt und wenig einladend. Die Wohnung meiner Tante war schon bald nach Beginn der Kulturrevolution aufgeteilt worden. Ihre Familie hatte sich mit zwei der kleineren Räume begnügen müssen. So war ich nicht überrascht, daß mir nicht mein Onkel, sondern ein anderer Mann die Tür aufmachte. »Dort drüben«, beantwortete er meine Frage und wies mir mit einer Handbewegung den Weg.
Der weißhaarige, rundliche Mann, der mir gleich darauf in der Tür seines Zimmers gegenüberstand, dämpfte seine Stimme zu einem Flüstern, als er mich begrüßte. Er nötigte mich einzutreten und schloß rasch die Tür hinter uns, als hätte er etwas zu befürchten. Die beiden Räume wirkten kleiner, als sie waren, weil sie mit den Möbeln einer größeren Wohnung vollgestopft waren. In einem Zimmer erblickte ich ein schmales Doppelbett, das mich an den Schlafsaal in der Schule erinnerte. Das andere wurde fast zur Hälfte von einem Doppelbett mit einer Matratze im westlichen Stil ausgefüllt. Sie war so weich, daß ich fast darin versank, als ich mich darauf setzte.
Onkel Song bot mir eine Tasse Kaffee an. Da ich dieses Getränk nur aus westlichen Romanen kannte, wollte ich es unbedingt einmal probieren.

Die schwarze Flüssigkeit schmeckte bitter und zugleich süß wie manche chinesische Medizin. Doch kaum hatte ich davon getrunken, als es in meinem Magen so fürchterlich zu rumoren begann, daß ich schon fürchtete, mir würde übel. Ich wunderte mich über die Beharrlichkeit, mit der mein Onkel diesem Genußmittel frönte. Wahrscheinlich hatte er sich in Amerika daran gewöhnt. Jedenfalls trank er seine Tasse mit offensichtlichem Behagen leer und wirkte für kurze Zeit weniger nervös.

Wenig später kam die älteste der beiden Töchter von Onkel Song nach Hause. Sie war fünfundzwanzig Jahre alt, also vier Jahre älter als ich, eine hübsche junge Frau mit dunklem Haar und lebhaftem Wesen. Ihr Vater entspannte sich ein wenig in ihrer Gegenwart, obwohl auch sie mit leiser Stimme sprach und häufig zur Tür blickte. Ich erkannte in ihr das kleine, klavierspielende Mädchen wieder, das ich auf einem gerahmten Foto auf dem Schreibtisch gesehen hatte. Ihr Vater berichtete, sie habe damals so gut gespielt, daß sie einen Studienplatz am Zentralinstitut für Musik von Peking gewonnen hatte, demselben Institut, an dem mein Freund Peng Ming studiert hatte. Doch dann sei die Kulturrevolution dazwischengekommen, und seine Tochter habe zu Hause bleiben müssen. Als die Jugend aufgefordert wurde, aufs Land zu gehen, hatten die beiden Schwestern vor der Entscheidung gestanden, wer von ihnen fortgehen und wer bleiben sollte, denn nur eine von ihnen durfte in der Stadt bleiben und für ihren Vater sorgen. Normalerweise hätte die ältere gehen müssen, doch in diesem besonderen Fall hatte die jüngere Schwester, die übrigens Violine spielte, darauf bestanden, daß sie aufs Land ging. Sie behauptete, daß es ihr als der jüngeren leichter fallen würde, später eine Arbeit in einer Fabrik zu finden und in die Stadt zurückzukehren. Doch mittlerweile lebte sie nun schon seit sechs Jahren in der Provinz Anhui. Ihre ältere Schwester arbeitete in einer Textilfabrik und träumte von dem Tag, an dem die Familie wieder vereint sein würde.

Natürlich hatte auch ich so manche Geschichte zu erzählen. So waren wir denn bald in ein angenehmes Gespräch vertieft. Die Angewohnheit meines Onkels, immer wieder auf Zehenspitzen zur Wohnungstür zu schleichen, machte mich nervös, aber jedesmal, wenn er von einem solchen kurzen Ausflug zurückkam, tischte er mir unweigerlich eine wichtige Information auf. Irgendwann sprach er den dringenden Wunsch aus, daß ich für den Rest meines Aufenthaltes in Shanghai bei ihm wohnen sollte. »Heutzutage bezeichnen sich selbst barfüßige Kurpfuscher als Ärzte«, flüsterte er mir zu. »Dein Onkel, der sich über vierzig Jahre lang mit Medizin befaßt hat, hat kaum noch etwas zu tun.

Bleibe deshalb bei mir armem, altem Mann und leiste mir Gesellschaft.«

Der Entschluß zu bleiben fiel mir nicht schwer. Als weitaus schwieriger erwies es sich, das Gesprächsthema auf meine Tante zu bringen. Es drängte mich mehr denn je zu erfahren, was damals passiert war, aber ich traute mich nicht einfach zu fragen. Eines Abends, als Onkel Songs Tochter zu ihrer Nachtschicht gegangen war, erzählte er mir alles von sich aus. Ich hatte gerade im Gespräch meiner eigenen Verbitterung Luft gemacht, als er plötzlich unter die Matratze seines Bettes griff und ein kleines Päckchen Fotos hervorzog. Es waren ausnahmslos Bilder seiner Frau, einer hochgewachsenen, anmutigen Dame mit dem Flair großstädtischer Eleganz. Auf einem Foto goß sie im Labor gerade irgendeine Flüssigkeit von einem Reagenzglas ins andere. Auf einem anderen Bild sah ich sie mit ihren beiden Töchtern. Wie durch ein Wunder war sogar ein Hochzeitsbild erhalten geblieben. Onkel Song und seine junge Braut hatten damals gerade ihr Studium an der Universität von Pennsylvania in den Vereinigten Staaten von Amerika beendet. Sie trug ein weißes Hochzeitskleid, er einen dunklen Anzug mit einer Blume im Knopfloch.

»Wir kamen zurück, als China in den Koreakrieg eintrat«, erzählte mein Onkel. »Es schien uns nicht recht, in dem Land zu bleiben, das gegen unsere Heimat Krieg führte. Außerdem hatten wir genug studiert, um uns in China nützlich machen zu können. Fast zehn Jahre lang widmeten wir uns unserer wissenschaftlichen Arbeit hier am Institut.« Mein Onkel sprach jetzt so leise, daß ich mich ganz nah zu ihm hinbeugen mußte. »Dann brach die Kulturrevolution über uns herein! Wir gerieten beide unter Beschuß, aber meine Frau war die Hauptzielscheibe, denn sie hatte Verwandte in Taiwan. Man beschuldigte sie, für die CIA zu arbeiten, und führte als Beweis unsere ›bourgeoise Lebensweise‹ an. Ich wurde öffentlich auf großen Plakaten kritisiert. Rote Garden kamen zu uns und beschimpften mich, aber meine Frau wurde abgeholt und in einem Keller eingesperrt. Monatelang durfte ich sie nicht sehen. Dann hieß es, ich dürfte sie besuchen, falls ich bereit war, sie zum Einlenken zu bewegen. Es stellte sich heraus, daß sie am ganzen Körper Abschürfungen und Prellungen hatte. Man verlangte von ihr, die anderen Wissenschaftler als CIA-Agenten zu diffamieren, erzählte sie mir. Dann würde man sie freilassen.«

Onkel Songs Stimme bebte, aber seine Augen blieben trocken. »Man hatte ihr Drogen injiziert. Ihr Bewußtsein war so getrübt, daß sie kaum noch wahr und falsch unterscheiden konnte. Lange würde sie nicht mehr durchhalten, meinte sie zu mir. Eine Woche später wurde ich wieder zu

ihr gerufen, doch nur, um ihren Leichnam abzuholen. Ihr Körper war vor lauter Wasser derartig aufgedunsen, daß ich sie kaum wiedererkannte. Sie sah aus wie ein einziges großes Furunkel. Angeblich hatte sie sich selbst umgebracht. Als Klassenfeindin habe sie die Untersuchungsarbeit der Partei sabotiert, hieß es. Dann wurde sie fortgeschafft und eingeäschert.« Mein Onkel unterbrach sich, dann fuhr er mit tonloser Stimme fort: »Irgendein Arbeiter berichtete mir später, man habe sie bis zum Hals in stinkende Jauche eingetaucht. Drei Tage lang habe sie geschrien, dann sei es plötzlich still gewesen. Vermutlich hat sie ihre eigene Kleidung in Streifen gerissen und sich daraus eine Art Seil gedreht, um sich zu erhängen.«
Meine Tränen flossen so reichlich, daß es für uns beide gereicht hätte. Seit ich die Fotos gesehen hatte, war die Frau meines Onkels für mich zu einem lebendigen Wesen geworden. Dazu kam, daß sie meinem Stiefvater sehr ähnlich sah. Mit aller Gewalt versuchte ich, Haltung zu bewahren, denn ich wollte die Trauer meines Onkels nicht vergrößern. Er hatte jedoch schon so lange mit seinem Schmerz gelebt, daß er nun sogar die Kraft fand, einen anderen Menschen zu trösten: »Sag deinem Onkel Lei, daß seine Schwester früher als er und ich die ewige Ruhe gefunden hat«, bat er mich ruhig und gefaßt.

Wenige Tage später verließ ich mit meinen Arbeitskollegen Shanghai. Der malerische Westliche See in Hangzhou, wo wir eine weitere Fabrik besichtigten, erfüllte uns mit unaussprechlicher Freude. Als wir dann auch noch mit dem Schiff den Yangtse-Fluß von Nanjing nach Wuhan hinauffuhren, empfanden wir dies als das größte Geschenk, das uns unser sozialistisches Vaterland hatte machen können. Dennoch mußte ich immer wieder an die Wissenschaftlerin mit den ernsten Augen denken, deren Leben schon ein Ende gefunden hatte. Gewiß, ich hatte vom Selbstmord zahlreicher Intellektueller gehört, beispielsweise des Vaters von Liang Fangs bester Freundin, aber nie zuvor war mir dieser Aspekt des tragischen Geschehens in unserem Lande so real erschienen.

Es war an einem Samstagnachmittag, wenige Wochen nach meiner Rückkehr. Ich saß in meinem Zimmer und lernte. Erst kürzlich hatte Deng Xiaoping angeregt, an den Universitäten sollten wieder Aufnahmeprüfungen abgehalten werden. Dadurch hatte ich erneut Hoffnung geschöpft, irgendwann meine Ausbildung fortsetzen zu können. In eine »Geschichte des modernen China« vertieft, überhörte ich das Eintreten meines Zimmergefährten, des Vorarbeiters Tang. Ich fuhr heftig zusammen, als er plötzlich wenige Zentimeter von meinem linken Ohr entfernt mit dem Löffel gegen seinen blechernen Eßnapf schlug und mir zugleich mit rauher Stimme ins rechte Ohr flüsterte: »Wach auf, du Bücherwurm! Deine Freundin will dich sprechen!«

Ich war verwirrt, erschrocken und peinlich berührt, aber mein Puls beschleunigte sich noch, als ich aufblickte und tatsächlich die schmale Gestalt eines Mädchens in der Tür stehen sah. Ihr Haar war säuberlich zu steifen Zöpfen geflochten, und sie trug zu ausgebeulten, blauen Hosen eine saubere grüne Armeejacke. Mit blitzenden Zähnen fragte sie mich: »Hallo, bin ich dir willkommen?« Allein schon an ihrem wissenden, leicht ironischen Tonfall hätte ich sie erkennen können. Es war Gao Weijun.

Panik ergriff mich, als mir durch den Kopf ging, was sie wohl beim Anblick meines Zimmers sagen würde. Gewiß, der Raum war ziemlich groß, aber meine Steppdecke, die ich längst wieder einmal hätte waschen müssen, lag unansehnlich und zerknüllt auf meiner hölzernen Koje. Vom Werksgelände drang ständig der unverkennbare Geruch von Erdölprodukten durch das graue, schlecht schließende Fenster und setzte sich in all meinen Kleidungsstücken fest. Vorarbeiter Tangs Sachen sahen sogar noch armseliger aus, denn er mußte für seine Frau und vier Kinder draußen auf dem Land sorgen.

Das Unvermeidliche geschah. Nachdem Tang sich höflich und rücksichtsvoll unter einem Vorwand verabschiedet hatte, übernahm die kleine Gao sofort das Ruder. Sie kniete nieder und tat so, als betrachtete sie die Titel meiner zu einem unordentlichen Haufen aufgetürmten Bücher, doch es entging mir nicht, daß sie verstohlen den Staub von den Bänden wischte und sie säuberlich übereinanderstapelte. Dann stand sie auf, und ich mußte nach ein paar sanften Ermahnungen mitansehen, wie sie meine Steppdecke so sorgsam zusammenfaltete, daß ein adrettes kleines Päckchen daraus wurde. Am Schluß wischte sie sich die staubigen Hände an der Hose ab und blickte mich an. Urplötzlich war der Ausdruck ihrer Augen so sanft wie damals in ihrem Dienstabteil, als sie mir eine Tasse Tee angeboten hatte. »Wollen wir jetzt zusammen Englisch lernen?« schlug sie vor.

Sie hatte das getan, was anscheinend alle Mütter und Schwestern unaufgefordert zu tun pflegen, doch da sich seit langem niemand um mich gekümmert hatte, war ich ganz überwältigt. Diese unerwartete Invasion der Zärtlichkeit brachte mich fast aus der Fassung. Wie sollte ich ihr da Englisch beibringen? »Der Mönch klopft an die Tür des falschen Tempels«, sagte ich mit einem linkischen Lächeln.

»Keine falsche Bescheidenheit«, erwiderte sie. »Ich habe genau gesehen, was du für Bücher hast.«

Tatsächlich hatte ich während der vergangenen Monate von einem Ingenieur viel gelernt, der früher einmal eine Zeitlang in England gelebt hatte. Anfänglich behauptete er, er habe alles vergessen – wahrscheinlich erinnerte er sich an all den Verdruß, den ihm seine Englischkenntnisse bereitet hatten –, doch nachdem ich ihn dreimal aufgesucht hatte, ließ er sich von meiner Beharrlichkeit erweichen und erklärte sich einverstanden, mir weiterzuhelfen. Er stellte allerdings die Bedingung, daß unsere Zusammenkünfte geheim bleiben mußten. Die kleine Gao schien mir hinsichtlich ihrer Entschlossenheit in nichts nachzustehen. Ich begriff rasch, daß bei ihr kein Einwand fruchten würde. Seufzend schlug ich ein Lehrbuch auf, um ihr die erste Stunde zu geben. Sie setzte sich auf den Rand meines Bettes, einen neuen Notizblock auf den Knien und einen spitzen Bleistift zwischen den Fingern. »A«, las ich ihr den ersten Buchstaben des Alphabets vor, aber ich war mir selbst nicht sicher, ob ich ihn auf englisch richtig aussprach. »A.«

Von jenem Tag an besuchte mich Gao in jeder freien Minute. Sie hatte in regelmäßigen Abständen drei Tage frei, wovon zwei auf die politische Schulung entfielen. Den dritten Tag verbrachte sie bei mir in der Fabrik. Manchmal räumte sie mein Zimmer auf, während sie auf meine Rückkehr von der Arbeit wartete. Auch fand ich bisweilen ein paar von den heißbegehrten Gutscheinen für Reis in meiner Schublade, wenn ich wieder allein war. Immer bestand sie darauf, meine schmutzige Kleidung mitzunehmen. Ich erhielt sie gewaschen, säuberlich zusammengefaltet und ausgebessert zurück. Da sie wußte, daß ihr Kommen und Gehen nicht unbemerkt bleiben würde, gab sie vor, meine ältere Schwester zu sein, und trug sich draußen am Tor als »Liang Weijun« in die Besucherliste ein. Dennoch hatte es sich schnell in der ganzen Fabrik herumgesprochen, daß ich eine Freundin hatte.

Bald wußte ich genug über sie, um mir manche Gedanken über unsere Beziehung zu machen. Der militärische Klang ihres Namens war für mich eine erste Warnung, und als ich im Verlauf der Zeit mehr über sie in Erfahrung brachte, dämmerte mir, daß wir gänzlich verschiedenen Welten entstammten. Ihr Vater war kein gewöhnlicher Offizier, sondern Stellvertretender Befehlshaber des Militärdistrikts von Xiangtan im Südwesten von Changsha. Als Ende 1967 eine Zeitlang bei uns Kriegsrecht geherrscht hatte, war er für die öffentliche Ordnung in der gesamten Provinz Hunan verantwortlich gewesen. Gaos Mutter war Militärärztin, ein älterer Bruder und ihre Schwester waren bei der Luftwaffe,

während ihr jüngerer Bruder in einer geheimen Fabrik der Streitkräfte arbeitete. Sie selbst hatte zu jener Gruppe privilegierter Kinder von ranghohen Kadermitgliedern gehört, die erstaunlicherweise trotz ihrer Jugend ihren Militärdienst leisten durften, während die anderen Jugendlichen aus der Stadt den Befehl erhielten, aufs Land zu gehen.
Während ich, solange ich unter den Bauern arbeitete, einen gesellschaftlichen Abstieg erlebte, schlug sie zur selben Zeit die ruhmreichste aller revolutionären Laufbahnen ein – den Wehrdienst bei unseren Streitkräften. Wen sollte es da verwundern, daß uns eine tiefe Kluft trennte?
Als wir uns näher kennenlernten, entdeckte ich jedoch, daß sich unsere Anschauungen ziemlich glichen. Deshalb machten mir die Gespräche mit ihr immer mehr Spaß. Allein die Tatsache, daß sie nicht wie fast alle anderen Sprößlinge hoher Politkader der Partei beigetreten war, sagte einiges über sie aus. Ihrer Meinung nach waren die meisten jungen Leute ohnehin nur zur Armee gegangen, weil sie sich davon persönliche Vorteile erhofften. Sie selbst habe mit einer solchen Heuchelei nichts im Sinn, meinte sie. Übrigens ließ sie mich auch wissen, wie sehr sie ihren Vater deswegen gehaßt hatte, daß er während der vergangenen beiden Jahre eine Krankheit vorgeschützt und daheim dennoch sein astronomisches Gehalt von zweihundertvierzig *yuan* im Monat bezogen hatte. Was uns beide jedoch am meisten verband, waren die Empörung und der Zorn über unseren mißlungenen Versuch, jener Chemielehrerin zu helfen. Die Frau hatte am Ende sogar die dreißig *yuan* aus eigener Tasche bezahlt, weil sie fürchtete, das Gerücht von dem angeblichen Diebstahl könnte sich in Changsha herumsprechen, wenn sie noch länger wartete. Aufgebracht erzählte mir Gao, daß ihr Verbindungsmann in Shanghai sie mit den Worten abgefertigt hatte, solche »Mißverständnisse« seien allzu häufig, als daß er sich darum kümmern könne. Und bei der Zeitung habe man den Bericht der Lehrerin nicht einmal lesen wollen. Unser Bedauern über den betrüblichen Zustand unserer Gesellschaft führte dazu, daß wir immer größeres Vertrauen zueinander faßten und die Dinge immer unverblümter aussprachen. Gaos unverminderte Fürsorglichkeit überzeugte mich zudem davon, daß ihr wenig an den überlieferten Wertvorstellungen lag, die eine säuberliche Trennung zwischen Menschen »guter« und »schlechter« Herkunft forderten. Ich hatte zwar immer wieder Skrupel, daß eine solche Freundschaft ebenso gefährlich wie schön sei, doch Gao tat alles, um meine Befürchtungen zu zerstreuen und alle Schranken zwischen uns niederzureißen.
Eines Abends blieb sie bis nach neun Uhr bei mir, so daß sie den letzten Bus verpaßte. Zu allem Übel hatten wir wieder einmal einen Stromaus-

fall. Ich fürchtete, sie könnte von irgendwelchen Rowdies auf der Straße belästigt werden, wenn ich sie unbegleitet heimgehen ließ. Deshalb bot ich ihr an, sie zu begleiten.
Es war eine schöne kalte Nacht am Ende des Winters mit einer leisen Vorahnung des kommenden Frühlings. Hell glitzerten die Sterne am Firmament über der dunklen Stadt. Angenehmes Schweigen umgab uns, als wir den Bahnübergang überquerten und uns in dem Labyrinth enger Gäßchen verloren, um auf kürzestem Weg die Gegend zu erreichen, in der Gao wohnte. Ich spürte die Wärme ihres Körpers neben mir und vernahm den sanften Hauch ihres Atems. Glücklich und für kurze Zeit aller Sorgen enthoben, fragte ich mich wieder einmal, warum ihr soviel an einer Freundschaft mit mir lag, obwohl sie sich doch sagen mußte, daß diese Freundschaft keine Zukunft hatte. Instinktiv vermied ich es, ihr zu nahe zu kommen, als wir nebeneinander hergingen. Zuerst begriff ich nicht, daß es durchaus kein Versehen war, wenn sich unsere Hände gelegentlich berührten oder ihre Schulter meinen Arm streifte. Dann – wir gingen gerade unter einem weit ausladenden Baum hindurch – spürte ich plötzlich, wie sich eine kleine, kühle Hand, deren Haut sich ein wenig rauh anfühlte, um meine Finger schloß. Ich überließ sie ihr willenlos, machte jedoch keine Anstalten, den Druck zu erwidern.
Erbost über meine Teilnahmslosigkeit ließ Gao meine Hand fahren und ging mit schnellen Schritten voraus, während ich ihr starr vor Schrekken hinterherblickte. All die Vorbehalte und Befürchtungen der letzten fünf Monate überkamen mich ein letztes Mal, doch dann war der Zorn über meine kleinlichen Ängste stärker. Ich holte Gao mit ein paar Schritten ein und griff nach ihr. Gleich darauf spürte ich, wie sich ihr schlanker Körper an mich drängte und ihr Haar mein Kinn streifte. Ich begann heftig zu zittern.
»Ich liebe dich schon seit langem«, flüsterte ich.
»Ich weiß«, erwiderte sie mit einem Kopfnicken.
»Ich hatte Angst«, fuhr ich fort. »Deine Familie wird nie damit einverstanden sein.«
»Wie kannst du dir so sicher sein?«
»Ich weiß es aus eigener Erfahrung.«
»Unsinn.«
»In der Fabrik sagen alle, daß du meine Freundin bist. Sie ziehen mich damit auf.«
»Mit Recht!« antwortete sie lachend.
»Aber wenn sie wüßten, aus welchen Verhältnissen du stammst, wür-

den sie nicht schlecht staunen. Was hast du davon, einen Freund wie mich zu haben?«

»Was ich davon habe?« fragte sie zurück. »Ich liebe dich, und du liebst mich. Ist das nicht genug?«

Das schrille Klingeln einer Fahrradglocke zerschnitt die Stille der Nacht, und ein dunkler Schatten huschte vorbei. Wir fuhren auseinander, überzeugt, daß man uns auf die Schliche gekommen war. Mein Herz klopfte wie wild, und ich zitterte am ganzen Leib, aber ich wagte nicht, die kleine Gao wieder in den Arm zu nehmen. Mir war, als hätte man mich beim Stehlen ertappt. Plötzlich glaubte ich mich von lauter Männern umstellt. Glimmende Zigaretten und huschende Schatten ließen mich überall heimliche Lauscher vermuten, die unser verbotenes Tun ans Tageslicht bringen und dafür sorgen würden, daß es von vielen schwatzhaften Zungen auf schärfste verurteilt würde.

Nach einer Weile gingen wir gemächlich weiter. Es dauerte nicht lange, bis wir uns wieder an der Schönheit der Welt um uns her erfreuten. Die großen hölzernen Haustore waren gegen die nächtliche Kälte fest verschlossen. Wir gingen unter weit ausladenden, schön geschwungenen Dachtraufen alten Stils hindurch, und meinetwegen hätte dieser Spaziergang nie zu enden brauchen. Wir sprachen nicht miteinander, aber ich wußte, daß dort neben mir ein Mensch ging, der mich liebte, jemand, dem ich so viel bedeutete, daß meine Herkunft nicht zählte.

Allzubald schon kamen wir zu dem Haus, in dem Gao wohnte. Ein Weilchen standen wir noch auf der gegenüberliegenden Straßenseite im Schatten beieinander, als warteten wir auf etwas. Die kleine Gao erschauerte. »Darf ich dich küssen?« brachte ich schließlich heraus. Ehrlich gesagt hatte ich noch nie zugesehen, wenn andere Menschen solch mysteriöse Dinge miteinander taten. Deshalb wußte ich auch nicht genau, wie ich es anstellen sollte. Zuerst legte ich nur meine Lippen auf ihr Haar, aber irgendwie schien es nicht das Richtige zu sein. So berührte ich mit meinem Mund leicht die zu mir emporgereckte Stirn. Vielleicht wußte Gao instinktiv besser Bescheid als ich, oder sie verstand es nur, besser den Winkel zu nützen, aus dem sich ihr Gesicht dem meinigen näherte. Jedenfalls fand ihr Mund mein Kinn, meine Wange und dann sogar meine Lippen, wenngleich nur von der Seite. Dieser scheue Kuß brannte mir wie Feuer auf der Haut. Gaos Näschen war so weich, daß unsere Gesichter bei der leichten Berührung miteinander zu verschmelzen schienen, so daß ich nicht zu sagen wußte, wo ihres anfing und meines aufhörte.

Unsere Zuneigung vertiefte sich von Tag zu Tag. Seit wir ein richtiges Paar waren, verließen wir immer öfter die Enge meines Zimmers und schlenderten durch die Parkanlagen oder die Straßen der Stadt. Ich begleitete Gao stets zum Bahnhof, wenn sie wieder einmal dienstlich mit der Eisenbahn von Changsha nach Peking mußte. Diese Strecke war zu Ehren des Vorsitzenden Mao Zedong offiziell *Eisenbahnlinie Nr. 1* getauft worden. Wenn Gao von der Reise zurückkam, holte ich sie ab und trug ihre schweren Pakete, denn jedesmal kaufte sie in Peking irgendwelche Dinge, um ihren Freunden und Bekannten gefällig zu sein. Unser Glück wurde nur von den politischen Verhältnissen getrübt, denn im Jahr 1976 überstürzten sich die Ereignisse. In der Hauptstadt tobte ein heftiger Machtkampf.
Es fing an mit der Kampagne gegen Lin Biao und die Lehre des Konfuzius. Die politische Schulung im Land nahm einen Umfang an, daß wir fast jeden Nachmittag der Verlesung irgendwelcher Schriftstücke beiwohnen mußten. Meistens handelte es sich um ein verwirrendes Gemisch aus alter Geschichte und moderner Politik. Besonders absurd war es, unseren nicht allzu gebildeten Politkadern zu lauschen, wenn sie sich auf historische Erörterungen einließen und uns weiszumachen versuchten, daß Konfuzius vor zwei Jahrtausenden angeblich versucht hatte, wieder eine auf Sklaverei beruhende Gesellschaftsordnung zu schaffen, genau wie gewisse politische Führer unserer Zeit, deren Namen allerdings wohlweislich verschwiegen wurden. Stets warnte man uns davor zu glauben, die Kulturrevolution sei nun vorbei. Ganz im Gegenteil – gerade jetzt seien wir verpflichtet, den neuen Wegbereitern des Kapitalismus, die sich in die obersten Ränge der Partei eingeschlichen hätten, zu Leibe zu rücken.
Erst im April, als Deng Xiaoping zum zweiten Mal gestürzt wurde, begriffen wir die wahre Bedeutung dieser Kampagne: Sie war von Anfang an gegen ihn gerichtet gewesen. Jetzt wurde seine Politik offen als Angriff gegen die Kulturrevolution kritisiert. In allen Fabriken und Wohneinheiten erschienen Polizeibeamte und versuchten herauszufinden, aus welchen Quellen die Gerüchte über Jiang Qing und deren Genossen gespeist wurden. Es begann eine schreckliche Zeit der Denunzierungen und Verhaftungen. Eheleute verrieten gegenseitig ihre geheimsten Gedanken, Freunde wurden zu Spionen. Mein Zimmergenosse, Vorarbeiter Tang, gehörte zu den unglücklichen Opfern, denn jemand meldete der Polizei, er habe ihn sagen gehört, Jiang Qing und deren Clique aus Shanghai seien darauf aus, die Macht in unserem Land zu ergreifen. Tang zog sich jedoch gut aus der Affäre, indem er aussagte, er

habe zufällig auf der öffentlichen Toilette mitangehört, was nebenan ein paar tratschende Weiber gesagt hätten. Mehr wisse er nicht.
Ich selbst hatte wohl ziemliches Glück, denn zum ersten Mal ging meine Familie völlig ungeschoren aus einer politischen Kampagne hervor. Deng Xiaopings Sturz bedeutete für mich jedoch einen schlimmen Rückschlag, denn mit ihm und seinen Vorstellungen über den Wiederaufbau unseres Landes verband ich meine Hoffnungen auf eine Zulassungsprüfung an einer Universität.
Ich war so niedergeschlagen, daß mir lange Zeit das Lernen keinen Spaß machte. Doch eines Tages im Frühsommer, als Gao und ich uns gerade anschickten, in den Märtyrerpark zu gehen, steckte ich mir geistesabwesend ein Buch in die Tasche. Als ich mir gleich darauf seiner Nutzlosigkeit bewußt wurde, schleuderte ich es wütend auf den Tisch. Meine Freundin warf mir einen nachdenklichen Blick zu und meinte: »Weißt du, je mehr du liest, desto begriffsstutziger wirst du. Werden nicht jedes Jahr zwei Arbeiter eurer Fabrik auf die Universität geschickt? Warum bist du 1977 nicht dabei?«
Die Auserwählten, von denen sie sprach, gehörten zu jenen wenigen Studenten, die einen Studienplatz erhielten, nachdem die Universitäten 1970 wieder ihre Pforten geöffnet hatten. Ohne Ausnahme entstammten sie einer Arbeiter- oder Bauernfamilie beziehungsweise den Reihen der Volksarmee. Sie mußten keine Aufnahmeprüfungen bestehen, sondern sollten eigentlich von ihresgleichen gewählt werden, doch in Wirklichkeit lag die Entscheidung bei ihren Vorgesetzten, denn jene wählten die Kandidaten aus und hatten auch das letzte Wort. Die Kriterien waren immer dieselben: familiäre Herkunft, politischer Status (am meisten Aussicht auf Erfolg hatten jene, die zumindest Mitglieder der Kommunistischen Jugendliga waren) und natürlich die guten Beziehungen zu den Vorgesetzten. Bei meiner Vorgeschichte und der offen zur Schau getragenen Gleichgültigkeit während des politischen Unterrichts hatte ich bisher diese Möglichkeit, eine höhere Bildung zu erlangen, nicht einmal in Betracht gezogen. Doch nun ging mir plötzlich auf, daß ich zumindest in keiner schlechteren Position war als alle anderen, die sich durch eine Hintertür Zugang zur Universität zu verschaffen suchten, denn Gao konnte all jene schwer erhältlichen Verbrauchsgüter besorgen, die dazu erforderlich waren. In der Fabrik erfreute ich mich des Respekts und der Freundschaft meiner Kollegen. Der Anfang war also einfach. Die eigentliche Schwierigkeit bestand darin, die fünf Leiter des Revolutionskomitees unseres Werkes dahin zu bringen, daß sie mich auswählten.
Bis die nächsten Empfehlungen ausgesprochen wurden, würde es zwar

noch ein ganzes Jahr dauern, aber wenn ich überhaupt Aussicht auf Erfolg haben wollte, mußte ich mich sofort an die Arbeit machen. Aufgeregt packte ich Gao am Arm, drückte sie auf einen Stuhl und machte mich daran, auf einem Stück Papier eine Strategie zu entwerfen.

Wir beschlossen, daß unser erstes Geschenk aus Wassermelonen bestehen sollte. Die aus der Provinz Henan waren besonders süß und durststillend. Gao hatte die Möglichkeit, solche Melonen auf der Durchreise zu kaufen, wenn der Zug für fünf Minuten in einem Bahnhof hielt. Schon setzte bei uns in Changsha die schwüle Hitze ein, die der Stadt den Spitznamen »Schmelzofen« eingetragen hatte, doch wir hatten noch nicht eine einzige Melone zu Gesicht bekommen. Eine solche Delikatesse wäre ein Geschenk, das gewiß nicht unerwidert blieb. So drückte ich denn meiner Freundin Gao alle meine Ersparnisse in die Hand, ganze zehn *yuan,* denn ich war entschlossen, mit allen Mitteln jene fünf hohen Funktionäre auf meine Seite zu bringen, die als Hindernis zwischen mir und meinem Glück standen.

Tatsächlich brachte meine Freundin Gao von ihrer nächsten Dienstreise zwei schöne kleine Melonen und eine Stange teurer Zigaretten Pekinger Herstellung mit. Diese waren nur in den »weichen Schlafwagenabteilen« zu erhalten, in denen die Angehörigen der Führungsschicht reisten, doch das Zugpersonal verstand es immer wieder, ein paar Stangen davon für sich abzuzweigen. Zum ersten Mal freute ich mich von ganzem Herzen über Gaos »gute« Herkunft.

Ich hatte beschlossen, mich zuerst an den Vizesekretär Tian heranzumachen. Er war nicht nur berühmt als Revolutionär der ersten Stunde, sondern auch für seine einnehmende Art, denn er hatte seine Finger so ziemlich in allen Angelegenheiten, von denen er sich einen persönlichen Vorteil versprach. Tagelang grübelte ich nach, auf welche Weise ich ihm mein Geschenk am geschicktesten überreichen könnte. Er wohnte nämlich nicht wie wir in der Fabrik, sondern weit weg in dem Stadtteil, wo seine Frau arbeitete. Am Ende hielt ich es für das beste, ihn während der zweistündigen Siesta nach dem Mittagessen in seinem Büro aufzusuchen. Ich wickelte die Melone in eine alte Zeitung, um sie vor fremden Augen zu verbergen. Dann schob ich das runde Päckchen behutsam in meine Netztasche und machte mich in der drückenden Mittagshitze auf den Weg zu den Büroräumen des Revolutionskomitees.

Vizesekretär Tian lag auf einer Couch aus Bambusrohr. In einer Hand hielt er eine Zeitung, in der anderen einen Fächer. Mit klopfendem

Herzen blieb ich zögernd in der offenen Bürotür stehen. »Es tut mir leid, Sie zu stören, Vizesekretär Tian«, sagte ich schließlich. »Darf ich eine Minute Ihrer Zeit in Anspruch nehmen?«

Ein kurzer Blick auf meine demütige Haltung eines Bittstellers und auf die Tasche in meiner Hand genügte Vizesekretär Tian, die Situation augenblicklich zu erfassen. Er setzte sich auf und wies mit einem Lächeln, das fast schon ein Kichern war, auf einen leeren Stuhl. Schon nach wenigen Minuten merkte ich, daß sich dieses nervöse, kaum unterdrückte Lachen in regelmäßigen Abständen wiederholte, wovon auch immer die Rede war. Ich ließ alle Zurückhaltung fallen und schilderte meinem Gegenüber mit glühendem Gesicht und in einem einzigen Atemzug, wie sehr ich mich danach sehnte, an der Universität aufgenommen zu werden, und wie nötig ich dafür seine, Tians Hilfe bräuchte. Ich würde nach dem Studium zu unserer Fabrik zurückkehren, beteuerte ich, um mit ganzen Kräften bei der Planung und der Produktion mitzuhelfen. Es käme mir vor allem darauf an, einen möglichst großen Beitrag für unser sozialistisches Vaterland zu leisten, und ich wäre ihm bis an mein Lebensende für seine Unterstützung dankbar.

Vizesekretär Tian hörte scheinbar geistesabwesend zu. Jedesmal, wenn er sich das schweißnasse Gesicht mit einem Taschentuch abwischte, ließ er das sonderbare Kichern vernehmen. »Ich bin nicht allein für die Entscheidung zuständig«, warf er ein, als ich innehielt, um Atem zu schöpfen. »Unsere Partei kennt nur das Prinzip der kollektiven Führung.«

»Ich weiß«, erwiderte ich. Gerade rechtzeitig fiel mir ein, dem Mann eine Schmeichelei zu sagen: »Aber seine große Erfahrung verschafft dem Vizesekretär Tian vor all seinen Kollegen Gehör. Nur der Vizesekretär Tian hat einen so tiefen Einblick in die große Sache unseres Volkes.« Mit diesen Worten öffnete ich meine Netztasche, griff mit der Hand hinein und zog die Wassermelone hervor. »Ich bitte Sie, dieses kleine Geschenk als Zeichen meiner Ehrerbietung entgegenzunehmen, Vizesekretär Tian«, sagte ich. »Meine Gabe ist zwar unbedeutend, aber ich überreiche sie mit den besten Absichten.«

Vizesekretär Tian hatte während meiner kurzen Ansprache lachend mit der Hand abgewinkt, doch nun weiteten sich seine Augen, als sein Blick auf der harten grünen Rinde der Melone verweilte. Volle fünf Minuten lang weigerte er sich, das Geschenk anzunehmen, mochte ich ihn noch so drängen. Aber wir wußten beide, daß er am Ende nachgeben würde. So geschah es denn auch. Grinsend erhob er sich und brachte mich zur Tür. »Du bist mir jederzeit willkommen«, verabschiedete er mich.

Ich fühlte mich niedergeschlagen und mutlos, als ich wenig später meiner Freundin Gao von dem ergebnislosen Gespräch berichtete. Sie war jedoch hoch erfreut und tadelte mich, weil ich insgeheim erwartet hatte, die Sache schon im ersten Anlauf regeln zu können. »Geh nächste Woche wieder zu ihm und gib ihm die Zigaretten«, sagte sie. »Dann werden wir schon sehen, was er sagt.«

Vizesekretär Tian erhielt noch drei weitere Wassermelonen und nahm auch zwei Stangen Zigaretten an. Nach unserem letzten mittäglichen Gespräch gab er mir einen freundschaftlichen Klaps auf die Schulter und sagte in einem Tonfall, als hätte er fast das Wichtigste vergessen: »Ach ja, da wäre noch dein kleines Problem mit dem Studienplatz. Sobald diese Angelegenheit auf die Tagesordnung gesetzt wird, werde ich mich für dich verwenden.«

Auf ähnlich mühsame Weise gewann ich drei weitere Mitglieder des Revolutionskomitees für meine Sache. Zwei von ihnen kamen mich genauso teuer zu stehen wie der famose Tian. Sie nahmen einfach alles, von Äpfeln über Wein bis zu Theaterkarten und Stoffschuhen. Nur einer, ein altgedientes Kadermitglied, der erst vor kurzem von seiner politischen Umerziehung auf dem Land zurückgekehrt war, bestand darauf, mir meine Wassermelonen zu bezahlen. »Studieren ist eine Sache, Wassermelonen eine andere«, sagte er und nötigte mich fast mit Gewalt, das Geld zu nehmen. Ich war glücklich darüber, denn ich war einem rechtschaffenen Menschen begegnet, wo ich ihn am wenigsten vermutet hätte. Nun war nur noch ein Mitglied der Werksleitung übrig, doch dieser Mann war sicherlich leicht zu überzeugen, denn er hatte zu jenen sportbegeisterten Abgesandten unserer Fabrik gehört, die mich damals für die Basketballmannschaft angeworben hatten. Es war nicht zu erwarten, daß er sich meinen Ambitionen widersetzen würde, denn immerhin spielte ich nun schon seit fast fünf Jahren für diese Fabrik.

Es stellte sich jedoch heraus, daß dieser Vizesekretär der härteste Brokken von allen war. Er lehnte meine Geschenke rundum ab und erklärte kategorisch, die Fabrik brauche mich als Basketballspieler. Als Arbeiter könne ich ohnehin nichts mit einer höheren Bildung anfangen. Ein paar Hände, die kräftig zupacken – das sei genug.

Mein vierter Besuch bei ihm war auch zugleich der letzte. »Es kommt nicht in Frage«, sagte er. Längst war seine frühere Freundlichkeit zu Ungeduld und die Ungeduld zu Zorn geworden. »Wir haben dich drei Jahre lang trainiert, und wir werden dich nicht einfach gehenlassen, jetzt wo du ein regulärer Arbeiter unserer Fabrik geworden bist. Von deinen verrückten Ideen will ich nichts mehr hören.«

Als ich an jenem Abend niedergeschlagen zurück in mein Zimmer ging, wischte ich ein paar Tränen der Enttäuschung von meinen Wangen. Die kleine Gao erwartete mich. Ich empfand es als tröstend, daß sie nicht aufgeben wollte, sondern eine neue Taktik vorschlug. Sie umschrieb sie mit den Worten »den oberen Weg gehen«. Die Methode bestand darin, eine Person von so hohem Rang für meine Zwecke zu gewinnen, daß sie die Entscheidung eines Untergebenen rückgängig machen konnte. Wenn irgendein Mensch in der Lage war, dies in die Wege zu leiten, dann war es meine Freundin Gao. Einer der ehemaligen Kameraden ihres Vaters bei der Armee war inzwischen Leiter der Abteilung Industrie und Transportwesen des städtischen Revolutionskomitees von Changsha geworden. Unsere Fabrik gehörte zu seinem Aufgabenbereich.

Der Gedanke, an eine so hochstehende Persönlichkeit heranzutreten, erschreckte mich, aber Gao meinte, sie würde sich um alles kümmern. Sie habe ohnehin nicht vor, persönlich mit dem Mann zu sprechen, erläuterte sie, sondern sie wolle sich an dessen Sohn wenden, einen jungen Mann meines Alters, mit dem sie seit ihrer Kindheit bekannt sei. »Er wird alles regeln«, sagte sie und machte sich mit einem geheimnisvollen Lächeln auf den Weg. Wir vereinbarten, uns später in der Stadt zu einem kühlen Getränk zu treffen.

Der Sohn des hohen Funktionärs war ein stämmiger, nicht sehr großer Bursche. Rund zwei Dutzend lange dunkle Haare zierten sein Kinn. Er erwies sich als sehr gesprächig und neigte ein wenig zum Angeben. Bevor wir unsere kalte Milch halb ausgetrunken hatten, wußte ich schon, wie er irgendeinem Menschen die Aufenthaltsgenehmigung für Changsha besorgt und einem anderen zu einer Wohnung verholfen hatte. Was er dafür erhalten hatte, verschwieg er uns wohlweislich, aber irgendwie entnahm ich seiner burschikosen Art, daß er sich im Leben mit wenig zufrieden gab. Während er sich meine Geschichte anhörte, zwinkerte er mir wie ein alter Routinier zu und meinte schließlich: »Nichts leichter als das, mein Freund. Dein Problem ist so gut wie gelöst.«

Ich hatte mir schon immer etwas auf meinen Einfallsreichtum eingebildet, aber mit diesem Burschen konnte ich nicht mithalten. Schon am nächsten Nachmittag statteten er und Gao dem widerspenstigen Vizesekretär einen Besuch ab. Mit einem triumphierenden Lächeln kehrten sie zurück. Was sie getan hatten, war so tollkühn, daß es nur Kindern einflußreicher Väter einfallen konnte.

Der junge Mann hatte sich und meine Freundin Gao als Sohn und Tochter des Leiters der Abteilung Industrie und Transportwesen vorgestellt. Daraufhin hatte sich der Vizesekretär nicht nur beeilt, ihnen Tee, sondern auch Fächer gegen die Hitze anzubieten. Gaos Bekannter ließ durchblicken, daß sie meine Freundin sei. Wir würden demnächst heiraten, und ihr Vater mache sich natürlich große Sorgen über die Zukunft seines Schwiegersohnes. Ehrlich gesagt hoffe er, daß letzterer die Gelegenheit erhalten würde, die Universität zu besuchen. Ihnen, seinen Kindern, habe er ausdrücklich den Auftrag erteilt, dies persönlich dem Vizesekretär zu hinterbringen, denn unglücklicherweise ließen ihm selbst die vielen Sitzungen und Besprechungen keine Zeit dafür. Der Herr Vizesekretär möge dafür Verständnis haben.

Es kam dem Vizesekretär niemals in den Sinn, an der Wahrhaftigkeit der beiden Besucher zu zweifeln, denn die Ähnlichkeit zwischen seinem Vorgesetzten und dem jungen Mann war in der Tat verblüffend. Vielleicht sagte er zu sich insgeheim, daß die »Schwester« wohl mehr nach der Mutter geschlagen war. Jedenfalls löste sich sein Widerstand gegen mein Ansinnen in Luft auf: »Gewiß ist mein Verständnis politischer Zusammenhänge nur sehr unzureichend«, sagte er unterwürfig. »Mein Vorgesetzter hat einen ungleich tieferen Einblick, denn er ist für ein großes Gebiet zuständig, während ich nur im Dienst dieser armen kleinen Fabrik stehe. Bitte sagt eurem Vater, daß ich Liang Hengs Bewerbung von ganzem Herzen unterstützen werde.«

Ich war mir sicher, daß die besten Zigaretten und alle Wassermelonen, die ich hätte tragen können, nicht ausgereicht hätten, um Gaos »Bruder« zu danken. Doch überraschenderweise schien er damit zufrieden zu sein, seine Macht und seine Schlauheit unter Beweis gestellt zu haben. Es sollte zwar bis zum Studienbeginn noch ein Jahr dauern, aber die kleine Gao und ich waren außer uns vor Freude. Wir gingen sofort los und kauften Schulmaterial für mich, das normalerweise für eine Person gut zehn Jahre gereicht hätte.

Kapitel 22

Ein Ei zerschellt an einem Stein

Sicherlich half mir die kleine Gao noch aus einem anderen Grund, die Mitglieder der Werksleitung für mich zu gewinnen: Sie wollte, daß ich einen möglichst guten Eindruck machte, wenn sie schließlich das Geheimnis lüftete und mich ihren Eltern vorstellte. Jedesmal, wenn ich meine Bedenken hinsichtlich des Ausgangs einer solchen Begegnung äußerte, brachte Gao meine Zweifel durch ihre unbeirrbare Selbstsicherheit zum Schweigen. Doch gewiß war es kein Zufall, daß sie eine Woche nach unserem endgültigen »Sieg« verkündete, wir würden schon in den nächsten Tagen nach Xiangtan zu ihrer Familie fahren. Meine eigene Mutter und Großmutter hatten sie längst wie eine Tochter aufgenommen. Ich hatte auch meinem Vater in einem Brief von ihr erzählt. Der Besuch bei ihrer Familie war also seit langem überfällig.

Am Tag vor unserer Abreise schenkte mir Gao ein hellblaues Hemd, ein Paar lange Hosen aus gutem Tuch und ein Paar neue Stoffschuhe aus Peking. Dann schnitt sie mit geschickten Händen mein viel zu langes Haar, damit ich frisch und jung aussah, wie sie selbst sagte. Eigentlich hätte mich all dies zuversichtlich stimmen müssen, aber das Gegenteil war der Fall. Wieder fragte ich mich, warum ihr Vater, der mächtige Revolutionsheld, ausgerechnet an mir Gefallen finden sollte.

Diese Befürchtungen verflüchtigten sich jedoch gleich nach unserer Ankunft. In der geräumigen Wohnung waren die Vorbereitungen zu einem richtigen Festmahl in vollem Gang. Der ältere Bruder meiner Freundin schlachtete gerade ein Huhn in der Küche, eine ältere Schwester und ein jüngerer Bruder bereiteten Bratäpfel zu, und die Mutter hackte in der Küche Berge von Fleisch und Gemüse. Gaos Vater, vor dem ich soviel Angst gehabt hatte, begrüßte mich geradezu überschwenglich, indem er mit ausgebreiteten Armen auf mich zutrat und mir kräftig die Hand schüttelte. Er wirkte durchaus nicht so steif und formell, wie ich mir den ehemaligen Chef des Amtes für Öffentliche Sicherheit unserer

Provinz vorgestellt hatte. Die oberen Knöpfe seines Hemdes standen offen, so daß sein gebräunter Hals zu sehen war. Seine ausgebeulte grüne Militärhose hinderte er am Rutschen, indem er sie mit einer Kordel um die Taille festgebunden hatte. An den knorrigen Füßen trug er Plastiksandalen wie ein Soldat.

»Als meine Tochter noch klein war, hörte sie auf uns«, sagte er mit einem Lächeln. »Doch seit sie flügge ist, geht sie ihre eigenen Wege. Solch eine wichtige Sache, und ihre Familie erfährt als letzte davon!«

Wenig später nahm mich Gaos Mutter ins Kreuzverhör. »Und wie verdienst du deinen Lebensunterhalt?« erkundigte sie sich in makelloser Pekinger Mundart, als sie mir ein Schüsselchen mit warmem Wasser und ein Handtuch reichte. »Du arbeitest in einer Fabrik, sagst du? Wie hoch ist denn dein Lohn?«

Die kleine Gao kam mir rasch zuvor und rundete den Betrag auf, bevor ich den Mund aufmachen konnte: »Fünfundvierzig *yuan* im Monat, einschließlich Überstunden und Hitzezuschlag.«

»Und deine Familie?« fragte die Mutter weiter. Aber wieder antwortete Gao für mich. Als das Wort »Stiefmutter« fiel, runzelte ihre Mutter ein wenig die Brauen, doch gerade in diesem Augenblick trat der Herr des Hauses zu uns. Er forderte uns auf, zu Tisch zu gehen. Die Situation war gerettet.

Es war ein richtiges Bankett, wie es wohl nur in solch hohen Kreisen stattfinden konnte. Es gab Bier, Wein, weißen Schnaps, der auf der Zunge brannte, und ein leckeres Gericht nach dem anderen, von Froschschenkeln bis zu Schlangenfleisch. Gaos ältere Geschwister kamen kaum zum Essen, so sehr waren sie damit beschäftigt, all die Köstlichkeiten in der Küche zu braten und anzurichten. Gao selbst und ihre Mutter nippten nur aus Höflichkeit an den Weingläsern, aber der Vater hatte anscheinend eine Schwäche für Schnaps. Immer wieder hob er sein Glas, um einen Trinkspruch auszubringen. Schon bald glühte mein Gesicht, und ich verspürte einen wohligen Taumel.

Die Erleichterung darüber, daß ich die »Prüfung« so mühelos bestanden hatte, machte mich gesprächig und wohl auch etwas vorlaut. Es dauerte nicht lange, bis ich selbst dazu überging, alle möglichen Toasts auszubringen. Wir tranken auf die chinesische Armee, auf den Hausherrn und dessen Ehefrau, auf die chinesische Luftwaffe und auf Gaos ältere Geschwister, ja sogar auf die Freundschaft zwischen den Werktätigen und den Soldaten. Nichts im Verhalten der Anwesenden sprach gegen die Annahme, daß ich von der ganzen Familie als künftiger Schwiegersohn betrachtet wurde.

Obwohl ich beim Essen kräftig zugelangt hatte, wurde ich mit sanfter Gewalt genötigt, auch noch Süßigkeiten und Äpfel in mich hineinzustopfen. Schließlich war es Zeit zum Aufbruch, wenn wir den Zug zurück nach Changsha nicht verpassen wollten. Ich war enttäuscht, als ich vernahm, daß Gao von ihrem Vater aufgefordert wurde, noch bis zum morgigen Tag zu bleiben, da sie ihre Familie schließlich seit mehreren Monaten nicht mehr besucht habe. Doch dann dachte ich bei mir, daß die Familie auf diese Weise Gelegenheit haben würde, die letzten Einzelheiten zu besprechen. Gaos Vater bepackte mich mit allem, was wir bei Tisch nicht hatten verzehren können, und gab mir auch noch mehrere Pfund Äpfel mit auf den Weg. Dann brachte er mich mit seiner vollzähligen Familie zum Bahnhof. Während der Rückreise sah ich immer wieder Gaos Gesicht vor mir, wie sie auf dem Bahnhof gestanden und mir nachgewinkt hatte. Eines Tages würde dieses Mädchen, das in seinem Glück so schön aussah, meine Frau sein – dessen war ich mir sicher.

Doch es sollte alles anders kommen. Das Leben hielt noch so manch schmerzhafte Überraschung für mich bereit. Als Gao am Abend des darauffolgenden Tages mein Zimmer betrat, waren ihre Augen gerötet und ihr Haar zerzaust. Sie stürzte sich in meine Arme und brach in Tränen aus.

Es dauerte ziemlich lange, bis ich begriff, was sich zugetragen hatte, denn ihr Bericht war ziemlich wirr und wurde immer wieder von Schluchzern unterbrochen.

Gaos Vater hatte uns beide an der Nase herumgeführt. Er war ein »lächelnder Tiger«. Schon vor meiner Abreise muß er fest entschlossen gewesen sein, unsere Heirat zu verhindern, aber er wollte wohl einer unangenehmen Auseinandersetzung mit mir im Kreise seiner Familie aus dem Weg gehen. Gleich nach der Rückkehr vom Bahnhof hatte er jedoch auf ein gerahmtes Familienfoto gewiesen und mit erhobener Stimme gesagt: »Der Mann, der eines Tages an der Seite meiner Tochter stehen wird, wird eine grüne Uniform und eine Mütze mit einem roten Stern tragen, wie es sich gehört, und nicht einen schmierigen Arbeiterkittel oder gar die Brille eines verschrobenen Intellektuellen!« Gao hatte tapfer gegen ihn aufbegehrt, mit dem Ergebnis, daß ihr Vater ihr die Hosenbeine bis zum Knie hochrollte und sie mit einem Stück Eisendraht schlug, bis sie in eine Trennung von mir einwilligte. Als sie mir nun ihre Beine zeigte, sah ich, daß sie von der Kniekehle bis zum Knöchel blutige Striemen hatten.

Der Anblick erfüllte mich mit solcher Wut und Mitgefühl, daß auch ich

zu schluchzen begann. Welcher Widersinn, daß ein Mann, der für die Idee der »Gleichheit« andere Menschen getötet hatte, sich nun als derartig standesbewußt erwies! »Was du säst, das wirst du ernten!« hatte er seine Tochter ermahnt. Ich fühlte mich an die Anfänge der Kulturrevolution erinnert, als die Rotgardisten behaupteten, nur die »fünf roten Typen« könnten sich mit Recht als Rebellen bezeichnen. Lief die Einstellung von Gaos Vater nicht auf die feudalistische Vorstellung hinaus, daß einem Menschen allein durch seine Geburt bis ans Lebensende eine bestimmte Stellung in der gesellschaftlichen Rangordnung zukam? Manchmal mochte es mir scheinen, daß die gesellschaftliche Verfassung unseres Landes so weit von den eigentlichen sozialistischen Idealen entfernt war, als wäre deren Verwirklichung absichtlich verhindert worden. Das mußten nun meine Liebste und ich am eigenen Leib erfahren. Ich fiel vor der kleinen Gao auf die Knie und streichelte ihre so arg zugerichteten Beine, wie ich es selbst in Augenblicken friedlicher Zärtlichkeit nie gewagt hätte.
Noch immer wurde sie von Schluchzern geschüttelt. »Wenn wir ihm nicht gehorchen, wird er sich an deine und meine Vorgesetzten wenden«, sagte sie. »Wir kriegen auch nie eine Heiratserlaubnis. Er hat sogar gedroht, mich in eine andere Stadt versetzen zu lassen, aber ich habe ihn angefleht, es nicht zu tun. Dadurch würden nur meine guten Aussichten zunichte, bald der Partei beizutreten.« Bei diesen Worten lachte Gao voll Bitternis, doch gleich füllten sich ihre Augen wieder mit Tränen. »Ich habe solche Angst, daß er etwas gegen deine Mutter unternimmt ...«, stammelte sie.
Das war der Anfang vom Ende. Wieder einmal war die Falle zugeschnappt, heimtückisch und schmerzhaft wie eh und je. Ich selbst hätte mich gegen alle Anfeindungen zur Wehr setzen können, aber meiner Mutter durfte ich nicht noch mehr Kummer zumuten. Allein der Gedanke erschütterte mich so sehr, daß ich lautlos zu weinen begann. Krampfhafte Schluchzer schüttelten meinen Körper, als bäumte er sich unter Peitschenschlägen auf. Kaum traute ich meinen Ohren, als die kleine Gao nach einer Weile zu mir sagte: »Wir dürfen uns ab heute nicht mehr zusammen in der Öffentlichkeit sehen lassen. Niemand wird wissen, daß wir uns noch immer lieben, aber ich werde dich nicht aufgeben. Du bist ein Mensch, kein Tier! Du hast ein Recht darauf, geliebt zu werden!«
Die meisten jungen Paare in unserem Land hätten es sich gewiß nicht im Traum einfallen lassen, gegen den Wunsch ihrer Eltern zusammenzubleiben. Die konfuzianische Tradition des unbedingten Gehorsams der Kinder gegenüber ihren Eltern hatte sich im Lauf der Jahrtausende tief

im Volk verwurzelt. Sogar nach einer Heirat war es vielen nicht klar, wem, Eltern oder dem Ehegemahl, größere Loyalität entgegenzubringen sei. So war es durchaus nicht ungewöhnlich, daß junge Leute Selbstmord begingen, weil sich ihre Eltern einer Verbindung widersetzten. Die meisten Menschen in unserem Land glaubten nämlich fest daran, daß es nur eine große Liebe im Leben gab. Als ich die kleine, am ganzen Körper zitternde Gao so in den Armen hielt, spürte ich ihre feste Entschlossenheit, bei mir zu bleiben. Ein Gefühl der Liebe durchströmte mich, doch gleich darauf war ich wieder mutlos und verzagt. Wir lebten ja nicht in einem Vakuum, sondern in einer Welt, in der mit Macht alles durchgesetzt werden konnte. Außerdem hingen die meisten jungverheirateten Paare von der materiellen Unterstützung ihrer Eltern ab.

Zutiefst deprimiert ging ich am nächsten Tag zu meiner Mutter, um ihr alles zu berichten. Sie war sehr verärgert, doch statt darüber nachzudenken, wieviel Schuld sie selbst an meinem Kummer hatte, machte sie mir Vorwürfe, weil ich mich nicht augenblicklich von der kleinen Gao getrennt hatte. »Wenn du mit einem Ei gegen einen Stein schlägst, zerbricht das Ei, nicht der Stein!« sagte sie. »Bring deiner Familie nicht noch mehr Unglück! Wir haben davon genug gehabt.« Sie zankte und stritt so lange mit mir, bis ich mir tatsächlich wie ein sehr schlechter Sohn vorkam. Als ich mich später auf den Rückweg zur Fabrik machte, fühlte ich mich noch schlimmer als zuvor.

Wenn ich mich nach einiger Zeit von der kleinen Gao trennte, so geschah dies nicht aufgrund eines bewußten Entschlusses. Die ständigen Sorgen zermürbten mich. Auch die Tatsache, daß wir in der ständigen Furcht lebten, entdeckt und verraten zu werden, war eine starke Belastung für meine Gefühle. Möglicherweise spielten auch die Ängste meiner Mutter eine Rolle. Auf jeden Fall sah es schon nach kurzer Zeit so aus, als würden sich die kleine Gao und ich plötzlich nicht mehr verstehen. Immer öfter war ich schlecht gelaunt, doch wenn ich meinen Ärger an Gao ausließ, haßte ich mich selbst wegen meiner Grausamkeit. Doch schon am nächsten Tag war es wieder dasselbe. Die Liebe meiner Freundin empfand ich nun als beengend. Die Folge war, daß ich ihr immer mehr aus dem Weg ging und sie mit überkritischen Augen sah. Meine Arbeitskollegen waren der Meinung, daß ich das Mädchen schlecht behandelte, und machten daraus keinen Hehl. Ihrer Meinung nach hatte sie meine Liebe verdient, denn sie war gut zu mir. Für mich war die Angelegenheit jedoch weitaus komplizierter, und je länger diese unglückliche Beziehung währte, desto weniger konnte ich daran glauben, daß die kleine Gao und ich zusammenpaßten. Am Ende beschlossen wir voller Bedauern auseinanderzugehen. Meine Kollegen in der Fabrik fanden, daß ich mich nicht anständig verhalten hatte – meiner Meinung nach völlig zu Unrecht.

Unser Land hatte in jenem Jahr jedoch einen viel größeren Verlust zu beklagen als ich: Am 9. September starb der Vorsitzende Mao. Es war durchaus kein Geheimnis gewesen, daß er krank war. Alle Menschen machten sich die größten Sorgen um die Zukunft unseres Landes. Was würde wohl geschehen, nachdem unsere »Rote Sonne« untergegangen, unser »Großer rettender Stern« verblaßt war? Was sollte werden, da kein »Großer Steuermann« mehr das Schiff lenkte? Im Land herrschten unsichere Verhältnisse, denn durch die Kulturrevolution, diesen grausamen Scherz, war alles durcheinandergewürfelt worden. Gewiß, die Führungsschicht war wie ein Blatt Karten neu gemischt worden. Auch ein paar neue Ideologien hatten sich durchgesetzt, doch nachdem man die Toten begraben hatte, war der alte Streit um politische Prinzipien wiederaufgeflammt. Nach wie vor herrschte ein gespanntes Verhältnis zwischen den Massen des Volkes und der Führungsschicht. Nun sollten wieder einmal Machtkämpfe auf unvorstellbar hoher Ebene über unser aller Geschick entscheiden.
Seltsamerweise wirkten die Begräbnisfeierlichkeiten fast wie eine Routineangelegenheit. In jenem Jahr waren viele hochgestellte Persönlichkeiten gestorben. Deshalb verstanden wir Arbeiter uns inzwischen sehr gut darauf, Kränze aus Papierblumen zu binden. Als um drei Uhr nachmittags überall in China die Sirenen den Beginn der Trauerfeier zu Ehren des Großen Vorsitzenden verkündeten, blieben die Menschen stehen, wo sie sich gerade befanden, an ihrem Arbeitsplatz, auf der Straße oder, wie ich selbst, in einem Versammlungsraum. In Peking fand die Zeremonie auf dem Platz des Himmlischen Friedens statt. Sie wurde im Fernsehen übertragen. Wir lauschten der feierlichen Musik und sahen lange Prozessionen von offiziellen Trauergästen, die gemessenen Schrittes mannshohe Blumengebinde und Kränze vor sich hertrugen. Überall wehten die Fahnen auf halbmast.
Die älteren Arbeiter, die sich noch an das alte China erinnerten, trauerten wohl am aufrichtigsten um den Großen Vorsitzenden. Das Tor zur Außenwelt wurde nun schon seit langer Zeit verschlossen gehalten, damit niemand die Lebensbedingungen in unserem Land mit denen anderer Länder vergleichen konnte. Doch ältere Menschen konnten die Gegenwart an der Vergangenheit messen, mit ihren Krankheiten und Hungersnöten, mit Horden von Bettlern und Arbeitslosigkeit. Trotz der

Versorgungslücken, der Korruption und den politischen Wirren waren die meisten Angehörigen der älteren Generation davon überzeugt, daß der Sozialismus des Vorsitzenden Mao ihnen zu einem besseren Leben verholfen hatte. Es machte nichts, daß für viele Bewohner dieses Landes dabei nur ein paar Münzen mehr herausgesprungen waren. Die Leute waren trotzdem von tiefer Dankbarkeit erfüllt und weinten, als hätten sie ein Elternteil verloren.

Doch obwohl alles so pompös inszeniert worden war und die Menschen um mich herum viele Tränen vergossen, blieben meine Augen trocken. *Vorsitzender Mao* – das waren die ersten Worte, die ich als kleines Kind gestammelt hatte. Und das erste Lied, das ich gesungen hatte, war *Der Osten ist rot* gewesen. Dennoch hatte ich den Großen Vorsitzenden nicht lieben gelernt wie die älteren Leute. Meine Verehrung stammte gewissermaßen aus zweiter Hand. Mao hatte mir kein schöneres Dasein beschert, sondern im Land eine politische Kampagne nach der anderen entfesselt, bis mir sogar das Wort *Revolution* hohl und lästig klang. Als ich mich nun hier im Saal verstohlen nach den anderen Trauernden umblickte, mußte ich daran denken, daß es unsere Ahnen dem Kaiser jahrtausendelang durch ihre untertänige Verehrung leichtgemacht hatten, über sie zu herrschen. Wann immer Kummer und Not sie drückten, mutmaßten sie, daß der Kaiser nichts davon wußte, da seine bösen Minister ihm die Wahrheit vorenthielten. Daran hatte sich bis auf den heutigen Tag nichts geändert. Niemand kam auf den Gedanken, dem Vorsitzenden Mao Vorwürfe zu machen. »Ein alter Mann sieht manchmal nicht ganz klar« – das war das härteste Wort der Kritik gegen ihn, das ich in diesen gewalttätigen Zeiten vernommen hatte.

Die Staatstrauertage lagen noch nicht einmal einen Monat zurück, als das ganze Land von einem Freudentaumel gepackt wurde. Am 8. Oktober verkündeten alle Radiostationen die elektrisierende Nachricht: »Es ist dem Zentralkomitee unter der Leitung des Ersten Stellvertretenden Vorsitzenden der Partei, Hua Guofeng, gelungen, die konterrevolutionäre *Viererbande* vollständig zu zerschlagen!«

Es wurden Äußerungen des Vorsitzenden Mao verlesen, in denen er kurz vor seinem Tod die Machtgier von Jiang Qing und deren drei einflußreichen Handlangern kritisiert hatte. Niemand bezweifelte die Echtheit dieser bis dato unveröffentlichten Zitate, obwohl gerade die sogenannte Viererbande maßgeblich dazu beigetragen hatte, die dem Großen Vorsitzenden so teure Kulturrevolution voranzutreiben. Schließlich wurden auch noch Ermahnungen und Bitten Mao Zedongs verlesen, in denen er das Volk dazu anhielt, in Hua Guofeng ebenso großes Vertrauen zu setzen wie in ihn selbst. Sogar Maos berühmter, auf dem Sterbebett gemachter Ausspruch wurde zitiert: »Dich an der Spitze zu wissen, erfüllt mich mit Ruhe.« Damit war klar, daß der Ernennung Huas zum Vorsitzenden der Partei nichts mehr im Weg stand.

Wir hatten nun endlich jemanden, den wir für all unsere Nöte verantwortlich machen konnten. Funktionäre, Arbeiter, Soldaten, Intellektuelle und Bauern, Leute mit unterschiedlichem politischem Bewußtsein, wurden wieder einmal von einer großen politischen Bewegung gepackt und durcheinandergewirbelt. All unser Haß richtete sich auf vier armselige Kreaturen. Er steigerte sich rasch bis zum Delirium. Wir kauften uns Schnaps, Flasche um Flasche, bis den Geschäften der Vorrat ausging. Dann zogen wir durch die Straßen und zündeten derartig viele Knallfrösche, daß deren geborstene Überreste bald eine Art roten Teppich bildeten. Die Arbeiter meiner Gruppe veranstalteten sogar ein Bankett. Es fand in unserer Werkshalle statt. Jeder von uns trug zwei *yuan* dazu bei und brachte von daheim Holzkohlebecken mit, damit wir die Speisen gleich an Ort und Stelle neben unseren öligen Maschinen zubereiten konnten. An jenem Abend ließ ich mich derartig vollaufen, daß ich mich am nächsten Morgen nicht mehr erinnern konnte, wer mich nach Hause gebracht hatte, ja was überhaupt mit mir geschehen war, daß ich mich so unglaublich übel fühlte.

Seit ich in unserer Fabrik arbeitete, hatten sich meine Kollegen und ich nie so begeistert an irgendeiner Kampagne beteiligt. Unter dem Vorwand, gegen die Denkweise der extremen Linken ins Feld zu ziehen, konnten wir all unserem Ärger Luft machen, beispielsweise über die Tatsache, daß unsere Vorgesetzten immer alle Zuteilungsscheine für Fahrräder an ihre eigenen Freunde weitergaben, so daß ein normaler Werktätiger keine Chance hatte, jemals eines zu ergattern. Wir schimpften auch über die Art und Weise, wie durch Schiebung und Korruption die normalen zwischenmenschlichen Beziehungen zerstört worden waren. Am meisten empörte es uns, daß es der »Viererbande« während zehn langer Jahre gelungen war, die Löhne so niedrig zu halten.

Die Zeitungen berichteten endlos darüber, wie die »Viererbande« unser Land an den Rand des wirtschaftlichen Ruins und des gesellschaftlichen Chaos gebracht hatte. Wir wurden aufgefordert, all unsere Opferbereitschaft zu mobilisieren, da die neue Regierung das Land natürlich nicht innerhalb kurzer Frist gesunden lassen, geschweige denn die Not aller Menschen lindern könne. Am eifrigsten verschlang ich die Artikel, in denen es um die »Erziehungsfront« ging. Gewisse Leute in den »beiden

Schulen«, das heißt der Universität von Peking und der Universität von Qinghua, waren unter heftigem Beschuß, weil sie angeblich eine »Theoretikergruppe« gebildet und für die »Viererbande« Propagandaschriften verfaßt hatten. Ich machte mir Sorgen darüber, daß die Jagd nach weiteren Sympathisanten zur endgültigen Schließung der Universitäten führen könnte, so daß meine letzte Aussicht auf einen Studienplatz vertan wäre. Im April 1977 begab ich mich deshalb täglich nach der Arbeit zum Büro des Revolutionskomitees unserer Fabrik, um mich nach dem neuesten Stand zu erkundigen. Doch jedesmal versicherten mir die Funktionäre, daß sie nach wie vor zu dem mir zuvor gegebenen Versprechen hielten und mich vorschlagen wollten. Sobald der Zeitpunkt gekommen wäre, die Kandidaten zu benennen, würden sie handeln. Doch zu meinem großen Kummer wurde mir im September mitgeteilt, daß die Verteilung der freien Studienplätze so lange zurückgestellt werden mußte, bis die neue erziehungspolitische Marschrichtung festgelegt wäre. Dann kam im Oktober die verblüffende Nachricht, es würden bald wieder Zulassungsprüfungen abgehalten. All meine Sorgen und Mühen, meine Unkosten in Höhe von zweihundert *yuan,* meine Schmeicheleien und meine taktischen Manöver waren umsonst gewesen! Die Hintertür zur Universität war geschlossen, und zwar für alle. Trotzdem war ich überglücklich, denn mir lag viel mehr daran, den Zutritt zur Universität auf ehrenvolle Weise, nämlich mittels einer bestandenen Aufnahmeprüfung, zu erlangen.

Bis zum Prüfungstermin waren es noch zwei Monate. Ich begann, unermüdlich zu pauken. Nachts schlief ich manchmal nur fünf Stunden, damit mir noch mehr Zeit zum Lernen verblieb. Meine Kollegen verstanden es so einzurichten, daß ich mich oft sogar während der Arbeitszeit mit meinen Büchern beschäftigen konnte. Und noch in einer anderen Hinsicht waren sie mir behilflich: Sie gaben eine positive Beurteilung meiner politischen Zuverlässigkeit ab. Jeder Kandidat für einen Studienplatz wurde nämlich mehrmals »durchleuchtet«. Dieses war der erste Schritt, um zur Prüfung zugelassen zu werden. Die ausgefüllten Fragebögen wurden an die Werkstattleitung weitergegeben, von dort an die Leitung der Fabrik und schließlich an den städtischen Vergabeausschuß. Dort würden sie mit meinem Prüfungsergebnis und einer abschließenden politischen Beurteilung zu meiner Akte gelegt. Diesmal machte ich mir wegen der politischen Überprüfung keine Sorgen, denn die Zeitungen schrieben, nur Gesindel oder Kandidaten mit extrem linken Ansichten würden ausgesondert.

Als es endlich soweit war, ging ich mit Tausenden anderer Arbeiter aus dem nördlichen Bezirk von Changsha zu der für uns zuständigen Prüfungsstelle, der Mittelschule Nr. 14. Es war schon so lange her, seit ich zum letzten Mal ein Klassenzimmer betreten hatte, daß ich dabei einen Nervenkitzel verspürte, obwohl ich gleichzeitig betrübt feststellen mußte, daß die meisten Fenster eingeschlagen waren. Die Wände waren mit vielen Schichten politischer Parolen, Wandzeitungen und Plakaten beklebt – stumme Zeugen der Umwälzungen, die das Erziehungswesen unseres Landes erschüttert hatten.

Es herrschte grimmige Kälte, aber die Innenflächen meiner Hände waren feucht. Ich brauchte mich nur umzusehen, um überall in gespannte Gesichter zu blicken. Alle, die sich hier in diesem Klassenzimmer versammelt hatten, waren sich der Bedeutsamkeit des Augenblicks bewußt. Nach über zehn Jahren sollte heute wieder eine Zulassungsprüfung abgehalten werden. Alle möglichen Prüflinge hatten sich eingestellt. Ihr Alter schwankte zwischen achtzehn und fünfunddreißig Jahren. Jeder von uns war gewillt, seine einzige Chance wahrzunehmen, dem grauen Alltag des Fabrikarbeiters zu entkommen und nach etwas Höherem zu streben: nach kostbarem, wenngleich gefährlichem Wissen.

Die zweieinhalbstündige Prüfung in Chinesisch am Vormittag war für mich die wichtigste, denn ich hatte mich um einen Studienplatz in der Abteilung für chinesische Sprache und Literatur beworben. Andere Fächer hatte ich nicht einmal in Betracht gezogen, denn mein Vater hatte seine Liebe für Literatur an mich weitergegeben und hoffte, daß ich in seine Fußstapfen treten würde. Als die Prüfer die Prüfungsbestimmungen verlasen und die Schreibhefte austeilten, ging mir durch den Kopf, welche Freude ich meinem Vater bereiten würde, sollte ich bestehen und einen Studienplatz erhalten.

Schließlich verkündete der Prüfungsleiter, daß wir anfangen konnten. Ich schlug mein graues Schulheft auf und las: »Erste Prüfungsaufgabe: Aufsatz. Worte, die ich von ganzem Herzen der Partei sagen will.«

Ich zuckte zusammen und hatte einen Anflug von Selbstmitleid. Was sollte ich nur schreiben? Ich war kein Grundschüler mehr, der unbeholfen die Schriftzeichen »Lange lebe unsere große kommunistische Partei« auf ein Blatt Papier malte! Auch als eifriger Rebell wie zu Beginn der Kulturrevolution, der mit dem leidenschaftlichen Idealismus der Jugend auf den Aufruf des Vorsitzenden Mao reagiert hatte, fühlte ich mich nicht mehr. Was ich im Herzen hatte, war Bitternis, die geballte Bitternis meines bisherigen Daseins, die aufgestaute Verbitterung aller Menschen meiner Umgebung. Ich saß da und ließ die Zeit verstreichen, gequält von dem Gedanken, ich müßte am Ende ein leeres Blatt Papier abgeben.

Schließlich riß ich mich zusammen und richtete mein Augenmerk auf die zweite Hälfte der Prüfungsaufgaben. Bei richtiger Beantwortung der Fragen, die allesamt ein gewisses Maß an Allgemeinbildung voraussetzten, gab es vierzig Punkte. Das war ein Kinderspiel für mich, aber ich hatte schon viel wertvolle Zeit verloren. Als ich fertig war, verblieb mir nur noch eine halbe Stunde. Mein Wunsch, zum Studium zugelassen zu werden, gab den Ausschlag. Mit klarem Kopf schrieb ich ohne abzusetzen:

> Liebe Partei, das Bildnis des Vorsitzenden Hua steht nun überall in unserem Land neben dem des Vorsitzenden Mao. Wenn die Partei unter der Führung des Vorsitzenden Hua nicht die Viererbande zerschlagen hätte, dann gäbe es jetzt keine Aufnahmeprüfungen, und ich hätte nicht die geringste Aussicht, meinem Land jemals mit meinem Wissen zu dienen. Die Partei hat mich als einen wahren Sohn der Revolution großgezogen. Tausend Zungen könnten nicht mit zehntausend Sätzen meine Liebe zur Partei ausdrücken. Tausend Lieder, zehntausend Gedichte sagen zu wenig darüber, wie treu ich der Partei ergeben bin ...

Keine der folgenden Prüfungen brachte mich in ähnliche Bedrängnis. Bei der politischen Prüfung ging es um allseits bekannte Fakten aus der Parteigeschichte und um Geschehnisse des Tages. Beim Examen in Geschichte und Geographie kam die Politik nur insofern ins Spiel, als nach dem Landkreis gefragt wurde, in dem der Vorsitzende Mao zur Welt gekommen war. Auch die genaue Lage der Musterkommune Dazhai wollte man von mir wissen. Von den Mathematikaufgaben waren nur jene politisch gefärbt, die aufgrund der Fragestellung einen erläuternden Text hatten. Am Ende des zweiten Tages konnte ich mir sagen, daß ich mein Bestes gegeben hatte. Jetzt galt es nur noch abzuwarten.
Schon nach einer Woche wurde mir mitgeteilt, daß ich die Mindestpunktzahl erreicht hatte. Ich sollte mich nun zum Krankenhaus Nr. 3 begeben und ärztlich untersuchen lassen. Danach verstrichen noch zwei Wochen, bis ich die abschließende politische Beurteilung hinter mich gebracht hatte. Wenig später erhielt ich ein Schreiben des Lehrerkollegs von Hunan, worin zu lesen stand, das Studium für den Jahrgang '77 würde erst im Februar 1978 beginnen. Ich sollte mich in der Abteilung für chinesische Sprache und Literatur melden, um

mich vier Jahre lang zum Mittel- beziehungsweise Oberschullehrer der chinesischen Sprache ausbilden zu lassen.
Es stellte sich übrigens heraus, daß ich in meiner Fabrik der einzige war, der studieren durfte. Plötzlich war ich der Ruhm unseres Werkes. Mein Name erschien in roter Schrift auf den Anschlagtafeln, die bislang für Mitglieder der Partei oder der Kommunistischen Jugendliga reserviert waren. Ja es wurde sogar mir zu Ehren eine kleine Feier veranstaltet, an der die gesamte Belegschaft der Fabrik teilnahm. Ich erhielt mindestens zehn Einladungen zu einem Essen, und in meiner Werkstatt wurde ein Fest veranstaltet, zu dem man sogar einen Fotografen anheuerte. Vorgesetzte, die mich früher öffentlich kritisiert hatten, weil ich »den Weg des Intellekts« eingeschlagen hatte, lächelten mir nun zu und schüttelten mir die Hand. Zum Abschied sorgten sie dafür, daß ein Auto zur Verfügung stand, das mich die kurze Strecke zum Kolleg auf der anderen Seite des Flusses fuhr, als ob ich ein Funktionär von hohem Rang war. Es war das erste Mal, daß ich ein Auto von innen sah.

Kapitel 23

Xia, die amerikanische Lehrerin

Seit jenen schrecklichen Tagen bewaffneten Kampfes vor mehr als zehn Jahren hatte ich das westliche Flußufer nicht mehr betreten. Inzwischen herrschte dort wieder Friede. Der Yuelu-Berg erhob sich wie eh und je schützend über dem Flußtal. Die Luft war frisch und klar. Ein kalter Wind fegte über das Wasser. Um die Heimatprovinz des Vorsitzenden Mao zu ehren, war gegen Ende der Kulturrevolution mit großem Aufwand eine breite Brücke über dem Strom gebaut worden. Seitdem herrschte in der kleinen Stadt Rongwan noch regeres Treiben.

Im Lehrerseminar waren die roten, gegen Lin Biao und die Lehre des Konfuzius gerichteten Plakate inzwischen mit mehrfarbigen Plakaten überklebt worden, die die Nützlichkeit des Lernens verherrlichten. Politische Parolen, die während der Kulturrevolution einfach mit Farbe an die Hauswände gepinselt worden waren, waren schon ziemlich verblichen und begannen an manchen Stellen abzublättern.

Mehr als fünfzehnhundert Studienanfänger drängten sich in der dunklen Turnhalle, wo wir immatrikuliert werden sollten. Manche waren Lehrer gewesen, andere hatten in Fabriken gearbeitet wie ich selbst, und wieder andere kamen direkt vom Land. Letztere waren leicht daran zu erkennen, daß sie ihre zusammengerollten Decken mit Plastik umhüllt hatten, um sie während des langen Fußmarsches von der Produktionsabteilung bis zur Bushaltestelle gegen den Regen zu schützen.

Unsere Unterkünfte waren uns schon vorher zugewiesen worden. Die zweihundert Studenten des »Jahrgangs 1977«, die wie ich in der Abteilung für chinesische Sprache und Literatur studieren wollten, wurden in vier Klassen zu jeweils fünfzig Personen unterteilt, und aus den fünfzig wurden wiederum jeweils sechs etwa gleich große Gruppen gebildet, die in einem Raum schlafen und im Speisesaal an einem Tisch sitzen sollten. Jede Gruppe hatte einen Leiter und einen stellvertretenden Leiter, die entsprechend ihrem politischen Status und ihrer Linientreue ausgewählt worden waren, wie ich später herausfand. Ich hatte angesichts dieser übersichtlichen Gliederung von Anfang an ein ungutes Gefühl. Es würde den Gruppenführern nicht schwerfallen, jeden ständig im Auge zu behalten.

Insgesamt gab es vier viergeschossige Wohnheime. Ich kam in einem ziemlich engen Schlafsaal unter, in dem gerade ausreichend Platz für acht Schlafpritschen aus Holz und – in der Mitte des Raumes – acht aneinandergereihte Schreibpulte war. Unsere Vorgänger, wahrscheinlich studierende Arbeiter, Bauern oder Soldaten, hatten die Wände über und über mit politischen Parolen bemalt. Von der Zimmerdecke baumelten zwei nackte, trübe und verstaubte Glühbirnen herab. Ein paar Türen weiter gab es einen Waschraum, in dem es fürchterlich stank. Ständig sickerte Wasser auf den Flur, so daß es überall feucht und schimmelig roch. Doch niemand von uns schien daran etwas auszusetzen zu haben. Wir waren von Stolz erfüllt und voller Selbstbewußtsein, denn wir gehörten zu den ersten, die seit Ausbruch der Kulturrevolution aufgrund eigener Leistungen zum Studium zugelassen worden waren.

Am nächsten Morgen riß uns ein Lautsprecher um halb sechs aus dem Schlaf. Entsprechend der Verhaltensmaßregeln, die man uns am Vorabend bei einer Versammlung gegeben hatte, zogen wir uns rasch an und begaben uns im Laufschritt zum Sportplatz, um mit Tausenden von Kommilitonen die morgendliche »Rundfunkgymnastik« zu absolvieren. Ich hatte mich bis zum letzten Augenblick in meinem Bett geräkelt, so daß ich erst nach den Übungen auf die Toilette gehen, mich waschen und die Zähne putzen konnte. Daß ich mich so beeilte, war mein Glück, denn der Leiter meiner Gruppe, ein Mitglied der Kommunistischen Jugendliga und Ex-Funktionär einer Kommunenschule, achtete genau darauf, ob wir alle vollzählig waren. Wer mehrmals zu spät kam oder gar fehlte, würde unfehlbar eines Mangels an »revolutionärer Disziplin« verdächtigt.

Während der ersten Woche wurde uns die politische Marschrichtung in einer so detaillierten und vielfältigen Weise eingehämmert, wie ich es noch nicht erlebt hatte. Eine Veranstaltung jagte die andere. Wir mußten im großen und im kleinen Kreis unsere innersten Gedanken offenlegen und an Diskussions- beziehungsweise Schulungsabenden teilnehmen, bei denen uns nur eine einzige Botschaft vermittelt wurde: Zweck und Ziel unserer Ausbildung war es, der Revolution zu dienen. Längst hatten wir gelernt, alles über uns ergehen zu lassen. Wir unterhielten uns, lasen Romane, und die Beherzteren von uns, zu denen ich übrigens auch gehörte, blieben manchen dieser Veranstaltungen einfach fern. Mich erbitterte der Gedanke, daß ich eigentlich als Arbeiter in der Fabrik freier gewesen war.

Ich hatte gehofft, daß die Vorlesungen ein wenig besser sein würden, doch die meisten erwiesen sich als uninteressant. Wir verbrachten fast die gesamte Zeit damit, dogmatische Lehrsätze auswendig zu lernen. In der Vorlesung über Philosophie lehrte man uns zum Beispiel: »*Philosophie ist Marxismus.*« Und über Kunst hieß es: »*Sinn und Zweck der Kunst ist es, der Politik des Proletariats zu dienen.*« Oder: »*Literatur ist das Leben der menschlichen Gesellschaft, wie es sich im Geist des Schriftstellers widerspiegelt.*« In meinem Lehrbuch über moderne chinesische Literatur las ich: »*Chinas moderne Literatur ist die Literatur der Anführer des Proletariats, der großen Masse des Volkes, der Antiimperialisten und der Antifeudalisten.*« Und in einer Vorlesung über zeitgenössische chinesische Literatur mußten wir uns mit Abschriften von Zeitungsartikeln beschäftigen, die von irgendwelchen kulturellen Veranstaltungen handelten. In Parteigeschichte wurde mir nichts geboten, was ich nicht schon auf der Mittelschule gelernt hätte.

Genau wie meine Kommilitonen fand ich sehr schnell heraus, daß nur drei Vorlesungen Aufmerksamkeit verdienten: altchinesische Literatur sowie Alt- und Neuchinesisch. Während bei manchen Vorlesungen oft nur zwei Drittel der Stühle besetzt waren, hatten diese drei so großen Zulauf, daß man sich einen Stuhl aus einem anderen Hörsaal mitbringen oder stehen mußte. Der Professor für altchinesische Literatur war ein wirklicher Gelehrter. Während der Vorlesung war er derartig in seine Bücher vertieft, daß er seine eigene Popularität überhaupt nicht wahrzunehmen schien. Sicherlich hätte er eine nur aus zwei Studenten bestehende Zuhörerschaft genauso unterrichtet wie eine zweihundertköpfige Menge. Während ihm seine Brille ganz vorn auf der Nase saß, spazierte er vor uns gemächlich auf und ab, in der Hand irgendeine Sammlung chinesischer Gedichte. Den Kopf langsam von einer Seite auf die andere wiegend, deklamierte er in einer seltsam hohen Tonlage Verse aus alter Zeit wie: »In der Morgendämmerung steigt purpurn der Rauch über dem Weihrauchberg empor.«

Ich hungerte nach mehr geistiger Nahrung dieser Art und verfiel eines Tages auf den Gedanken, einige meiner Professoren daheim zu besuchen. Ganz besonders lag mir daran, die Geschichte der europäischen Literatur zu studieren. Deshalb suchte ich zunächst einmal den Professor für Kunstgeschichte auf. Seine Vorlesungen galten als besonders dogmatisch und langweilig, aber ich sagte mir, daß er von allen Lehrern gewiß am meisten über europäische Kultur wußte. Das Wohnheim aus rotem

Backstein, in dem er wohnte, lag auf halbem Weg zwischen dem Lehrerseminar und der Universität von Hunan. Ich mußte ein wenig bergauf gehen, bis ich in diese Gegend kam, wo die meisten unserer Lehrkräfte lebten. Als ich dem Professor meine Ambitionen dargelegt hatte, schien er erfreut und geschmeichelt, daß ich mich ausgerechnet an ihn gewandt hatte.

»Es ist nicht leicht, Lehrer zu sein«, meinte er entschuldigend. »Man muß versuchen, die Studentenschaft zufriedenzustellen, und sich gleichzeitig vor politischen Fehlern hüten. Wer kann schon garantieren, daß die Kulturrevolution endgültig zu Ende ist?« fuhr er mit einem Kopfschütteln fort. »Das ganze war wie ein böser Traum, ein grausamer, schrecklicher Traum!« Erst jetzt ging mir auf, wie falsch ich ihn und andere Lehrer eingeschätzt hatte. Ihre größte Sorge hatte darin bestanden, sich selbst zu schützen. Gewiß hatten sie ihre eigenen Meinungen, doch sie verbargen sie hinter einem Schwall politischer Phrasen.

Zu meiner Freude erklärte sich der Kunstprofessor bereit, mich zu unterrichten. Von da an verbrachte ich nahezu jeden Abend bei ihm daheim. Wir begannen mit Plato und Aristoteles. Ich fand ihre Lehre so faszinierend, daß ich bald viele Stunden in der Bibliothek verbrachte und ein Buch nach dem anderen auf der Liste abhakte, die mir der Professor aufgestellt hatte. Vorlesungen besuchte ich kaum noch, aber ich war durchaus nicht der einzige, der seinen eigenen Studienplan aufgestellt hatte. Irgendwann fiel sogar dem Fakultätsausschuß der Partei auf, wie leer manche Hörsäle waren. Die Folge waren strenge Ermahnungen bei politischen Studienabenden. Danach gingen die meisten Studenten wieder zu den Lehrveranstaltungen. Ich gehörte zu den wenigen, die weiterhin durch häufige Abwesenheit glänzten. Ich hatte deshalb bereits im zweiten Studienjahr den Ruf, einer der Studenten mit der schlechtesten »Disziplin« an unserer Fakultät zu sein. Wahrscheinlich wurde nur ein einziger Student noch schärfer kritisiert als ich. Der Mann war ein erfolgreicher Schriftsteller und lebte auf der anderen Seite des Flusses. Nur selten ließ er sich dazu herbei, das Gelände des Lehrerseminars zu betreten.

Natürlich bildeten Studierende wie wir die Ausnahme, da die meisten sich bemühten, ihre politische Zuverlässigkeit unter Beweis zu stellen, weil sie gerne der Kommunistischen Jugendliga oder der Partei beigetreten wären. Auch wollten sie nicht die Stipendien und Zuschüsse verlieren, die entsprechend der Bedürftigkeit, des politischen Eifers und der fachlichen Leistungen vergeben wurden. Ich selbst hatte nicht mehr die

Spur von politischen Ambitionen, und da ich früher Arbeiter in einer Fabrik gewesen war, bezog ich nach wie vor meinen Lohn in Höhe von fünfunddreißig *yuan* im Monat. Er garantierte mir meine finanzielle Unabhängigkeit. Ein weiterer Unterschied bestand darin, daß zwar die meisten anderen Kommilitonen ebenso verbittert und resigniert wie ich, jedoch längst nicht so aufsässig waren. Trotz all meiner Enttäuschungen hatte ich eine Art Eigenliebe und Selbstbewußtsein entwickelt und ließ mich schon lange nicht mehr widerstandslos herumkommandieren und beherrschen. Ich hatte einen weiteren Vorteil: ein gutes Gedächtnis. Vor einer Prüfung brauchte ich nur eine Woche lang mit Hilfe von Lehrbüchern und Skripten irgendeines befreundeten Kommilitonen zu büffeln, um bis zu neunzig von hundert möglichen Punkten zu schaffen. Nie verlangte man von uns, eigenständige Meinungen zu entwickeln. Wer in einem Examen gut abschneiden wollte, mußte also nur die jeweilige Materie aus den Lehrbüchern und Vorlesungen wiederholen können.

Dennoch stellten die Prüfungen eine erhebliche Belastung für uns dar. Gemäß der neuen Erziehungspolitik würde uns nach Beendigung unseres Studiums eine Arbeit zugewiesen werden, die in hohem Maß von unseren studentischen Leistungen abhängig war. Gewiß war dieses Verfahren den rein politischen Maßnahmen von früher vorzuziehen, doch manchmal fragten wir uns bange, ob es möglicherweise vom Resultat all dieser Prüfungen abhing, wo wir den Rest unseres Lebens verbringen würden. Am meisten fürchteten wir uns davor, aufs Land geschickt zu werden, weit entfernt von Freunden und Verwandten. Gerade die Studenten aus dem bäuerlichen Milieu machten sich darüber die größten Sorgen. Es gab Gerüchte, daß sie als erste zurückgeschickt würden, sofern sie nicht außerordentliche Leistungen erbrächten. Übrigens stammten viele dieser jungen Menschen ursprünglich nicht vom Land, sondern sie waren Jugendliche aus der Stadt, die während der Kulturrevolution zwangsverschickt worden waren. Wegen der enormen Bedeutung der Prüfungen wagte ich es deshalb nicht, auch in diesem Bereich nach eigenem Gutdünken zu handeln. Ich getraute mich nicht, einen Weg einzuschlagen, der sich vielleicht auf mein späteres Leben nachteilig auswirken könnte. So blieb mir nichts weiter übrig, als immer wieder den trockenen Lehrstoff auswendig zu pauken, um die schriftlichen Prüfungen zu bestehen. Es war mir klar, daß ich auf eigene Meinungen verzichten mußte, wenn ich eine gute Note erhalten wollte.

Gerade die Frage der künftigen beruflichen Laufbahn war der Grund dafür, warum sich viele Studierende immer mehr von den politischen Funktionären einschüchtern ließen. Mochte ein Professor einen Studenten auch in den höchsten Tönen loben, so mußte doch jeder fürchten, daß die Mitglieder des Fakultätsausschusses der Partei am Ende das letzte Wort haben würden. Der Druck auf die Studentenschaft war so stark, daß eine kleine, verhaßte Minderheit sogar zu »Knierutschern« wurde, das heißt zu Schmeichlern und Petzern, die den Politkadern heimlich verrieten, was ihre Kommilitonen dachten und sagten. Meistens handelte es sich bei diesen Konfidenten um Studenten, die früher Bauern, Arbeiter oder Soldaten gewesen waren. Mit List und Tücke erschlichen sie sich das Vertrauen unserer Vorgesetzten und brachten es deshalb nicht selten zum Gruppenführer.

Über die Zuteilung künftiger Arbeitsplätze gab es bei uns die wildesten Spekulationen und Gerüchte. Jeden Abend, wenn um zehn Uhr das elektrische Licht abgeschaltet wurde, tasteten wir uns in der Finsternis von Bett zu Bett und besprachen vor dem Einschlafen den neuesten Klatsch: Diesem oder jenem Studenten war angeblich von einem der Funktionäre eine Stellung am Lehrerseminar angeboten worden. Die Universität von Hunan wolle eine Menge neuer Lehrer einstellen, hieß es. Der gesamte Jahrgang 1977 würde nach Abschluß der Studien als Mittelschullehrer aufs Land geschickt werden, behauptete ein anderer ...

Erst nachdem bekannt wurde, daß gewisse Lehranstalten Abgänger unseres Lehrerkollegs einstellen wollten, machte ich mir weniger Sorgen. Ermutigt von meinem Kunstprofessor begann ich mich auf die Aufnahmeprüfung für das Sozialwissenschaftliche Institut von Peking vorzubereiten. Wenn ich Erfolg hatte, konnte ich all die quälenden Fragen meiner beruflichen Laufbahn hinter mir lassen, wie ein Vogel, der sich über die flügellosen Kreaturen erhebt.

Natürlich konnte das Lernen und Studieren nicht all meine Bedürfnisse befriedigen. Ich sehnte mich nach angenehmer Gesellschaft und einem regen kulturellen Leben. Zweimal in der Woche wurde bei uns zwar auf dem Sportplatz ein Film gezeigt, doch diese enttäuschenden moralistischen Lehrstücke waren stets nach dem gleichen Muster gefertigt. Gelegentlich veranstaltete der Studentenausschuß ein Fest mit Tanz, aber die vorherrschende politische Meinung, ob Tanzen nun politisch vertretbar sei oder nicht, änderte sich ständig. Eine Woche lang hieß es, die Kommunistische Jugendliga habe sich auf Landesebene für das Tanzen ausgesprochen, aber schon in der nächsten Woche behauptete die Kommunistische Jugendliga von Hunan das Gegenteil. Wenn eine Tanzerei nicht im letzten Augenblick abgesagt wurde, so war die Stimmung durch die allgemeine Ungewißheit doch derartig beeinträchtigt, daß die meisten Mädchen gar nicht erst erschienen oder sich scheu im Hintergrund herumdrückten, während wir jungen Burschen Foxtrott auf dem Zementfußboden unseres Klassenzimmers übten. In jenen Tagen bestand das aufregendste gesellschaftliche Ereignis in Changsha darin, daß ein ausländischer Film gezeigt wurde. Meine Kameraden und ich wechselten uns dann ab, um den langen Weg über den Fluß zurückzulegen und schon vor Sonnenaufgang in der Hoffnung Schlange zu stehen, daß noch acht Eintrittskarten übrig wären, wenn unser Mann endlich an der Reihe war.

An einem Frühlingstag im Jahr 1979 erfuhr ich, daß eine neue amerikanische Lehrerin, die in der Fremdsprachenabteilung unterrichtete, in einem Hörsaal der Abteilung für Kunstgeschichte auf dem südlichen Gelände des Lehrerkollegs irgendwelche Tänze vorführen wolle. Sie wurde auf chinesisch *Xia Zhuli* (»Sommerbambusschönheit«) genannt, abgeleitet von ihrem amerikanischen Namen Judy Shapiro. Erst vor einem Monat war sie eingetroffen – ein sichtbarer Beweis dafür, daß sich die Beziehungen zwischen China und den Vereinigten Staaten normalisiert hatten. Meine Neugier war aufs äußerste erregt, und ich beschloß hinzugehen. Schließlich hatte ich zum ersten Mal die Chance, eines dieser hochnäsigen, großäugigen Geschöpfe leibhaftig zu sehen. Es kam mir seltsam vor, daß eine Lehrerin der englischen Sprache sich auch mit Tanz befaßte, denn in China konnten sich nur wenige Menschen neben ihrem eigentlichen Beruf auch noch mit anderen Dingen befassen.

Als sich endlich der Vorhang zu einer Darstellung öffnete, die uns unter dem Titel »Insektentanz« angekündigt worden war, sahen wir eine zusammengekrümmte grüne Gestalt, die mitten auf der Bühne kauerte und nicht die geringste Ähnlichkeit mit einem menschlichen Wesen hatte. Allmählich kam Leben in diese seltsame Kreatur. Sie schnappte nach anderen Lebewesen, die anscheinend viel kleiner und zudem unsichtbar waren. Dann richtete sich das grüne Etwas unendlich langsam auf, bis es auf einem Bein stand, denn die Zehen des anderen Fußes hielt es zwischen die Zähne geklemmt. Plötzlich brach das Wesen in sich zusammen, rollte sich geschickt auf dem Boden ab und stand gleich darauf wieder auf den Füßen. Das wiederholte sich mehrmals, bis wohl alle Kräfte verausgabt waren, denn am Schluß verharrte das undefinierbare Geschöpf in seiner Ausgangsposition, als wolle es schlafen. Ich applaudierte stürmisch. Nie zuvor hatte ich einen »Tanz« ohne Musik gesehen, aber dieser war zugleich abstrakt, humorvoll und märchenhaft gewesen. Ich fühlte mich erfrischt, als ob sich mir eine neue Welt eröffnet hätte.

Die nächste Darbietung hieß »Tanz für die amerikanisch-chinesische Freundschaft«. Im Handumdrehen war aus dem grünen Insekt ein hübsches junges Mädchen geworden. Mit weitausgreifenden, fließenden Bewegungen bewegte es sich zu den Klängen eines vertrauten chinesischen Volksliedes. Die Darstellerin wirkte dabei zugleich entspannt und beherrscht, ganz anders, als wir es von chinesischen Tänzerinnen gewöhnt waren, die meist steif und mit geschlossenen Knien dastanden, während sie mit knappen Gesten ihrer Hände irgendwelche subtilen Nuancen zum Ausdruck brachten. Wie angenehm es war, diesen westlichen Tanz mit all seiner Freiheit der Darstellung zu betrachten! Zwar konnte ich durchaus nicht von mir sagen, daß ich bis in letzter Konsequenz verstand, worum es darin ging, aber ich wollte unbedingt mehr davon sehen.

Im Herbst jenes Jahres 1979 sollte ich auf unerwartete Weise jenem Wesen aus einer fremden Welt näherkommen, das ich auf der Bühne gesehen hatte. Im Rahmen meiner Abschlußprüfungen mußte ich auch eine schriftliche Arbeit in Englisch abgeben. Nachdem ich von einem Aufsatz mit dem Titel »Natürliche Schönheit« eine Rohübersetzung angefertigt hatte, begab ich mich auf der Suche nach Hilfe in die Fremdsprachenabteilung. Meine Lehrer hatten mir nahegelegt, die amerikanische Spezialistin, Lehrerin Xia, aufzusuchen. Sie sei freundlich und kompetent, hieß es. Gewiß würde sie nichts dagegen haben, meine Arbeit durchzusehen.

Sobald ich meine anfänglichen Hemmungen überwunden hatte, fand ich die Idee sehr reizvoll. Es gab noch einen anderen, viel zwingenderen Grund, sie zu besuchen: Angeblich hatte sie eine umfangreiche private Bibliothek und war durchaus bereit, sie Lehrern und Studierenden zur Verfügung zu stellen. Vielleicht konnte ich dort gewisse Unterlagen über westliche Literatur finden. Möglicherweise hatte Xia sogar Magazine mit Fotos aus fremden Ländern.

Ich bat meinen besten Freund mitzukommen, aber er lehnte schockiert ab. Man würde uns aller möglichen Dinge verdächtigen, wenn wir diese Ausländerin aufsuchten, meinte er. Doch als ich erwiderte, dann würde ich eben ohne ihn gehen, bestand er darauf, mich sicherheitshalber zu begleiten, denn dann könne er wenigstens bei einem Verhör die Harmlosigkeit all dessen bezeugen, was bei der Amerikanerin getan und gesagt worden war.

An jenem Vormittag schwänzten wir die »Rundfunkgymnastik« zwischen den Vorlesungen und gingen hinter den Bürogebäuden den steilen Hügel hinauf, bis wir vor dem neuen Betonblock standen, der für hohe

Funktionäre und Professoren gebaut worden war. Die roten Gladiolen in dem kleinen Vorgarten gediehen prächtig in der warmen Herbstsonne. Ein zahnloses altes Weib war damit beschäftigt, auf einer breiten, niedrigen Mauer kleine, pikante Pfefferschoten zum Trocknen auszubreiten. Schüchtern erkundigten wir uns bei ihr, wo die amerikanische Lehrerin wohnte. Wortlos zeigte die Alte auf einen Balkon im zweiten Stock. Für uns schien sie sich nicht zu interessieren. Beruhigt sagte ich mir, daß man sie wohl nicht als Lauschposten aufgestellt hatte, um unerbetene Besucher der ausländischen Lehrerin abzufangen.

Die Wohnungstür von Xia Zhuli unterschied sich in nichts von allen anderen. Vorsichtig spähte ich durch eine Lücke in dem schon rissigen, gelblichen Holz. Drinnen erblickte ich das Übliche: einen Zementfußboden und hölzerne Standardmöbel. Während sich mein Freund etwas schüchtern auf dem obersten Treppenabsatz herumdrückte, nahm ich mir ein Herz und klopfte an.

Aus nächster Nähe sah Lehrerin Xia nicht so fremdländisch aus wie auf der Bühne. Sie war von durchschnittlicher Größe, also für ausländische Maßstäbe wohl eher klein, und sie hatte dunkles Haar. Ihre Kleidung bestand aus ausgebeulten blauen Hosen und einer kurzärmeligen chinesischen Bluse. Das Haar hatte sie im Nacken zu einem einzigen Zopf geflochten. Aus einiger Entfernung hätte sie als Chinesin gelten können, wenn etwas nicht gewesen wäre: Sie war barfuß. Ich versuchte, mir meine Verblüffung über diese Exzentrizität nicht anmerken zu lassen, und stellte mich und meinen scheuen Freund mit ein paar höflichen Worten vor. Als Grund für unseren Besuch gab ich an, daß wir uns gern einige Bücher ausleihen wollten.

Lehrerin Xia hatte wohl viel zu tun, denn obwohl sie uns sehr freundlich behandelte, forderte sie uns nicht auf einzutreten. Wir sollten sie nach dem Mittagessen in ihrem Büro besuchen, meinte sie. Ich stellte überrascht fest, daß ihr Chinesisch recht angenehm klang, wenngleich es nicht unbedingt fehlerfrei war.

Als wir uns nachmittags wieder bei ihr meldeten, gab sie mir einen ganzen Stapel Bücher mit. Von der amerikanischen Botschaft hatte sie einige in Chinesisch geschriebene Werke erhalten, die sie nun an mich weitergab, denn ihre eigenen Studenten interessierten sich nur für Bücher in englischer Sprache. Außerdem suchte sie mehrere Ausgaben der berühmten *New York Times Book Review* und eine Anzahl bunter neuer Magazine für mich heraus. Ich war überwältigt von der Großzügigkeit, mit der sie mir all diese Schätze anvertraute, und ich fühlte mich ermutigt, sie zu fragen, ob sie wohl ein wenig Zeit erübrigen konnte, um sich mit mir über Literatur zu unterhalten. Sie ging darauf hoch erfreut ein, da sie ihr Chinesisch vervollkommnen wollte. Es sei schließlich ihre Pflicht, mit ihren Studenten nur englisch zu sprechen. »Die sind sowieso alle aus Hunan und haben einen zungenbrecherischen Akzent!« fuhr sie lachend fort. Als ich erwiderte, auch ich stammte aus jener Provinz, hätte jedoch schon als Kind die offizielle Mundart gelernt, meinte sie: »Um so besser für mich.«

Mein Freund weigerte sich, mich am darauffolgenden Donnerstag abend zu der amerikanischen Lehrerin zu begleiten, doch ich fühlte mich inzwischen schon so sehr von ihrer herzlichen, gewinnenden Art angezogen, daß ich gern allein ging. Xia Zhuli mußte ungefähr so alt sein wie meine Kommilitoninnen, aber wie anders war sie! Statt einfach nur stocksteif dazusitzen und zu erröten, wenn man sie ansprach, verwickelte sie mich in ein Gespräch über Literatur, Pädagogik und Ästhetik. Es setzte mich in Erstaunen, daß eine junge Frau von nur fünfundzwanzig Jahren derartig gebildet war. Sie hatte zwei akademische Titel, und es schien nichts zu geben, über das sie nicht Bescheid wußte. Durch sie wurde ich schmerzlich daran erinnert, daß die Kulturrevolution meinen eigenen Bildungsweg unterbrochen hatte. Tiefen Eindruck machte es auch auf mich, daß sie sich nie nach meinen politischen Anschauungen erkundigte. Als ich ihr berichtete, daß ich einer Familie von Intellektuellen entstammte, machte sie diese Äußerung nicht etwa betroffen, sondern ich schien eher in ihrer Achtung zu steigen. Zum ersten Mal in meinem Leben hatte ich das Gefühl, daß ein anderer Mensch mich so akzeptierte, wie ich wirklich war.

Auf meine Fragen erzählte mir Lehrerin Xia, daß sie jahrelang Anthropologie und Chinesisch studiert hatte. Allerdings habe sie dabei immer das Gefühl gehabt, nicht im geringsten zu verstehen, was es heißt, Chinese zu sein. Deshalb habe sie ohne zu zögern zugesagt, als die chinesische Regierung ihr anbot, hier eine Zeitlang als Lehrerin zu arbeiten. Sie trage auch chinesische Kleidung, um die Distanz zwischen ihr und der einheimischen Bevölkerung zu verringern und um das Vertrauen ihrer Studenten zu gewinnen. Gegen besondere Privilegien habe sie sich von Anfang an verwahrt, beispielsweise gegen einen Dienstwagen mit Fahrer. »Ich bin ein ganz normaler Mensch«, sagte sie. »Wenn für euch die Grenzen meines Landes dreißig Jahre lang geschlossen gewesen wären, und du würdest eingeladen, dort als Lehrer zu arbeiten, dann wärst du dort auch ein ausländischer Experte.«

Diese schlichte Erklärung rührte an mein Herz, und ich spürte, daß wir uns näherkamen. Obwohl es schon ziemlich spät war, empfand ich plötzlich den unwiderstehlichen Wunsch, mit ihr über all die Dinge zu sprechen, die ich meinen Freunden verschwieg: über meine Mutter, meinen Vater, die Kulturrevolution ... Sie bot mir ein Glas Wein an, und wir saßen noch lange zusammen. Wie ruhig ihre Wohnung im Vergleich zu unserem lärmerfüllten Wohnheim war! Ich glaube, daß meine Liebe zu ihr an jenem Abend ihren Anfang nahm. Sie hörte mir voller Mitgefühl zu, sie litt mit mir und tröstete mich. Schon an jenem ersten Abend verspürte ich den Drang in mir, dieser jungen Frau meine innersten Gedanken und Gefühle mitzuteilen.

Sie hatte offensichtlich auch starke Gefühle für mich. Ich versuchte, ihr jene Aspekte unseres Landes klarzumachen, die von allen anderen Menschen stets aus reiner Vorsicht ausgeklammert wurden, so daß ein Ausländer nur wenig von all den Jahren der Entbehrungen und Not erfuhr. Dankbar sagte Xia beim Abschied zu mir, sie habe an diesem einen Abend mehr über China gelernt als in den vergangenen sechs Monaten ihres bisherigen Aufenthaltes. Dann sagte sie, sie hoffe mich bald wiederzusehen.

Auf dem Heimweg in tiefer Nacht sagte ich mir in einem Anflug von Furcht, ich müsse verrückt sein, so lange bei einem Ausländer, genauer gesagt bei einer Ausländerin, geblieben zu sein. Es war, als hätte sie mir den Zugang zu einer anderen Welt eröffnet, einer Welt, in der Gleichheit und gegenseitige Achtung herrschten. Darüber hatte ich die harte politische Realität vergessen, in der ich selbst leben mußte.

Glücklicherweise war die Tür zu unserem Wohnheim unverschlossen. Auf Zehenspitzen schlich ich in der Dunkelheit die nassen Treppenstufen hinauf. Im Schlafsaal murmelte ich mit klopfendem Herzen ein paar entschuldigende Worte in Richtung des Bettes, in dem unser Gruppenführer schlief. Dann kletterte ich in meine eigene Koje. Aber erst als sich das Moskitonetz wie ein schützendes Zelt über mir spannte und ich die Steppdecke bis zum Kinn hochgezogen hatte, gab ich mich wohlig der Erinnerung an diesen Abend hin. Ich hoffte von ganzem Herzen, daß Xia Zhuli meine Bitte beherzigen würde, keinem anderen Menschen von meinem heimlichen Besuch zu erzählen. Gerade in jenen Tagen war der Prozeß gegen Wei Jingsheng, einen Dissidenten, der angeblich Staatsgeheimnisse an einen Ausländer verraten hatte, in aller Munde. Mir war klar, daß ich schon für eine geringere Verfehlung riskierte, in eine ferne Provinz verbannt zu werden. Dennoch verspürte ich den übermächtigen Wunsch, die amerikanische Lehrerin wiederzusehen.

In der Folgezeit vertiefte sich unsere Freundschaft rasch, und ich konnte kaum an etwas anderes denken. Nach jedem Treffen fiel es mir schwerer, mich von ihr loszureißen, und ich ließ mir alle möglichen Vorwände einfallen, um sie sehen zu können. Immer hieß sie mich mit sichtlicher Freude willkommen, und allmählich begriff ich, daß auch sie sich einsam fühlte, denn obwohl die Lehrer und die Studenten sie stets freundlich behandelten und darauf hinwiesen, wie wertvoll ihre Mitarbeit für die fremdsprachliche Abteilung war, wagte niemand, sich mit ihr anzufreunden. Im Lauf der Zeit erlangte unsere Beziehung für mich einen solchen Wert, daß ich mir kaum noch Gedanken darüber machte, was mit uns geschehen würde, wenn man uns auf die Schliche kam. Als wir uns eines Abends voneinander verabschiedeten, war es für mich die natürlichste Sache der Welt, sie einfach in die Arme zu nehmen und zu küssen.

Ich hatte auch die kleine Gao geküßt, aber nicht so. Normalerweise war ich ein sehr realistischer Mensch, doch nun zerriß die schützende Hülle unter dem Ansturm der Gefühle. Dieser Frau wollte ich alles geben! In Sprache, Rasse und Kultur waren wir gänzlich verschieden, doch solche Schranken schienen viel weniger zu bedeuten als Fragen des Geldes, des Berufes oder des politischen Status zwischen mir und den chinesischen Mädchen. Als ich in Xia Zhulis Gesicht hinabschaute, faßte ich den Entschluß, für diese Liebe alles aufs Spiel zu setzen, selbst wenn ich deswegen ins Gefängnis mußte.

Doch als ich mich an jenem Abend von ihr verabschiedete, lagen meine Gedanken und Gefühle in heftigem Widerstreit. Ich hielt mir vor, daß mein Vorgehen zugleich tollkühn und blind gewesen war, denn ich hatte keine Ahnung, welche Hindernisse vor mir lagen und auf welche Weise ich sie überwinden konnte. Andererseits war ich auf mich selbst wütend, weil ich mich kleinlichen Sorgen überließ, statt darüber glücklich zu sein, endlich eine Liebe gefunden zu haben, die einen so hohen Einsatz wert war.

Wie das erste Hindernis zu überwinden war, wußte ich recht gut: Ich mußte Judys (wie ich Xia Zhuli zu nennen gelernt hatte) Liebe erringen. Chinesische Mädchen hatten an mir immer meine Körpergröße und meinen athletischen Wuchs bewundert, aber in diesem Fall wären solche Vorzüge nicht ausreichend. Im Westen, hieß es, galt ein Kuß nicht mehr als ein Händedruck. Instinktiv begriff ich, daß ich Judy nur für mich gewinnen konnte, wenn sie mich kennen und verstehen lernte. So breitete ich denn bis in die kleinste Einzelheit mein bisheriges Dasein vor ihr aus. Meine Geschichte rührte sie derartig, daß sie alles aufschrieb, Abend für Abend, bis zwei Notizblöcke gefüllt waren. Manchmal weinte sie mit mir, und ich fühlte, wie ihre Achtung und ihre Zuneigung wuchsen. Meine eigenen Wunden begannen sich zu schließen und verheilten allmählich. Selbsthaß und Selbstmitleid schwanden dahin, die Bürde meines Lebens wurde mir leicht. Ich entdeckte jenen spielerischen und glücklichen Teil meines Wesens wieder, der von den Ereignissen während der Kulturrevolution verschüttet worden war, denn damals hatte ich gelernt, hart und abweisend zu sein. Nun begriff ich auch den himmelweiten Unterschied zwischen meiner Liebe zu Judy und einem Mädchen wie der kleinen Gao. Denn während meine Beziehung zur Tochter des Stellvertretenden Befehlshabers mir im Lauf der Zeit immer mehr Kummer und Schmerz bereitet hatte, flößte mir die Liebe zu dieser Amerikanerin ein solches Selbstvertrauen ein, daß ich es mit der ganzen Welt glaubte aufnehmen zu können. Zum ersten Mal schienen sich die Worte der kleinen Gao zu bewahrheiten: Ich war ein menschliches Wesen, und ich hatte ein Anrecht darauf, geliebt zu werden.

Noch etwas anderes hatte ich aus der letzten Phase meiner Beziehung zu Gao gelernt: Liebe gedeiht nicht, wenn sie immer zwischen denselben vier Wänden eingesperrt ist. Allerdings war es nicht leicht, draußen unerkannt zu bleiben. Judys Aufgabenbereich in der fremdsprachlichen Abteilung umfaßte rund hundert Lehrer und sechshundert Studierende. Von den sechs damals in Changsha lebenden Ausländern war sie wohl am bekanntesten. Wir trafen uns deshalb nach Einbruch der Dunkelheit im Park, Judy mit einem weißen Tuch vor dem Gesicht, um ihre auffällig gerade Nase zu verbergen, und mit einer Sonnenbrille, damit niemand ihre runden Augen sah. Wir gaben uns Mühe, wie ein ganz normales Liebespaar auszusehen. Oft flüchteten wir uns auch aufs Land, denn die Bauern kümmerten sich nur um ihre eigenen Angelegenheiten. Wir nahmen unsere Fahrräder (Judy, die keinen Anrechtsschein dazu benötigte, hatte mir eines von ihrem hohen Gehalt gekauft) und radelten, ich in sicherer Entfernung vorausfahrend, bis die Stadt weit hinter uns lag. An solchen Tagen suchten wir uns irgendwo ein stilles Plätzchen auf einem trockenen Hügel über den Reisfeldern, redeten mit den Zungen der Liebe, wie es bei uns hieß, und riskierten schlimmstenfalls den verwunderten Blick eines Bauernjungen auf dem Rücken eines Wasserbüffels.

In Judys Wohnung fanden wir viele Mittel und Wege, um dem Argwohn anderer Menschen zuvorzukommen. Zuerst einmal füllten wir die Ritzen der Eingangstür mit Zahnpasta. Judys Putzfrau erzählten wir, ich sei ein Mitglied des Provinztheaters und müsse eine Zeitlang Judys Schreibmaschine benutzen. Die gute Frau ging einfach davon aus, daß ich ein verheirateter Mann und die ganze Angelegenheit folglich unbedenklich war. Stundenlang vertiefte ich mich in meine Bücher, während Judy sich mit ihren vielen Besuchern befaßte. Notfalls begnügte ich mich im Badezimmer mit einer Art gemauerter Bank, die breit genug war, damit ein erwachsener Mensch sich darauf ausstrecken konnte.

Aber auf die Dauer geht es nicht gut, wenn man versucht, ein Feuer mit Papier zuzudecken. An einem Winterabend stand ich gegen halb zehn Uhr splitternackt im Badezimmer und goß gerade einen Kessel warmes Wasser über mich, als es an der Tür klopfte. Meine Kleidung hatte ich im vorderen Zimmer gelassen. So konnte ich nur die Badezimmertür abschließen und hoffen, daß alles gutging. Gleich darauf vernahm ich die Stimme des Funktionärs, der für Judys tägliche Betreuung zuständig war. Offenbar war er vorbeigekommen, um ihr das Monatsgehalt, die astronomische Summe von fünfhundertsechzig *yuan,* auszuhändigen. Reichlich nervös erzählte Judy ihm etwas von einem befreundeten Tänzer, mit dem sie zusammen geübt habe. Der Mann sei gerade dabei, sich im Badezimmer zu waschen.

Als der Funktionär fort war, mußte ich entsetzt feststellen, daß die unachtsame Judy vergessen hatte, meine Hosen und Schuhe zu verstekken. Allein schon deren Größe hätte mich verraten können.

Wir hatten beide Angst. Obwohl Judy steif und fest behauptete, ihr Besucher habe mit keinem Wimpernzucken verraten, daß ihm etwas Ungewöhnliches aufgefallen war, hielten wir es dennoch für besser, ihm, der fast unserem Geheimnis auf die Spur gekommen war, das wahre Wesen unserer Beziehung offenzulegen. Judy ging schon am nächsten Tag zu ihm, und als sie eine halbe Stunde später zurückkam, glühte ihr Gesicht vor innerer Erregung. »Er meinte, es sei wundervoll, daß ich einen Freund hätte«, berichtete sie glücklich. »Und er sagte auch, Ehen zwischen Chinesen und Ausländern seien jetzt erlaubt!«

Ein Gefühl der Erleichterung durchflutete mich, aber gleichzeitig wußte ich, daß diese Angelegenheit viel zu außergewöhnlich war, als daß sie so reibungslos hätte vonstatten gehen können. Und so war es auch. Wenige Tage später baten mich die Mitglieder der Fakultätsleitung zu einem Gespräch.

Drei Männer erwarteten mich dort, allesamt Politkader, die für internationale Diplomatie nicht viel übrig hatten. »Vergiß nicht, daß du Chinese bist«, ermahnten sie mich mit strenger Miene. »Du mußt dein Vaterland lieben! Zwischen uns und den Menschen dort draußen ist ein großer Unterschied.«

Es fiel mir nicht schwer, glaubhaft zu versichern, ich sei von Liebe zu unserem Land erfüllt, aber auf den nächsten Schachzug der Gegenseite war ich nicht vorbereitet: Die drei Männer kündigten an, sie würden in die Stadt gehen, um meine Mutter zu fragen, was sie von der Angelegenheit hielt.

Das konnte verheerende Auswirkungen haben, denn ich hatte Judy meiner Mutter noch immer nicht vorgestellt. Seit Beginn meines Studiums besuchte ich sie nur noch selten, denn sie bewohnte zusammen mit Onkel Lei weit draußen in einem Vorort ein Zimmer, das Leis Verwandte den beiden zur Verfügung gestellt hatten. Nach altem Brauch hätte ich sie schon vor geraumer Zeit mit Judy bekannt machen müssen, aber ich hatte mich nicht dazu durchringen können, weil ich meiner Mutter die unangenehme Nachricht ersparen wollte, daß ich mich mit einer Ausländerin eingelassen hatte. Wenn schon die Tochter eines Armeekommandeurs zu hoch für sie gewesen war – wie abwegig mußte ihr dann meine Beziehung zu einem Mädchen aus dem Ausland erscheinen! Dennoch schien die einzige Lösung darin zu bestehen, daß ich den drei Funktionären zuvorkam, meiner Mutter alles erklärte und sie um ihren Beistand bat. Ohne ihre Zustimmung würde unsere Liebesbeziehung nie den offiziellen Segen erhalten.

Mutter und Onkel Lei waren fast immer zu Hause, denn sie lebten inzwischen im Ruhestand und konnten wegen ihrer angegriffenen Gesundheit nicht viel unternehmen. Was ich ihnen zu berichten hatte, versetzte sie in Angst und Schrecken. Fast drei Stunden lang redete ich auf sie ein. Ich versicherte ihnen, daß Beziehungen zu Ausländern seit einiger Zeit nicht mehr verboten waren, obwohl gerade gegen die Amerikaner jahrelang bei uns Propaganda gemacht worden war. Auch ihre Zweifel hinsichtlich Judys Charakter bemühte ich mich zu zerstreuen. Voller Zuversicht legte ich dar, daß Judy genau das am dringendsten brauchte, was ich ihr am leichtesten zu geben vermochte: eine dauerhafte, auf gegenseitiger Treue basierende Beziehung. Sie habe mir selbst gesagt, daß die jungen Leute in Amerika entgegen aller chinesischen Propaganda durchaus zu der Bereitschaft erzogen werden, tiefe und feste Bindungen einzugehen. Schließlich erzählte ich noch meiner Mutter, daß Judy große Liebe für China empfände. Sie habe acht Jahre lang Chinesisch gelernt und würde durch ihre Arbeit bis an ihr Lebensende mit unserem Land in Berührung bleiben. Gewiß könnten wir uns gegenseitig helfen und ergänzen. »Sie liebt mich wirklich, Mutter!« sagte ich stolz. »Ich schwöre dir, daß sie mir eine gute Frau sein wird.«

»Aber wo wollt ihr leben?« fragte Onkel Lei. Damit hatte er einen wunden Punkt berührt. Ehrlich gesagt hatten Judy und ich diese Frage noch nicht miteinander besprochen. Wie hätten wir das tun können, wo ich doch keine Ahnung hatte, wie es in Amerika aussah? Judy schien sich hier in China wohl zu fühlen. Sie liebte ihre Arbeit als Lehrerin und freute sich darüber, etwas Nützliches für unser Land zu tun. »Das steht noch nicht fest«, antwortete ich deshalb behutsam. »Wir können überall glücklich sein, wenn wir nur zusammen sind. Ganz sicher würden wir China nicht für immer verlassen.«

Schon am nächsten Tag suchte mich Onkel Lei im Wohnheim auf. Er war wütend. Die Politkader des Lehrerkollegs waren tatsächlich bei meiner Mutter vorstellig geworden. Sie hatten ihr vorgehalten, daß meine Verbindung mit einer Amerikanerin niemals gutgehen könnte, weil Judy aus einem kapitalistischen, ich jedoch aus einem sozialistischen Land sei. Außerdem betrage mein Einkommen nur ein Sechstel des ihren, ein weiterer Beweis dafür, daß wir nicht zueinander paßten. Sobald ihre Zeit hier um sei, würde Judy nach Amerika zurückkehren und mich allein zurücklassen. Falls sie mich jedoch tatsächlich mit in ihre Heimat nähme, würde sie mich dort bald im Stich lassen, ohne Freunde und Familie. »In den westlichen Ländern heiraten und trennen sich die Menschen einfach so zum Spaß«, hatten die drei Funktionäre behauptet. »Wir versuchen nur, deinen Sohn vor Kummer zu bewahren.«

Onkel Lei und meine Mutter hatten entgegnet, daß sie unsere Beziehung billigten und solche Äußerungen als Beleidigung der amerikanischen Lehrerin betrachteten. »Aber deine Mutter ist eine sehr vorsichtige Frau«, fuhr Onkel Lei fort. »Als man sie fragte, ob sie die Verantwortung übernehmen würde, falls du von höherer Stelle zur Rechenschaft gezogen würdest, brachte sie es einfach nicht über sich. Übrigens glaube ich, daß die Funktionäre vorhaben, nach Shuangfeng zu reisen, um mit deinem Vater zu reden.«

Mein Vater! Was wäre, wenn plötzlich irgendwelche Amtspersonen aus Changsha vor seiner Tür stünden und ihm mitteilten, daß sein Sohn sich mit einer Ausländerin eingelassen hatte? Bestimmt würde er glauben, daß nun wieder eine alptraumartige Zeit wie während der Kulturrevolution begann! Ich konnte mir vorstellen, wie er diese Neuigkeiten aufnehmen würde, im Stuhl sitzend, seine linke Hand stärker zitternd denn je. Ich wagte nicht zu Ende zu denken, welchen Schaden er durch die schockierende Nachricht erleiden könnte.

In jener Nacht fand ich kaum Schlaf, und schon am nächsten Nachmittag stellte sich heraus, daß ich mir nicht zu Unrecht Sorgen gemacht hatte. Plötzlich kam meine Schwester Liang Fang zur Tür hineingestürmt. Ohne auf Judy zu achten, überschüttete sie mich sofort mit

einer Flut von Vorwürfen. Ich sei egoistisch und kümmerte mich nicht im geringsten um Vaters Gesundheit, schimpfte sie.
Offenbar hatten die Funktionäre die Situation so dargestellt, als stünde ich schon mit einem Fuß im Gefängnis. Dann hatten sie meinen Vater gefragt, ob er meine Handlungsweise billige. In seiner Bedrängnis hatte er Liang Fang mit der Wahrung unserer Familienangelegenheiten beauftragt und war dann krampfhaft zuckend auf seinem Bett zusammengebrochen.
Als sich meine Schwester ein wenig beruhigte, dämmerte ihr allmählich, daß ich eigentlich nichts Unrechtes getan hatte. Es war ihr auch anzumerken, daß sie von Judy beeindruckt war. Ihr gefiel, daß diese junge Amerikanerin so schlicht gekleidet war und sich so natürlich benahm. Ich selbst bedauerte, daß die erste Begegnung zwischen den beiden unter diesen Umständen stattfand, denn in ihrem wuterfüllten und fast hysterischen Gemütszustand hatte Liang Fang nicht viel von der intelligenten jungen Rebellin mit dem klaren Kopf, als die ich sie meiner zukünftigen Ehefrau geschildert hatte. Doch als der für Judy zuständige Funktionär nach einer Weile vom Amt für Auswärtige Angelegenheiten zurückkam und uns die Kopie eines Dokumentes vorlegte, in dem Ehen zwischen Ausländern und Chinesen ausdrücklich erlaubt wurden, entspannte sich Liang Fang ein wenig und lächelte sogar zum ersten Mal. Einem amtlichen Schriftstück mit dem Stempel der Partei würde Vater Glauben schenken, meinte sie. Und da Mutter unsere Beziehung gutheiße, wolle sie, Liang Fang, den zuständigen Beamten mitteilen, daß unser Vater auch nichts dagegen hatte.
Als meine Schwester wenig später aufbrach, war sie insgesamt nur wenige Stunden bei uns gewesen. Sie fuhr auf die andere Seite des Flusses, um die Nacht bei unserer Mutter zu verbringen. Am nächsten Morgen wollte sie mit dem ersten Bus nach Shuangfeng zurückfahren.
Am Abend des folgenden Tages fuhren Judy und ich mit dem Fahrrad über die Brücke auf die Ostseite des Xiang-Flusses. Dann folgten wir in nördlicher Richtung der dunklen Straße, die am Fluß entlangführt. Nach einer halben Stunde gelangten wir in die Vorstadt, wo Mutter und Onkel Lei wohnten. Ihr Zimmer war so winzig, daß sie und Judy die Hälse recken mußten, um sich überhaupt zu sehen, solange ich noch in der Mitte des Raumes stand. Erst als ich Platz genommen hatte, konnte meine Mutter Judy aus der Nähe betrachten. Vermutlich hatte sie sich vorgestellt, daß sich alle ausländischen Frauen die Lippen und Fingernägel bemalten. Doch nun sah sie eine junge Frau vor sich, die schlichte Armeesandalen an den Füßen trug, als wäre sie eine Bäuerin. Von einem

Augenblick auf den anderen kehrten Ruhe und Zufriedenheit in meine Mutter ein. Sie begann an Judy herumzupusseln, als wäre jene ihre eigene Tochter.

Abends beim Essen gaben uns Mutter und Onkel Lei ein paar wichtige Ratschläge aus dem reichen Schatz ihrer eigenen Lebenserfahrung. Am besten sei es, wir würden eine Verlobungsfeier veranstalten und alle wichtigen Funktionäre dazu einladen, meinten sie. Auf diese Weise würden wir unter Beweis stellen, daß unsere Familie fest zusammenhielt und daß von uns keine peinlichen Zwischenfälle zu befürchten waren.

Solche Verlobungsfeiern waren zwar in den Städten seit Beginn der Kulturrevolution immer ungebräuchlicher geworden, aber ich war zutiefst berührt von Mutters Warmherzigkeit und Hilfsbereitschaft. »Ich habe mein Leben fast hinter mir«, sagte sie. »Für mich selbst hege ich keine besonderen Wünsche mehr, aber ich möchte gern meine eigenen Kinder glücklich sehen.«

Judy und ich gaben Mutters Vorschlag an die zuständigen Funktionäre weiter, aber eine Verlobungsfeier erwies sich insofern als überflüssig, als sich die Nachricht von selbst herumsprach. Jedesmal, wenn ich in das Wohnheim zurückkehrte, erzählten mir meine Kameraden die neuesten Klatschgeschichten. Die ganze Stadt stellte Mutmaßungen über mich an. Unter anderem hieß es, ich sei ein Mensch von geheimnisvollem Wesen, der Sohn eines hohen Funktionärs, ein Mensch von außerordentlich gutem Aussehen, oder ein sittenloser Strolch, der es mit vielen Mädchen trieb. Andere Leute behaupteten, ich wolle reich werden und nach Amerika auswandern, und ein weiteres Gerücht besagte, Judy und ich hätten nur eine Ehe auf Zeit geschlossen, die am Tag ihrer Abreise enden würde. Wenn wir in aller Öffentlichkeit spazierengingen, starrten die Leute nicht mehr die Ausländerin an, sondern den für ihre Begriffe unergründlichen Landsmann, der es gewagt hatte, dieser Fremden den Hof zu machen. An Bushaltestellen wurde ich stets von Neugierigen umringt, und wenn ich in dem kleinen Laden auf dem Gelände des Lehrerseminars Zigaretten kaufte, beeilten sich die Verkäuferinnen, mich zu bedienen, nur um auf diese Weise mich aus der Nähe betrachten zu können. Allmählich machte es mir kaum noch Spaß, irgendwelche Vorlesungen zu besuchen, denn ständig gingen mir dort meine Kommilitonen mit neugierigen Fragen auf die Nerven. Insgesamt war die Reaktion der Leute für Judy ein Schock, denn sie kam aus einem Land, wo Ehen zwischen Menschen aus verschiedenen Teilen der Welt nichts Ungewöhnliches waren. Schon bald hielt ich es für geraten, mich schützend vor sie zu stellen und all die Klatschgeschichten von ihr fernzuhalten. In ihrer Ratlosigkeit klammerte sie sich an ein Sprichwort, mit dem Freunde von uns ihr die Situation zu erklären versucht hatten: *Shao jian duo guai,* was soviel heißt wie: Was selten vorkommt, wird als seltsam empfunden. Im übrigen hoffte sie, daß all das Gerede bald von selbst verstummen würde.

Ich selbst machte mir weniger Sorgen um die Gerüchte und Klatschgeschichten als um die Frage, ob unsere Eheschließung wirklich genehmigt würde. Aus Erfahrung wußte ich, daß sich in der Politik der Wind von einem Tag auf den anderen drehen konnte. Es war kaum vorauszusehen, wie die Lage in ein paar Monaten, geschweige denn in ein oder zwei Jahren aussehen würde. Anfänglich verstand Judy nicht ganz meine Besorgnis. Da uns die offizielle Genehmigung sicher sei, hätten wir keine Eile, meinte sie. Doch irgendwann kam auch sie dahinter, daß es am sichersten wäre, so schnell wie möglich zu heiraten.

Judys Eltern gratulierten uns aus der Ferne zu unserem Beschluß. Ihre Mutter, eine Professorin, stellte sich sofort begeistert auf unsere Seite. Der Vater, von Beruf Arzt, verhielt sich ein wenig vorsichtiger, denn er befürchtete wohl, seine Tochter könne sich für immer im fernen China niederlassen. Doch nach einer Anzahl längerer Ferngespräche gab auch er von ganzem Herzen seine Zustimmung. Er meinte sogar, er wolle Chinesisch lernen, und bestand darauf, daß Judy und ich die Sommerferien in den Vereinigten Staaten verbringen sollten. Angesichts der Vorfreude unserer Familien beschlossen wir, gleich unsere Heiratserlaubnis zu beantragen. Das Amt für Auswärtige Angelegenheiten, das auch für Judy zuständig war, erhob keine Einwände. Und das Dokument, aufgrund dessen Ehen zwischen Ausländern und Chinesen gestattet wurden, war vom Ministerium in Peking ausgefertigt worden. So stellten denn die zuständigen Beamten des Lehrerseminars, meine unmittelbaren Vorgesetzten, das einzige Problem dar. Deshalb baten wir die stellvertretende Dekanin Jin um eine Unterredung.

Sie bereitete uns in ihrer dunklen Wohnung einen kühlen Empfang, denn sie bot uns nicht einmal eine Tasse Tee an. Offensichtlich wußte sie genau über unser Ansinnen Bescheid, und die Entscheidung war für sie schon gefallen. Solange sie sprach, wendete sie sich ausschließlich an Judy:

»Du bist Ausländerin, und vielleicht verstehst du nicht unser sozialistisches Land. Bei uns herrscht ein kollektives Führungsprinzip, mit dessen Hilfe die höheren Orts schriftlich festgelegten politischen Richtlinien in die Tat umgesetzt werden. Vor mehreren Monaten wurde mir von der Erziehungsbehörde unserer Provinz eine Anweisung des Ministeriums

für das höhere Erziehungswesen zugeleitet, die Eheschließungen von Studenten verbietet. Liang Heng ist aber ein chinesischer Student. Er muß sich der Entscheidung unserer politischen Führung beugen.«
Mochten wir uns noch so sehr bemühen, ihr unsere innersten Gefühle und Beweggründe zu erläutern – die Frau speiste uns immer wieder mit denselben Worten ab. Wenn ich etwas zu ihr sagte, wich sie meinem Blick aus, als hätte ich mich allein schon dadurch ins Unrecht gesetzt, daß ich es gewagt hatte, das Wort an sie, ein Mitglied der Verwaltungsspitze unseres Lehrerseminars zu richten. Als ich von meiner Befürchtung sprach, die Eheschließung könnte überhaupt nicht zustande kommen, wenn wir das Ende meiner Studienzeit abwarteten, erwiderte sie: »Daß du die Partei eines instabilen Kurses verdächtigst, beweist, wie wenig Vertrauen du in sie setzt. Eine solche Haltung ist tadelnswert.« Mit diesen Worten erhob sie sich, um uns zur Tür zu bringen. Mit Judy tauschte sie einen herzlichen Händedruck, doch meine ausgestreckte Hand übersah sie geflissentlich.
Wir waren beide wütend über soviel Arroganz. Zum ersten Mal hatte Judy erleben können, wie gewisse hochgestellte Personen in unserem Land die Menschen aus dem Volk behandelten. Sie verstand nun besser, warum ich mich die meiste Zeit meines Lebens so hilflos gefühlt hatte und wie nachteilig sich die festgefügte Rangordnung bei uns auswirken konnte. Natürlich blieb es jedem Menschen überlassen, ob er sein Schicksal ergeben hinnahm, wie es meine Eltern getan hatten, und sich so manchen Kummer ersparte. Aber wenn ein Mensch aufbegehrte und sein eigenes Leben in die Hand nahm, mußte er sich unweigerlich auf Schwierigkeiten gefaßt machen.
Fast zwei Monate lang verbrachten Judy und ich fast unsere gesamte Freizeit damit, Gesuche zu schreiben und herumzutelefonieren. Immer wieder fuhren wir über den Fluß und versuchten, im Amt für Auswärtige Angelegenheiten gewisse Beamte dazu zu bewegen, ihren Einfluß auf andere Kollegen geltend zu machen. Auf alle erdenkliche Weise mühten wir uns, die kleine Zahl zuständiger Funktionäre zu überreden, eine für uns günstige Entscheidung zu fällen. Manchmal weinten Judy und ich vor lauter Wut und Verzweiflung, aber wir wurden nicht schwach. Im Gegenteil, unsere Liebe wurde inmitten all des Kummers nur noch stärker.
Viele Lehrer versuchten Judy zu trösten: »Das hier ist ein schlechter Platz. In einer anderen Provinz hättet ihr es leichter.« Und in der Tat: Hunan *war* sehr rückständig. Seit Deng Xiaoping im Sommer 1977 wieder die politische Bühne betreten hatte, waren in den Zeitungen viele

nette Sprüche über Reformen und »Gedankenfreiheit« abgedruckt worden, aber in unserer Provinz war der Einfluß der »Viererbande« offenbar besonders schädlich gewesen, da die neue Politik überall sabotiert wurde. Judy und ich pendelten zwischen dem Amt für Auswärtige Angelegenheiten, der Verwaltung des Lehrerseminars und der Erziehungsbehörde unserer Provinz hin und her, denn in jeder Dienststelle erklärten die Beamten, die Entscheidung läge nicht bei ihnen. Sie waren allerdings befugt, uns abschlägige Bescheide zu erteilen. Als Judy beispielsweise eine Woche Urlaub beantragte, um nach Peking zu fahren und unser Ansinnen dort auf höherer Ebene vorzutragen, hielt ihr die Schulleitung vor: »Wir müssen diesen Antrag ablehnen. Es ist überflüssig, wegen dieser Sache in Peking vorstellig zu werden. Falls Sie trotzdem fahren, werden wir Ihr Gehalt sperren und Ihren Vertrag nicht verlängern.«

Am Ende mußten wir uns sagen, daß wir nur noch eine einzige Möglichkeit hatten: Ich mußte mein Studium abbrechen. Das bedeutete zwar, daß ich die so mühsam erkämpfte Aussicht auf eine akademische Ausbildung fallenlassen mußte, doch schien mir dies ein geringer Preis, wenn ich Judy behalten dürfte. In einem letzten verzweifelten Versuch verfaßte sie einen leidenschaftlichen Appell an einige der höchsten Politiker in Peking, darunter den Minister für das höhere Erziehungswesen und das für ausländische Fachkräfte zuständige Amt. Einer Eingebung folgend schickten wir auch eine Durchschrift dieses Briefes an: Deng Xiaoping, Zentralkomitee der Kommunistischen Partei Chinas, Peking.

Das Unglaubliche geschah. Noch heute will es uns kaum in den Kopf, aber Deng, der mächtigste Mann in unserem Land, las Judys Bittschrift! Viel später teilte mir ein Beamter vertraulich mit, Deng habe beim Lesen unwillig die Brauen gerunzelt und gesagt: »Natürlich soll man ihnen erlauben zu heiraten!« Dann habe er schnell die Anweisung aufs Papier gekritzelt, die Heiratserlaubnis solle vom Büro des Premierministers Zhao Ziyang an den Ersten Parteisekretär der Provinz Hunan und von dort über die Schulleitung an uns weitergeleitet werden.

Wir hatten gesiegt! Zuerst fühlte ich mich vor lauter Erschöpfung ganz leer, doch dann packte mich unsägliche Freude. An jenem sonnigen Frühlingsnachmittag fuhr ich mit Judy hinauf zum Yuelu-Berg. Vorbei an alten Tempelruinen kletterten wir bis zum Gipfel. Dort fielen wir uns in die Arme, lachend und weinend zugleich. All die Mühe hatte sich gelohnt. Noch vor kurzer Zeit waren wir enttäuscht und verzweifelt gewesen, doch heute machten wir Pläne für unsere Hochzeit. Mein ganzes Leben hatte aus Höhen und Tiefen bestanden, aber jedesmal wurde ich aufs neue von solchen unvermuteten Umschwüngen überrascht.

Meine Mutter und meine Kusinen erboten sich mit Freuden, uns das Ehebett zu bereiten, ein Vorrecht, das eigentlich der Mutter der Braut gebührte. Seit Jahren hatte ich nicht soviel jugendlichen Schwung an meiner Mutter erlebt. Sie klapperte alle Geschäfte der Stadt ab, um die beste Seide für zwei neue Steppdecken zu finden. Auch zwei handgestickte Kissenbezüge mit dem berühmten Garnelenmuster im Stil des Malers Qi Baishi trieb sie auf. Schließlich kaufte sie noch neue Handtücher, Bettlaken und ein Moskitonetz. All diese Herrlichkeiten wurden sorgsam verwahrt, denn sie sollten erst am Hochzeitstag hervorgeholt werden. Tag für Tag kamen Lehrer und Studenten bei uns vorbei, um Geschenke und säuberlich aus rotem Papier gefertigten Hochzeitsschmuck abzugeben. Bald flatterten glücksbringende Schmetterlinge an jeder Fensterscheibe, und an unserer Tür hing eine große Papierlaterne zur »Verdoppelung unseres Glücks«. Auf einem Tisch häuften sich so unterschiedliche Dinge wie Gemälde im alten Stil und aufblasbare Plastikgiraffen. Letztere waren wohl für das erste Kind gedacht, das die Leute von dem jungvermählten Paar nach Jahresfrist erwarteten. Als endlich alle Vorbereitungen getroffen waren, blieb nur noch eines zu tun: Ich mußte mit Judy nach Shuangfeng fahren, um sie meinem Vater vorzustellen. Er war zu krank, um die lange Reise nach Changsha zu machen. Außerdem wäre es meinen beiden Elternteilen äußerst peinlich gewesen, sich nach so langer Zeit wiederzusehen.

Es war schon lange her, seit ich meinen Vater zum letzten Mal besucht hatte, doch hatte ich ihn nicht gemieden, weil ich ihn nicht vermißte, sondern ganz im Gegenteil: Er hatte einen festen Platz in meinem Herzen, aber es schmerzte mich, wenn ich an ihn dachte. Ich war jedesmal über lange Zeit hinweg traurig, wenn ich ihn erwähnte oder an seinen bedauernswerten Zustand erinnert wurde. Mit zwiespältigen Gefühlen ging ich deshalb zum Amt für Auswärtige Angelegenheiten, um für Judy die Genehmigung einzuholen, mit mir in jenen für Ausländer gesperrten Landesteil zu reisen, in dem mein Vater lebte. In der glücklichsten Zeit meines Lebens war ich gezwungen, mein Augenmerk auf die kummervollsten Seiten des Daseins zu richten.

Alles wurde noch dadurch verschlimmert, daß bei unserer Ankunft die ganze Stadt auf den Beinen zu sein schien. Alle wollten die Ausländerin sehen. Judy und ich hatten zusammen schon mehrmals abgelegene Gegenden besucht, doch die Leute hatten ihr dort höchstens einen neugierigen Blick zugeworfen, weil sie den Uiguren oder einer anderen ethnischen Minderheit aus der Gegend der russisch-chinesischen Grenze ähnlich sah. Hier jedoch in Shuangfeng hatten die Bekanntmachung des Amtes für Auswärtige Angelegenheiten und Zhu Zhidaos aufgeregte Plapperzunge dafür gesorgt, daß wir gleich nach unserer Ankunft auf dem geschäftigen Marktplatz mitten in der Stadt von einer Menschenmenge umringt wurden, die Judy begaffte, als sei sie irgendein seltenes Tier. Fast im Laufschritt begaben wir uns zu der Schule, in der Vater und Zhu Zhidao lebten. Fast die ganze Stadtbevölkerung folgte uns auf den Fersen. Glücklicherweise standen zwei Polizisten neben der Toreinfahrt, die mit einem riesigen roten Stern geschmückt war. Sie hatten den Auftrag, uns vor den vielen neugierigen Gaffern zu schützen. Zum ersten Mal wurde mir wirklich bewußt, was es hieß, eine Ausländerin zu heiraten.

Es berührte mich seltsam, daß Vater und Zhu Zhidao die rissigen Wände, ja sogar die Decke ihres Zimmers, mit alten Ausgaben des *Hunan-Tageblattes* tapeziert hatten. Vielleicht glaubten sie, auf diese Weise der Ausländerin als weniger arm zu erscheinen, aber ihr Elend wurde durch diese klägliche Maßnahme nur noch unterstrichen. Am liebsten hätte ich geweint, als mir bewußt wurde, daß mein Vater wohl dazu verurteilt war, in diesen fürchterlichen Lebensumständen seine Tage zu beschließen. »Euer Zimmer sieht schön aus«, sagte ich jedoch leise zu ihm. Ich kniete neben ihm nieder und ergriff seine Hand, aber er hatte wohl nicht auf meine Worte geachtet, denn vor lauter Freude hatte er zu weinen begonnen.

Wenig später wurde unsere ganze Familie in das städtische Gästehaus verfrachtet, denn die Beamten vom Amt für Öffentliche Sicherheit hatten es satt, all die neugierigen Kinder zu verscheuchen. Nun waren wir ungestört. Zum ersten Mal begegnete ich den Ehemännern meiner beiden Schwestern. Liang Fang hatte einen Studenten einer Arbeiteruniversität geheiratet, und Liang Weipings Mann war ein auf Wasserkraftwerke spezialisierter Ingenieur aus Shanghai. Beide gefielen mir sehr. Übrigens hatte uns Liang Weiping eine gute Nachricht mitzuteilen: Ihr war angeboten worden, das Chemielabor ihres Kollegs in Shaoyang zu leiten. So waren Vaters drei Kinder gut versorgt, was für ihn gewiß ein großer Trost war.

Judy war schockiert, als sie hörte, daß Vater in den letzten fünf Jahren weder ärztlich betreut worden war noch irgendwelche Medizinen eingenommen hatte. Unser armer Vater! Es mußte erst eine ausländische Schwiegertochter kommen, damit sich jemand um seine grundlegendsten Bedürfnisse kümmerte. Schon nach wenigen Stunden erschien der beste Arzt der Stadt im Hotel, ein junger Mann aus Shanghai, der während der Kulturrevolution mit seiner Frau hierher »verschickt« worden war. Ich glaube, mein Vater freute sich mehr darüber, so fürsorglich und rücksichtsvoll behandelt zu werden, als daß er daran glaubte, sein Gesundheitszustand könnte sich bessern.

Am Abend vor unserer Abreise bat mich Vater um ein Gespräch unter vier Augen. »Die kleine Xia ist ein feines Mädchen, und intelligent ist sie auch«, sagte er zu mir. »Ich bin sehr froh darüber, daß sie deine Frau sein wird. Ihr sollt bis ins hohe Alter zusammenbleiben und zueinanderhalten! Auf keinen Fall darfst du den gleichen Fehler wie ich machen.«

Zum ersten Mal in all den Jahren hatte mein Vater sich zu seiner Scheidung geäußert. Verblüfft blickte ich ihn an. »Deine Mutter ist eine gute Frau«, fuhr er unvermittelt fort, doch dann wechselte er schnell das Thema: »Wenn ich daran denke, daß du eines Tages vielleicht nach Amerika gehst ... Du wirst dort viele Dinge lernen, die dir hier niemand beibringen kann ... Alle haben deinen alten Vater vergessen, aber ich weiß, daß du immer an mich denken wirst ...« Er brach ab und begann laut zu schluchzen. Ich schlang beide Arme um seine Knie und spürte die kantigen Knochen durch das dicke Tuch seiner Hosen. Das linke Bein zitterte heftig.

»Ich werde zurückkommen, Vater, und wenn du willst, schreibe ich dir jede Woche«, versprach ich. Doch während ich dies sagte, war ich mir bewußt, daß ich log. Auch als ich mich diesmal von meinem Vater verabschiedete, hatte ich das sichere Gefühl, daß es für immer war.

Kapitel 24

Fragen

An einem sonnigen Nachmittag bald nach unserer Rückkehr aus Shuangfeng fuhren Judy und ich mit dem Fahrrad zum Revolutionskomitee des westlichen Distrikts, um eine Gebühr in Höhe von acht *jiao* für unsere Heiratserlaubnis zu bezahlen. Mit einem Minimum an bürokratischem Aufwand händigten uns die dortigen Beamten ein hübsches Dokument aus, das mit Abbildungen der fahnengeschmückten Ölfelder von Daqing und der Musterkommune Dazhai geschmückt war. Die ganze Amtshandlung dauerte nicht länger als eine Viertelstunde.

Selbst unsere Hochzeit war, bevor sie endlich geschlossen wurde, von den Widrigkeiten der Politik überschattet. Ursprünglich war sie auf einen Samstag angesetzt worden, doch dann wurde sie verschoben, weil zu Ehren des inzwischen rehabilitierten Liu Shaoqi eine Trauerfeier veranstaltet werden sollte. Aus irgendwelchen Gründen wurde diese Feier jedoch auf einen späteren Termin verlegt, so daß unsere Trauung nun doch am Samstag erfolgen konnte.

Das Amt für Auswärtige Angelegenheiten hatte sich um alles gekümmert. Sogar ein großer Saal in dem hochfeinen Xiang-Fluß-Hotel war reserviert worden. Großzügigerweise sollte ein Teil der Unkosten vom Staat übernommen werden. Davon sollte vor allem der Kauf von fast hundert Pfund Süßigkeiten für die vierhundert geladenen Gäste bestritten werden, da nach altem Brauch jeder Gast mindestens zwei Stück erhalten mußte, damit die Neuvermählten auch wirklich Glück haben würden. Uns wäre es lieber gewesen, wenn man nicht so großen Aufwand getrieben hätte, aber die Erfordernisse der internationalen Diplomatie konnten nicht einfach außer acht gelassen werden.

Meine gesamte Verwandtschaft mütterlicherseits war zu der Hochzeit erschienen: Waipo, meine Mutter selbst, Onkel Lei, Onkel Yan, dessen Frau und meine drei Kusinen. Keiner von ihnen hatte es sich jemals träumen lassen, das Hotel von innen kennenzulernen. Mit vor Staunen weit aufgerissenem Mund betrachteten sie die hohen Säle mit den Marmorfußböden. Besondere Freude bereitete es mir, mit meiner Waipo, die inzwischen fast fünfundsiebzig Jahre alt war und alle ihre Zähne verloren hatte, im Fahrstuhl bis zum obersten Stockwerk hinaufzufahren, um ihr die ganze Stadt von oben zu zeigen. Waipo hatte in ihrem ganzen Leben noch nie den Fluß überquert. So kannte sie auch nicht den Pavillon des Lieblichen Abends am Westufer. Vor freudiger Erregung traten ihr die Tränen in die Augen. Als wir wieder hinunterfuhren, drückte sie im Fahrstuhl selbst auf den Knopf. Dann gingen wir gemeinsam in den Saal, wo sich schon alle Gäste versammelt hatten und auf den Beginn der Trauungszeremonie warteten.

Alles verlief so, wie es bei einer Eheschließung eines »revolutionären Kameraden« üblich war. Die Stühle waren um das Zentrum des Saales herum zu einem Viereck aufgestellt worden. Judy und ich saßen in der Mitte einer der vier vordersten Reihen, flankiert vom Leiter des Amtes für Auswärtige Angelegenheiten und von einem Mitglied der Schulleitung. Dahinter hatten meine Mutter und Onkel Lei sowie ein paar ausländische Lehrer Platz genommen, die ebenfalls in Changsha unterrichteten. Die Feierlichkeit wurde von dem höchsten der anwesenden Funktionäre, dem Leiter des Amtes für Auswärtige Angelegenheiten, eröffnet:

»In Vertretung des Parteikomitees der Provinz Hunan möchte ich der ausländischen Expertin Xia Zhuli und dem Kameraden Liang Heng gratulieren«, begann er, nachdem er sich erhoben und ein Papier auseinandergefaltet hatte. »Seit der Zerschlagung der Viererbande zählen die Vereinigten Staaten von Amerika zu Chinas engsten Freunden. Die Eheschließung von Xia Zhuli und Liang Heng ist symbolischer Ausdruck dieser Freundschaft. Wir alle hoffen, daß die Liebe dieser beiden Menschen in dem Maße stärker wird, wie sich die Freundschaft zwischen ihren Ländern immer mehr vertieft ...«

Auch die folgenden Ansprachen handelten in ähnlicher Weise von den Beziehungen zwischen den beiden Ländern. Sogar meine Mutter verlas ein paar Worte ähnlichen Inhalts. Vor lauter Schüchternheit sprach sie dabei so leise, daß sie kaum zu hören war:

»Ich hoffe, daß mein Sohn Liang Heng und seine Frau Xia Zhuli einen bedeutsamen Beitrag zu einem besseren Verständnis zwischen den Vereinigten Staaten und China erbringen werden. Den zuständigen Behörden möchte ich meinen Dank dafür abstatten, daß sie sich so nachhaltig für das junge Paar eingesetzt und das freudige Ereignis dieser Hochzeit ermöglicht haben ...«

Schließlich waren Judy und ich an der Reihe. Wie hätten wir auch bei solch bedeutsamem Anlaß zurückstehen können? Ehrlich gesagt waren auch wir beide vom unübersehbar politischen Aspekt unserer Vermählung beeindruckt. Es vermittelte uns ein seltsames Gefühl, daß unserer Verbindung soviel Wichtigkeit beigemessen wurde.
Als endlich alle Formalitäten erledigt waren, forderte einer der Gäste die Braut zu einem Tanz auf. Judy trug ein Kleid, wie es in ihrer Heimat bei einem solchen Anlaß wohl üblich war. Es war schneeweiß, und sie sah darin wunderschön aus. Auf dem Heimweg konnte ich kaum den Blick von ihr wenden.
Getreu Waipos Instruktionen wuschen wir uns zu Hause dreimal mit eiskaltem in Ermangelung warmen Wassers, und als wir zwischen die nagelneuen, hellgrün und rosa gemusterten Laken unseres Hochzeitsbettes krochen, sagte ich mir zufrieden, daß sich all die Mühen gelohnt hatten.

Nach der Hochzeit zog ich mit meiner gesamten Habe zu Judy. Wir bekamen sogar einen Gaskocher, so daß wir uns unsere eigenen Mahlzeiten bereiten konnten. Mein Antrag auf einen Reisepaß, umfangreich und kompliziert wie ein Beitrittsgesuch zur Kommunistischen Partei, wurde nach langem Hin und Her genehmigt. Ende Juni brachen wir auf zu einer Rundreise durch die USA. Sie wurde für mich zu einer atemberaubenden Folge erstmaliger Erlebnisse: erster beängstigender Flug, erste Autobahnfahrt, erster Anblick von Frauen in Bikinis, erste Bekanntschaft mit Hunderten von neuen Speisen, manche köstlich (Hamburger), andere seltsam (Käse). Ich kostete die fünfzig Tage in den Vereinigten Staaten bis zur Neige aus und überschüttete Judys Familie und deren Freunde mit Fragen über Amerika, Fragen, die ihnen gewiß sehr seltsam vorkamen, aber sie wußten ja, daß ich aus einem Land kam, das über dreißig Jahre lang vom Rest der Welt abgeschnitten gewesen war. So antworteten sie stets voller Wärme und mit viel Geduld. Allzu schnell neigte sich dieser faszinierende Besuch seinem Ende zu. Als wir wieder in China waren, kam mir alles wie ein Traum vor. Judy nahm ihre Tätigkeit als Lehrerin wieder auf, und vor mir lag das letzte Studienjahr.
Ich könnte von vielen persönlichen Erfahrungen während jenes letzten Jahres am Lehrerseminar von Hunan berichten, doch eine von ihnen scheint mir im Rückblick besonders bedeutsam zu sein: mein einmonatiges Praktikum als Lehrer einer Mittelschule. Denn jenes Erlebnis weckte in mir den Wunsch, meine Erinnerungen niederzuschreiben.
Ich wurde einer Mittelschule zugewiesen, die einer Maschinenfabrik in

der Stadt Zhuzhou, drei Stunden südlich von Changsha, angegliedert war. Es hieß, diese Schule sei hinsichtlich Anlage und Ausstattung mit Abstand die beste der Stadt. Deshalb ging ich davon aus, daß die jungen Menschen dort nach dem Ende der Kulturrevolution in einer Weise erzogen und ausgebildet wurden, die sich in jeder Hinsicht von der Engstirnigkeit meiner mit politischen Parolen überfrachteten Schulzeit unterschied. Doch zu meiner Überraschung mußte ich feststellen, daß sich nur wenig geändert hatte. Nach wie vor wurde den Kindern jener blinde Gehorsam eingetrichtert, der die Kulturrevolution überhaupt erst ermöglicht hatte. Von Erziehung zu unabhängigem Denken konnte nicht die Rede sein. Im Gegenteil – dieselben hohlen Phrasen und Banalitäten waren an der Tagesordnung. Ein schriftliches Examen in Politik sah beispielsweise folgendermaßen aus:

I. Kurze Antworten (pro Antwort 10 Punkte, insgesamt 40 von 100 möglichen Punkten)

   1. Was ist Moral? Worin besteht der Grundsatz kommunistischer Moral?

   2. Es gilt, die vier Prinzipien des sozialistischen Weges hochzuhalten, also die Denkweise des Marxismus/Leninismus und des Vorsitzenden Mao, die Führungsrolle der Kommunistischen Partei und die Diktatur des Proletariats. Welchem dieser Prinzipien gebührt der Vorrang?

   3. Worin besteht die glorreiche Verantwortung der Jugend unseres Landes?

   4. Welches sind die wichtigsten Merkmale einer kommunistischen Gesellschaftsform?

II. Beantworte folgende Fragen (pro Frage 10 Punkte, insgesamt 30 von 100 möglichen Punkten):

   1. Warum können wir behaupten, daß der Kommunismus auf alle Fälle verwirklicht, der Kapitalismus jedoch ausgelöscht werden wird?

   2. Was müssen wir tun, um als wohlgeratene Söhne und Töchter der Partei zu gehorchen?

   3. Erörtere die dialektische Beziehung zwischen Denken, Lernen und körperlicher Gesundheit.

III. Aufsatz (30 von 100 Punkten)
Einige Menschen bei uns behaupten: »Die *vier Modernisierungen* könnten bei uns auch ohne die Führungsrolle der Partei durchgeführt werden.« Übe Kritik an diesem irrigen Standpunkt!

Am mutlosesten fühlte ich mich, als ich einmal eine Unterrichtsstunde im Rahmen der politischen Erziehung leiten mußte. Die Schüler sollten einen Leitartikel aus der Volkszeitung lesen. Darin wurde das gesamte chinesische Volk aufgerufen, von dem selbstlosen Soldaten Lei Feng zu lernen. Soweit meine Erinnerung zurückreichte, war er uns stets als Vorbild hingestellt worden. Deshalb forderte ich die Klasse zu einer Diskussion über ihn auf. Meine erste Frage lautete: »Warum ist Lei Feng zurückgekommen?« Da sich kein Schüler zu Wort meldete, rief ich ein Mitglied der Kommunistischen Jugendliga auf. Ich durfte wohl davon ausgehen, daß dieser Knabe einen höheren politischen Bewußtseinsstand als seine Klassenkameraden entwickelt hatte.
»Weil die Viererbande zerschlagen worden ist«, antwortete er wie aus der Pistole geschossen. »Und weil die Beziehungen zwischen den Menschen durch die katastrophale Kulturrevolution auf eine falsche Bahn gebracht wurden. Doch seit die Viererbande unschädlich gemacht ist, müssen wir wieder im Geist von Lei Feng handeln, indem wir uns gegenseitig helfen und Opfer bringen.«
Diese Worte klangen mir bekannt. Der Schüler hätte sie genausogut aus irgendeiner Zeitung vorlesen können. »Nun ja«, sagte ich. »Auch vor zehn Jahren sollte unsere Jugend von Lei Feng lernen. Kann mir jemand von euch sagen, was seitdem geschehen ist?«
Die Schüler blickten sich gegenseitig an. Ihre Lippen bewegten sich, als sagten sie sich leise all die Dinge vor, die sie von anderen Menschen aufgeschnappt oder in Propagandaschriften gelesen hatten: »Die Arbeiter gingen nicht zur Arbeit.« Oder: »Die Schüler gingen nicht zur Schule.« Dies und ähnliches hatten sie zum Thema zu sagen.
»Wer kann mir ein praktisches Beispiel für die Ereignisse der letzten zehn Jahre geben?« hakte ich nach.
Wieder blickten sie sich an, doch diesmal blieben sie stumm. Zweiundvierzig Augenpaare waren auf mich gerichtet.
Während ich meinen Blick über die Klasse schweifen ließ, mußte ich daran denken, daß diese Kinder im Jahr 1966 noch nicht geboren waren. Aber war es möglich, daß sie absolut nichts über die Kulturrevolution wußten?
»Wißt ihr, wie das Leben eurer Eltern und eurer größeren Geschwister

damals aussah?« fragte ich. »Ist euch eigentlich klar, daß damals, hier auf dem Gelände dieser Fabrik, die Leute auf sich schossen und viele getötet wurden?«

Ungläubig starrten sie mich an. Schließlich meldete sich das zweite Mitglied der Kommunistischen Jugendliga dieser Klasse, ein Mädchen mit Brille. Die Kleine sagte: »Wir sind ein sozialistisches Land! Warum sollten sich da die Leute gegenseitig umbringen?«

Was konnte ich auf eine solche Frage antworten? Ich zog mich aus der Affäre, indem ich die Frage eines anderen Mädchens beantwortete. »Meine Mutter sagt, daß sie in einem Lehrgang die Gedanken des Vorsitzenden Mao studiert hat. Ich möchte gern wissen, was das ist«, erkundigte sich diese Schülerin.

Nachdem ich es ihr erklärt hatte, summte die Luft im Klassenzimmer vor lauter Fragen. Warum waren die Kader und die Intellektuellen gezwungen, körperliche Arbeit zu verrichten? Warum wurden einige alte Funktionäre ins Gefängnis geworfen? Warum bekämpften sich die Roten Garden gegenseitig?

Als ich an jenem Abend ins Wohnheim zurückkehrte, war ich traurig und niedergeschlagen. Diese Kinder, die so wenig von der Kulturrevolution wußten, konnten leicht dazu gebracht werden, den gleichen Weg zu gehen, den meine Schwestern und ich vor fünfzehn Jahren eingeschlagen hatten. In politischer Hinsicht wurden sie genauso manipuliert wie wir vor dem großen Umsturz. Ganz gewiß brachte man ihnen nicht bei, die Dinge nüchtern gegeneinander abzuwägen. Filme und Bücher über die Vergangenheit unseres Landes waren noch immer vor allem Dokumente, die nach politischen Gesichtspunkten zurechtgestutzt und zensiert worden waren. Offenbar konnte durch nichts sichergestellt werden, daß unser Land nicht noch einmal zum Schauplatz derselben Tragödie wurde.

Während Judy und ich uns darauf vorbereiteten, China zu verlassen, damit ich in den USA mein Studium fortsetzen konnte, dachte ich weniger an das Leben, das mich dort erwartete, als an die Welt, die zu verlassen ich mich anschickte. Obwohl viele meiner Erinnerungen alles andere als glücklich waren, drängten sie sich mir nun mit Macht auf. Ich begriff, wie sehr ich meine Heimat und die Menschen meines Volkes liebte. Mein bisheriges Leben hatte sich immer wieder auf radikale Weise verändert, aber am Ende war mir das Schicksal außerordentlich gewogen. Ich wußte, welches Glück ich hatte, wenn ich nun ins Ausland gehen durfte, um dort Wissen und Erfahrungen zu sammeln. So viele junge

Leute meiner Generation verlangte es leidenschaftlich nach Wahrheit, doch es war ihnen versagt, sich mit mehr als nur ihrem engen, überschaubaren Lebensbereich bewußt auseinanderzusetzen.
Und dennoch: Meine Generation hat durch die katastrophalen Ereignisse etwas Wichtiges gelernt – die Gefährlichkeit blinden Gehorsams. Wir haben die Fähigkeit wiedererlangt, die Welt mit kritischen Augen zu betrachten. Dafür reichte die Kraft unserer Väter nicht mehr aus. Von ganzem Herzen hoffe ich, daß diese Lektion, für die unsere Väter und Mütter, aber auch wir selbst mit Leiden bezahlt haben, nicht vergeblich gewesen ist. Mehr als alle Propaganda könnte sie dazu beitragen, aus China ein besseres und glücklicheres Land zu machen.

Register

Landkarten

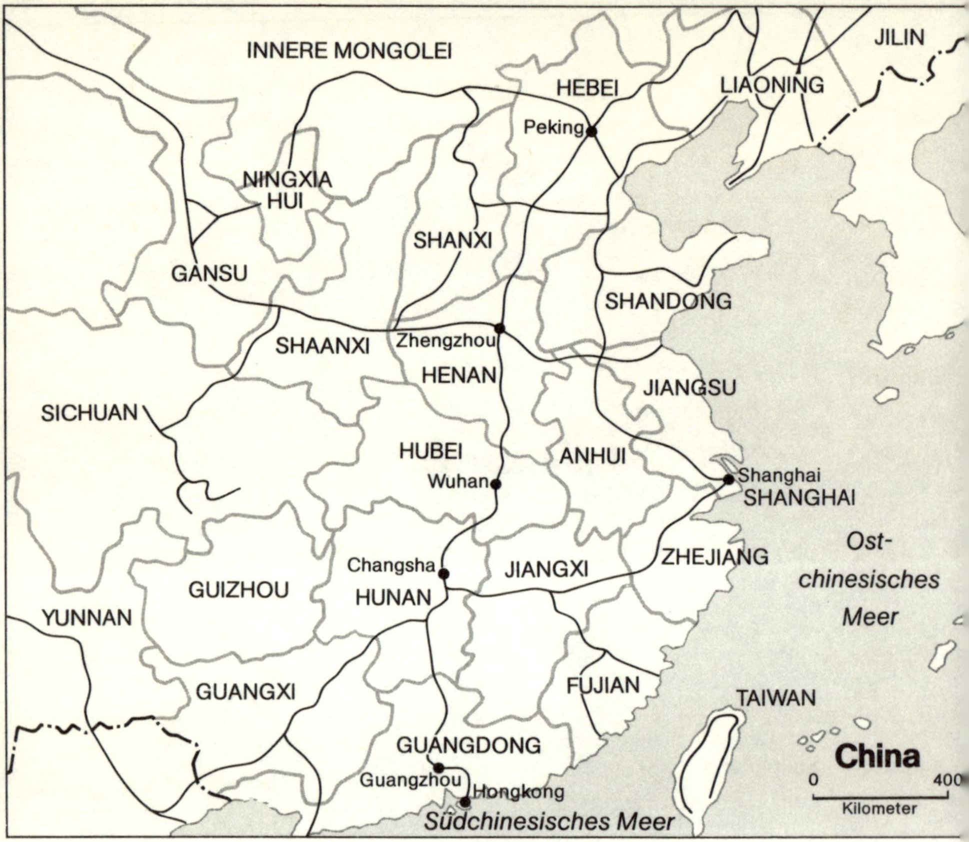

INNERE MONGOLEI
JILIN
HEBEI
LIAONING
Peking
NINGXIA HUI
SHANXI
GANSU
SHANDONG
SHAANXI
Zhengzhou
HENAN
JIANGSU
SICHUAN
HUBEI
ANHUI
Wuhan
Shanghai
SHANGHAI
Ost-chinesisches Meer
Changsha
JIANGXI
ZHEJIANG
GUIZHOU
HUNAN
YUNNAN
GUANGXI
FUJIAN
TAIWAN
GUANGDONG
China
Guangzhou
Hongkong
0
400
Kilometer
Südchinesisches Meer

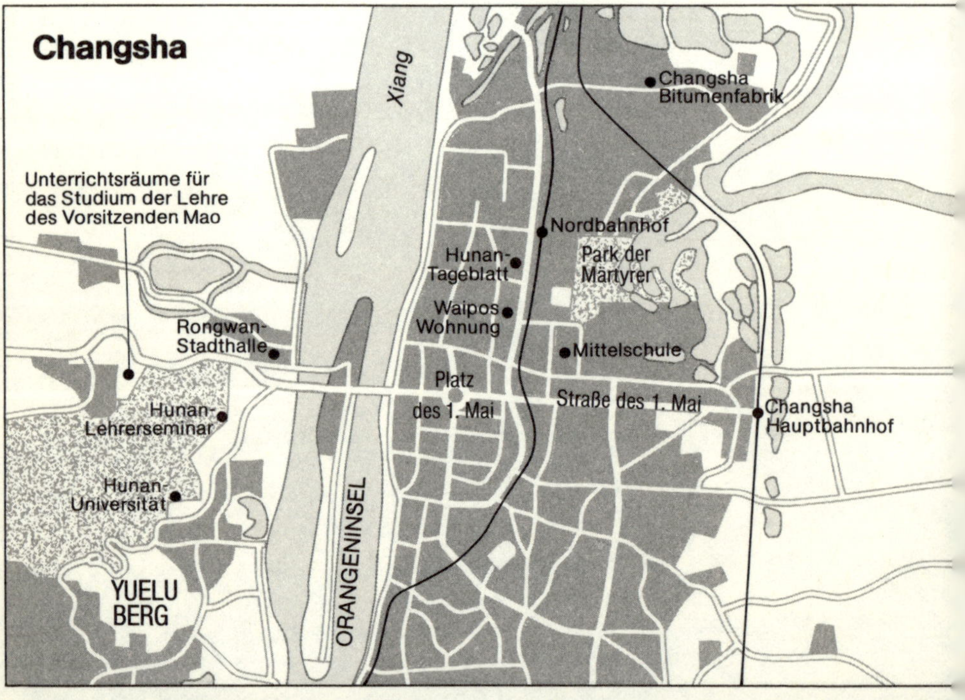

Changsha
Xiang
Changsha Bitumenfabrik
Unterrichtsräume für das Studium der Lehre des Vorsitzenden Mao
Nordbahnhof
Hunan-Tageblatt
Park der Märtyrer
Waipos Wohnung
Rongwan-Stadthalle
Mittelschule
Platz des 1. Mai
Straße des 1. Mai
Hunan-Lehrerseminar
Changsha Hauptbahnhof
Hunan-Universität
ORANGENINSEL
YUELU BERG

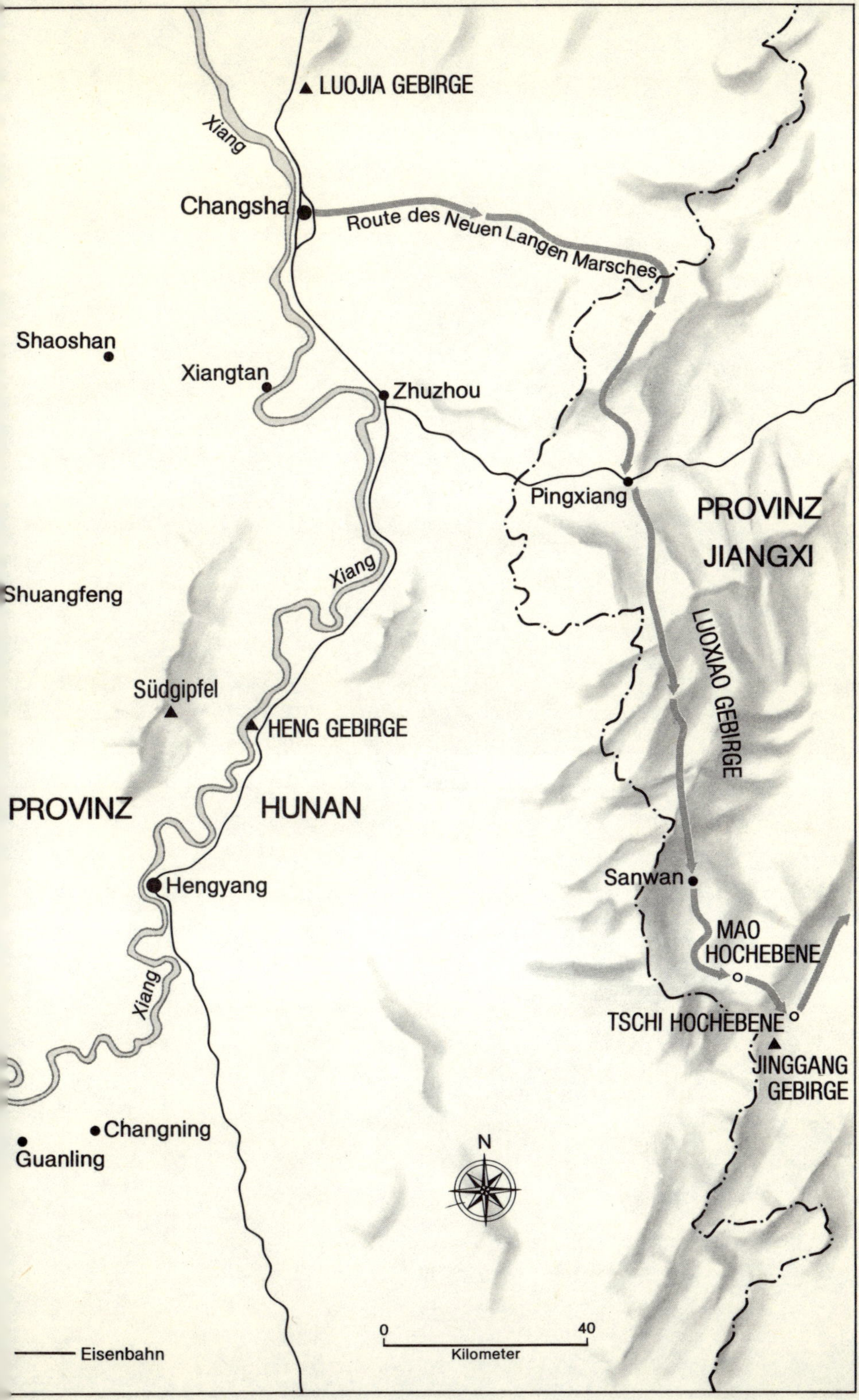
LUOJIA GEBIRGE
Xiang
Changsha
Route des Neuen Langen Marsches
Shaoshan
Xiangtan
Zhuzhou
Pingxiang
PROVINZ
JIANGXI
Xiang
Shuangfeng
LUOXIAO GEBIRGE
Südgipfel
HENG GEBIRGE
PROVINZ
HUNAN
Sanwan
Hengyang
MAO
HOCHEBENE
TSCHI HOCHEBENE
JINGGANG
GEBIRGE
Xiang
Changning
Guanling
N
0
40
Kilometer
Eisenbahn